edition suhrkamp 2633

Der Bildungsstreik und die Hörsaalbesetzungen im Jahr 2009 haben gezeigt, dass der Widerstand gegen Studiengebühren und die Bologna-Reform sich immer weiter aufheizt. Die Studierenden klagen über zunehmenden Stress, maßgebliche Ziele der Reform wurden verfehlt. Richard Münch, einer der renommiertesten Kritiker dieser Entwicklung, untersucht in dieser brisanten Studie die Kräfte hinter dem neuen akademischen Kapitalismus. Er legt dar, wie sich die Hochschulen unter dem Einfluss von Beratungsfirmen in Unternehmen verwandeln und wie kurzfristige Nutzenerwartungen das Innovationspotenzial der Forschung untergraben.

Richard Münch, geboren 1945, lehrt Soziologie an der Universität Bamberg. Zuletzt erschienen in der edition suhrkamp seine vieldiskutierten Bücher *Die akademische Elite* (es 2510) und *Globale Eliten, lokale Autoritäten* (es 2560).

Richard Münch
Akademischer Kapitalismus

*Zur Politischen Ökonomie
der Hochschulreform*

Suhrkamp

edition suhrkamp 2633
Erste Auflage 2011
© Suhrkamp Verlag Berlin 2011
Originalausgabe
Alle Rechte vorbehalten, insbesondere das der Übersetzung,
des öffentlichen Vortrags sowie der Übertragung
durch Rundfunk und Fernsehen, auch einzelner Teile.
Kein Teil des Werkes darf in irgendeiner Form
(durch Fotografie, Mikrofilm oder andere Verfahren)
ohne schriftliche Genehmigung des Verlages
reproduziert oder unter Verwendung elektronischer Systeme
verarbeitet, vervielfältigt oder verbreitet werden.
Satz: Hümmer GmbH, Waldbüttelbrunn
Druck: Druckhaus Nomos, Sinzheim
Umschlag gestaltet nach einem Konzept
von Willy Fleckhaus: Rolf Staudt
Printed in Germany
ISBN 978-3-518-12633-2

1 2 3 4 5 6 – 16 15 14 13 12 11

Inhalt

Vorwort

Forschung und Lehre an den Universitäten haben im globalen Wettbewerb um Anteile an der Wissensproduktion in der Wissensgesellschaft erstrangige strategische Bedeutung für die Politik erlangt. Ihre Ausrichtung auf den globalen Wettbewerb ist das Ziel der engen Zusammenarbeit von Forschungs-, Technologie- und Wirtschaftspolitik. Dabei sind weltweit die gleichen Muster der Reform zu beobachten. Sie folgen dem Paradigma des Neoliberalismus, das, ausgehend von den USA und Großbritannien, in den achtziger Jahren einen weltweit scheinbar unaufhaltsamen Siegeszug angetreten und längst auch die koordinierten Marktwirtschaften des konservativen und des sozialdemokratischen Typs erfasst hat. Die hier vorgelegte Studie ist den Ursachen, Erscheinungsformen und Konsequenzen dieser Transformation von Forschung und Lehre zu strategischen Ressourcen der Innovation und des Wachstums in der Wissensgesellschaft gewidmet. Im Vordergrund steht dabei der Wandel von Universitäten zu strategisch operierenden Unternehmen. Damit geht einher die Ablösung der akademischen Qualitätssicherung durch manageriales Controlling. Das besondere Augenmerk gilt der Überlagerung des Wettbewerbs von Forscherinnen und Forschern um Anerkennung durch die wissenschaftliche Gemeinschaft für ihre Beiträge zum Erkenntnisfortschritt als Kollektivgut durch einen neuen Verdrängungswettbewerb zwischen unternehmerisch agierenden Universitäten. Letztere stehen im Wettbewerb um Forschende, Lehrende und Lernende, um Forschungsgelder und Wissen als Rendite abwerfendes Privatgut unter den Gesetzmäßigkeiten eines akademischen Kapitalismus.

Die einzelnen Kapitel dieser Studie sind teilweise aufgrund externer Nachfragen entstanden und bereits in Aufsatzform erschienen. Bei der Arbeit an diesen Aufsätzen bin ich jedoch schon frühzeitig dem Plan gefolgt, sie als Teilstücke eines Ganzen zu einem Buch zusammenzufügen, das hier nun vorliegt. Für die Buchveröffentlichung wurden die Aufsätze nochmals überarbeitet, teilweise verändert und ergänzt. Die statistischen Analysen im Anhang erscheinen zum größten Teil in diesem Buch zum ersten Mal. Bei der Texterfassung hat mich Brigitte Münzel unterstützt. Alexander Dobeson hat das Literaturverzeichnis bearbeitet. Vincent Gengnagel hat die Daten zum Berufungsnetzwerk im Fach Geschichte zusammengetragen. Christian Baier hat die deskriptive Statistik, die Regressionsanalyse zu den Publikationen pro Wissenschaftler in Chemie, Physik und Biologie sowie die Analyse zum Berufungsnetzwerk im Fach Geschichte erstellt, Christian Dressel die Regressionsanalysen zur einfachen und quadrierten Summe der Investitionen, zur Reputation und zur Gesamtsumme der Forschungsgelder in Chemie, Physik und Biologie, Len-Ole Schäfer die zu den Universitäten und zum Fach Geschichte. Ihnen allen möchte ich dafür herzlich danken.

Bamberg, im Januar 2011
Richard Münch

Einleitung:
Auf der Suche nach wissenschaftlicher Exzellenz

Seit den achtziger Jahren ist New Public Management (NPM) auf der ganzen Welt zum dominierenden Modell der rationalen, zielgerichteten Steuerung öffentlicher Einrichtungen geworden (Lane 2000; Gruening 2001). Es bildet einen Teil der Weltkultur, die Modelle der rationalen Organisation der Gesellschaft für Nationalstaaten, Organisationen und individuelle Akteure bereithält und verbindlich macht. Als Teil der unablässigen Expansion der Wissenschaft – der treibenden Kraft des gesellschaftlichen Fortschritts – hat NPM einen wachsenden Einfluss auf den Wandel der öffentlichen Verwaltung auf der ganzen Welt. Dessen Legitimation durch die Autorität der Wissenschaft übt normativen Druck auf Politiker und Administratoren aus (Meyer et al. 1997; Meyer 2005; Drori et al. 2003). Regierungen, die sich diesem normativen Druck widersetzen, riskieren, für unverantwortliches Handeln zur Rechenschaft gezogen zu werden. Sie machen sich des illegitimen Widerstands gegen die wissenschaftlich begründete Rationalisierung der öffentlichen Verwaltung schuldig. Die weltweite Verbreitung von New Public Management wird dementsprechend von starken isomorphischen Prozessen vorangetrieben. Das heißt, NPM muss eingeführt werden, um vor dem Gericht der Wissenschaft bestehen und einen legitimen Status innehaben zu können, während sich die realen Effekte seiner Einführung oft der Beobachtung und Kontrolle entziehen.

NPM bietet den nationalen politischen Akteuren den Halt, den sie durch den Legitimationsverlust nationaler Traditionen der gesellschaftlichen Praxis im Kontext der Globalisierung der Politik verloren haben. An diesem Prozess ist NPM in einer Doppelrolle beteiligt. Einerseits trägt NPM als globales Rationalitätsmodell zur allgemeinen Verunsicherung über Sinn, Zweck und Geltung nationaler Traditionen bei, andererseits stellt es ein neues Paradigma des Regierens zur Verfügung, das die allgemeine Verunsicherung zu beseitigen hilft, wenn man sich daran hält. Als Paradigma (Hall 1993) ordnet NPM die soziale Welt auf neue, global verbindliche Weise. Durch die für ein Paradigma typische Unterscheidung zwischen einem gegen Kritik und Widerlegung geschützten sakralen Kern von Grundannahmen und einem um diesen Kern gelegten profanen Randbereich instrumentellen Wissens ist es möglich, Gegenevidenzen als Anomalien zu verbuchen und in der peripheren Zone des instrumentellen Wissens zu verorten. Zu den häufig eingesetzten Strategien, NPM gegen Gegenevidenzen zu verteidigen, gehört zum Beispiel die Behauptung, Fehlleistungen seien auf den mangelnden Glauben und das mangelnde Wissen des beauftragten Personals zurückzuführen. Damit lässt sich gut die intensivierte Schulung des Personals begründen. Daran ist zu erkennen, dass die instrumentelle und die symbolische Seite der Praxis des NPM unauflöslich miteinander verflochten sind. Ein wesentlicher Bestandteil des Gelingens von NPM ist der Glaube der Akteure an das Paradigma, der sie dazu führt, Fehlleistungen nicht dem Paradigma, sondern der eigenen Unzulänglichkeit zuzurechnen. Diese Bedeutung des Glaubens macht die Geltung eines Paradigmas relativ unabhängig von seinen instrumentellen Erfolgen. Die Praxis eines Paradigmas hat in diesem Sinn religiöse Züge. Ein revolutionärer Paradigmenwechsel ist deshalb auch mehr eine Sache des Glaubens als eine Sache seines instrumentellen Wertes.

Die geschilderte Praxis verleiht einem Paradigma auch dann ein hohes Maß an Stabilität, wenn sich Gegenevidenzen häufen. Das ist das Kennzeichen der »Normalwissenschaft«. Es bedarf eines Generationenwechsels, um den geschützten Kern selbst infrage zu stellen und einen revolutionären Paradigmenwechsel herbeizuführen (Kuhn 1967). In der Wirtschaftspolitik kann die Ablösung des Keynesianismus durch den Neoliberalismus in den siebziger bis achtziger Jahren als ein solcher Paradigmenwechsel verstanden werden. Wie wir heute wissen, hat er im weiteren Verlauf alle Bereiche der politischen Steuerung der Gesellschaft erfasst. NPM ist ein wesentlicher Bestandteil des neuen Paradigmas des Regierens. Im Anschluss an Michel Foucault (2006) kann man in dem darin enthaltenen Setzen auf die Selbstregulation von Märkten eine neue Stufe des Regierens in entgrenzten Räumen erkennen, die sich als liberale Gouvernementalität bezeichnen lässt. Im Verhältnis zu den älteren, aber nicht obsolet gewordenen Formen des Regierens mittels Gesetzen innerhalb eines abgegrenzten Territoriums und mittels Disziplinartechniken in Schule, Hochschule und Arbeitsorganisation hat die liberale Gouvernementalität des Regierens mithilfe von Märkten in den vergangenen 30 Jahren immer größere Bedeutung erhalten. Es handelt sich dabei um eine Regierung, die in zunehmendem Maße auf wissenschaftliches Wissen über die Bevölkerung und das einzelne Individuum sowie auf die Selbstführung des Individuums setzt, wofür Foucault den Begriff der Biopolitik geprägt hat.

Ein wesentlicher Teil der neuen Regierungstechnik ist die immer weiter ausdifferenzierte Statistik, aus der eine Art Herrschaft der Zahlen, eine Numerokratie, entsteht (Porter 1995), die sich zunehmend auch in der Steuerung der Wissenschaft breitmacht, wie wir sehen werden (Angermüller 2009, 2010). Dabei ist gerade in dieser Hinsicht eine Überlagerung der nationalstaatlichen Statistik durch die transnationale Statistik zu beobachten. Die Statistiken der EU, der OECD und der Weltbank sind zu machtvollen Instanzen der neuen Herrschaft der Zahlen geworden, gerade auch in der weltweiten Verbreitung von NPM. Neben diesen intergouvernemental legitimierten Statistiken üben aber auch Statistiken privater Akteure einen wachsenden Einfluss auf die gesellschaftliche Praxis aus. In unserem Zusammenhang gilt das zum Beispiel für das Shanghai-Ranking der 500 sichtbarsten Universitäten der Welt (SJTU 2010).

Die Mitte der neunziger Jahre ins Leben gerufene OECD-Agenda zu Beschäftigung und Wachstum in der wissensbasierten Ökonomie hat der transnationalen Herrschaft der Zahlen einen kräftigen Schub gegeben. In diesem Kontext sind die Universitäten in die Position der entscheidenden Quellen der Innovation und des wirtschaftlichen Wachstums berufen worden. Daraus folgt ihre Erhebung zu unternehmerischen Akteuren im Innovationsprozess. Wie wir sehen werden, hat das tief greifende Folgen für das Verständnis von Forschung und Lehre an den Universitäten.

Die Beurteilung der Effekte von NPM erfordert eine genauere Untersuchung des damit einhergehenden Wandels, als dies bei dessen Einführung gemeinhin geschieht. Das ist die Zielsetzung der in diesem Buch vorgelegten Analyse der aktuellen Hochschulreformen. Es geht in dem Sinne um ihre Politische Ökonomie, als sie Forschung und Lehre einer ökonomisch inspirierten Steuerung (Governance) unterwerfen, bei der die Grenzen zwischen der akademischen und der ökonomischen Welt eingeebnet werden. Dieser Wandel im Verhältnis zwischen Ökonomie und Wissenschaft ist wiederum eingebettet in einen Wandel im Feld der Macht, der sich darin äußert, dass das nationale Feld der Wissenschaftspolitik von einem transnationalen Feld überlagert wird. Die nationalen Akteure der Parteien, Universitäten, außeruniversitären Forschungseinrichtungen und Wissenschaftsorganisationen verlieren an materieller Macht der Allokation von Forschungsgeldern, Forschenden, Lehrenden und Studierenden an Universitäten und an symbolischer Macht der Definition der Situation, der Bestimmung der Spielregeln und der Zuweisung von Reputation. Dagegen gewinnen transnationale Akteure wie die Europäische Kommission mit ihren Forschungsrahmenprogrammen und ihrer wirtschaftspolitischen Agenda (Lissabon-Strategie, Europa 2020), die Akteure des Bologna-Prozesses, der Europäische Forschungsrat und die OECD mit ihrer Agenda der Förderung von Wachstum und Beschäftigung in der wissensbasierten Ökonomie an materieller und symbolischer Macht.

Es findet eine Transnationalisierung des akademischen Feldes statt, in dem ein Kampf um die bestmögliche Positionierung von Universitäten und außeruniversitären Forschungseinrichtungen entbrannt ist, der eine stärkere vertikale und horizontale Differenzierung der Universitäten und außeruniversitären Forschungseinrichtungen nach Rang bzw. Profil mit sich bringt. Die transnationale Integration des akademischen Feldes impliziert zugleich die Desintegration und wachsende Ungleichheit in den nationalen Feldern. Die Ökonomisierung der Governance von Wissenschaft im Rahmen von New Public Management impliziert demgemäß eine Intensivierung des Kampfes um Positionen im akademischen Feld. Damit tritt die Politik der Wissenschaft in den Vordergrund. Die Ökonomisierung der Governance von Wissenschaft und die Entfesselung der politischen Kämpfe um Positionen im Feld gehen Hand in Hand. Diese Veränderungen des akademischen Feldes stehen in einem engen Zusammenhang mit der Fokussierung von Wirtschaft, Politik und Wissenschaft auf den globalen Innovationswettbewerb. Dabei treiben sich reale Veränderungen durch die Aufholjagd der Schwellenländer und virtuelle Veränderungen der neuen ökonomischen Wachstumstheorie wechselseitig voran. Sei es real unausweichlich oder von maßgeblichen Akteuren als real definiert (Thomas 1972), auf jeden Fall wird die Wissenschaft zum Bündnispartner im neuen Innovationswettbewerb gemacht. Die beschleunigte Generierung von Innovationen aus der Forschung wird zur Überlebensstrategie der hochentwickelten Industrie- im Wettbewerb mit den Schwellenländern erkoren. So lehrt es die neue ökonomische Wachstumstheorie, die Schumpeters Lehre von der schöpferischen Zerstörung aufgreift und in die enge Kopplung von wissenschaftlicher Entdeckung, technologischer Innovation und wirtschaftlichem Wachstum überführt (Schumpeter 2006 [1912], 1980 [1942]; Aghion und Howitt 1998). Im Zuge der zunehmenden Verflechtung der Innovationspolitik des neuen Wettbewerbsstaates und des Innovationswettbewerbs zwischen Unternehmen in der wissensbasierten Ökonomie mit der innovationsgeleiteten Forschung im Zuge der Konkurrenz zwischen unternehmerisch operierenden Universitäten entsteht eine neue Politische Ökonomie der Wissenschaft, in der die Wahrheitssuche ein enges Bündnis mit der wirtschaftlichen Profitmaximierung und der staatlichen Machtsicherung eingeht (Gibbons et al. 1994). Die aktuellen Hochschulreformen zielen auf die engere Verflechtung von Politik, Wirtschaft und Wissenschaft im Interesse der Förderung von Innovationen. Sie sind aktivierender Teil im Innovationsbündnis von Politik, Wirtschaft und Wissenschaft, ein wesentliches Agens der neuen Politischen Ökonomie der wissensbasierten Innovation. Sie in ihrem Sinn und Zweck, ihren Ursachen, Erscheinungsformen und Folgen zu untersuchen, heißt deshalb, ihre Politische Ökonomie unter die Lupe zu nehmen. Das ist das Ziel der hier unternommenen Untersuchung. Es gilt dabei, die Transformation von Universitäten in strategisch operierende Unternehmen und das Entstehen eines spezifisch akademischen Kapitalismus in den Blick zu nehmen. Dabei sollen die schon publizierten Studien zum gegenwärtigen Wandel von Bildung und Wissenschaft fortgeführt und vertieft werden (Münch 2007, 2009a).

Zum neuen Paradigma der Hochschulreformen gehört maßgeblich das Setzen auf Quasi-Märkte und Wettbewerb als Steuerungsinstrumente (Le Grand und Bartlett 1994; Schimank 2005). War die Wissenschaft bislang in erster Linie in der Hand der wissenschaftlichen Gemeinschaft (Merton 1973 [1942]) und ihrer einzelnen Fachgesellschaften sowie in der Hand der akademischen Gemeinschaft von Lehrenden und Lernenden in den Universitäten (Parsons und Platt 1990), werden jetzt Universitäten als Unternehmen begriffen, die auf einem Markt um Marktanteile konkurrieren und auf die Akkumulation von materiellem Kapital (staatliche Grundfinanzierung, Drittmittel, Sponsorengelder) und symbolischem Kapital (Reputation, Definitionsmacht) zielen (Clark 1998). Um dabei erfolgreich zu sein, müssen sie einen spiralförmigen Prozess der wechselseitigen Unterstützung von materiellem und symbolischem Kapital in Gang setzen. Es entsteht ein ganz eigener Realitätsbereich, der Forschung und Lehre in der Hand der wissenschaftlichen und akademischen Gemeinschaft und der Fachgesellschaften überlagert, die akademische Freiheit bedroht und die Wissenschaft externen Interessen unterwirft (Readings 1996; Bok 2003; Slaughter und Leslie 1997; Slaughter und Rhoades 2004; Washburn 2005; Altbach 2007). Man kann hier im Anschluss an Michael Power (1997) von einem Prozess sprechen, der zunächst zu einer Entkopplung einer neuen virtuellen Realität mit einem Eigenleben von der realen Praxis in Forschung und Lehre führt. Dadurch erfolgt eine Beruhigung (*comforting*) der interessierten Öffentlichkeit in dem Sinne, als offensichtlich strategische und operative Maßnahmen ergriffen werden, um Forschung und Lehre zu verbessern. Komplementär dazu können es sich Administratoren, Forscher und Lehrer bequem machen, weil ein *modus vivendi* gefunden wurde, der die an sich offene und stets mit Unsicherheit verbundene Praxis einer berechenbaren Ordnung unterwirft, an der man sich festhalten kann. In der weiteren Folge ergibt sich eine Kolonisierung von Forschung und Lehre durch die neuen Praktiken derart, dass sich ihr Sinn und Zweck verändert. Am Ende dieser Transformation von Forschung und Lehre steht eine Zielverschiebung, bei der die Anpassung an die neuen externen Kontrollen Vorrang vor den internen Zielen von Forschung und Lehre erhält. Das kann einleitend anhand der Governance von Forschung durch Exzellenzwettbewerbe gezeigt werden.

Exzellenzwettbewerbe sollen dafür sorgen, dass Forschungsmittel dorthin fließen, wo mit ihnen der größtmögliche wissenschaftliche Fortschritt erzielt werden kann. Ob diese Erwartung erfüllt wird, ist angesichts der Unvorhersagbarkeit wissenschaftlicher Durchbrüche höchst ungewiss. Ob eine Investition wissenschaftliche Erträge erbracht hat, lässt sich oft auch nach langer Zeit nicht genau sagen. Allein diese Unsicherheit macht es wahrscheinlich, dass Erfolge in einem Exzellenzwettbewerb sich selbst genügen und vom realen Forschungsgeschehen entkoppelt werden. Solche Wettbewerbe haben deshalb den Nebeneffekt, dass sie eine Realität *sui generis* bilden, die in erheblichem Umfang Ressourcen beansprucht, die der realen Forschung entzogen werden. Außerdem erzeugen sie ein vereinfachtes Bild der Verteilung von wissenschaftlicher Exzellenz auf Universitäten, das weit von der viel differenzierteren Realität im realen Geschehen von Forschung und Lehre abweicht. In der Tendenz bewirken sie aber in materieller und symbolischer Hinsicht eine Angleichung der Realität an das vereinfachte Bild. Exzellenten Forschern an Universitäten, die im Wettbewerb verlieren, werden materielle und symbolische Ressourcen (Geld und Reputation) entzogen, durchschnittlichen Forschern an den Gewinneruniversitäten fließen dagegen Geld und Reputation zu.

Exzellenzwettbewerbe verschlingen umfangreiche personelle und sächliche Ressourcen der lokalen Koordinierung, der Antragstellung, der Begutachtung und Umsetzung, sodass gerade die besten Forscher in Koordination und Management versinken und Gefahr laufen, aus diesen Tiefen nicht mehr aufzutauchen – es sei denn, es wird ihnen anschließend eine mindestens dreijährige Auszeit gewährt. Dementsprechend wächst die Zahl der Wissenschaftskoordinatoren. Ein von der Exzellenzinitiative gefördertes geisteswissenschaftliches Exzellenzcluster weist auf seiner Homepage nicht weniger als 16 Mitarbeiter und Mitarbeiterinnen mit einer solchen Funktion aus. Für die Universität ist das Cluster jedoch auf jeden Fall ein Erfolg, ganz gleich was am Ende für die Wissenschaft dabei herauskommt und wie viele Mitarbeiter dabei in Projekten eingesetzt werden, die mangels Professorenstellen zu keiner planbaren akademischen Karriere führen. Auch die am selben Ort durchgeführte Podiumsdiskussion zu den trüben Aussichten des akademischen Nachwuchses kann daran nichts ändern. Das Karriereproblem des wissenschaftlichen Nachwuchses beeinträchtigt auch nicht wirklich den erworbenen Exzellenzstatus, weil dieser in einem Wettbewerb als ein Preis verliehen wird, den man nicht mehr verlieren kann, ganz gleich was an diesem und an anderen Orten tatsächlich in der Forschung geleistet wird.

Der Exzellenzwettbewerb ist eine Welt für sich, begleitet von Jubelstimmung und entkoppelt von der wesentlich differenzierteren Realität der Forschung selbst. In der Außendarstellung erzeugen solche Wettbewerbe Beruhigung. Es wird der Eindruck vermittelt, es geschehe etwas, die Politik tue etwas für die Wissenschaft. Allein die von der Exzellenzinitiative zur Förderung von Wissenschaft und Forschung an den deutschen Hochschulen 2006/2007 für fünf Jahre zur Verfügung gestellten zwei Milliarden Euro, die dadurch erzeugte mediale Aufmerksamkeit und die Titulierung von Universitäten, Forschungsverbünden und Doktorandenprogrammen mit dem Begriff der Exzellenz sind ein Beweis für die Erfolge verantwortlicher Regierungen in Bund und Ländern. Ob das Geld richtig investiert wurde, spielt keine Rolle. Man kann das nicht wirklich wissen und beweisen. Von der Kritik genervte mitverantwortliche Politiker ziehen sich deshalb auf die Feststellung zurück, es sei dadurch ja Bewegung in ein marodes System gekommen. Allein die von einem ins ruhige Gewässer geworfenen Stein ausgelöste Wellenbewegung ist schon Beweis genug für die Richtigkeit der Maßnahme. Man muss dabei klar sehen, dass die Forschungspolitik als Politik anderen Gesetzmäßigkeiten gehorcht als die Wissenschaft. Der Erfolg eines forschungspolitischen Programms zeigt sich unmittelbar in Wählerstimmen, nicht in letztlich nicht direkt darauf zurückführbarem wissenschaftlichem Fortschritt. Ein erfolgreiches forschungspolitisches Programm im Sinne der Sicherung von politischer Macht ist nicht schon dadurch auch förderlich für die Wissenschaft. Was aus diesem Programm für die Wissenschaft folgt, ergibt sich aus den institutionellen Strukturen und Machtverhältnissen im akademischen Feld, die den idealen Bedingungen für die Wissensevolution mehr oder weniger nahekommen können. Die gegebenen institutionellen Strukturen und Machtverhältnisse können neue forschungspolitische Maßnahmen – etwa die Mittelverteilung in Exzellenzwettbewerben – dergestalt absorbieren, dass die idealen Bedingungen der Wissensevolution (Vielfalt und offener Wettbewerb) noch tiefer gehend als zuvor untergraben werden. Die politisch erfolgreichen Maßnahmen haben dann in der Wissenschaft einen kontraproduktiven, die Wissensevolution behindernden Effekt.

Die Erzeugung einer virtuellen Realität der Forschung in Exzellenzwettbewerben hat viel mit der Kolonisierung der Politik durch die Medien zu tun. Die Medien müssen mit unmittelbar sichtbaren Ereignissen gefüttert werden, will man ihre Aufmerksamkeit erhalten und Mehrheiten gewinnen. Man hätte einfach den Etat der Deutschen Forschungsgemeinschaft (DFG) über fünf Jahre hinweg um jährlich 400 Millionen Euro aufstocken können und damit ein solideres, weniger auf Fassadenbau hereinfallendes und damit nachhaltigeres Verfahren gehabt. Noch effektiver und nachhaltiger wäre es gewesen, die Mittel ausschließlich für die Einrichtung von *tenure-track*-Juniorprofessuren mit der Maßgabe der anschließenden Überführung in den Universitätsetat zu vergeben. Es wäre dadurch ein Abbau der für die Erneuerung der Forschung im Vergleich zu den USA besonders hinderlichen Oligarchie der Lehrstühle an den deutschen Universitäten in die Wege geleitet worden. Das hätte aber die Medien wenig interessiert, die Sache wäre mit einer Nachricht verpufft. Erst recht hätten sich die Lehrstuhlinhaber in Sorge um die Qualitätssicherung heftig gegen eine solche Professoreninflation gewehrt. Hinter dieser Sorge steht natürlich auch das Interesse an der Erhaltung einer exklusiven Position. Interesse und sachliche Begründung fallen in eins.

Die Kunst der Politik besteht darin, die größte mediale Aufmerksamkeit bei geringstmöglichem Widerstand durch gut organisierte Interessengruppen zu erzeugen. Deshalb musste die Exzellenzinitiative als ein für zwei Jahre höchst unterhaltsames Medienereignis inszeniert werden. Anders hätte es das Geld für die Forschung gar nicht gegeben. Nur so konnte auch die Bundesministerin für Bildung und Forschung am Ende stolz verkünden, jetzt wisse man im Ausland, dass es in Deutschland exzellente Forschung und exzellente Universitäten gebe. Das Ergebnis des Wettbewerbs wird ganz einfach als Realität der Forschungslage definiert. Dass sich diese viel differenzierter darstellt, spielt keine Rolle mehr. Das beruhigt die Öffentlichkeit, vereinfacht die Governance der Forschung, und die Forscher wissen nun, was zu tun ist. *Comforting* nach allen Seiten.

Comforting bildet die Brücke zur Kolonisierung der Wissenschaft durch Politik, Medien und Ökonomie zugleich. Die Politik nutzt den Wettbewerb, um Erfolge unter Beweis stellen zu können, die Medien machen daraus ein mediales Ereignis, sodass sich die Gesetzmäßigkeiten der Aufmerksamkeitsökonomie zunehmend der Wissenschaft bemächtigen (Münch 1991, 1995; Franck 1998). Ein Journalist sieht zum Beispiel den mit Exzellenzgeldern finanzierten Zusammenschluss einer Technischen Universität mit einem außeruniversitären Forschungsinstitut in der Schlagzeile seines Artikels gleich als »Aufstieg in die Weltliga der Forscher« (Schultz 2009). In der Mediengesellschaft braucht man offensichtlich nur mit dem Titel »Exzellenz« versehene Gelder, um sich mit einem solchen Zusammenschluss von heute auf morgen in die »Weltliga der Forscher« zu katapultieren. Der unbefangene Leser fragt aber doch, ob Größenwachstum durch eine Fusion schon den Sprung an die Weltspitze ermöglicht. Für die Platzierung im Shanghai-Ranking der 500 sichtbarsten Universitäten der Welt (SJTU 2010) gilt das in der Tat, weil dieses maßgeblich Größe prämiert.

Die Wirkung auf die Wissenschaft selbst bleibt jedoch nicht beim entkoppelten Fassadenbau stehen. Die Fassade wirkt vor allem auf die Verteilung von Wettbewerbschancen, sowohl in materieller als auch in symbolischer Hinsicht, zurück (vgl. Espeland und Sauder 2007; Sauder und Espeland 2009). Die sehr differenzierte Verteilung »exzellenter«, international sichtbarer Forschung auf die Universitäten wird stark vereinfacht. Die Medien machen aus dem an sich ohne Sieger und Besiegte vonstattengehenden wissenschaftlichen Wettbewerb zwischen Forschern um die Anerkennung durch die wissenschaftliche Gemeinschaft einen Kampf um die vorderen Plätze, den nicht mehr die Forscher untereinander – unabhängig von ihren jeweiligen Standorten – austragen, sondern universitäre Unternehmen in der Absicht, materielles und symbolisches Kapital zu akkumulieren. Dabei unterstützen sich die politische, mediale und ökonomische Kolonisierung der Wissenschaft wechselseitig (Weingart 2001).

Am Ende steht ein stratifiziertes Feld, in dem die innere akademische Freiheit und die balancierte Verflechtung der Wissenschaft mit der Außenwelt so weit in Mitleidenschaft gezogen werden, dass die Evolution des wissenschaftlichen Wissens eine erhebliche Engführung erfährt, so wie dessen Transfer in die Praxis und dessen Verbreitung in die Öffentlichkeit äußeren Interessen unterworfen werden. Die innere akademische Freiheit wird im Innenverhältnis der Wissenschaft dadurch bedroht, dass die wissenschaftliche und die akademische Gemeinschaft sowie die Fachgesellschaften als deren Treuhänder von universitären Unternehmen entmachtet werden, die nicht mehr der Forschung um ihrer selbst willen dienen können, sondern die Forschung als Mittel im Kampf um Marktanteile mit dem Ziel der zirkulären Akkumulation von materiellem und symbolischem Kapital einsetzen müssen. Im Außenverhältnis der Wissenschaft zur Gesellschaft bedeutet die Entmachtung der wissenschaftlichen und der akademischen Gemeinschaft sowie der Fachgesellschaften durch die unternehmerische Universität, dass die universitäre Bildung urteilsfähiger Bürger, die Ausbildung des professionellen Nachwuchses, der Transfer von Wissen in die Praxis, die professionelle Dienstleistung und die Verbreitung von Wissen in der Öffentlichkeit infolge der Umwandlung dieser Leistungen der Wissenschaft für die Gesellschaft in marktgängige Produkte unternehmerischer Universitäten mehr als zuvor äußeren Zwecken unterworfen werden und ihre eigene wissenschaftliche Qualität verlieren.

Bei der propagierten Umstellung der Leistungserbringung

auf Märkte wird indessen darüber hinweggesehen, dass in den meisten Fällen überhaupt kein Markt im idealen Sinn und somit auch kein Marktwettbewerb entstehen, weshalb sich die damit theoretisch verbundenen Vorteile gar nicht einstellen. Beim Marktwettbewerb gibt es eine Vielzahl von Anbietern einer Vielzahl von Produkten und eine Vielzahl von Nachfragern mit einer Vielzahl von Bedürfnissen. Vollständige Information stellt sicher, dass die Nachfrage das genau passende Produkt in der bestmöglichen Qualität zum geringstmöglichen Preis findet. Dazu muss es aber auch möglich sein, dass unterschiedliche Angebote durch einen Preismechanismus miteinander verglichen werden können. Hier wirkt Adam Smiths (1999) unsichtbare Hand (Binswanger 2010: 27ff.). Das reale Marktgeschehen kommt diesem Ideal nur in den wenigsten Fällen nahe. Viele Märkte sind durch einen Verdrängungswettbewerb gekennzeichnet, bei dem wenige, ein Oligopol bildende Anbieter miteinander um Wettbewerbsvorteile konkurrieren, die sie in die Lage versetzen, wenigstens für eine gewisse Zeit Monopolrenten zu erzielen (Binswanger 2010: 32-43). Das gilt zum Beispiel für den von Schumpeter (1980 [1942]: 138) beschriebenen Innovationswettbewerb im Prozess der schöpferischen Zerstörung. Für Schumpeter ist es die Rolle des Unternehmers, diesen Prozess voranzutreiben. Im besten Fall macht ein Unternehmen eine Erfindung, lässt diese patentieren und setzt sie erfolgreich in ein neues Produkt um, das auf große Nachfrage stößt bzw. eine solche Nachfrage erzeugt. Spätestens bis zum Ablauf des Patents muss eine neue Erfindung zur Patentierung gebracht und in ein nachgefragtes Produkt umgesetzt werden. Nur unter dieser Bedingung kann ein Unternehmen im oligopolistischen Wettbewerb bestehen. Es können jedoch auch andere Vorteile genutzt werden, um sich einen Vorsprung vor den Konkurrenten zu verschaffen. Dazu gehört das erfolgreiche Kreieren einer Marke, die Erlangung von Marktmacht, die andere Marktteilnehmer von der Nutzung eines Produktes abhängig macht, insbesondere dann, wenn dieses für die Nutzung einer Vielzahl von Chancen benötigt wird. Die Marktmacht von Microsoft etwa beruht darauf, dass viele Nutzungsmöglichkeiten eines Computers nur mit einem Betriebssystem dieses Unternehmens zugänglich sind.

Um eine ähnliche Leistungssteigerung und eine ähnlich optimale Allokation von Angebot und Nachfrage wie beim Marktwettbewerb zu erreichen, wird im Zuge neoliberaler Reformen auf Wettbewerbe gesetzt, deren Kennzeichen darin besteht, dass sie ohne Markt und ohne Preismechanismus durchgeführt werden. Sie entsprechen deshalb viel eher dem Modell der Zentralverwaltungswirtschaft, wie es im Machtbereich der Sowjetunion praktiziert wurde (Binswanger 2010: 44-66). Viele derartige Reformmaßnahmen unterliegen deshalb einer »Marktillusion« (Binswanger 2010: 44-66). Wo viele Beobachter und Akteure denken, es werde ein Markt geschaffen, entsteht gar kein Markt. Der fehlende Preismechanismus muss durch ein Kennziffernsystem ersetzt werden. Anstelle des Zusammentreffens vieler Anbieter und vieler Nachfrager stehen mehr oder weniger Anbieter einem Nachfrager in zentraler Position gegenüber (der Leitung eines Unternehmens, einer staatlichen Behörde, einer Förderorganisation, einer Ratingagentur, einem Betreiber eines Ranking-Verfahrens). Der Nachfrager in zentraler Position setzt mittels Kennziffern die Standards, um deren Erfüllung die Anbieter konkurrieren. Genau diese Situation führt dann zu dem von der Zentralverwaltungswirtschaft bekannten Ergebnis, dass die Anbieter zu viel von einer Sache produzieren, während viele andere, ebenso wünschenswerte Dinge in nicht ausreichendem Ausmaß bzw. gar nicht hergestellt werden. Die Kennziffern des zentralen Nachfragers können niemals die reale Vielfalt wünschenswerter

Leistungen abbilden. Wer trotzdem daran festhält, verfällt der »Messbarkeitsillusion« (Binswanger 2010: 67-91). Kennziffern erzeugen einseitig eine Realität der Leistungsdefinition, die das Spektrum des Vorstellbaren auf wenige Parameter einschränkt. Das Verhalten wird auf die Erfüllung der Kennziffern konditioniert: die neue Herrschaft der Zahlen (Porter 1995). Das ist besonders fatal, wo es auf Vielfalt und Kreativität ankommt, wie beim Vorantreiben des wissenschaftlichen Fortschritts. Ohne ausreichende Vielfalt und genügend Wettbewerb droht der Evolution des Wissens, das lehrt die Evolutionstheorie, eine Engführung auf ausgetretenen Pfaden (Nelson und Winter 1982; Metcalfe 1994a, 1994b; Saviotti 1996).

Noch gravierendere Folgen für die Offenheit und Dynamik der Wissensevolution ergeben sich, wenn der Wettbewerb um die Gunst eines zentralen Nachfragers von Kartell- und Oligopolstrukturen überlagert wird. Das ist dann der Fall, wenn besonders potente Anbieter an der Gestaltung der Kennziffern und der Verteilung von Aufträgen mitwirken, indem sie enge Beziehungen untereinander und mit dem zentralen Nachfrager unterhalten. Dieses Problem ist oft bei der Vergabe öffentlicher Aufträge durch staatliche Behörden gegeben. Oligopolstrukturen können sich besonders leicht herausbilden, wenn erteilte Aufträge die Chancen, weitere Aufträge zu erhalten, verbessern, sodass wenige Anbieter in eine Aufwärtsspirale gelangen, während viele andere in eine Abwärtsspirale gedrängt werden. Ein Oligopol von wenigen Anbietern kann dann den Kuchen untereinander aufteilen und Monopolrenten erzielen. Anders als beim oligopolistischen Innovationswettbewerb werden dabei allerdings keine Innovationen gefördert, und zwar deshalb, weil der Wettbewerb nicht auf Erfindungen, sondern auf die Erfüllung der schon feststehenden Kennziffern ausgerichtet ist. Innovationen setzen aber gerade auch die Veränderung der Kennziffern voraus. Die Kennziffern schränken das Spektrum möglicher Innovationen somit ein. In der Wissenschaft wirkt sich die Oligopolbildung besonders innovationsfeindlich aus, weil der wissenschaftliche Fortschritt auf eine breite Streuung von Versuchen angewiesen ist, von denen nur wenige zum Erfolg führen können. Oligopolbildung in der Wissenschaft schließt eine Vielzahl von Forscherinnen und Forschern vom Wettbewerb aus, weil ihnen der Zugang zu den relevanten Netzwerken der Aufmerksamkeitsverteilung versperrt ist. Gegen die Absicht des inszenierten Wettbewerbs um Forschungsgelder werden sie unter den Bedingungen oligopolistischer Strukturen nicht zur Leistungssteigerung motiviert. Im Gegenteil, sie werden zunehmend entmutigt. Die Implementation des Wettbewerbsparadigmas unterliegt dann einer »Motivationsillusion« (Binswanger 2010: 92-117). Wie wir sehen werden, bewegt sich die Anwendung des Wettbewerbsparadigmas in der Wissenschaft in die Richtung der Erzeugung von Oligopolstrukturen, die den Wettbewerb nicht befördern, sondern einschränken. Dabei überlagert der oligopolistische Wettbewerb zwischen Universitäten um Marktmacht den Wettbewerb der Forscherinnen und Forscher um Anerkennung durch die wissenschaftliche Gemeinschaft für ihre Beiträge zum Erkenntnisfortschritt. Die Logik der Wissenschaft wird einer Logik des wirtschaftlichen Verdrängungswettbewerbs subsumiert. Von einer funktionalen Differenzierung zwischen Wissenschaft und Wirtschaft kann dann kaum noch die Rede sein.

In den folgenden sieben Kapiteln soll diese Transformation der Wissenschaft in Forschung und Lehre in ihren wesentlichen Dimensionen untersucht werden. Wir beginnen mit der zunehmenden Überlagerung des wissenschaftlichen Gabentausches zwecks Produktion von Wissen als Kollektivgut durch eine von den Kriterien des sogenannten Shanghai-Rankings der 500 sichtbarsten Universitäten der Welt erzeugte Weltliga der Wissenschaft (Kapitel I). In dieser Weltliga werden Universitäten zu Unternehmen gemacht, die sich einen Verdrängungswettbewerb um Forschungsgelder und um die besten Forscher, Lehrer und Studierenden liefern (Kapitel II). In ihrem Inneren wird die neue Universität zur Audit-Universität, die zwecks besserer strategischer Positionierung im wissenschaftlichen Feld die Qualitätssicherung durch die akademische Gemeinschaft und die Fachgesellschaften durch ein manageriales Controlling ersetzt (Kapitel III). Es entsteht eine Art Panoptikum des Qualitätsmanagements, das die Wissenschaft in das Korsett der Normalisierung steckt (Kapitel IV). Die um sich greifende Evaluationsmaschinerie misst nicht einfach Qualitätsunterschiede, sie setzt vielmehr hoch selektive, die Vielfalt der Wissenschaft einschränkende Maßstäbe und erzeugt eine sich zunehmend verfestigende, erneuerungsfeindliche Stratifikation der Fachbereiche und Universitäten (Kapitel V). New Public Management will die Forschungsmittel genau dorthin bringen, wo mit ihnen die größten Effekte erzielt werden, es soll einen effizienten Mitteleinsatz garantieren. Die entsprechenden Maßnahmen treffen jedoch auf schon gegebene Ungleichheiten der Mittelausstattung und bedienen so den Monopolmechanismus, sodass sich eine Unterinvestition in der breiten Masse der Standorte und eine Überinvestition an weniger privilegierten Standorten ergibt. Die Konsequenz ist zunehmende Ineffizienz des Mitteleinsatzes (Kapitel VI). Die Exzellenzinitiative von Bund und Ländern zur Förderung von Wissenschaft und Forschung an den deutschen Hochschulen folgt dem Paradigma von NPM. Sie unterliegt der *illusio* der Verteilung von Forschungsmitteln nach dem Leistungsprinzip, prämiert jedoch maßgeblich Größe und befördert die kartellartige Verteilung von Forschungsmitteln, die oligopolistisch/monopolistische Nutzung dieser Mittel zur Positionierung im Wettbewerb und die oligarchische Organisation der Forschung. Infolgedessen ergibt sich nicht die erhoffte Steigerung der Forschungsleistungen (Kapitel VI). Der Bologna-Prozess forciert den Umbau der Universitäten in Unternehmen, die im europäischen Hochschulraum um Studierende konkurrieren. Diese ersetzen die Qualitätssicherung der akademischen Gemeinschaft und der Fachgesellschaften durch ein manageriales Controlling und sie setzen an die Stelle der beruflichen Definition von Studiengängen durch Fachgesellschaften deren marktmäßige Bestimmung und die Kontrolle durch Akkreditierungsagenturen. Der Sachwert des Berufstitels wird durch den symbolischen Wert des Zeugnisses einer mehr oder weniger prestigereichen Universität verdrängt (Kapitel VII). Zusammenfassend sind es drei Phänomene, die der neuen akademischen Welt ihren Stempel aufdrücken: die Audit-Universität, die unternehmerische Universität und der akademische Kapitalismus (Schlussbetrachtung). Statistische Analysen zum akademischen Leistungswettbewerb schließen die Untersuchung ab (Anhang).

In Kapitel I wird demnach der Rahmen auf der Makroebene abgesteckt, in dem sich die in den folgenden Kapiteln untersuchten Veränderungen der wissenschaftlichen Arbeit vollziehen und von dem sie in ihrem Gehalt geprägt werden. Kapitel II und III beschäftigen sich mit zwei in diesem Rahmen bedeutsam gewordenen, miteinander zusammenhängenden neuen Qualitäten der Universität auf der Mesoebene: mit der unternehmerischen Universität und der Audit-Universität. Dabei leiten die Überlegungen zur Audit-Universität über zur Mikroebene des Forschens und Lehrens. Sie umfassen beide Ebenen. Kapitel IV wendet sich dann dem Wandel auf der Mikroebene des Forschens und Lehrens unter dem Regime des managerialen Controlling zu. Letzteres ist das innere Pendant zur wachsenden Bedeutung der Evaluationen zwecks Qualitätssicherung und Rangeinstufung im Außenverhältnis der

Universität, die in Kapitel V untersucht werden. Die damit einhergehende Stratifikation des akademischen Feldes auf der Makroebene wird in Kapitel VI mit der Herausarbeitung des Monopolmechanismus weiter ausgeleuchtet. Kapitel VII veranschaulicht am Beispiel der Verteilung von Forschungsgeldern zwischen den Universitäten in Deutschland, ausgehend von der regulären Förderung durch die Deutsche Forschungsgemeinschaft bis zur Exzellenzinitiative, wie die in Kapitel V und VI herausgearbeiteten Mechanismen der Stratifikation auf der Makroebene wirksam werden. Kapitel VIII legt dar, wie sich die von der Exzellenzinitiative forcierte Stratifikation des akademischen Feldes mit dem Bologna-Prozess verbindet und der Prestigewert von Hochschulzertifikaten bei der Vermittlung zwischen Bildung und Beschäftigung im Vergleich zum reinen Sachwert an Bedeutung gewinnt. Die Schlussbetrachtung fasst die untersuchte Transformation des akademischen Feldes auf der Makroebene (akademischer Kapitalismus), Mesoebene (unternehmerische Universität/Audit-Universität) und Mikroebene (Audit-Universität) zusammen. Die statistischen Analysen im Anhang beleuchten die Verteilung von Forschungsmitteln und Reputation auf der Makroebene, ohne daraus direkte Schlüsse für die Mikroebene zu ziehen. Sie beinhalten demnach keine »ökologischen Fehlschlüsse«. Der Zusammenhang zwischen Makro-, Meso- und Mikroebene wird jedoch durch die theoriegeleitete Argumentation erschlossen. Abbildung 7.1 in Kapitel VII bietet dazu einen Überblick.

An dem Aufbau der Untersuchung ist zu erkennen, dass die Kapitel ineinandergreifen. In den jeweils nachfolgenden Kapiteln wird die Thematik der vorhergehenden Kapitel aufgegriffen und in einer bestimmten Richtung vertieft. Das führt an einigen Stellen zwangsläufig zu Überschneidungen, bei denen es sich jedoch nicht um überflüssige Wiederholungen des schon Gesagten handelt, sondern um Bausteine der Argumentation, die an der jeweiligen Stelle benötigt werden, um sie unmittelbar verstehbar zu machen und sie in den Gesamtrahmen der Untersuchung einzubetten. Der Leser soll jeweils an Ort und Stelle verstehen können, um was es geht, ohne mühsam zurückblättern zu müssen.

Der sich im Feld der Wissenschaft vollziehende Wandel wird hier nicht als isoliertes Phänomen untersucht, sondern als Teil eines breiter angelegten und tiefer greifenden gesellschaftlichen Prozesses. Dementsprechend handelt es sich nicht um Wissenschaftsforschung in einem engen Sinn, sondern um eine gesellschaftstheoretisch fundierte Gesellschaftsanalyse. Deren Absicht ist nicht die instrumentelle Beratung der Politik nach vorgegebenen Reformzielen, sondern soziologische Aufklärung in einem umfassenderen und tiefer greifenden Sinn, aus der sich eine wissenschaftlich fundierte Gesellschaftskritik speisen kann. Während sich Expertisen in der Regel an herrschende Reformagenden halten, muss die soziologische Aufklärung auch die Reformagenden selbst auf ihre Herkunft, ihre Erscheinungsformen und ihre Konsequenzen befragen. Über die Begründung »normaler« Kritik an technischen Unzulänglichkeiten hinaus muss es darum gehen, Wissen zu generieren, das eine grundsätzliche Kritik über das Alltagsgeschäft hinaus ermöglicht (Honneth 2007; Lessenich 2009: 126-132; Dörre, Lessenich und Rosa 2009). Expertisen müssen instrumentell verwertbare Information liefern. Sie sind deshalb gezwungen, die Prämissen der Politik als gegeben hinzunehmen. Die Gesellschaftsanalyse als Grundlage für die Gesellschaftskritik darf sich solche Beschränkungen nicht auferlegen. Sie muss auch das infrage stellen, was im politischen Alltagsgeschäft unbefragt vorausgesetzt wird. Das zu tun, ist die Absicht der folgenden Untersuchung zur Transformation der Wissenschaft im Kontext der globalen Verbreitung von New Public Management. In dieser Absicht unterscheidet sich das hier wie auch in den Vorläuferstudien (Münch 2007, 2009a) verfolgte Programm nicht nur von instrumentell verwertbaren Expertisen, sondern auch von einer Wissenschaftsforschung, die sich, entweder hermeneutisch oder positivistisch verfahrend, auf die Untersuchung von Teilproblemen der Wissenschaft beschränkt, ohne nach deren gesellschaftlicher Einbettung zu fragen.

Um Missverständnissen vorzubeugen, möchte ich noch etwas zum Charakter der vorgelegten Studie sagen. Es handelt sich um eine theoriegeleitete Beschreibung aktueller Trends im Wandel der Universitäten, ihrem Verhältnis zueinander im akademischen Feld auf der Makroebene, in ihrer inneren Organisation auf der Mesoebene und in den Aktivitäten in Forschung und Lehre auf der Mikroebene. Dabei mache ich von idealtypischen Konstruktionen Gebrauch, um aus ihnen Prognosen über sich abzeichnende Veränderungen abzuleiten, die über das hinausgehen, was aktuell schon sichtbar ist. Es soll erkennbar werden, wohin sich die Universität bewegt, wenn sich die idealtypisch erfassten Kräfte des Wandels ungebremst durchsetzen. Deswegen mögen manche Aussagen etwas überspitzt erscheinen. Das ist jedoch gewollt und gehört zur idealtypisch verfahrenden Arbeitsweise (vgl. Mayntz 2002).

Es soll keine Beschreibung des Ist-Zustandes vorgelegt werden, schon gar keine Beschreibung aus der Sicht der maßgeblichen Akteure selbst, die in das Spiel im Feld verstrickt sind. Es soll nicht die *illusio* des Feldes reproduziert werden, um dann wieder legitimatorisch auf die Stabilisierung des Feldes zurückzuwirken. Vermieden werden sollen auch die häufig gebrauchten funktionalistischen Argumente, die für gegebene Institutionen und Praktiken eine Notwendigkeit zwecks Erfüllung bestimmter Funktionen reklamieren, allen voran die Funktion der Reduktion von Komplexität. Dabei gerät meistens aus dem Blick, dass es funktionale Alternativen gibt und eine so abstrakte Funktion wie die Reduktion von Komplexität auf viele verschiedene Weisen erfüllt werden kann. Das entsprechende Argument ist demnach empirisch gehaltlos.

Anders als die reifizierende Beschreibung und funktionalistische Erklärung gegebener Institutionen und Praktiken sollen die folgenden Untersuchungen idealtypisch die Wirkungsweise bestimmter Institutionen und Praktiken des akademischen Betriebs freilegen. Das besondere Interesse gilt verborgenen Mechanismen, die hinter dem Rücken der Akteure wirksam werden (Mayntz 2009: 97-121), verborgenen Machtverhältnissen, wo es in der Praxis um Leistungswettbewerbe und die Verteilung materieller und symbolischer Ressourcen der wissenschaftlichen Arbeit geht. Im Feld selbst herrscht die Sprache der Verteilung von Ressourcen nach dem Leistungsprinzip. Sie bringt die *illusio* im Spiel zum Ausdruck (Bourdieu 1998: 140f.). Das Sichtbarwerden von Macht hinter dem Leistungswettbewerb stößt deshalb bei den Akteuren im Feld, einschließlich der darin eingebundenen Experten, auf Ablehnung. Das ist die natürliche Reaktion, weil ohne Glauben an die Verteilung von Ressourcen nach dem Leistungsprinzip keine Investitionen mehr getätigt würden. Für den soziologischen Blick ist es jedoch normal, dass Leistungswettbewerbe mehr oder weniger tief greifend durch die Struktur der materiellen und symbolischen Macht in einem jeweiligen Feld entschieden werden. Das gehört spätestens seit Tumins (1953) konflikttheoretischer Kritik an der funktionalistischen Schichtungstheorie von Davis und Moore (1945) zum Grundbestand des soziologischen Wissens.

Es soll in dieser Untersuchung erschlossen werden, wie sich die Generierung und Vermittlung wissenschaftlichen Wissens verändert, wenn die Form der wissenschaftlichen Gemeinschaft und ihrer Untergliederung in akademische Gemeinschaften sowie Fachgesellschaften durch die Formen einer akademischen Weltliga, der unternehmerischen Universität, der Audit-Universität und des akademischen Kapitalismus abgelöst wird. Das sind theoretische Modelle, keine empirischen Beschreibungen des Ist-Zustandes. Aus den theoretischen Modellen werden jedoch zugespitzte Prognosen über den weiteren Wandel der Universität und der Generierung sowie Vermittlung von Wissen abgeleitet. Deren Absicherung besteht in der theoretischen Grundlegung, nicht in der empirischen Realität der aktuell gegebenen Verhältnisse. Diese Realität ist noch in erheblichem Maße der alten Form der wissenschaftlichen Gemeinschaft und ihrer Untergliederungen in akademische Gemeinschaften und Fachgesellschaften verhaftet. Die Träger dieser alten Formen – Professoren, Mitarbeiter, Studierende und ihre Vereinigungen – in ihrem erworbenen Habitus und ihrem Interesse sowie die alten Institutionen und Praktiken wirken als Kräfte der Beharrung dem idealtypisch aufgezeigten Wandel entgegen (ein Phänomen, das auch als »Hysteresis-Effekt« bekannt ist; Verhaltensweisen ändern sich oft langsamer als die Umweltbedingungen).

Wie tief der Wandel greift, hängt maßgeblich von der Vitalität der Beharrungskräfte und ihrer Fähigkeit zur Gestaltung der Reformprozesse ab. Wie dieser Kampf ausgeht, lässt sich nicht voraussagen. Reformschritte können im Sande verlaufen und auf Granit stoßen, sie können aber auch Gegenkräfte mobilisieren. Außerdem ist es möglich, aus Reformen zu lernen, um sie in neue Bahnen zu lenken. Hier betreten wir indessen das Feld höchster historischer Kontingenz, das nicht Gegenstand einer tiefer greifenden soziologischen Untersuchung sein kann. Was wir allerdings feststellen können, sind Machtverschiebungen im Zuge der Transnationalisierung des akademischen Feldes, die den Beharrungskräften ein Stück ihrer Legitimität und Widerstandskraft nehmen. Die Zeichen stehen deshalb auf weiteren Wandel in der aufgezeigten Richtung. Weil ich davon ausgehe, dass die Zeichen auf Wandel hindeuten, gilt meine Aufmerksamkeit zwangsläufig mehr den Kräften, Erscheinungsformen und weiteren Folgen des Wandels als den Gegenkräften, die uns ja schon bekannt sind. Ebenso interessieren an den untersuchten Praktiken – wie etwa der akademischen oder managerialen Qualitätssicherung – mehr deren nicht intendierte Konsequenzen und deren weniger beachtete Schattenseiten als deren intendierte Wirkungen und ihrer in aller Regel hervorgehobene Sonnenseite.

Die empirischen Referenzen der Untersuchung dienen erstens der Identifikation von Kräften und Gegenkräften, die den theoretisch prognostizierten Wandlungsprozess in Gang setzen und befördern bzw. behindern und in spezifische Bahnen leiten. Das ist zum Beispiel die Rolle von New Public Management auf der einen Seite und von oligarchischen Organisationsstrukturen auf der anderen Seite. Zweitens sollen sie die theoretisch prognostizierte Wirkung von Mechanismen wie dem Monopolmechanismus auf die Verteilung von Forschungsmitteln und Reputation sichtbar machen. Drittens sollen sie die theoretisch prognostizierte Wirkung der Kapitalstruktur des akademischen Feldes auf die Verteilung von Forschungsmitteln und Reputation erkennen lassen. Dazu gehört auch der Zusammenhang zwischen Investitionen und Forschungsertrag unter gegebenen Bedingungen.

Die Stimmigkeit der hier vorgelegten Analyse bemisst sich dementsprechend nicht nach dem Maßstab der genauen Beschreibung des empirisch Gegebenen, sondern nach dem Maßstab der theoretisch gehaltvollen, Augen öffnenden und Erkenntnis fördernden Konstruktion von Idealtypen, der Identifikation von empirisch wirksamen Kräften, die idealtypisch erfasste Wirkungsmechanismen in Gang setzen und befördern, der Erfassung von Gegenkräften, der Erschließung von Hybriden, die sich aus dem Zusammenwirken von Veränderungs- und Beharrungskräften ergeben und der Ermittlung von Evidenzen für die identifizierten Wirkungsmechanismen. Das heißt, etwas erkennbar zu machen und in einem anderen als dem gewohnten Licht erscheinen zu lassen. Es geht nicht darum, ein normativ wünschenswertes, schon gar nicht ein der Vergangenheit verhaftetes Modell der Universität den Realitäten der Gegenwart entgegenzustellen und in die allseits zu hörende Klage über den Untergang der Universität im Strudel des Neoliberalismus einzustimmen. Ziel ist vielmehr, den sich vollziehenden Wandel der Universität in seinem tieferen Sinn, seinen Ursachen, Erscheinungsformen und Konsequenzen zu begreifen und zu erklären.

I. Akademisches Monopoly:
Vom Gabentausch zur Shanghai-Weltliga der Wissenschaft

Die Wissenschaft erfährt in der Gegenwart einen tief greifenden Wandel. Unternehmerisch geführte Universitäten entmachten die wissenschaftliche Gemeinschaft der Forscher, die akademische Gemeinschaft von Lehrenden und Lernenden in der Universität und die Fachgesellschaften in der Bestimmung von guter wissenschaftlicher Forschung und akademischer Lehre. Forschung und Lehre werden einem unternehmerischen Qualitätsmanagement unterzogen und werden zu Geschäftsfeldern, auf denen sich die Universitätsunternehmen im Wettbewerb durch strategische Entscheidungen und manageriale Kontrolle über die Operationen Marktanteile zum Zweck der zirkulären Akkumulation von materiellem und symbolischem Kapital (staatliche Grundfinanzierung, Drittmittel, Sponsorengelder, Studiengebühren, Reputation, Definitionsmacht) sichern. Im Zuge der globalen Ausbreitung liberaler Gouvernementalität wird die funktionale Ausdifferenzierung der Wissenschaft aus externer Kontrolle von deren Subsumtion unter das Regime der Ökonomie abgelöst.

1. Forschung und Lehre als Gabentausch

Forscher wetteifern immer schon um die Rezeption ihrer Forschungsleistungen durch andere Forscher. Dabei ist der Prioritätswettbewerb um die Schaffung neuen Wissens vom Qualitätswettbewerb der Verbesserung des vorhandenen Wissens zu unterscheiden (Merton 1973 [1942]). Priorität bedeutet, einen wissenschaftlichen Durchbruch erzielt zu haben. Das bringt die höchsten Ehren. Es kann davon ausgegangen werden, dass sich Durchbrüche nicht erzwingen und prognostizieren lassen, sondern am ehesten dann entstehen, wenn ein großer Teil der Forschung in vollkommener Freiheit von äußeren Zwängen betrieben wird, sei es das Bemühen um höheres Einkommen, sei es die Suche nach besserer Ausstattung. Deshalb kann vermutet werden, dass weder Zuckerbrot noch Peitsche wissenschaftliche Durchbrüche fördern (Frey 2008, Kieser 2010). Weniger Ehre bringen Qualitätsverbesserungen. Sie bilden den Alltagsbetrieb der Normalwissenschaft (Kuhn 1967). Der größte Teil der Wissenschaft verläuft in diesen Bahnen der Normalität. Hier werden Punkte für kleine Verbesserungen des Wissens gesammelt. Auch dieser Alltagsbetrieb regelt sich normalerweise von selbst, weil ein Wissenschaftler, der auf keine Rezipienten für seine Forschungsleistungen stößt, schon bestraft genug ist. Allein um als Wissenschaftler anerkannt zu werden, wird er Wege suchen, die zu wenigstens minimalen Rezeptionserfolgen führen. Dauerhafte Misserfolge lassen sich außerdem durch Ankerkennung für Erfolge in Lehre oder Verwaltung, beim Wissenstransfer in die Praxis oder durch Beiträge zur lokalen oder nationalen öffentlichen Kommunikation kompensieren.

Im Normalfall sind lehrende Forscher in der Rolle als Professoren auch an der Rezeption ihrer Lehrleistungen durch Studierende interessiert, schon deshalb, weil es Sinn und Zweck ihrer Tätigkeit ist und es zum Selbstverständnis eines Professors gehört, das alltäglich durch die interessierten oder nicht interessierten Reaktionen der Studierenden auf seine Vorlesungen und Seminare bestätigt oder nicht bestätigt wird. Ein Professor, den die Studierenden nicht achten und von dem sie nichts lernen wollen, führt eine genauso erbärmliche Existenz wie ein Professor, dessen Forschungsleistungen auf kein

Interesse anderer Forscher stoßen. Professor zu sein und keinen Wert auf Anerkennung durch andere Forscher zu legen, wäre absurd, wie es auch absurd ist, ein akademischer Lehrer zu sein, der keine Studierenden findet, die sich von ihm in die Welt seiner Wissenschaft führen lassen. Es gehört zur Natur des Berufs, das heißt zum Habitus des akademischen Forschers und Lehrers, nach Anerkennung durch *peers* und durch Studierende zu streben, anderenfalls hätte er/sie den Beruf nicht gewählt (Parsons und Platt 1990). Normalerweise ist ihm/ihr das in Fleisch und Blut übergegangen. Genauso liegt es in der Natur der Sache, dass dies alles mehr oder weniger gut gelingen kann, in der Forschung in Abhängigkeit von eigenem Können und eigener Anstrengung und von äußeren Bedingungen, der Schwierigkeit der Forschungsfrage, der verfügbaren Ausstattung, dem Zugang zu den dominanten Netzwerken in einem Forschungsfeld und der Position des Feldes im Raum der Wissenschaft. In der Lehre spielen das Charisma, die pädagogischen und didaktischen Fähigkeiten, die Betreuungsquote, das Vorwissen, die Intelligenz und die Lernbereitschaft der Studierenden die entscheidende Rolle. Ein begabter akademischer Lehrer kann sich aufopfern und trotzdem nur wenig pädagogischen Erfolg haben (zum Beispiel gemessen an Studienabbrecherquoten), wenn die Betreuungsquote nicht bei 1 zu 10, sondern bei 1 zu 100 liegt. All das ist der Normalfall des universitären Forschungs- und Lehrbetriebs, von dem es Ausnahmen gibt, die aber, weil es Ausnahmen sind, die Regel bestätigen. Die Zahl der akademischen Forscher und Lehrer, deren Leistungen durch mangelnde Motivation beeinträchtigt sind, ist nach aller Erfahrung so niedrig, dass es gar nicht lohnt, weiter darüber nachzudenken, und zwar deshalb, weil es sich um – in der Regel krankheitsbedingte – hartnäckige, überhaupt nicht reparable Fälle handelt. Es wäre absurd, die Governance der akademischen Forschungs- und

Lehrtätigkeit auf diese Extremfälle auszurichten. Komplementär dazu müssten dabei Kontrollmaßnahmen ergriffen werden, die dem akademischen Normalbetrieb den Boden seines Funktionierens entziehen. Weder Originalität noch Qualität in der Forschung lassen sich durch äußere Kontrollen fördern, und auch die Qualität der akademischen Lehre in ihrem eigenen Sinn und Zweck lässt sich durch äußere Kontrollen im Normalfall nicht steigern.

Man kann das beschriebene Bestreben, bestmögliche Leistungen in Forschung und Lehre zu erbringen, durch die Einbindung der Professoren und der Studierenden in die akademische Gemeinschaft ihrer Universität sowie der Professoren in die weitere wissenschaftliche Gemeinschaft erklären (Parsons und Platt 1990). Die wissenschaftliche Gemeinschaft ist in viele disziplinäre, subdisziplinäre und nationale Gemeinschaften gegliedert. In Gemeinschaften werden Leistungen nicht nach ökonomischen Prinzipien für Gegenleistungen (Entgelt) erbracht, sondern als Geschenk nach dem Prinzip der Reziprozität (Mauss 1968). Der Forscher publiziert seine Ergebnisse als Geschenk für die wissenschaftliche Gemeinschaft, weil er sich als Mitglied dieser Gemeinschaft dazu verpflichtet sieht. Man kann sagen, dass er/sie damit das ihm/ihr erteilte Geschenk der Aufnahme in die Gemeinschaft durch die Promotion erwidert. Er/Sie sieht sich durch die Mitgliedschaft zugleich geehrt und zur Erwiderung des Geschenks verpflichtet. Dabei gehört es zur Natur des Geschenks, dass die Erwiderung im Hinblick auf Zeitpunkt, Umfang und sachlichen Gehalt nicht spezifiziert wird. Erwartet wird nur das beständige Bemühen um die Vermehrung des wissenschaftlichen Wissens. Was getan wird, um das zu erreichen, liegt im Ermessen des durch Promotion Beschenkten. Das ist die Grundlage dafür, dass Forscher ganz unterschiedliche, mehr oder weniger erfolgreiche Wege gehen können. Der Vielfalt an Geschenken durch Forscher sind keine Grenzen gesetzt.

Es ist klar, dass viele Bemühungen scheitern und nur ein Teil davon zum Erfolg führt. Wer scheitert, wird weiter respektiert, weil alle wissen, dass Scheitern in der Natur der Sache liegt und nur die Bereitschaft vieler, Risiken des Scheiterns einzugehen, den Erkenntnisfortschritt voranbringt. Die Forscher erhalten ihr Gegengeschenk in Gestalt des Respekts der Gemeinschaft, unabhängig von der Zahl und Bedeutung ihrer Erfolge. Weil die Erwartung nicht spezifiziert ist, werden die Beiträge auch nicht in eine Rangordnung gebracht. Es zählt der einzelne Beitrag in seiner eigenen Qualität bzw. Originalität, nicht die Quantität der Beiträge und ihre Summierung zu einem persönlichen »Performanzprofil«. Es gehört zu den Spielregeln, dass jeder Beitrag als solcher geachtet wird und zwischen den dahinter stehenden Forschern kein Unterschied gemacht wird. Der wissenschaftliche Diskurs folgt der regulativen Idee der idealen Sprechsituation, nach der alle gleichberechtigt Behauptungen aufstellen und kritisieren können und in der nur das bessere Argument zählt, wer auch immer von welcher Institution auch immer sich zu Wort meldet (Habermas 1971). Es gilt die Doxa, dass die Wissenschaft nur durch These und Antithese unter Bedingungen der Waffengleichheit voranschreiten kann (Bourdieu und Wacquant 2006: 212-238). Der Erkenntnisfortschritt lebt davon, dass die Wissenschaftler darauf vertrauen und ihre Einsätze in das Spiel einbringen. Es ist diese *illusio*, die den Forschungsprozess am Leben hält (Bourdieu 1993: 122-123, 150), auch wenn die Realität nicht immer so aussieht und es privilegierte Wortführer und benachteiligte Begleitforscher gibt.

Das Verständnis von Beiträgen zur Forschung als Geschenk für die wissenschaftliche Gemeinschaft bedeutet indessen nicht, dass überhaupt nicht zwischen größeren und kleineren

Geschenken unterschieden wird. Über die grundsätzliche Achtung jeder Bemühung um den Erkenntnisfortschritt hinaus erfahren in den Naturwissenschaften Durchbrüche, in den Geisteswissenschaften tiefschürfende Werke besondere Anerkennung. Wissenschaftler erlangen dementsprechend für ihre Geschenke mehr oder weniger Reputation, die sich in der Rezeption ihrer Beiträge durch andere Wissenschaftler, Einladungen zu Vorträgen und Gastaufenthalten, Mitgliedschaften in Beiräten und Herausgeberschaften und gelegentlich in Preisen äußert. Das Besondere an der Reputation ist ihre nicht exakte Messbarkeit und Vergleichbarkeit. Man kann für ganz unterschiedliche Leistungen bei ganz unterschiedlichen Teilen der wissenschaftlichen Gemeinschaft eine gewisse Reputation genießen. Das bedeutet, dass die Reputation eines Wissenschaftlers nicht zwangsläufig zulasten der geringeren Reputation oder gar Missachtung anderer Wissenschaftler gehen muss. Es gehört auch zu den Normen der wissenschaftlichen Gemeinschaft, aufgrund der erreichten Reputation keine Ansprüche auf ein gewichtigeres Wort zu erheben. Richtiggehend verpönt ist es, damit zu prahlen und hochmütig zu werden. Das ist das eigenartige Arrangement, das in der Wissenschaft einen Wettbewerb ermöglicht, der positive Energien freisetzt und die den möglichen negativen Effekt der Verdrängung der weniger Geehrten vermeidet. Es gibt keine Unterteilung in Gewinner und Verlierer, Sieger und Besiegte, weil der Durchbruch des einen zugleich ein Geschenk für alle anderen darstellt, das auch diese zu neuen Ufern der Forschung vorstoßen lässt, und weil es neben dem einen Durchbruch viele andere Durchbrüche und Erkenntnisse gibt, zu denen viele andere einen Beitrag geleistet haben. In diesem Sinne ist wissenschaftliches Wissen ein Kollektivgut, das aus kollektiven Anstrengungen hervorgeht und das Kollektiv der wissenschaftlichen Gemeinschaft auf der Suche nach Erkenntnis weiter voranbringt.

Die wissenschaftliche Gemeinschaft ist immer größer an Würde als jeder einzelne Forscher. Selbst für die Hochgeehrten gilt es, ihr gegenüber Demut und Dankbarkeit zu zeigen (Durkheim 1976: 105-109). Erworbene Reputation soll die Selbstachtung der Kollegen und Kolleginnen nicht untergraben. Das ist ein Grundsatz der Kollegialität, der gewährleistet, dass weiterhin unbefangen kritisiert, Wissen ausgetauscht und zusammengearbeitet werden kann.

Auch die Lehrtätigkeit folgt diesem Prinzip, soweit eine lebendige akademische Gemeinschaft von Lehrenden und Lernenden existiert. Die Lehrtätigkeit, die Beratung und Betreuung der Studierenden von den Anfängern bis zu den Doktoranden, ist ein Geschenk, das von der akademischen Gemeinschaft als Ganze in Gestalt der grundsätzlichen Anerkennung erwidert wird, darüber hinaus aber auch mehr oder weniger Reputation einbringen kann. Letztere macht sich in der Dankbarkeit der Studierenden für die Einführung in die Welt der Wissenschaft, für wegweisenden Rat bei der Abfassung von Diplomarbeiten und Dissertationen bemerkbar. Besonders geachtete akademische Lehrer ziehen in besonderem Maße Diplomanden und Doktoranden an sich. Letztere erwidern das Geschenk der wegweisenden Betreuung mit lesenswerten und die Erkenntnis erweiternden Diplomarbeiten und Dissertationen. Auch hier ist der Adressat letztlich die akademische Gemeinschaft. Im Lob des akademischen Lehrers für die Abschlussarbeiten spricht die akademische Gemeinschaft zu den Absolventen. Der Lehrer/die Lehrerin sieht sich aber in besonderer Weise beschenkt.

Es gehört zum Wesen der Gabe, dass sie nicht durch das Interesse an direkter Entlohnung motiviert ist und auch nicht direkt entlohnt wird (Bourdieu 1998: 176-182). Der Zusammenhang zwischen Gabe und Erwiderung ist von beiden Seiten nicht durch ein direktes Interesse motiviert, sondern durch gegenseitige Verbundenheit, Dankbarkeit und Verpflichtung. Das Geschenk der Aufnahme in die wissenschaftliche bzw. akademische Gemeinschaft erzeugt in jedem Mitglied ein Gefühl der Dankbarkeit, Verbundenheit und Verpflichtung zur Erwiderung durch eigene Geschenke. Wer dazu nicht fähig ist, hat ein Gefühl der unverdienten Anerkennung und wird sich nach Kräften bemühen, dennoch dieser grundsätzlichen Anerkennung gerecht zu werden. Im Innenverhältnis ist also die Reziprozität von Gabe und Dankbarkeit das entscheidende Prinzip, das die eigenartige Verbindung von Kooperation und Wettbewerb, kollektiver Erkenntnissuche und individuellem Erfolgsstreben möglich macht, die produktiven Kräfte des Wettbewerbs freisetzt und dessen zerstörerischen Kräfte unter Kontrolle hält.

2. Die Treuhänderschaft der wissenschaftlichen und der akademischen Gemeinschaft

Im Außenverhältnis zur Gesellschaft ist die Treuhänderschaft der wissenschaftlichen/akademischen Gemeinschaft für die Erweiterung des Wissens und die Bildung der heranwachsenden Bürger durch Wissenschaft von entscheidender Bedeutung. Konkretisiert findet sich diese Treuhänderschaft in der öffentlichen Verantwortung von Fachgesellschaften (Chemiker, Physiker, Biologen etc.) und Professionen (Mediziner, Juristen) für die Gestaltung der wissenschaftlichen Forschung, für die Entscheidung über Forschungsprojekte und Forschungsergebnisse im Peer-Review-Verfahren (Parsons und Platt 1990). Das ist der vor externen Erwartungen der instrumentellen Verwertbarkeit des wissenschaftlichen Wissens besonders geschützte Kern der akademischen Freiheit. Es ist der »sakrale«

Kern der Wissenschaft, der gegen die »profanen« Interessen an nützlichem Wissen verteidigt wird (Durkheim 1981), solange die akademische/wissenschaftliche Gemeinschaft die unbestrittene Treuhänderschaft dafür in ihren Händen hält. Es ist der Pol der autonomen Wissenschaft, dem der Pol der weltlichen Interessen gegenübersteht (Bourdieu 1992). Eine vitale Gemeinschaft hat auch die Treuhänderschaft in der Gestaltung des Außenverhältnisses der Wissenschaft zu den weltlichen Interessen inne.

Die Universität als organisatorische Einheit dieses Balancierens von innerer akademischer Freiheit und äußeren Nützlichkeitserwartungen gewährleistet erstens im Innenverhältnis einen Freiraum der zweckfreien Forschung als sakralen Kern. Im Außenverhältnis sorgt sie zweitens für die Persönlichkeitsbildung der heranwachsenden Bürger durch ihre Einführung in die Welt des wissenschaftlichen Denkens in den allgemeinbildenden grundständigen Studiengängen, wie wir sie besonders ausgeprägt in den Bachelor-Studiengängen eines Liberal Arts College (selbständig oder als Teil einer Universität) in den USA finden. Drittens erbringt sie mit der Ausbildung des Nachwuchses für die Professionen (zum Beispiel Ärzte, Anwälte, Ingenieure, Lehrer) eine Dienstleistung für die Gesellschaft. In den Universitätskliniken schließt diese Dienstleistung die Versorgung von Patienten ein. Viertens beteiligen sich Professoren als Intellektuelle oder Experten an der öffentlichen Aufklärung und Reflexion durch Beiträge, die sich an ein breiteres Publikum richten; die Universitäten gestalten also die öffentliche Meinungsbildung mit (Parsons 1978a, 1978c) (Abb. 1.1).

Es ist das besondere Merkmal der Treuhänderschaft der Fachgesellschaften und Professionen, nicht nur für die Entwicklung des wissenschaftlichen Wissens, sondern auch für dessen Nutzung in der Bildung der heranwachsenden Bürger,

Abb. 1.1: Die Universität zwischen Grundlagenforschung, öffentlicher Kommunikation, Bildung, angewandter Forschung und professioneller Dienstleistung

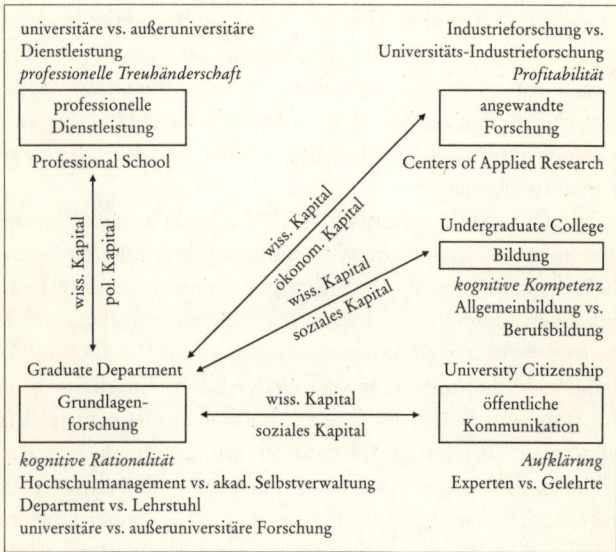

die Ausbildung des professionellen Nachwuchses, den Wissenstransfer in die Praxis und die Verbreitung des Wissens in der Öffentlichkeit die Verantwortung zu tragen. Der einseitigen Instrumentalisierung der Wissenschaft für externe Interessen setzt sie einen kraftvollen Gegenpol entgegen, der in der akademischen Freiheit und der Verpflichtung auf die zweckfreie Erkenntnis verankert ist (Parsons 1978b). In der Universität ist es die akademische Selbstverwaltung, die als Bollwerk gegen die Instrumentalisierung der Wissenschaft für äußere Interessen wirkt. In der Hand der Professoren bedeutet die akademische Selbstverwaltung die Prägung von Forschung und Lehre durch die Fachgesellschaften in ihrer treuhänderischen Rolle. Sie entscheiden maßgeblich über Forschungsprogramme und Forschungsförderung, zum Beispiel durch die Wahl von Fachgutachtern der Förderorganisationen aus ihrer Mitte. Ebenso bestimmen sie die Inhalte und Regularien der Fachprüfungsordnungen. In der Hand der Fachgesellschaften und der akademischen Selbstverwaltung durch die Korporation der Professoren hat die zweckfreie Forschung im sakralen Kern Vorrang vor allen Formen der Anwendung und Verbreitung des Wissens. Letztere erfolgen unter der primären Leitlinie der kognitiven (wissenschaftlichen) Rationalität (Parsons und Platt 1990), der die Nutzbarmachung des wissenschaftlichen Wissens für praktische Interessen als sekundäre Leitlinie untergeordnet wird. Auf diese Weise wird gewährleistet, dass sich wissenschaftliches Wissen ungehindert entfalten kann, nicht korrumpiert wird und unverfälscht in vollem Umfang in die Bildung von heranwachsenden Bürgern, die Ausbildung von professionellem Nachwuchs, den Wissenstransfer in die Praxis und die Verbreitung des Wissens in der Öffentlichkeit eingeht.

Wissenschaftliche Praxis ist also ein Schenken aus Dankbarkeit, Verbundenheit und Verpflichtung, eine kollektive Erkenntnissuche und Produktion eines Kollektivgutes, ein produktiver Wettbewerb um Qualität und Priorität ohne Sieger und Besiegte. Sie wird aus reinem Interesse an desinteressierter Forschung betrieben. Akademische Lehre ist ein Geschenk von Lehrenden für Lernende, von Lernenden für Lehrende, von beiden für die akademische Gemeinschaft. Die institutionelle Grundlage für diese Art der wissenschaftlichen und akademischen Praxis ist die akademische Selbstverwaltung der Universität durch die Professoren, Mitarbeiter und Studierenden.

Die wesentliche Voraussetzung für die Leistungsfähigkeit dieses Arrangements ist die Vitalität der wissenschaftlichen/

akademischen Gemeinschaft und der jeweiligen Fachgesellschaften. Dazu gehört zuallererst, dass diese Gemeinschaften für ihre Mitglieder präsent sind und eine aktive Rolle in der Gesellschaft und bei der Ausübung der öffentlichen Verantwortung spielen. Strenge Aufnahmeverfahren, Initiationsriten, Versammlungen, Ehrungen verdienter Mitglieder und Peer Review als Verfahren der Qualitätssicherung sind dafür von entscheidender Bedeutung (Bourdieu 1992: 149-158). Ein lebendiger und offener Diskurs von These und Antithese, Kritik und Gegenkritik muss dafür sorgen, dass altes Wissen infrage gestellt, neues Wissen generiert und auf den Prüfstand gestellt wird.

Wissenschaftler durchlaufen vom ersten Hochschulabschluss über die Promotion, die Habilitation und die erste Berufung auf eine Professur einen harten Prozess der Überprüfung der Originalität und der Qualität ihrer Forschungsleistungen (Janson, Schomburg und Teichler 2007). Im weiteren Verlauf ihrer Karriere befindet sich ihre Anerkennung in der wissenschaftlichen Gemeinschaft in ständiger Überprüfung anhand der Rezeption und Kritik ihrer Beiträge zur Entwicklung des Wissens. Besondere Anerkennung und weitere Berufungschancen ergeben sich nur aufgrund außergewöhnlicher Forschungsleistungen. Wer im kollektiven Prozess der Erkenntnissuche nicht herausragt, verliert zwar nicht die grundsätzliche Anerkennung, kann aber auch keine besondere Reputation gewinnen. Diese Balance zwischen der besonderen Prämierung kreativer Leistungen und der gleichzeitigen Anerkennung normaler Qualität und auch der Duldung von Abweichungen, deren Ertrag nicht abzusehen ist, zeichnet die Selbstorganisation der Wissenschaft durch *peers* aus. Das gilt genauso für die akademische Lehre. Auch dabei kommt es auf die Balance zwischen herausfordernder Kreativität, berechenbarer Qualität und Toleranz für nicht einschätzbare Abweichungen an.

Das gelingt nur, wenn Lehrende und Studierende zusammen eine akademische Gemeinschaft bilden, in der beide Seiten jeweils in ihren Rollen die Verantwortung für den akademischen Bildungsprozess tragen. Eine wesentliche Voraussetzung dafür ist eine Betreuungsquote, die eine wechselseitige Bindung zwischen Lehrenden und Lernenden entstehen lässt (Parsons 1978a, 1978c). Unter diesen Bedingungen funktioniert auch noch die Einheit von Forschung und Lehre, sodass kreative Forscher auch auf lernbereite und neugierige Studierende treffen, die sie dann nicht überfordern, sondern mit ihrem Charisma in die offene Welt der Wissenschaft mitnehmen. Hier bedarf es keiner didaktischen Schulung, weil der Lernprozess als Forschungsprozess gestaltet werden kann.

In einem Massenlehrbetrieb mit Betreuungsrelationen von 1 zu 100 ist all das kaum möglich. In einem solchen Betrieb neigen die Studierenden dazu, das Lernen als äußeren Zwang zu empfinden, den es mit den findigsten Strategien zu bewältigen gilt. Und die Professoren sehen in den Studierenden Fremdlinge in den heiligen Hallen der Wissenschaft, vor deren profanen Interessen an einem bestmöglichen Abschluss mit geringstem Aufwand der sakrale Kern durch hohe Durchfall- und Abbrecherquoten geschützt werden muss. So wurde die akademische Gemeinschaft von Lehrenden und Lernenden in der Massenuniversität zu Grabe getragen (vgl. zu Frankreich Bourdieu 1992: 232-238, 254-274). Lehre und Forschung gingen in der Universität zunehmend getrennte Wege. Infolgedessen wurde der Lehrbetrieb für die Wissenschaftler zu einer lästigen Pflicht, die sie nur von ihrer eigentlichen Bestimmung, der Wissenschaft zu dienen, abhält. Jeder fand seine eigene Strategie, um die schon in der Universität getrennten Welten von Lehre und Forschung mehr schlecht als recht zu koordinieren (Schimank 1995). Wenn die akademische Gemeinschaft der Lehrenden und Lernenden zerfällt, die wissenschaftliche Gemeinschaft der Forscher aber noch einigermaßen intakt bleibt, ist klar, wem die Loyalität der Professoren gehört. Man braucht nicht in die ökonomische Sprache der »falschen« Anreize zu verfallen, um das zu erklären. Die Forschungspolitik in Deutschland hat diesen Prozess der Erosion der akademischen Gemeinschaft besonders nachdrücklich vorangetrieben, indem die Universitäten seit den achtziger Jahren bei exorbitant steigenden Studierendenzahlen ausgehungert wurden. Gleichzeitig wurde die Drittmittelforschung mit Förderung durch die Deutsche Forschungsgemeinschaft (DFG) und erst recht die Forschung in den außeruniversitären Instituten der Max-Planck-Gesellschaft, der Leibniz-Gemeinschaft, der Helmholtz-Gemeinschaft und der Fraunhofer-Gesellschaft massiv ausgebaut. Wären diese Mittel wie im führenden Wissenschaftsland USA in die Universitäten geflossen, gäbe es eine angemessene Betreuungsquote im Studium, ein Doktorandenstudium und damit eine fortbestehende Integration von Forschung und Lehre. Die Studierenden fänden unter besserer Betreuung einen besseren Zugang zur Wissenschaft und könnten ihrer Rolle als mitverantwortliche Mitglieder der akademischen Gemeinschaft gerecht werden. Die Professoren hätten ein Lehrdeputat und ein Betreuungsverhältnis zu den Studierenden, die das Lehren zu einem intellektuellen Ereignis machen würden, dessen Früchte sie in hervorragenden ersten Abschlussarbeiten und Dissertationen ernten könnten. Für didaktische Schulung, die weit vom Sinn und Zweck der akademischen Lehre und erst recht von der Sache selbst abführt, gäbe es keinen Bedarf, da die Grundvoraussetzungen für engagiertes Lehren und Lernen erfüllt wären. Doch weil das nicht mehr der Fall ist, müssen Nachwuchswissenschaftler – die oft an Max-Planck-Instituten, d. h. ohne Lehrbelastung, beeindruckende Publikationslisten zustande gebracht haben –, bevor sie auf eine Professur berufen werden können, in eine didaktische Ertüchtigung geschickt werden, die aus der akademischen Lehre einen Primarschulunterricht macht. Der didaktische Aufwand führt von der Sache – dem Seminardiskurs – ab, verlangt von Lehrenden und Lernenden ein Maß an Zeit, das für beide Seiten mit der gleichzeitigen Bewältigung von vier bis fünf Lehrveranstaltungen plus Forschung, Selbstverwaltung, Prüfungen, Vorträgen, Konferenzteilnahmen, Podiumsdiskussionen sowie mit der Begutachtung von Diplomarbeiten, Dissertationen, Fachzeitschriftenaufsätzen und Berufungslisten gar nicht vereinbar ist. Die Nachwuchswissenschaftler mit geringer Lehrerfahrung lernen deshalb in den hochschuldidaktischen Kursen nicht, was von ihnen tatsächlich zu bewältigen ist: nicht die didaktische Perfektionierung einer einzelnen Lehrveranstaltung, sondern die gleichzeitige Bewältigung einer Vielzahl von Aufgaben, für die ein Zeitbudget von 80 Stunden in der Woche noch zu knapp ist (vgl. Schimank 1995). Die erforderliche Koordinationsfähigkeit kann man nur durch die frühzeitige Einbindung in Lehre und Forschung – spätestens nach der Promotion – erwerben, jedoch nicht durch eine Nachwuchsförderung, die auf Lehrentlastung mittels Stipendien und Forschung an außeruniversitären Instituten setzt.

Die auf die Trennung von Forschung und Lehre hinwirkende Forschungspolitik hat nicht nur die akademische Gemeinschaft ausgehöhlt, sondern auch eine Spaltung der wissenschaftlichen Gemeinschaft erzeugt. Es wird unter zunehmend ungleichen Bedingungen geforscht. Innerhalb der Universität geschieht dies infolge der Bildung von Forschungszentren, Sonderforschungsbereichen, Graduiertenkollegs und Forschergruppen zulasten der Einzelförderung durch die DFG, zuletzt durch die Errichtung von sogenannten Eliteuniversitäten oder Exzellenzuniversitäten, Exzellenzclustern und Graduiertenschulen im Rahmen der Exzellenzinitiative. Zusammen mit den Exzellenzgeldern verausgabt die DFG inzwischen im Durchschnitt 64,6 Prozent – in den Naturwissenschaften noch deutlich mehr – ihrer Mittel für solche koordinierten Programme (DFG 2009: 19). Wer da nicht dabei ist, droht angesichts der Konzentration von Forschungspersonal auf wenige Orte allein schon wegen des von diesen Zentren angehäuften symbolischen Kapitals und aufgrund ihres Potenzials zur Bildung internationaler Allianzen von der Forschungsfront verdrängt zu werden. Erst recht ist die Spaltung der wissenschaftlichen Gemeinschaft durch den massiven Ausbau der außeruniversitären Forschungsinstitute vorangetrieben worden.

Die wissenschaftliche Forschung wurde in der Folge dieser Spaltung der wissenschaftlichen Gemeinschaft zunehmend von materiellen Kämpfen um die besseren Positionen im Feld und von symbolischen Kämpfen um Reputation, Definitionsmacht, Definition der Spielregeln und Bestimmung von Forschungsprogrammen kolonisiert. In den stratifizierten Systemen Frankreichs und Großbritanniens war das schon immer so (Bourdieu 2004), im offeneren System der USA hat sich eine ähnliche, wenn auch nicht so starre Stratifikation durch die Akkumulation von Wettbewerbsvorteilen und die Ausübung von Marktmacht durch die kapitalkräftigen Universitäten ergeben (Lenhardt 2005; Newfield 2008). Mit dem Siegeszug des neoliberalen Denkens haben die Verringerung der etatmäßigen Ausstattung der Universitäten und der Ausbau der Finanzierung durch öffentliche und private Drittmittel sowie Sponsoren zu einer schärferen Akzentuierung der Stratifikation mit entsprechend wachsender Ungleichheit in der Ausstattung der Universitäten geführt (Slaughter und Leslie 1997; Slaughter und Rhoades 2004; Washburn 2005). Die regelmäßig von *US News & World Report* veröffentlichte Rangliste der Universitäten und der einzelnen Fachbereiche hat sich zunehmend an die simple Rangliste nach dem verfügbaren Budget angenähert, womit paradoxerweise der angestrebte Wechsel von der Input- zur Output-Steuerung auf eine wachsende Abhängigkeit des Erfolgs vom ungleich verteilten Input hinauslief (Espeland und Sauder 2007).

3. Das neue Spiel: Die Shanghai-Weltliga der Wissenschaft

Nachdem die sozialen Grundlagen der Selbststeuerung der Wissenschaft durch eine vitale akademische/wissenschaftliche Gemeinschaft und die jeweiligen Fachgesellschaften durch die Massenuniversität untergraben wurden, sollen Forschung und Lehre dadurch eine Erneuerung erfahren, dass Universitäten in Unternehmen umgewandelt werden, die auf einem Markt um Marktanteile konkurrieren (Clark 1998; Warning 2007). Die Wissenschaft wird nicht mehr als Wissenschaft in ihrem eigenen Wert und als funktional ausdifferenziertes, autonom – um nicht zu sagen autopoietisch – operierendes System begriffen, sondern als ein Teil der Ökonomie. Die Wissenschaftstheorie wird so zu einer Subdisziplin der ökonomischen Theorie. Es wäre eine absolute Überraschung, wenn dieser Strukturwandel keine kontraproduktiven Folgen für die Fähigkeit der Wissenschaft hätte, ihr Potenzial der Entwicklung des Wissens und seiner Verbreitung in der Gesellschaft frei zu entfalten.

Universitäten sollen ihre Qualität in einem globalen Benchmarking-Prozess unter Beweis stellen und steigern. Benchmarking mittels Rankings ist unter dem Regime des Wettbewerbs unternehmerischer Universitäten zu einem maßgeblichen Instrument der Governance von Forschung und Lehre geworden (Kehm und Stensaker 2009; King 2009). Dabei wird ohne große Umschweife über die Willkürlichkeit der erzeugten Rankings, ihre Virtualität und die von ihnen ausgehende Verzerrung des tatsächlichen Wettbewerbs zwischen Forschern hinweggesehen. Eine bedeutende Rolle spielen dabei die Literaturdatenbanken des Institute for Scientific Information (ISI) in Philadelphia und das maßgeblich darauf aufbauende Shanghai-Ranking der 500 sichtbarsten Universitäten der Welt (SJTU 2010) wie auch das Ranking des *Times Higher Education Supplement* (THES 2011). Die Rankings machen Universitäten zu Akteuren (Meier 2009), die sie zuvor nicht waren, und drängen komplementär dazu Forscher als Akteure und die wissenschaftliche Gemeinschaft als Treuhänderin der Wissenschaft in den Hintergrund. Der Blick richtet sich auf die Position von Universitäten im virtuellen weltweiten Ranking und zwingt die nationale Forschungspolitik zu einer entsprechenden Umstellung der Forschungsförderung, die primär nicht mehr Forschern dienen soll, sondern der Positionierung von Universitäten in der Weltliga des Shanghai-Rankings. Harvard, Yale, Princeton, Stanford & Co. sind die Champions dieser Liga und machen die Vorgaben, an denen sich die neue Forschungspolitik orientiert (Salmi 2009). Man meint, nationale Champions kreieren zu müssen, um in diesem Spiel mithalten zu können. In Europa scheint die Platzierung der Universitäten in Cambridge, Oxford und London sowie der ETH Zürich im Shanghai-Ranking diese Strategie zu bestätigen. Dabei muss darüber hinweggesehen werden, dass man auf diese Weise gegen Grundsätze der ökonomischen Wettbewerbstheorie verstößt (Porter 1998), nach der nur der intensive nationale Wettbewerb vieler Unternehmen die internationale Wettbewerbsfähigkeit einer Volkswirtschaft fördert. Und man erkennt nicht, dass weniger Harvard & Co. die Stärke der USA ausmachen, sondern die weiteren ca. 150 sehr wettbewerbsfähigen amerikanischen Universitäten sowie die Tatsache, dass Forschung ganz überwiegend in den Universitäten und nicht in den außeruniversitären Instituten stattfindet, und die Besonderheit, dass sie viel weniger hierarchisch organisiert ist als die von Lehrstuhlinhabern und Institutsdirektoren beherrschte Forschung in Deutschland.

Die USA nehmen eine hegemoniale Stellung in der Welt der Wissenschaft ein. Die amerikanischen Universitäten dominieren im Shanghai-Ranking der 500 sichtbarsten Universitäten der Welt (SJTU 2010) wie auch im Ranking von *Times Higher Education Supplement* (THES 2011). Unter den ersten 100 des Shanghai-Rankings sind nicht weniger als 55 aus den USA verzeichnet, unter den 500 insgesamt 152. Unter den ersten 20 Universitäten kommen 17 aus den USA, unter den ersten 50 sind es 36. Fünf deutsche Universitäten tauchen unter den ersten 100 auf, die erste auf Platz 57. Unter den ersten 500 findet man 40 deutsche Universitäten. Frankreich steht im Vergleich zu den USA noch schlechter da, drei Universitäten sind unter den ersten 100 platziert, 23 unter den ersten 500. Die britischen Universitäten halten sich etwas besser als die deutschen, elf befinden sich unter den ersten 100, 40 unter den ersten 500 (SJTU 2010) (Tab. 1.1). Das Ranking privilegiert die englischsprachige Wissenschaftswelt, Universitäten mit weit zurückreichenden Erfolgen in der Vergabe von Nobelpreisen, reiche Universitäten mit umfangreichen Natur-, Lebens- und/oder Ingenieurwissenschaften. Gegen das Ranking werden schwerwiegende methodische Einwände erhoben (Raan 2005). Es erzeugt mit sehr einseitigen Kennziffern eine Dominanz der angelsächsischen Wissenschaft über den Rest der Welt. Trotz aller methodischen Mängel orientiert sich die Welt der Wissenschaft an diesem Ranking. Es wirkt zunehmend als eine soziale Tatsache (Durkheim 1961 [1895]: 105-114).

Das Ranking setzt sich aus sechs Indikatoren zusammen:

Tab. 1.1: Shanghai-Ranking 2010

Rang	Land			
	USA	GB	D	F
1-100	55	11	5	3
-200	90	23	14	7
-302	112	33	24	14
-402	138	36	36	19
-501	152	40	40	23

Quelle: SJTU 2010

(1) Absolventen, die einen Nobelpreis oder eine Fields-Medaille (Mathematik) erhalten haben (10 Prozent), (2) Personal, das einen Nobelpreis oder eine Fields-Medaille gewonnen hat (20 Prozent), (3) vielzitierte Wissenschaftler in 21 Fachgebieten (20 Prozent), (4) Artikel des Personals in *Nature* oder *Science* zwischen 2003 und 2007 (20 Prozent), (5) Gesamtzahl der Artikel, die im Science Citation Index-expanded (SCI) oder im Social Science Citation Index (SSCI) 2007 registriert sind (20 Prozent), (6) Performanz in Bezug auf die Kriterien 1 bis 5, relativiert auf das wissenschaftliche Personal (10 Prozent). Die entsprechend der Kriterien 1 und 2 gewonnenen Preise werden in Zehn-Prozent-Schritten gewichtet, mit 100 Prozent Gewicht für die nach 1991 (Kriterium 1) bzw. nach 2001 (Kriterium 2) erlangten Preise und Schritt für Schritt zehn Prozent geringerem Gewicht bis 1901-1910 (Kriterium 1) bzw. 1911-1920 (Kriterium 2). Man erkennt daran, wie einseitig das Ranking Preise in Naturwissenschaften und Mathematik weit zurück bis Anfang des 20. Jahrhunderts (Kriterien 1 und 2) und englische Fachzeitschriftenaufsätze in Naturwissenschaften im zu gut 95 Prozent englischsprachigen SCI und SSCI prämiert. Außerdem gibt es den absoluten Zahlen einen eindeutigen Vorrang vor relativen Performanzwerten pro Personaleinsatz. Letztere gehen lediglich mit einem fast nicht identifizierbaren Gewicht von zehn Prozent in die Bewertung ein.

Geistes- und Sozialwissenschaften in anderen Ländern als den USA, Kanada, Großbritannien, Australien, Neuseeland und Irland sind in der Datenbasis des Rankings praktisch nicht existent. Monografien, Aufsätze in Sammelbänden, Sammelbände, Handbuch- und Lexikonartikel, Handbücher und Lexika kommen in der Datenbasis nicht vor.

Die USA profitieren massiv davon, dass sie über den größten integrierten und nach außen weitgehend abgeschlossenen Publikationsmarkt mit entsprechend dichten Netzwerken und Zitationskartellen verfügen (Paasi 2004). Dagegen existiert bis heute kein integrierter europäischer Publikationsmarkt. Rechnet man Kanada, Australien, Großbritannien, Neuseeland und Irland hinzu, dann vergrößert sich der amerikanisch zentrierte Markt nochmals erheblich. Davon profitieren die anderen englischsprachigen Länder. Da der amerikanische Publikationsmarkt weltweit dominiert, wird in allen Ländern vorzugsweise amerikanische Literatur zitiert, in den Vereinigten Staaten jedoch aus genau denselben Gründen im Gegenzug nur sehr wenig Literatur von außerhalb der USA (vgl. Deutsch 1954; Frame und Narin 1988; Bookstein und Yitzhaki 1999; Herrera 1999; Moed 2005: 298). Ein Fachzeitschriftenaufsatz eines amerikanischen Autors hat deshalb eine schätzungsweise bis zu 30-mal größere Chance, zitiert zu werden, als ein Artikel eines deutschen Autors. Allein schon aufgrund dieser ungleichen Zitationschancen gehen weit mehr Nobelpreise in die USA als nach Europa. Die amerikanischen Wissenschaftler können es sich leisten, provinziell zu sein und trotzdem die Shanghai-Weltliga der Wissenschaft anführen. Am Maßstab der Chancengleichheit gemessen, ist das Shanghai-Ranking alles andere als fair. Im Gegenteil, es lädt die faktisch gegebene Marktmacht der USA symbolisch auf und münzt materielle in symbolische Macht um. Das Ranking erzeugt einen artifiziellen Markt, wo realiter kein integrierter

Tab. 1.2: Nobelpreise in Physik, Chemie, Medizin und Ökonomie

	D	F	GB	USA
gesamt	74	33	79	307
universitär	45	12	57	248
außeruniversitär	29	21	22	59
Prozent universitär	61	36	72	81
Institutionen mit Nobelpreis	42	17	25	95
Institutionen mit Nobelpreis 1994-2008	7	5	6	52
1901-1948	48	19	33	43
1949-1963	7	0	15	42
1964-1978	4	5	18	57
1979-1993	8	4	4	70
1994-2008	7	5	9	100
1949-2008	26	14	46	264

Quelle: Nobelprize 2009

Markt existiert, sondern ein nationaler Markt den Rest der Welt beherrscht. Außerdem wandelt es faktische Marktmacht in eine scheinbar legitime Weltordnung der Wissenschaft um.

Die Hegemonie der USA wird durch die Vergabe der Nobelpreise bestätigt. Die großen europäischen Wissenschaftsnationen Großbritannien, Frankreich und Deutschland hatten ihre großen Erfolge vor dem Zweiten Weltkrieg oder – wie Großbritannien – gerade noch die ersten drei Jahrzehnte danach (Tab. 1.2).

Seit dem Zweiten Weltkrieg haben die USA ihre führende Stellung immer weiter ausgebaut. Sie haben 264 von ihren 307 Nobelpreisen in den vergangenen 59 Jahren gewonnen, 100 davon in der Zeit zwischen 1994 und 2008. In Bezug auf Deutschland entfallen nur 26 von insgesamt 74 Nobelpreisen auf die letzten 59 Jahre, sieben auf die letzten 15. In Frankreich sind es 19 von 33 bzw. fünf in den letzten 15 Jahren, in Großbritannien 46 bzw. neun.

Bei der Suche nach Erklärungen für die amerikanische Hegemonie richtet sich der Blick in der Gegenwart auf die Spitze der amerikanischen Universitäten, auf Harvard, Stanford & Co. Man will ihnen durch die Schaffung einer guten Handvoll Eliteuniversitäten nacheifern. Eine Bestätigung scheint diese Strategie durch die Platzierung der britischen Universitäten Cambridge, Oxford und des University College in London in den Spitzenrängen des Shanghai-Rankings zu erfahren. Dabei wird allerdings übersehen, dass sowohl Cambridge als auch Oxford ihre Spitzenstellung überwiegend mehr als dreißig Jahre zurückliegenden Erfolgen bei der Vergabe der Nobelpreise zu verdanken haben, außerdem der Dominanz der englischsprachigen Fachzeitschriften im Science und Social Science Citation Index, ihrer durch die englische Sprache erleichterten akademischen Sogwirkung insbesondere im Commonwealth und ihrer dominanten Position im Vereinigten Königreich. Der weitaus größte Teil der englischsprachigen Fachzeitschriften außerhalb der USA wird in Großbritannien herausgegeben. Zusammen mit der Muttersprache ergeben sich dadurch enorme Wettbewerbsvorteile im Zugang zum englischsprachigen internationalen Publikationsmarkt. Davon profitieren die dominanten britischen Universitäten im globalen Wettbewerb. Ein genauerer Blick auf die Verteilung der Nobelpreise lehrt jedoch, dass das gesamte Wissenschaftsland im Vergleich zu Deutschland keinen Nutzen aus der Vorrangstellung von Cambridge, Oxford und London zieht.

Im Vergleich von drei Zeitabschnitten von 15 Jahren seit 1964 zeigt sich sogar, dass Großbritannien seine vorübergehende Vorrangstellung in den sechziger und siebziger Jahren in den gut 30 Jahren seit 1979 verloren hat. Es fällt auf, dass sich die Nobelpreise in Großbritannien auf weniger Institutionen konzentrieren als in Deutschland. 79 britische Nobelpreise verteilen sich auf nur 25 Institutionen, die 74 deutschen auf 42. In Großbritannien vereinigen die Universitäten Cambridge mit 18, London mit zwölf (London University sieben, University College London fünf) und Oxford mit zehn sowie das MRC Laboratory of Molecular Biology in Cambridge mit sieben zusammen 47 der 79 Nobelpreise auf sich, das heißt 60 Prozent. Mit den vier Nobelpreisen des Imperial College, das bis 2007 Teil der föderalen Organisation der University of London war, erreichen wir 51, das heißt 65 Prozent. In Deutschland findet sich eine derartige Konzentration nicht. Das gilt auch für die USA. Dort verteilen sich die insgesamt 307 Nobelpreise auf 95 Institutionen, die 100 Nobelpreise der letzten 15 Jahre auf 52. Es gibt dort aber eine Gruppe von sieben Universitäten mit mehr als 15 Nobelpreisen: California Technical Institute (Caltech) (17), Columbia University (16), Harvard University (31), Massachusetts Institute of Technology (MIT) (17), University of California, Berkeley (UCB) (15), University of Chicago (17) und Stanford University (17). Es folgen Princeton University (11), Rockefeller University (10) und Cornell University (8). Es fällt auf, dass die Spitzenstellung Harvards im Shanghai-Ranking vor allem älteren Erfolgen zu verdanken ist. Von 31 Nobelpreisen bis 2008 stammen nur zwei aus der Zeit nach 1993, beim Caltech sind es dagegen vier von 17, bei der Columbia University acht von 17, beim MIT sechs von 17, bei der Princeton University fünf von elf, bei der Rockefeller University drei von zehn, bei der Stanford University sieben von 17, bei der UCB vier von 15, bei der University of Chicago vier von 17.

Im Vergleich der vier Länder zeigt sich, dass Deutschland mit einer breiteren Streuung von Nobelpreisen mindestens genauso erfolgreich ist wie Großbritannien. Im Vergleich zum außergewöhnlich stark hierarchisierten und zentralisierten Wissenschaftssystem Frankreichs konnten sogar weit größere Erfolge erzielt werden. Die Wurzel der breiteren Streuung ist der Föderalismus. Das gilt sowohl für Deutschland als auch für die USA. Auch die USA eignen sich nicht als Modellfall für die einseitige Herausstellung einer kleinen Gruppe von Spitzenuniversitäten. Neben einer Gruppe von neun Universitäten mit zehn und mehr Nobelpreisen finden sich nicht weniger als 86 Forschungseinrichtungen, die mindestens einen Nobelpreis vorweisen können. Darin kommt zum Ausdruck, dass die USA über eine große Zahl international wettbewerbsfähiger Universitäten verfügen. Das ist auch daran zu sehen, dass 152 unter den ersten 500 des Shanghai-Rankings notiert sind. Von den 100 Nobelpreisen der letzten 15 Jahre gingen 43 an die neun insgesamt erfolgreichsten Universitäten, 57 wurden allerdings an Wissenschaftler weiterer 43 Forschungseinrichtungen vergeben. Bei diesen Vergleichen in absoluten Zahlen muss allerdings beachtet werden, dass sich die Verhältnisse in relativen Zahlen pro Einwohner oder pro aktivem Wissenschaftler etwas anders darstellen. Der Vorsprung der USA verringert sich, trotzdem bleiben die Unterschiede noch sehr groß, selbst wenn man Großbritannien, Deutschland und Frankreich zusammen oder die gesamte EU mit den USA vergleicht. Im Vergleich Deutschlands mit Großbritannien ergeben sich Vorteile für Großbritannien, die allerdings durch die Durchsetzung des Englischen als internationale Wissenschaftssprache und die entsprechende Dominanz englischsprachiger Publikationen im Web of Science ausgeglichen werden. Deshalb ist ein Vergleich zwischen Deutschland und Großbritannien in absoluten Zahlen durchaus der Sache angemessen. Im Vergleich Deutschlands mit Frankreich ist es jedoch notwendig, auf die Bevölkerungsgröße und die Zahl aktiver Wissenschaftler zu relativieren (OECD 2010a, 2010b).

Man kann also sagen, dass die USA ihre Vormachtstellung nicht einfach der Dominanz weniger Spitzenuniversitäten verdanken, sondern insbesondere einer relativ großen Zahl konkurrenzfähiger Institutionen. Dabei fällt weiterhin auf, dass es sich dabei mehr als in den anderen Ländern ganz überwiegend um Universitäten handelt, die im Graduiertenstudium Forschung und Lehre in Fortführung des humboldtschen Erbes eng miteinander verzahnen. Insgesamt 81 Prozent der amerikanischen Nobelpreise gingen an Universitäten. In Großbritannien waren es 72 Prozent, in Deutschland nur 61, in Frankreich sogar nur 36. Es spricht einiges dafür, dass darin ein viel entscheidenderer struktureller Nachteil der Forschung in Deutschland im Wettbewerb mit den USA liegt als im bis zur Exzellenzinitiative geübten Verzicht auf die ausdrückliche Hervorhebung einer kleinen Gruppe von »Eliteuniversitäten« aus dem Rest der Hochschulen (vgl. schon Ben-David 1971).

Die Kolonisierung der Wissenschaft durch die Ökonomie wird durch alle Arten kommerzieller und nichtkommerzieller Rankings, Ratings und Evaluationsverfahren kräftig unterstützt. Sie stellen nach willkürlich gewählten, massiv die angelsächsische Wissenschaftswelt und große Traditionsuniversitäten privilegierenden Kriterien einen artifiziellen Markt her, der Universitäten in einem virtuellen Wettbewerb gegeneinander antreten lässt. Dieser Wettbewerb hat jedoch mit dem realen Forschungs- und Lehrgeschehen zunächst überhaupt nichts zu tun, verändert dieses Geschehen aber nachhaltig, indem die Entkopplung der neuen virtuellen Realität in eine Kolonisierung der realen Praxis umschlägt. Die Forscher und akademischen Lehrer als Mitglieder der wissenschaftlichen/akademischen Gemeinschaft mit eigener persönlicher Würde, Anerkennung und Reputation spielen bei diesem virtuellen Kampf der Universitätsinstitutionen überhaupt keine

Rolle mehr. Das ist die neue virtuelle Wissenschaftswelt, die vom Shanghai-Ranking der 500 sichtbarsten Universitäten der Welt geschaffen wurde (SJTU 2010). Es handelt sich dabei im Wesentlichen um die 500 Universitäten, die in der angelsächsisch dominierten Datenbank zu Fachjournalen, die vom Institute for Scientific Information (ISI) in Philadelphia erstellt wird, am häufigsten auftauchen. Die virtuelle Welt dieses Rankings wirkt aber massiv auf die Kolonisierung der Wissenschaft durch den Kampf von Universitätsunternehmen um Marktmacht und internationale Sichtbarkeit ein, dem letztlich der Wettbewerb zwischen den Forschern selbst, die akademische Freiheit und das ausbalancierte Verhältnis zwischen Wissenschaft und Gesellschaft zum Opfer fällt.

Das Shanghai-Ranking hat maßgeblich an der Konstruktion von Universitäten als unternehmerisch tätigen Akteuren (Meier 2009) und an der Entmachtung der wissenschaftlichen/akademischen Gemeinschaft, der Fachgesellschaften und letztlich der Forscher selbst mitgewirkt. Sein Einfluss geht inzwischen so weit, dass sich die deutsche Forschungspolitik dazu gezwungen sieht, die gut 60 Jahre lang betriebene Auslagerung der Forschung in außeruniversitäre Institute infrage zu stellen und vorsichtig damit zu beginnen, wenigstens die Kooperation von Universitäten und außeruniversitären Instituten zu fördern. Man kann die Exzellenzinitiative als Wiederentdeckung der universitären Forschung angesichts der im Vergleich zu den dominanten USA und zu Großbritannien nachrangigen Präsenz der deutschen Forschung im Shanghai-Ranking erklären. Die Zusammenschlüsse zwischen jeweils einer Technischen Universität und einem ehemaligen Kernforschungszentrum in Karlsruhe und Aachen/Jülich sind deshalb im Rahmen der Exzellenzinitiative besonders prämiert worden. Allein mit der größeren Zahl der diesen Universitäten nun zugerechneten Forscher kann man in der ISI-Datenbank und im Shanghai-Ranking ein paar Plätze nach oben steigen. Die Medien begleiten diese Aufstiegsbewegung mit Beifall und verbuchen sie nicht nur als virtuellen, sondern in der Tat als realen Erfolg der Exzellenzinitiative.

Die Schattenseite dieser Zusammenschlüsse ist die noch weitere Konzentration von Forschungspersonal und -mitteln an weniger Standorten, weil die außeruniversitären Institute geografisch äußerst ungleich verteilt und weitgehend auf Metropolregionen konzentriert sind. Der Vorteil der Verbindung mit den Universitäten bringt zwangsläufig den Nachteil des Aufbaus von noch unumstößlicheren Oligopolstrukturen mit sich (Münch 2007). Dabei wird auch der früher angestrebte Strukturausgleich zwischen den Bundesländern zugunsten Bayerns in eine aktuelle Standortdominanz Münchens umgewandelt. Der einstmals größte Nettozahler im Länderfinanzausgleich – Nordrhein-Westfalen – hat angesichts dieser geballten Kraft in München längst das Nachsehen, wie die Ergebnisse der Exzellenzinitiative bewiesen haben.

Es stellt sich nun die Frage, wie sich ein derartiger Prozess der Kolonisierung der Wissenschaft durch die Ökonomie weltweit vollziehen kann, obwohl die kontraproduktiven Effekte dieser Entwicklung unübersehbar sind. Als ein erster Kandidat bietet sich die globale Verbreitung der Rhetorik des internationalen Wettbewerbs an. Sie drängt den Nationalstaat in die Rolle eines Wettbewerbsstaates, der die Kontrolle über sein Territorium durch Gesetze – zum Beispiel Steuergesetze – verloren und die Mittel zur Disziplinierung der Bevölkerung durch schulische Erziehung weitgehend ausgeschöpft hat. Die Industriestaaten haben außerdem die Kontrolle über Bildung und Wissenschaft weitgehend an die Statistik der OECD und den von dieser Institution betriebenen Prozess des internationalen Benchmarking abgetreten (Münch 2009a). Auch das ist ein virtueller Wettbewerb mit massiven realen

Folgen. Die OECD-Mitgliedstaaten sehen sich zum Beispiel gezwungen, die Zahl ihrer Hochschulabsolventen zu erhöhen, um im statistischen Wettbewerb mitzuhalten, unabhängig davon, ob das im jeweiligen nationalen Kontext Sinn und Zweck hat. Obwohl beispielsweise ein Facharbeiter in Deutschland besser ausgebildet ist und mehr verdient als ein Bachelor eines Community Colleges in den USA, ist das in der OECD-Statistik ein Nachteil, weil der Facharbeiter im Gegensatz zum amerikanischen Bachelor nicht als Hochschulabsolvent zählt. Dieser virtuelle Nachteil löst jedoch in Deutschland heftige Anstrengungen aus, mit den USA und anderen »weiter fortgeschrittenen« OECD-Ländern in Bezug auf die Quote der Hochschulabsolventen gleichzuziehen. Der Bologna-Prozess ist das passende Instrument dafür. Es geht dabei weniger um funktionale Notwendigkeit als um die Sicherung eines legitimen Status im OECD-Monitoring, der sich in einer Annäherung an die OECD-Leitwerte für die Quote an Hochschulabsolventen äußert.

Die Rhetorik des internationalen Wettbewerbs erzeugt offensichtlich virtuelle Wettbewerbe mit Rückwirkung auf die reale Welt. Dabei ruft diese Rhetorik mit einer gewissen Zwangsläufigkeit ökonomischen Rat auf den Plan, da Ökonomen als Experten für Wettbewerb par excellence gelten. Weil in der Ökonomie die Steuerung des Staates in der Wirtschaftspolitik mit dem Sieg des Neoliberalismus über den Keynesianismus in den achtziger Jahren insbesondere in den USA und in Großbritannien unter den Regierungen von Ronald Reagan und Margaret Thatcher als kontraproduktiv verabschiedet wurde, hat sich das Setzen auf die Selbstregulation durch Märkte als Paradigma der Politik festgesetzt. Von der Wirtschaftspolitik ist dieses Paradigma nach und nach auf alle Aufgabenbereiche des Staates, einschließlich seiner eigenen Verwaltung, ausgedehnt worden.

In der Perspektive des Marktparadigmas kann auch die Bereitstellung öffentlicher Güter den Märkten überlassen werden. Immer werden dabei eine zielgenaue Allokation von Ressourcen an Präferenzen und Effizienzgewinne versprochen. Weil aber in vielen Fällen nur hochgradig verzerrte Märkte entstehen, stellen sich jenseits des reinen Modelldenkens alle erdenklichen Formen des Marktversagens ein, bis hin zum großen Versagen der Finanzmärkte im Herbst 2008. Mit der Ausbreitung dieses Paradigmas werden nun mehr und mehr Funktionsbereiche der Gesellschaft von Marktversagen erfasst. Die Folge davon ist das Verschwinden von Vertrauen, die totale Herrschaft des Misstrauens. Überall müssen deshalb verschärfte Kontrollen eingeführt werden, um dem Marktversagen und des um sich greifenden Misstrauens Herr zu werden. Dazu gehört die umfassende Bespitzelung von Mitarbeitern bei Telekom, Bahn oder Lidl genauso wie jegliche Art des kommerziellen und nicht kommerziellen Rankings von Organisationen, vom Zimmerservice im Hotel und der Bedienung beim Kfz-Kundendienst bis zur Qualitätssicherung der akademischen Lehre und zum Forschungsrating des Wissenschaftsrates. In der vom Marktparadigma erzeugten totalen Unsicherheit ist das Bedürfnis nach Informationen so groß, dass sie auch dann an den Mann bzw. die Frau gebracht werden können, wenn sie vollkommen wertlos sind. Im Meer der Unsicherheit erscheint auch der dünnste Strohhalm wie ein Rettungsbalken, allerdings mit geringem Effekt, sodass Rankings und Ratings aufgrund ihrer zunehmend bekannt werdenden Beliebigkeit die Unsicherheit eher verschärfen, als sie zu beseitigen.

Schlussbemerkungen

Die Umwandlung aller Funktionsbereiche in Märkte bzw. in zentral organisierte Wettbewerbe ohne Markt hat wesentlichen Institutionen der Gesellschaft, deren Autonomie ein Gegengewicht zur entfesselten Ökonomie bildet, den eigenen Boden entzogen. Das hat genau jene Destabilisierung der Gesellschaft erzeugt, die jetzt vergeblich mit totaler Kontrolle wiedergewonnen werden soll. Die gewachsene Offenheit verlangt nach neuen Sicherheitsdispositiven. Dabei spielt die globale Entfesselung der Ökonomie bei fortbestehender territorialer Bindung des Nationalstaates eine entscheidende Rolle. Sie ist die reale Kraft, die den Staat schwächt und der Rhetorik des Marktparadigmas in die Hände spielt. Die internationale Kooperation der Staaten konnte an diesem Ungleichgewicht der Kräfte bislang wenig ändern. Sie läuft bisher weitgehend – etwa in der WTO, aber auch in der EU – darauf hinaus, den Marktkräften den Weg zu ebnen. So scheint sich in der Gegenwart weltweit jene Form der liberalen Gouvernementalität auszubreiten, die Michel Foucault (2006) in seiner Analyse des deutschen und amerikanischen Neoliberalismus beschrieben hat (vgl. Lemke 1997; Nonhoff 2006). Sie impliziert eine funktionale Entdifferenzierung und eine Kolonisierung aller Funktionsbereiche durch die Ökonomie. Die Wissenschaft bleibt davon offensichtlich nicht verschont.

II. Die unternehmerische Universität:
Wie strategisches Management die
akademische Welt verändert

Die Selbststeuerung der Forschung und Lehre durch die wissenschaftliche Gemeinschaft, deren disziplinäre Spezifizierung in der Treuhänderschaft der Fachgesellschaften und die akademische Gemeinschaft von Lehrenden und Lernenden in der Universität bilden die institutionelle Grundlage für die funktionale Ausdifferenzierung der Wissenschaft in der Moderne. Diese hat einerseits das ungehinderte Vorantreiben des Erkenntnisfortschritts und andererseits die produktive Umsetzung unverfälschten wissenschaftlichen Wissens in der Gesellschaft ermöglicht. Es ist daran zu sehen, dass die funktionale Ausdifferenzierung der Wissenschaft und ihre Leistungsverflechtung mit der Gesellschaft auf höchst singulären institutionellen Bedingungen beruht, die sich keineswegs von selbst in einem evolutionären Prozess herausbilden. Sie sind in einem historischen Vorgang entstanden und können ebenso in einem historischen Prozess wieder verschwinden und einem anderen institutionellen Arrangement Platz machen (Schelsky 1971; Ben-David 1971; Clark 1983; Münch 1992 [1984]: 200-260; Luhmann 1991; Stichweh 1991; Delanty 2001; Altbach 2007; Herbst 2009; King 2009; Musselin 2009).

1. Die Universität als unternehmerischer Akteur

Es gibt deutliche Anzeichen dafür, dass sich in der Gegenwart ein historischer Wandel der Wissenschaft vollzieht. Im Zentrum dieses Prozesses steht die Ablösung der Treuhänder-

schaft der wissenschaftlichen und der akademischen Gemeinschaft sowie der Fachgesellschaften für den wissenschaftlichen Erkenntnisfortschritt und dessen Verbreitung in der
Gesellschaft durch einen Markt, auf dem unternehmerisch
geführte Universitäten miteinander um Wettbewerbsvorteile
in der Attraktion von Forschungsgeldern, Wissenschaftlern
und Studierenden konkurrieren (Clark 1998). Dieser Wettbewerb ist so angelegt, dass es Sieger und Besiegte geben muss.
Darin unterscheidet sich der neue Wettbewerb zwischen unternehmerisch geführten Universitäten grundsätzlich vom
Wettbewerb der Forscher um Anerkennung durch die wissenschaftliche Gemeinschaft. Die Forscher verstehen ihre Beiträge zur Forschung als Erwiderung des Geschenks der Mitgliedschaft in dieser mit höchster Ehre ausgestatteten Gemeinschaft.
Sie forschen in kollektiver Anstrengung zwecks Erzeugung
von neuem wissenschaftlichem Wissen als einem Kollektivgut
(Mauss 1968; Merton 1973 [1942]: 267-278). In diesem Wettbewerb der Forscher um Anerkennung gibt es keine Gewinner und keine Verlierer, weil jeder Erkenntnisfortschritt und
die damit verbundene Ehre letztlich der gesamten wissenschaftlichen Gemeinschaft zugutekommt, an der jeder einzelne
Forscher einen Anteil hat. Auch der am wenigsten erfolgreiche Forscher bekommt etwas von dem aus vielen Einzelleis-
tungen zusammengesetzten Glanz einer ganzen Disziplin
ab. Natürlich gab es unterhalb dieser *illusio* der wissenschaftlichen Praxis immer auch einen Kampf um Prestige (Bourdieu
1975, 1992). Er wurde jedoch von einer vitalen wissenschaftlichen Gemeinschaft in den Grenzen gehalten, die für eine kol-
legiale Zusammenarbeit noch zuträglich waren. Dieser Kollegialität setzt die unternehmerische Universität ein Ende.

Die Protagonisten des Wandels bedienen sich der Rhetorik
des Managements privater Unternehmen und erzeugen eine
neue akademische Welt, die mit der Welt des Business in eins

zu fallen scheint. Alles deutet darauf hin, dass sich dieser Reformprozess ohne Wissen darüber vollzieht, wie die funktional ausdifferenzierte Wissenschaft in der Obhut des Geschenkaustauschs, der akademischen Selbstverwaltung und der Treuhänderschaft der Fachgesellschaften arbeitet und was sie zum eigenen Gedeihen benötigt. Der Sprache der Ökonomie und des Managements sind diese Formen der gesellschaftlichen Praxis nicht geläufig und zugänglich. Sie weiß nichts davon. Es gibt für sie nur Hierarchien und Märkte, höchstens als Zugeständnis an die Wirtschaftssoziologie noch Netzwerke, sonst nichts (Williamson 1985). Umso bemerkenswerter ist der Elan, mit dem die Universitätsreformer der Gegenwart mit dem Rüstzeug der Ökonomie und Managementlehre die Umgestaltung eines zentralen Funktionsbereichs der modernen Gesellschaft vorantreiben, über den allem Anschein nach wenig Wissen vorhanden ist. Man könnte diesen Vorgang als eine Form der Korrumpierung des wissenschaftlichen Wissens für praktische Interessen deuten. Ökonomie und Managementlehre beherrschen das Feld der Gesellschaftswissenschaften durch ihre dominante Position in der wissenschaftlichen Politikberatung und schirmen auf diese Weise die politische Praxis gegen konkurrierende wissenschaftliche Erkenntnisse ab. So gerät die Ökonomisierung der Wissenschaft zur Selbstbestätigung der Ökonomie. Wissenschaft wird zur ideologischen Grundlage der politischen Praxis (Parsons 1979). Die Ökonomie schafft sich durch einseitige politische Beratung ihre eigene ökonomische Realität, um nun erst recht zur Erklärung dieser Realität gebraucht zu werden. Wenn Wissenschaft in Ökonomie transformiert wird, braucht man die Ökonomie, um zu erklären, wie Wissenschaft funktioniert.

Betrachtet man die funktionale Differenzierung als eine Errungenschaft der Moderne, dann ist dieser Vorgang nicht weniger als eine Überwindung der Moderne und ein Übergang in eine Postmoderne, die nur noch von einem Funktionssystem beherrscht wird: der Ökonomie. Man kann diesen Vorgang als Entdifferenzierung und als Kolonisierung aller gesellschaftlichen Funktionsbereiche durch die Gesetzmäßigkeiten der Ökonomie und die Begrifflichkeiten des ökonomischen Denkens, in vulgärer Gestalt durch die Phrasen der Management-Rhetorik interpretieren (Schimank 2007a).

Was bedeutet es aber, wenn die Wissenschaft in einen – wenn auch nur unvollkommenen – Markt umgestaltet wird, auf dem Universitäten um Markanteile konkurrieren? Das Neue ist zunächst, dass die Universität einen Akteursstatus erhält, den sie zuvor nicht hatte, und dass dieser Status in Analogie zu Wirtschaftsunternehmen interpretiert wird (Meier 2009). Das Unternehmen Universität muss demgemäß mit analogen Mitteln des strategischen und operativen Managements geführt werden. Zu diesem Zweck muss die Universitätsleitung das Heft in die Hand bekommen und nach strategischen Entscheidungen Ressourcen in erfolgversprechende Forschungs- und Lehrfelder investieren sowie aus weniger erfolgversprechenden Feldern abziehen. Was den strategischen Zielen im Wege steht, muss abgestoßen werden. In operativer Hinsicht muss sich die universitäre Unternehmensführung von den Fesseln der akademischen Selbstverwaltung befreien und sich einen Durchgriff in alle Abteilungen hinein verschaffen. Über die Einstellung eines Mitarbeiters an einem Lehrstuhl entscheidet deshalb nicht mehr der Lehrstuhlinhaber, sondern die Universitätsleitung. Der in eigener Verantwortung handelnde Professor wird zum Angestellten des Universitätsunternehmens degradiert. In diesem anscheinend unbedeutenden Schritt zeigt sich die ganze Tragweite der sich vollziehenden Machtverschiebung. Sie impliziert, dass nun ein Universitätsmanagement weitab vom realen Geschehen von Forschung und Lehre das Heft in die Hand nimmt, nach global verbreiteten Rationalitätsmodellen über das strategische Geschäft entscheidet und die Operationen kontrolliert. Der Professor muss sich nun sagen lassen, was zu tun ist, um zu punkten. Sein eigenes Wissen ist nur noch Rohmaterial, das es per Rückmeldung in das »moderne« Wissensmanagement einzuspeisen gilt.

Per Gesetz wird den Universitäten eine Kosten- und Leistungsrechnung verordnet. Der ganze Betrieb wird einem von oben gesteuerten und überwachten »Prozessmanagement« unterworfen, bei dem die Konsumenten der Endprodukte – der Student und der Wissensverwerter als zufriedener Kunde – vorgeben, was von der Universitätsleitung, über die Verwaltung bis zum einzelnen Lehrer/Forscher getan werden muss, um ans Ziel zu gelangen. Von dieser managerialen Umgestaltung der Wissenschaft verspricht man sich messbare Effizienzgewinne, das heißt mehr und tiefer greifende wissenschaftliche Durchbrüche sowie reflektiertere und erfolgreichere Absolventen in kürzerer Zeit. Es wird auf diese Weise ein klassisches professionelles Tätigkeitsfeld einer externen Kontrolle unterworfen, ein Feld, das ein Höchstmaß an grundsätzlich nicht messbarer, auf *Abweichung* von Standards zielender und nicht voraussagbarer Kreativität verlangt und von einem kaum zu übertreffenden Maß an intrinsischer Motivation mit einem Arbeitseinsatz von bis zu 80 Stunden in der Woche geprägt ist.

Um diese Transformation der akademischen Lehre und Forschung zu vollenden, muss ein wachsender Kontrollapparat mit neuen Verwaltungsstellen aufgebaut werden, der die Forscher und Lehrer mit laufender Berichterstattung über ihr Tun in Atem hält und für Forschung und Lehre keine Zeit lässt. Es wächst der Verwaltungsapparat und es schrumpfen Forschung und Lehre. Die versprochenen Effizienzgewinne können deshalb nicht als eine tragfähige soziologische Erklärung dafür dienen, dass sich die manageriale Umgestaltung von Forschung und Lehre so unaufhaltsam ausbreitet, wie es in der Gegenwart zu beobachten ist. Vielmehr bietet sich eine neo-institutionalistische Erklärung an (Meyer und Rowan 1977). Nachdem die Protagonisten von New Public Management mit weltweitem Erfolg zuerst einmal erzählt haben, wie ineffizient öffentliche Einrichtungen arbeiten, und die Erfahrung aus der Praxis dieser Einrichtungen nicht mehr zählt, herrscht totale Unsicherheit, die dadurch bewältigt wird, dass man den Propheten der Effizienzsteigerung und damit der Herde folgt. Wenn das alles auch noch so viel kostet und mehr Effizienzverluste als -gewinne bringt, ist man in der Herde gut aufgehoben. Das neue Paradigma gilt als globales Rationalitätsmodell und bietet eine neue Sicherheit des Entscheidens. Die Politik weiß, was zu tun ist.

Aufwendige Verfahren des Qualitätsmanagements müssen jetzt die »Qualität« von Forschung und Lehre sichern (Power 1997). Die Verwaltung ist nicht länger Diener der Professoren, sondern operatives Kontrollorgan der Universitätsleitung. Sie betreibt nicht mehr »altmodische« Kameralistik und bürokratische Aktenführung nach Sachgebieten, sondern »modernstes« Prozessmanagement, gleichwohl in der Übergangszeit noch mit altgedientem Personal, das mit seiner neuen Rolle noch nicht richtig zurechtkommt, in der Regel schlicht überfordert ist. Weil die Umstellung von Bürokratie auf Prozessmanagement zunächst noch als Fassadenbau betrieben wird, gibt es für das wissenschaftliche Personal noch eine Schonzeit. Richtig treffen wird das neue Universitätsmanagement erst die nächste Generation von Wissenschaftlern.

Jetzt schon sichtbar wird aber die zunehmende Aufblähung der Management- und Kontrollakte. Dazu kommt noch, dass alte Verwaltungstätigkeiten, wie die Führung von Prüfungsakten und die Buchführung über eingenommene und ausgegebene Drittmittel, und neue Aufgaben der Administration – wie die Dokumentation von Forschungs- und Lehrtätigkeit zwecks Kontrolle durch das Universitätsmanagement – den Lehrstühlen aufgebürdet werden. Professoren, wissenschaftliche Mitarbeiter und Sekretariate müssen einen zunehmenden Teil ihres Zeitbudgets für diese »fortschrittliche« Art der Administration verwenden. Für Forschung und Lehre selbst bleibt immer weniger Zeit. Im Interesse der strategischen Positionierung ihrer Universitätsunternehmen müssen sie außerdem einen wachsenden Aufwand der Initiierung, Beantragung, Koordination, Dokumentation, Vor-, Begleit- und Nachevaluation von Forschungsverbünden betreiben und selbst regelmäßig als Gutachter an der Evaluation anderer Forschungsverbünde teilnehmen (Liessmann 2006: 88-103). Damit kann ein Professor mit seinen Mitarbeitern Woche für Woche, Jahr für Jahr sein gesamtes Zeitbudget aufbrauchen. Umso mehr Mitarbeiter werden deshalb benötigt, damit überhaupt noch geforscht, publiziert und gelehrt werden kann. Typischerweise will das neueste Programm der Forschungsförderung, die selbst diese totale Fesselung von Forschung und Lehre verursacht hat, einzelnen glücklichen Forschern eine Auszeit gewähren, zum Beispiel an einem der neu geschaffenen Centers for Advanced Studies der neuen »Exzellenzuniversitäten«. Oder sie dürfen sich in ein neu gegründetes geisteswissenschaftliches Forschungszentrum zurückziehen. Gleichzeitig wird zur Kompensation dieses neuen akademischen Luxus eine wachsende Schar habilitierter Ersatzlehrkräfte benötigt. Man forciert auf diese Weise die Trennung von Forschung und Lehre und entzieht der Wissenschaft eine wesentliche Ressource ihrer ständigen Erneuerung. Die Geisteswissenschaften verlieren die Bodenhaftung in der akademischen Lehre und verirren sich in Höhen, zu denen die Studierenden keinen

Zugang mehr finden. Letztere wandern deshalb gleich in die praxisorientierten Studiengänge ab. Die Geisteswissenschaften machen sich so für das normale Studium überflüssig (Donoghue 2008).

2. Die Akkumulation von Kapital

In der ökonomisierten akademischen Welt ist die Universität nicht mehr der Ort, an dem die akademische Gemeinschaft von Forschenden, Lehrenden und Lernenden treuhänderisch nach bestem Wissen und Gewissen den Erkenntnisprozess vorantreibt, vielmehr wird sie zu einem Unternehmen, das seine Ressourcen nach ökonomischen Kriterien einsetzt, um sich größtmögliche Marktanteile im Wettbewerb um Gelder, Forschende, Lehrende und Studierende zu sichern. In diesem Sinne muss die unternehmerische Universität Profit maximieren, zählbar in der Einnahme von Forschungsgeldern, der Rekrutierung angesehener Wissenschaftler, der Zahl von Bewerbungen um einen Studienplatz und letztlich in der Platzierung in Rankings, so umstritten sie auch sein mögen. Die Universität ist dann ein Kapital akkumulierendes Unternehmen (Slaughter und Leslie 1997; Slaughter und Rhoades 2004; Washburn 2005). Sie kann mittels Kapitalakkumulation im Ranking nach oben steigen, bei Misserfolg nach unten fallen und bei anhaltendem Misserfolg gegebenenfalls auch geschlossen werden, wenn der Staat nicht weiter zur Finanzierung bereit ist. Da im hegemonialen ökonomischen Denken auch der Staat ein Unternehmen ist, muss ein Universitätsunternehmen auch damit rechnen, dass ihm bei anhaltendem Misserfolg die weitere staatliche Finanzierung entzogen wird. Dennoch ist es bei anhaltendem staatlichem Interesse unwahrscheinlich, dass ein Universitätsunternehmen in Konkurs gehen muss. Wie die Finanzkrise im Herbst 2008 gezeigt hat, ist das bei den Banken aufgrund des öffentlichen Interesses an einer flächendeckenden Versorgung mit Geld auch nicht anders. Die staatliche Grundsicherung entlässt aber die als Unternehmen verstandenen Universitäten genauso wenig aus dem Zwang zur Erwirtschaftung von Renditen, wie das bei den staatlich gesicherten Banken der Fall ist. Sie sind der Logik der Kapitalakkumulation unterworfen. Das heißt nicht weniger als die Erfassung des akademischen Forschens, Lehrens und Lernens durch diese Logik (vgl. Münch 2009a: 148-164).

Die Besonderheit dieser Logik der Kapitalakkumulation besteht darin, dass sie in der Spitze weniger dem Kriterium der Effizienz und mehr dem Kriterium der Exklusivität folgt. Im weltweiten Wettbewerb zwischen Universitäten geht es um Sichtbarkeit. Das verlangt besonders hohe Investitionen in personelle und sachliche Ressourcen. Der Wettbewerb ist ein Überbietungswettbewerb, in dem sich nur die kapitalkräftigsten Universitäten in den oberen Rängen platzieren können. Alle Rankings, vom Shanghai-Ranking über den *US News & World Report* bis zum Förder-Ranking der Deutschen Forschungsgemeinschaft (DFG) und zum Ranking des Centrums für Hochschulentwicklung (CHE) der Bertelsmann-Stiftung prämieren absolute Zahlen, mit denen Sichtbarkeit erzeugt wird, egal was es kostet. Am Vermögen zwischen acht und 37 Milliarden US-Dollar und an den Jahresgebühren von bis zu 50 000 Dollar für ein Bachelor-Studium an den amerikanischen Spitzenuniversitäten kann man ablesen, dass dieser ökonomische Wettbewerb nicht durch Effizienz, sondern durch teure Exklusivität entschieden wird. Noch niemand hat die lediglich zwei Nobelpreise, die nach 1990 bis 2008 an die Harvard University gegangen sind, auf deren vor der Finanzkrise vom Herbst 2008 bei annähernd 37 Milliarden Dollar stehendes Vermögen umgerechnet. Die Kosten zählen in diesem Wettbewerb deshalb nicht, weil es um Prestige geht, das mit dem verschwenderischen Umgang mit Geld sogar gesteigert wird. Luxusgüter ziehen ihren Prestigewert auch aus ihrem nur von ganz wenigen Menschen bezahlbaren Preis. So ist es auch mit dem Preis, den eine Universität für die Chance zu bezahlen hat, bei der Vergabe der Nobelpreise mitspielen zu können.

In der Sprache der Systemtheorie haben wir es hier mit der Vereinnahmung der Wissenschaft durch das ökonomische System und demgemäß mit dem Ende der funktionalen Differenzierung von Wissenschaft und Ökonomie zu tun. Unter diesen Bedingungen arbeiten Forschende, Lehrende und Lernende nicht mehr für die Ehre ihrer Disziplin und die Anerkennung durch die akademische Gemeinschaft, sondern um Forschungs- und Bildungsrenditen für sich selbst zu erwirtschaften. Sie wirtschaften in die eigene Tasche und müssen als Agenten des Prinzipals Hochschulleitung durch wirksame Anreize und Kontrollen dazu gebracht werden, dabei auch das zu tun, was für das Universitätsunternehmen die größten Erträge in Gestalt von vermehrtem Kapital erbringt. Zu diesem Zweck muss die zirkuläre Akkumulation von materiellem und symbolischem Kapital, Geld und Prestige in Gang gehalten werden. Angesichts dieser Rankings hat das Hochschulmanagement ohnehin alle Hände voll zu tun, um in Fragen der strategischen Investition in ertragreiche Märkte und beim Controlling des operativen Geschäfts in Forschung und Lehre die Zügel nicht schleifen zu lassen.

Im strengen Sinn muss es also unternehmerischen Universitäten in erster Linie um die Akkumulation von Kapital gehen. Sie investieren in Bildung und Forschung, um daraus Renditen zu erzielen, die wiederum in Bildung und Forschung fließen können (Bok 2003). Erfolgreiche Unternehmen wie die amerikanischen Privatuniversitäten sind in der Lage, größere Teile ihres Kapitals in anderen Sparten, zum Beispiel in Finanzgeschäften, anzulegen, die höhere Renditen versprechen. Dass damit auch größere Risiken einhergehen, mussten sie im Gefolge der globalen Finanzkrise im Herbst 2008 erfahren. Sie haben schwere Verluste erlitten. Das Geschäft mit der Bildung und Forschung trägt sich nicht direkt durch Studiengebühren und Patenteinkünfte, sondern indirekt durch die Steigerung des Prestigewertes der Universität als Marke, der Staat, Stiftungen, Privatunternehmen und individuelle Sponsoren veranlasst, Geld zu geben. Dazu gehören umfangreiche Fundraising-Aktionen, um den Kapitalstock zu erhöhen. Es gilt, materielles Kapital (Geld) und symbolisches Kapital (Prestige) in einem zirkulären Prozess zu akkumulieren. Neu mit einem Globalhaushalt in die Autonomie entlassene universitäre Unternehmen verstehen das ihnen zur Verfügung stehende Budget nicht mehr kameralistisch als einen Betrag, den man bis Jahresende zu verausgaben hat, um im folgenden Jahr vom Wissenschaftsministerium erneut mit einem Budget ausgestattet zu werden. Das Budget ist nun ihr Kapital bzw. ihr Kapitalstock, den es strategisch zum Zweck der Vermehrung des Kapitals zu investieren gilt. Unternehmerisch geführte Universitäten müssen deshalb in erster Linie an Tätigkeiten interessiert sein, die Geld einbringen, und zwar mehr, als vorher verausgabt wurde. Die ständige Erhöhung des verfügbaren Kapitals muss Ziel jeder einzelnen Entscheidung sein. Um das zu erreichen, wirbt man um Sponsoren, die damit geehrt werden, dass die gestifteten Einrichtungen – Professuren, Bibliotheken, Gebäude, Forschungszentren – ihren Namen tragen. Man bemüht sich um renommierte Forscher, die Drittmittel einwerben oder den Namen der Universität durch viel beachtete Publikationen in die Öffentlichkeit tragen, und man sucht Studierende, die selbst schon viel kulturelles Kapital mitbringen, um als erfolgreiche Absolventen die Universität in den höheren Rängen von Wissenschaft, Wirtschaft, Medien, Politik und Verwaltung zu repräsentieren (Karabel 2005; Douglas 2007; Soares 2007). All das ist nur für solche Universitäten möglich, die schon über die kritische Masse an materiellem und symbolischem Kapital verfügen. Wer das nicht hat, kann an diesem Wettbewerb überhaupt nicht teilnehmen (Lenhardt 2005).

Wird ein Studiengang als ein auf einem Markt zu veräußerndes Produkt begriffen, und werden Studierende nicht mehr als Teil einer akademischen Gemeinschaft betrachtet, in der sie in ihrer Rolle eine Mitverantwortung an der Gestaltung des Studiums tragen, sondern als Kunden, die es zu bedienen gilt, dann müssen Studiengänge durch Programme angereichert werden, die weit über die rein akademische Lehre hinausgehen, zum Beispiel durch ein umfangreiches Angebot an Sprach-, Kommunikations- und Trainingskursen zur Selbstvermarktung und durch einen attraktiven Service der Jobvermittlung an angesehene Arbeitgeber. All das verlangt Investitionen in Begleitprogramme, die der akademischen Lehre selbst entzogen werden müssen, wenn das Unternehmen nicht in Geld schwimmt (Espeland und Sauder 2007). Die Erhöhung der Attraktivität von Studiengängen geht deshalb unter Bedingungen der Finanzknappheit – das heißt im mittleren und unteren Preissegment – mit der Senkung ihrer wissenschaftlichen Qualität einher. Der Wettbewerb um Studierende ist demnach ein Überbietungswettbewerb, der das Studieren immer teurer macht. Das ist ganz naheliegend, wenn Universitäten in Unternehmen umgewandelt werden. Unternehmen wollen Geld verdienen und erreichen das in der Regel dadurch, dass sie mit hohem Marketingaufwand die Bereitschaft von Ministerien, Sponsoren und Studierenden erzeugen, Geld in das Produkt zu investieren, weil sie sich davon selbst materielle (bessere Verdienstchancen) oder symbolische (höhere Reputation) Gewinne versprechen.

Daran ist zu erkennen, dass sich auf dem universitären Bildungsmarkt – wie in den USA zu beobachten – eine Stratifikation in ein Premiumsegment der teuren Elitebildung, eine kostengünstigere standardisierte Ausbildung für die Mittelschichten und eine billige Notbildung für die neue Unterschicht herausbildet. Dabei wird der Markt für das Premiumsegment in den USA von den privaten Universitätsunternehmen mit exorbitant hohen Studiengebühren und nur noch wenigen konkurrenzfähigen staatlichen Universitäten beherrscht, während sich die große Mehrheit der Staatsuniversitäten mit ihren lokalen Dependancen das Geschäft mit der regionalen Mittelklasse teilt und die Community Colleges die unterste Bildungsschicht versorgen (Newfield 2008).

Auf diesem Bildungsmarkt entscheidet das verfügbare materielle und symbolische Kapital darüber, in welchem Segment eine Universität tätig ist. Von einem offenen Wettbewerb kann hier nicht wirklich die Rede sein. Lediglich die Privatuniversitäten und einige wenige staatliche Universitäten einzelner Bundesstaaten liefern sich einen harten Überbietungswettbewerb durch luxuriöse Studienbedingungen und den Prestigewert ihrer Abschlüsse. Die lokalen State Universities haben lange Zeit in der Regel als einzige Anbieter den regionalen Markt in ihrer unmittelbaren Umgebung, die Community Colleges einen lokalen Markt bedient. Dabei ergibt sich eine starke Ähnlichkeit des Angebots im jeweiligen Segment. Profilbildung durch Spezialisierung findet infolge der segmentären und regionalen Aufteilung der Klientel nur sehr begrenzt statt. Von einer Differenzierung durch Wettbewerb kann deshalb nicht gesprochen werden. Die tatsächliche Differenzierung bedeutet vielmehr eine segmentäre, regionale und lokale Beschränkung des Wettbewerbs.

Seit den achtziger Jahren haben sich im mittleren Segment private Anbieter von berufsqualifizierenden Abschlüssen deutlich vermehrt, die Bildung explizit als ein Geschäft zwecks Erzielung von Renditen für beide Seiten – Anbieter wie Abnehmer – betreiben (Berg 2005). Die Staatsuniversitäten sehen sich zum Mithalten gezwungen. Infolgedessen sind die eher allgemeinbildenden Programme der *humanities* im Sinne eines Liberal Arts College und mit ihnen die Professoren der *humanities* an den Staatsuniversitäten vom Aussterben bedroht, wie eine aktuelle Studie feststellt. Sie überleben nur noch unter dem Schutzschild der mit besonderem Prestige versehenen Bachelor-Abschlüsse der reicheren Spitzenuniversitäten, das heißt als Statusgut, aber nicht als Bildung für gute Staatsbürger (Geiger et al. 2007; Donoghue 2008).

Zum strategischen Management der unternehmerischen Universität gehört die Selbstvermarktung als Marke (Hellmann 2003). In den USA hat der Wettbewerb mit privaten Anbietern auch die Staatsuniversitäten gezwungen, als Marke mehr Finanzmittel einzuwerben. Lange Zeit hat dafür ein gutes Footballteam ausgereicht. Inzwischen müssen sie jedoch – auch infolge stagnierender oder sogar zurückgehender staatlicher Grundfinanzierung – forciert weitere Einnahmequellen einsetzen, zum Beispiel die Universitätskliniken, die Business-Schools mit teuer bezahlten MBA-Abschlüssen und patentfähige naturwissenschaftlich-technische Forschung (Ruch 2001; Kirp 2003; Geiger 2004; Stein 2004; Massy 2006; Priest und St. John 2006). Alle orientieren sich am jährlich veröffentlichten Ranking von *US News & World Report* und bauen Geschäftsfelder aus, von denen sie sich einen Aufstieg versprechen, während andere, weniger erfolgsträchtige Geschäftsfelder abgebaut werden. Die Ziele sind durch die jährliche Veröffentlichung des Rankings sehr kurzfristig gesetzt. Das heißt, es muss dort investiert werden, wo sich kurzfristig sichtbare Erfolge erzielen lassen. Das begünstigt auch einseitige Investitionen in anderswo erfolgreiche Programme, ohne dass der Erfolg am eigenen Ort garantiert ist. Vielerorts wurden zum Beispiel mit vielen Millionen US-Dollar Technologietransfer-Zentren aufgebaut, ohne dass überhaupt ein industrielles Umfeld dafür vorhanden war, sodass sich der erhoffte Erfolg nicht eingestellt hat (Washburn 2005: 171-197).

Die Platzierung auf dem Bildungsmarkt als Marke beginnt mit dem notwendigen »Corporate Design«, verlangt eine »Corporate Identity«, einen visuell anregenden Internetauftritt und ein Hochglanzmagazin, mit dem man sich der Öffentlichkeit präsentiert. Auch dafür müssen jede Menge Mitarbeiterinnen und Mitarbeiter eingestellt werden, die aufgrund ihrer guten Schulung im Design überall in etwa das Gleiche machen, sodass sich aus der Suche nach der unverwechselbaren Corporate Identity eine frappierende Standardisierung der Außendarstellung ergibt. Es herrscht außerdem die Sprache des Managements, deren Eigenart darin besteht, in der ritualisierten Verwendung der gerade modischen Worte schon die Lösung der Probleme zu sehen, wodurch unbemerkt eine neue Realität geschaffen wird, in der sich erst recht die Probleme auftürmen.

Profilbildung für die unternehmerische Universität bedeutet die unablässige Suche nach der Alleinstellung, nach der Nische, in der man mit keiner anderen Universität auf der Welt konkurriert. Man kann zum Beispiel den regionalen Markt mit herkömmlichen Studiengängen und mit Wissenstransfer in die Praxis versorgen. Da sich Regionen aber zunehmend selbst als Akteure in einem »internationalen Wettbewerb« sehen, passt es gar nicht, wenn die Universität in Forschung und Lehre keine internationale Vernetzung hat. Die Regionaluniversität ist deshalb im neuen Marktmodell nichts anderes als eine Universität, für die es keine regionale Konkurrenz durch andere Universitäten in der Gegend gibt, die ähnliche Studiengänge und Möglichkeiten des Wissenstransfers anbieten. Sie unterscheidet sich von einer Universität in einer Metropolregion nicht im sakralen Kern der Wissenschaft selbst, sondern allein in ihrer Einbettung in eine andere unmittelbare Umwelt und dadurch, dass es in die Metropolen eine größere Zahl von Studierenden und Forschenden zieht, nicht weil dort besser gelehrt und geforscht wird, sondern weil das Leben in der Metropole eine besondere Anziehungskraft ausübt. Für die Forschenden aus aller Welt kann dieser Standortvorteil noch dadurch verstärkt werden, dass in der Metropolregion Universitäten und außeruniversitäre Forschungsinstitute geballt auftreten. Das Neue an dieser immer schon bestehenden regionalen Differenzierung ist nun, dass geografische Differenzen, die mit der Forschungs- und Lehrqualität einer Universität gar nichts zu tun haben, im Kampf um Marktanteile im artifiziell erzeugten Markt konkurrierender Unternehmen strategisch in Wettbewerbsvorteile und symbolisch in Höherrangigkeit umgemünzt werden. Die Metropoluniversitäten sind infolgedessen allein schon deshalb »besser« als die Regionaluniversitäten, weil sie aufgrund ihrer Lage mehr Studierende und Forschende von außerhalb der Metropole aus aller Welt anziehen, unabhängig davon, was die Forscher und Lehrer überhaupt tun. Dabei reichen schon absolut höhere Zahlen, die allein in der Standortgröße begründet sind, um einen Platz an der »Spitze« zu beanspruchen. Ehrwürdige Einrichtungen wie die Alexander von Humboldt-Stiftung machen das neue Spiel mit und unterstützen die symbolischen Kämpfe unter ungleichen Bedingungen zum Zwecke der Umwandlung von materiellem Kapital (Geld, metropolitane Position) in symbolisches Kapital (Reputation, Definitionsmacht) durch ein Ranking der Universitäten nach der Zahl ihrer ausländischen Stipendiaten. Dabei erklären das Fächerprofil, das Gründungsdatum einer Universität, Nobelpreisträger in der ersten Hälfte des 20. Jahrhunderts und die geografische Lage schon die ganze Verteilung der Stipendiaten. Hat eine Universität einen Schwerpunkt in Natur- und Ingenieurwissenschaften, ein mittelalterliches Gründungsdatum, Nobelpreisträger aus der Zeit zwischen 1900 und 1940 oder eine Metropollage, kann sie sich unabhängig von der Qualität ihrer Forschung und Lehre einer großen Anziehungskraft auf Forscher aus dem Ausland erfreuen. Das Humboldt-Ranking macht aus dieser Verteilung durch wissenschaftsexterne Faktoren jedoch ein wissenschaftliches »Qualitäts-Ranking« (Alexander von Humboldt-Stiftung 2006). So wird unter dem Regime der unternehmerischen Universität unter Mithilfe von managerial modernisierten Stiftungen materielles in symbolisches Kapital umgewandelt.

Profilbildung soll aber auch durch die Konzentration auf besonders starke – in der Regel schon besser ausgestattete – Fächer geschehen. Zu diesem Zweck soll das Universitätsmanagement schwach »aufgestellte« Fächer schließen und schon starke Fächer bzw. Teilgebiete in diesen Fächern ausbauen, vor allem wenn damit eine »Alleinstellung« erreicht wird. Dabei ist »internationale Sichtbarkeit« zum Maß der Dinge geworden. Das lässt sich nur mit Fächern erreichen, die schon weitgehend internationalisiert sind, sodass Fachkulturen und ihre Verwurzelung in nationalen Traditionen gar keine Rolle mehr spielen. Im Sog von Sonderforschungsbereichen und Exzellenzclustern erfolgt dann ein Maß der Konzentration von Forschungsgebieten auf wenige Standorte, das den Wettbewerb ganz gegen die Begleitrhetorik gerade nicht befördert, sondern beseitigt. An den dominanten Standorten wird mit sinkendem Grenznutzen immer mehr Forschungskapital angehäuft, während der Rest der Standorte an Unterinvestition leidet und im Kampf um Sichtbarkeit untergeht. In den wenig

internationalisierten Disziplinen – wie den Geisteswissenschaften – hat diese Strategie noch nicht einmal den Effekt,
international einflussreicher zu werden. Für das Studienange-
bot bedeutet diese Profilbildungsstrategie ein Überangebot
des Gleichen und einen Mangel an Vielfalt am Studienort. Als
Unternehmen können Universitäten gar nicht mehr Universitäten im ursprünglichen Wortsinn bleiben, vielmehr mutie-
ren sie zu Spezialhochschulen mit eingeschränktem Lehran-
gebot und Forschungsprofil. Nur die reichsten Universitäten
sind kapitalkräftig genug, um im symbolischen Kampf um
Sichtbarkeit noch ein breiteres Spektrum an Studiengängen
und Forschungsprogrammen finanzieren zu können.

Auf dem Papier vermehren sich allerdings die Studiengänge
im Zuge der Abkehr von Berufstiteln – wie etwa dem Diplomingenieur – und der Hinwendung zu unspezifischen, aus verschiedenen Disziplinen zusammengesetzten Bachelor-Studiengängen und sehr eng spezialisierten Master-Programmen. Oft
sind die neuen interdisziplinären Bachelor- und spezialisierten Master-Studiengänge nur eine Verlegenheitslösung mangels kritischer Masse für ein komplettes Fachstudium infolge
von Stellenabbau und -umschichtung zwecks Profilbildung.
Halbwissen wird dann als Fortschritt im Angebot »markt-
gerechter« Studiengänge verkauft. Gewiss benötigt ein Fach
oder ein Fachgebiet die jeweilige kritische Masse, um in Forschung und Lehre mithalten zu können. Bei welcher Ausstattung der Punkt erreicht ist, jenseits dessen jede weitere Investition mit einem sinkenden Grenznutzen verbunden ist,
ergibt sich keineswegs von selbst aus dem Profilierungswett-
bewerb zwischen den Universitäten. Vielmehr tendiert dieser
unregulierte Wettbewerb zur Konzentration von Forschungsmitteln auf wenige Zentren, gegebenenfalls nur auf ein Zentrum, weil sich der Wettbewerb als Überbietungswettbewerb
vollzieht, der nicht auf Effizienz, sondern auf Effektivität im

Aufbau symbolischer Macht in einem Feld zielt. Es obsiegt nicht die effizientere, sondern die durch Größe und reichhaltigeres Kapital sichtbarere Institution. Es entwickelt sich eine Art von akademischem Kannibalismus, der vom alten Modell der Forschung und Lehre als Gabe für die wissenschaftliche und die akademische Gemeinschaft weit entfernt ist. Die reicheren Universitäten werben den ärmeren die besten Forscher ab. Wer nicht reich ist, kann in dieser Ordnung des Kannibalismus nur durch extreme Spezialisierung auf ganz wenige Fächer überleben, wie sich zum Beispiel die Universität Mannheim gegen viel Widerstand der intern kannibalisierten Fächer zur Wirtschaftshochschule zurückentwickelt hat. In der Nachbarschaft zur Traditionsuniversität Heidelberg war das wohl die einzig mögliche Überlebensstrategie. Die »Exzellenzuniversität« Heidelberg war allerdings im Gegenzug nicht mutig genug, den eigenen volkswirtschaftlichen Fachbereich zu schließen.

Wie man sieht, ist das ein ganz anderer Wettbewerb, der zwischen universitären Unternehmen ausgetragen wird, als es dem Wettbewerb der Forscher und Lehrer um Anerkennung durch die wissenschaftliche und die akademische Gemeinschaft entsprechen würde. Die Forscher und Lehrer sind nicht mehr selbständige Akteure, sondern Humankapital, das von einem starken Universitätsmanagement investiert wird, um Rendite zu erzielen. Über das, was geforscht und gelehrt wird, muss deshalb das Universitätsmanagement entscheiden. Das kann nicht mehr den Forschern und Lehrern allein überlassen bleiben, schon gar nicht der korporativen Selbstverwaltung der Universität durch die Professoren. Die Folge davon ist, dass Studiengänge nicht nach ihrer von Fachgesellschaften treuhänderisch bestimmten sachlichen Notwendigkeit, sondern nach Marktgängigkeit angeboten und deshalb von wissenschaftlichem Ballast befreit und um allerlei Begleitprogramme angereichert werden. Forschung findet in Forschungsverbünden statt, die das Potenzial zur Akkumulation umfangreicher Drittmittel haben. Das hat zur Folge, dass trotz Profilbildungsrhetorik je nach öffentlichem Interesse vielerorts versucht wird, gleichartige Zentren aufzubauen, die für öffentliche und private Drittmittelgeber attraktiv erscheinen. Unter dem OECD-Regime der Mobilisierung von Bildung als Humankapital für zukünftiges Wirtschaftswachstum ist zum Beispiel die Bildungsforschung zu einem solchen Renner geworden (Becker 1993 [1964]). Auf der Suche nach Kapitalgebern verfallen deshalb gleich alle Universitäten auf die Strategie, ihre alte Erziehungswissenschaft in empirische Bildungsforschung umzuwandeln. Es gibt dann von anderen Teilgebieten des Faches zu wenig und von einem Teilgebiet zu viel. Wenn man das Angebot an Studiengängen ganz dem strategischen Management überlässt und keine Fachgesellschaft darüber wacht, kann offensichtlich die Vielfalt des Angebots leicht dem Einheitsbrei modischer Strömungen weichen.

Der Höhepunkt dieser Ökonomisierung der Wissenschaft findet sich in der strategischen Verwertung von Forschungsergebnissen für Patente, deren Erlöse von den Universitäten zur Kapitalbildung genutzt werden. Das Tor zu dieser lukrativen Welt eines akademischen Kapitalismus hat in den USA 1980 der *Bayh-Dole Act* eröffnet. Seitdem können Universitäten Patente verwerten, die aus Forschung resultieren, zu der vom Bund Zuschüsse beigesteuert wurden. Anschließend ist die Zahl der von Universitäten angemeldeten Patente sprunghaft angestiegen (Slaughter und Leslie 1997; Slaughter und Rhoades 2004; Washburn 2005; Rudy et al. 2007; Greenberg 2007). Der deutsche Gesetzgeber hat gut ein Vierteljahrhundert später nachgezogen und verspricht sich ein ähnlich florierendes Geschäft für die Universitäten. Das Neue daran ist die tendenzielle Umwandlung von wissenschaftlichem Wissen als Kollektivgut (Merton 1973 [1942]) in ein privates Gut, dessen Erträge von dem universitären Unternehmen, an dem es generiert wurde, exklusiv verwertet werden (Heller und Eisenberg 1998; Bollier 2002a, 2002b; Nelson 2003; Triggle 2005; Murray und Stern 2007). Die Forscher müssen deshalb dem Verwertungsinteresse der Universität den Vortritt vor der Erstveröffentlichung ihrer Ergebnisse überlassen. Sie selbst werden nur marginal an den Erträgen beteiligt. Vor allem werden sie vom Status des Mitglieds der wissenschaftlichen Gemeinschaft auf den Status eines Unternehmensmitarbeiters reduziert, der/die das Unternehmensinteresse über das Wohl der wissenschaftlichen Gemeinschaft stellen muss (vgl. weiter Deem 2001; Renault 2006; Glenna et al. 2007; Mendoza 2007).

Hier sieht man den entscheidenden Punkt des sich vollziehenden Wandels. Die wissenschaftliche Gemeinschaft und ihre Fachgesellschaften sowie die akademische Gemeinschaft werden entmachtet. An ihre Stelle tritt das universitäre Unternehmen, das wissenschaftliches Wissen und akademische Bildung allein unter dem Gesichtspunkt betrachtet, welche Kapitalerträge sich damit erwirtschaften lassen, einschließlich der Einwerbung von Sponsorengeldern, was durchaus auch geisteswissenschaftlichen Zentren zugutekommen kann. Die Voraussetzung dafür sind Sponsoren, die daran ein ausdrückliches Interesse haben. Davon kann am ehesten die Pflege klassischer Disziplinen wie Archäologie, Früh- und Kunstgeschichte profitieren. Die generelle Folge aber ist die Einschränkung der akademischen Freiheit im Interesse der unternehmerischen Kapitalakkumulation im Innenverhältnis der Wissenschaft und die Instrumentalisierung für externe Zwecke im Außenverhältnis. Die Universität verliert die innere Freiheit und die äußere Balance, die Talcott Parsons und Gerald M. Platt als eine Errungenschaft der amerikanischen Universität im 20. Jahrhundert beschrieben haben (Parsons und Platt 1990). Die Forscher im inneren Kern sind nicht mehr Herren des Verfahrens, sondern verwertbares Humankapital. Die Lehrenden und Studierenden sind nicht mehr Teil einer akademischen Gemeinschaft, die autonom bestimmt, was es zu wissen gilt. Die einen werden zu Verkäufern, die anderen zu Käufern eines Bildungszertifikats, über dessen Verwertbarkeit auf dem Arbeitsmarkt nicht mehr der Sachwert, sondern der Prestigewert entscheidet. Die akademische Bildung in der Hand der akademischen Gemeinschaft der Lehrenden und Lernenden weicht einem segmentär, regional und lokal differenzierten Bildungsmarkt.

Der Transfer des wissenschaftlichen Wissens in die Praxis verliert die Anbindung an die Grundlagenforschung, verselbständigt sich und gerät unter das Diktat der externen Verwertungsinteressen. Die Protagonisten dieses Wandels beschwichtigen Kritiker mit dem Hinweis, heute könne gar nicht mehr eindeutig zwischen Grundlagenforschung und angewandter Forschung unterschieden werden, vielmehr falle beides in eins. Die Wissenschaftsforschung beschreibt diese Entwicklung als anscheinend zwangsläufigen Prozess weg von »Mode 1« und hin zum »Mode 2« der Wissensproduktion. Im Mode 1 sind Grundlagenforschung und angewandte Forschung voneinander getrennt, im Mode 2 überschneiden sie sich (Gibbson et al. 1994; Owen-Smith 2003; Rhoades und Slaughter 2005). In Erweiterung dieses Modells wird von der »triple helix« staatlicher Innovationspolitik, wissenschaftlicher Forschung und wirtschaftlicher Innovation gesprochen (Etzkowitz 2003). Auch im Verhältnis zur Öffentlichkeit macht sich eine Instrumentalisierung der Wissenschaft für externe Zwecke bemerkbar (Weingart 2001).

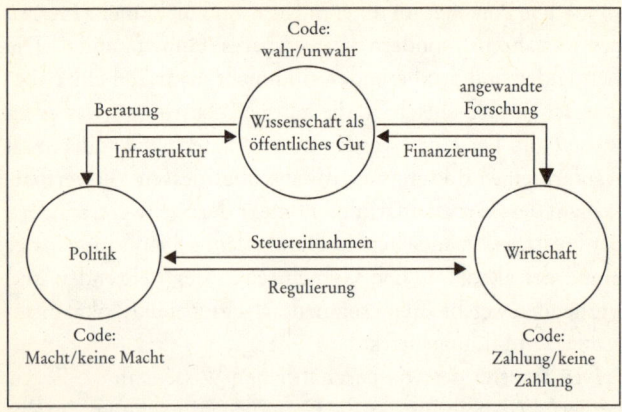

Abb. 2.1: Wissenschaft im Austausch mit Wirtschaft und Politik

Auf der Suche nach Kapital und Leistungspunkten reißen Wissenschaftler in der politischen Beratung die Trennzäune zwischen Wissenschaft und Politik ein, indem sie im Interesse des politischen Erfolgs die Augen vor nicht intendierten Folgen ihrer Vorschläge schließen. Zu beobachten ist das zum Beispiel, wenn Ökonomen in Regierungskommissionen bei der Frage der Rentenreform nicht mehr nur beraten, sondern gezielt eine Strategie wie zum Beispiel die hoch riskante Privatisierung der Altersvorsorge durchzusetzen versuchen und in der Öffentlichkeit dafür werben. Die dadurch erfolgende Korrumpierung des wissenschaftlichen Wissens findet ihren Höhepunkt darin, dass dieselben Ökonomen Gutachten für die profitierenden Versicherungskonzerne verfassen und gegen Bezahlung Vorträge vor deren Mitarbeitern halten. Auf derselben Linie liegt der Wechsel eines Wissenschaftlers in die Vorstandsränge eines Finanzdienstleisters, nachdem er als Leiter einer Regierungskommission eine Rentenreform eingeleitet hat, von dem Finanzdienstleister erheblich profitieren,

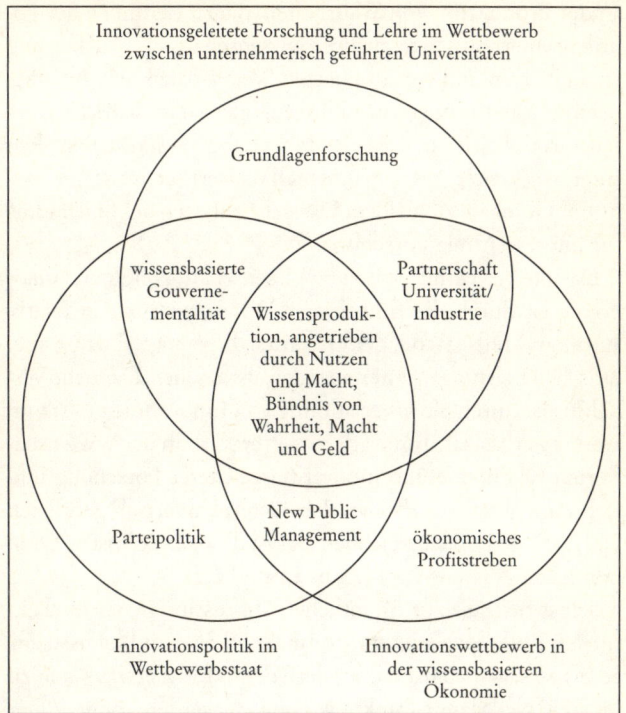

Innovationsgeleitete Forschung und Lehre im Wettbewerb
zwischen unternehmerisch geführten Universitäten

Grundlagenforschung

wissensbasierte
Gouverne-
mentalität

Partnerschaft
Universität/
Industrie

Wissensproduk-
tion, angetrieben
durch Nutzen
und Macht;
Bündnis von
Wahrheit, Macht
und Geld

New Public
Management

Parteipolitik

ökonomisches
Profitstreben

Innovationspolitik im
Wettbewerbsstaat

Innovationswettbewerb in
der wissensbasierten
Ökonomie

weil nun viele Millionen verunsicherte Bürger Beratung benötigen, wie sie ihr Geld in einer privaten Rentenversicherung
anlegen sollen. Auch das ist »Mode 2« der Wissensproduktion.
Die Politische Ökonomie der aktuellen Hochschulreformen
äußert sich hier in der wachsenden Überlappung von Politik,
Ökonomie und Wissenschaft und in einer Wissensproduktion, in der die Suche nach Wahrheit eng mit der Sicherung
von Macht und der Maximierung von Nutzen verknüpft ist.
Im Feld der Überschneidung mit Politik und Wirtschaft wird

die Wissenschaft zum Ideologieersatz. Sie beteiligt sich direkt an der Produktion von Wahrheiten, die zu Leitlinien der Politik in einer sonst gerade durch wissenschaftliche Aufklärung entzauberten und verunsicherten Welt werden. Als Auftragnehmerin im Kontext von millionen- oder gar milliardenschweren Großprojekten wird die Forschung verstärkt von dem Interesse geleitet, mit instrumentell verwertbarem Wissen weiter im Geschäft zu bleiben. Das geht zulasten des Spielraums für interessenfreie Forschung.

Das alte Verhältnis zwischen Wissenschaft, Politik und Ökonomie ist durch die funktionale Differenzierung in relativ autonome Teilsysteme der Gesellschaft geprägt, die ihre spezifischen Leistungen untereinander austauschen. Das neue Verhältnis ist durch die Überlappung von Innovationspolitik im Wettbewerbsstaat, Innovationswettbewerb in der wissensbasierten Ökonomie und innovationsgeleiteter Forschung und Lehre im Wettbewerb zwischen unternehmerisch geführten Universitäten gekennzeichnet. Das ist die neue Politische Ökonomie der Wissenschaft (Abb. 2.1 und 2.2).

Selbst Beiträge zur öffentlichen Diskussion in der intellektuellen Rolle folgen jetzt nicht mehr allein dem Bewusstsein, etwas zu sagen zu haben, sondern dem Motiv, etwas sagen zu müssen, weil damit Punkte gesammelt werden können. Der Professor führt deshalb in Zukunft sorgfältig Buch über jedes Wort, das er gegenüber einem Journalisten geäußert hat, und nimmt gern an der Zerstreuung durch Talkshows teil.

Schlussbemerkungen

Die unternehmerische Universität entmachtet die wissenschaftliche und die akademische Gemeinschaft und die Fachgesellschaften als Treuhänder des Erkenntnisfortschritts im inneren Kern der Wissenschaft und der Wissensvermittlung in ihrem Außenverhältnis zur Gesellschaft. Die kollektive Suche nach Erkenntnis als Kollektivgut und der kollektive Prozess der Bildung und des Wissenstransfers in die Gesellschaft in der Hand der wissenschaftlichen und der akademischen Gemeinschaft sowie der einzelnen Fachgesellschaften wird von der privatisierten Nutzung des Erkenntnisfortschritts, der Bildung und des Wissenstransfers durch unternehmerische Universitäten im Wettbewerb um Marktanteile abgelöst. Dieser grundlegende institutionelle Wandel bedroht die innere akademische Freiheit und unterwirft Bildung und Wissenstransfer äußeren Zwecken. Er bedeutet eine zunehmende Engführung der Wissensevolution und die Schrumpfung des aus dem wissenschaftlichen Erkenntnisfortschritt resultierenden Erneuerungspotenzials der Gesellschaft. Die Gleichschaltung aller Funktionsbereiche der Gesellschaft im Zuge der globalen Hegemonie des Marktparadigmas und der Umwandlung von Organisationen mit ganz unterschiedlichen Aufgaben in Unternehmen ist ein Beweis dafür, wie weit die Verarmung des Wissens in den Gesellschaftswissenschaften schon fortgeschritten ist.

III. Die Audit-Universität:
Vom *Homo academicus* zum *Homo oeconomicus*

Wettbewerb, Benchmarking, Monitoring, Qualitätsmanagement und die daraus hervorgehende vertikale und horizontale Differenzierung der Hochschullandschaft bilden das Mantra der gegenwärtigen Universitätsreformen. Versprochen wird eine Verbesserung der Qualität von Forschung und Lehre. Was auf den ersten Blick wie eine Modernisierung der Instrumente zur Qualitätssicherung aussieht, entpuppt sich bei genauerer Betrachtung als eine Revolution, in deren Folge eine Zielverschiebung eintritt, eine Ersetzung der akademischen durch die manageriale Qualitätssicherung, eine Verdrängung des *Homo academicus* durch den *Homo oeconomicus*, eine Ablösung der funktionalen Differenzierung durch die Suprematie der Ökonomie über die Wissenschaft und eine Engführung von Wissenschaft und Bildung durch ihre Instrumentalisierung für externe Zwecke. Die folgenden Ausführungen sollen diese These begründen. Am Ende wird gefragt: »Was tun? Gibt es einen Ausweg?«

1. Von der akademischen Qualitätssicherung zum managerialen Controlling

Die deutschen Universitäten unterscheiden sich in ihrer Tradition von den Universitäten in den Vereinigten Staaten unter anderem durch ein größeres Gewicht der korporativen Selbstverwaltung durch die Professoren und durch ihre öffentlich-rechtliche Kontrolle in der Verantwortung des Wissenschaftsministers des jeweiligen Bundeslandes statt der direkten Verflechtung mit ihrer gesellschaftlichen Umwelt. In Verbindung mit der bis heute erhaltenen oligarchischen Organisation von Forschung und Lehre in der Hand der Lehrstuhlinhaber hat diese Governance-Struktur im Vergleich zu den amerikanischen Universitäten gewährleistet, dass der sakrale Kern der wissenschaftlichen Disziplinen besonders geschützt wurde, während die Erweiterung um neue Forschungs- und Lehrgebiete, insbesondere in den interdisziplinären Grenzbereichen, erheblich behindert wurde. Mit der Umstellung auf die unternehmerische Universität mit einer stärkeren Hochschulleitung, schwächeren Organen der professoralen Selbstverwaltung und einer Kontrolle durch Hochschulräte als Mittler zwischen Universität und Gesellschaft anstelle der öffentlich-rechtlichen Kontrolle durch den Wissenschaftsminister besteht die Chance zu größerer Erneuerungsfähigkeit und besserer Anpassung an veränderte gesellschaftliche Erwartungen. Gleichwohl werden auch die neue Governance-Struktur und die neue Autonomie der unternehmerischen Universitäten unter der Aufsicht durch die Hochschulräte nicht in die beste aller Welten führen. Das ist schon deshalb zu erwarten, weil die neuen Strukturen in einem gänzlich anderen institutionellen und kulturellen Umfeld als in den USA wirksam werden. Es ist mit jeder Menge unerwünschter Effekte zu rechnen. In diesem Kapitel sollen einige dieser zu erwartenden Wirkungen näher beleuchtet werden.

Die Einrichtung von Hochschulräten ist Teil eines umfassenden Wandels der deutschen Universitäten, den man als Ganzes verstehen muss, um die Funktionen und Probleme dieser neuen Gremien identifizieren zu können (Kehm und Lanzendorf 2007). Zur Vertiefung dieses Verständnisses wird der Umbau der Hochschulen und ihrer Governance mit den Begriffen der Audit-Universität und der unternehmerischen Universität problematisiert. Dabei wird deutlich, dass ein latenter, unregulierter akademischer Kapitalismus die Möglichkeiten zu freier Forschung und Lehre an den Universitäten einzuschränken und die Wissensevolution zu schließen droht. In diesem Zusammenhang müssen die gestalterischen Aufgaben und Risiken der Hochschulräte gesehen werden (vgl. Nienhüser et al. 2007; Bogumil et al. 2007).

Seiner Position nach ist der Hochschulrat für die Universität einerseits Mittler in der engeren Kopplung der Universität zu ihrer Umwelt, andererseits stellt er nach Innen ein Instrument zur Repräsentation der neuen externen Kontrolle in der Universität im Zuge der unaufhaltsamen Ausbreitung von New Public Management (NPM) dar (Lane 2000). Wie alle Aufsichtsräte kann ein Hochschulrat ein reiner Honoratiorenklub sein, an dem mangels Insiderwissen alle relevanten Geschehnisse vorübergehen, sodass er aus allen Wolken fällt, wenn die Dinge schon den Bach hinuntergegangen sind. Je ernster jedoch die Hochschulräte ihre Aufgabe nehmen, umso mehr benötigen sie Informationen, die direktes Insiderwissen ersetzen. Sie müssen auf eine umfassende Rechenschaftslegung, die sich in Kennziffern ausdrücken lässt, Wert legen, weil sie anderenfalls ihrer Aufsichtspflicht nicht gerecht werden. Blindes Vertrauen können sie nicht walten lassen, weil man ihnen sonst Untätigkeit vorwerfen müsste. So werden Universitäten zwangsläufig einem Regime der Kennziffern unterworfen.

Die Einrichtung von Hochschulräten ist ein Baustein einer allgemeinen Verdrängung der selbst organisierten Forschung und Lehre nach bestem Wissen und Gewissen durch eine externe Kontrolle, der keine Möglichkeit zur inhaltlich vertrauten Bewertung innewohnt. An die Stelle des Vertrauens in die professionelle Selbstregulierung und die Autonomie der Forscher, Fachbereiche und Hochschulen tritt das Misstrauen der Prinzipale in ihre Agenten und die externe Kontrolle nach den Prinzipien von Zielvereinbarung, vollständiger Transparenz und Erfolgskontrolle durch Kennziffern. Die akademische, selbst organisierte Universität, die nur lose an Staat, Wirtschaft und Gesellschaft gekoppelt ist, wird durch die Audit-Universität ersetzt (Power 1997). Eine zunehmend engere Kopplung tritt an die Stelle von loser Kopplung. Die Selbstregulierung entsprechend einer wissenschaftlichen Eigenlogik wird von der formalen Kennziffernkontrolle der Hochschule durch Regierung, Wirtschaft und Gesellschaft und, daraus resultierend, von der zunehmenden Kontrolle der Forschenden und Lehrenden durch die Hochschulleitung überlagert.

In der Tradition Wilhelm von Humboldts ist die Qualitätssicherung in der universitären Forschung und Lehre eine Sache der akademischen Gemeinschaft. Deren Mitglieder sind Professoren, Mitarbeiter und Studierende, jeweils in ihrer spezifischen Rolle und damit verbundenen Verantwortung. Die akademische Gemeinschaft nimmt eine treuhänderische Rolle in Forschung und Lehre gegenüber der weiteren wissenschaftlichen Gemeinschaft und ihren einzelnen Fachgesellschaften (Chemiker, Physiker, Ingenieure, Ökonomen, Philologen usw.) auf der einen Seite und der Gesellschaft (Politik, Wirtschaft, Zivilgesellschaft, Öffentlichkeit) auf der anderen Seite wahr. Gegenüber der wissenschaftlichen Gemeinschaft muss die Wissenschaftlichkeit von Forschung und Lehre im Streben nach Erneuerung des Wissens bewiesen werden, gegenüber der Politik steht die Beratung im Vordergrund, gegenüber der Wirtschaft die ökonomische Verwertung des Wissens, gegenüber der Zivilgesellschaft die Erziehung verantwortungsbewusster Bürger und die praktische Dienstleistung (in der klinischen Versorgung von Patienten), gegenüber der Öffentlichkeit die Aufklärung. Die Aufgabe der akademischen Gemeinschaft ist die Vermittlung zwischen der Wissenschaftlichkeit und dem gesellschaftlichen Nutzen von Forschung und Lehre (vgl. Parsons 1978b; Parsons und Platt 1990). Ihre Mitglieder muss sie in diese Aufgabe einbinden und zu ihrer Erfüllung verpflichten. Diesem Zweck dienen sorgfältige Aufnahme- und Prüfungsverfahren. Nur eine vitale akademische Gemeinschaft wird diese Funktion der Vermittlung zwischen Wissenschaftlichkeit und praktischem Nutzen zustande bringen können. Ist sie schwach, dann wird sie zwischen beiden Seiten zerrissen. Zwischen den wissenschaftlichen Interessen der Forscher und Lehrer und den praktischen Interessen der Studierenden herrscht dann eine wachsende Kluft.

Qualitätssicherung in der Massenuniversität

Die Massenuniversität bietet nicht die Bedingungen, unter denen eine vitale akademische Gemeinschaft existieren kann. Sie wird deshalb seit Jahrzehnten von Klagen des Verlustes der Wissenschaftlichkeit von Seiten der wissenschaftlichen Gemeinschaft, der Forscher und Lehrer, und von Klagen der Praxisferne von Seiten der Studierenden, der Wirtschaft, Politik, Zivilgesellschaft und Öffentlichkeit begleitet. Nachdem sich an diesen Klagen in gut 30 Jahren nichts geändert hat, richten sich jetzt die großen Hoffnungen auf Wettbewerb, Benchmarking, Monitoring und Qualitätsmanagement im Rahmen der Umstellung der akademischen Selbstverwaltung auf New Public Management (Lane 2000). Im Außenverhältnis soll die universitäre Forschung und Lehre durch Benchmarking im Wettbewerb zwischen den Universitäten um Forschungsgelder, Forscher, Lehrer und Studierende und dessen Anleitung durch Rankings verbessert werden, im Innenverhältnis durch das Qualitätsmanagement von unternehmerisch geführten Universitäten (Clark 1998). Alle Selbstverwaltungsorgane, von den Fakultätsräten bis zum Senat, sind entmachtet worden, um einer starken Hochschulleitung Platz zu machen, deren strategisches Ziel in der bestmöglichen Positionierung des universitären Unternehmens im Kampf um Geld und Prestige besteht und deren operatives Geschäft ein minutiöses Controlling der universitären »Geschäftsprozesse« verlangt. Daraus soll eine vertikal nach Rang und horizontal nach Profil differenzierte Hochschullandschaft hervorgehen.

Am Massachusetts Institute of Technology (MIT) und an der Harvard Business School, den weltweit einflussreichsten Managementschulen, wurden in den späten achtziger und in den neunziger Jahren neue Managementinstrumente wie »Business Process Reengineering«, »Total Quality Management«, »Benchmarking«, »Balanced Scorecard« und »Change Management« entwickelt und mit Hilfe der Wirtschaftsberatung, allen voran McKinsey, Accenture und Boston Consulting Group (BCG), in der ganzen Welt verbreitet. Dabei wurden nicht nur Wirtschaftsbetriebe von dieser Transformation durch Beratung erfasst, sondern zunehmend auch öffentliche Einrichtungen und Kirchen. Begleitet wurde diese Reformwelle von dem Glauben an die Steuerbarkeit des organisationalen und gesellschaftlichen Wandels. Einen großen Anteil an diesem nach dem Ende der Planungseuphorie der siebziger Jahre eher überraschenderweise aufgekommenen neuen Glauben hat die Informationstechnologie (IT). Man glaubt, dass der Einsatz von IT es erlaubt, Prozesse des Wandels bis ins kleinste Detail hinein zu kontrollieren. Für diesen Zweck muss die Welt der Organisationen in Kennziffern zerlegt werden, die schnell zu einer Realität *sui generis* werden, sich der handelnden Subjekte bemächtigen und deren Freiheitsräume schrumpfen lassen. Alles wird nun von dem Bestreben nach der Erfüllung von Kennziffern beherrscht. Über deren Sinn und Zweck kann im praktischen Handeln nicht mehr reflektiert werden. Damit geht mit der Freiheit ein erhebliches Maß der spontanen Lernfähigkeit und des Lernens aus praktischer Erfahrung verloren. Auf die Spitze wird diese Herrschaft der Zahlen über das praktische Handeln von der im entsprechenden Bucheinband als »landmark achievement« gefeierten »Balanced Scorecard« getrieben, die von Robert S. Kaplan und David P. Norton (1992) entwickelt wurde und Wirtschaftsbetrieben wie öffentlichen Einrichtungen von der Beratungsbranche als Allheilmittel für alle institutionellen Krankheiten verschrieben wird. Mit der balanced scorecard sollen die Ziele einer Organisation bzw. einer Unterabteilung im Detail definiert und durch Kennziffern (*key performance indicators*) operationalisiert werden. Mittels IT wird deren Erfüllung im Sekundentakt überprüft.

Großbritannien und Australien haben schon seit Ende der achtziger Jahre damit begonnen, ihre Hochschulen intern dieser neuen managerialen Kontrolle zu unterwerfen und durch eine sehr umfassende zentrale externe Kontrolle über die eingesetzten Kennziffern sowie die daran gebundene Verteilung von Forschungs- und Lehrmitteln zu ergänzen. Deshalb wird dort auch heftig über die verlorene Autonomie in Forschung und Lehre geklagt (Head 2011). In den USA gibt es aufgrund des föderalen Systems und der Unabhängigkeit der reichen Privatuniversitäten keinen derartigen staatlichen Zugriff auf die Universitäten, trotzdem haben die neuen Managementmethoden auch dort Einzug vor allem in die weniger gut betuchten Staatsuniversitäten gehalten. Im Extremfall müssen sich dort Professoren vorrechnen lassen, dass befristet beschäftigte Lehrbeauftragte für ein Viertel ihres Gehaltes denselben Output an Absolventen wie sie selbst produzieren (Head 2011). Dementsprechend wurde die Zahl der befristet beschäftigten Lehrbeauftragten an den amerikanischen Universitäten in den vergangenen 20 Jahren kräftig erhöht, während die Zahl der unbefristeten Professorenstellen stagnierte (Schuster und Finkelstein 2008). »Value for money« ist die Zauberformel, mit der öffentliche Angelegenheiten, die Herstellung von Kollektivgütern und die treuhänderische Pflege des Gemeinwohls in ökonomische Prozesse umgewandelt und so einer ganz anderen Logik als zuvor unterworfen werden. Dabei werden nicht einfach alte Ziele mit besseren Mitteln angestrebt. Vielmehr werden die Ziele selbst und das Verfahren ihrer Definition und Festlegung auf halbem Wege den bisher als legitim geltenden Verfahren und Treuhändern entzogen und in die Hand von Managern und Technokraten einer ganz neuen akademischen Welt gelegt. Über die Legitimität dieser neuen Herrschaft ist noch überhaupt nicht öffentlich debattiert worden. Es handelt sich demnach im gegenwärtigen Zustand um eine Form der nicht legitimen Herrschaft.

Dieser Wandel der Qualitätssicherung, weg von der akademischen Gemeinschaft und hin zum unternehmerisch agierenden Universitätsmanagement, ist freilich nicht einfach als besseres, unter den Bedingungen der Massenuniversität wirksameres Mittel zu verstehen, mit dem man die alten Ziele – die Ausbalancierung von Wissenschaftlichkeit und praktischem Nutzen im Prozess der ständigen Erneuerung des Wissens – wieder erreichen kann. Laut allseitiger Klage war das der alten akademischen Gemeinschaft nicht mehr gelungen. Eine aus reicher Erfahrung in der Praxis hervorgehende professionelle Leistung nach bestem Wissen und Gewissen wird in ein standardisiertes, massenhaft hergestelltes Produkt transformiert. In der Sprache der Transaktionskostentheorie wird ein spezifisches, besser in einer Organisation (Hierarchie) produziertes Gut, in ein unspezifisches, besser auf dem Markt einzukaufendes Gut umgewandelt (Williamson 1981). Wir sprechen hier aber genauer von professioneller Treuhänderschaft auf der einen Seite und taylorisierter Massenproduktion auf der anderen Seite.

Die Kennzahlen werden zu einer eigenen, neuen Realität, die zunächst von der alten Praxis entkoppelt wird (Porter 1995). Wenn auch die Kennzahlen nicht die professionelle Leistung wiedergeben, sondern nur einen Abglanz davon, und letztlich ein Eigenleben führen, sind alle beruhigt. Das Problem scheint gelöst zu sein. Die Regierung kann gegenüber der Öffentlichkeit demonstrieren, dass etwas zur Verbesserung der Qualität von Forschung und Lehre getan wurde. Die Forscher, Lehrer und Studierenden können sich an die vorgegebenen Kennzahlen halten. Was allerdings auf der Strecke bleibt, ist die Sache selbst. Forschung und Lehre sind so komplexe Tätigkeiten, dass sie sich grundsätzlich nicht in Kennzahlen fassen lassen. Je stärker sich aber das Qualitätsmanagement nach Kennzahlen festsetzt, umso mehr findet nicht nur eine Entkopplung der neuen Kennzahlenwelt von der realen Praxis statt, sondern letztlich eine Kolonisierung von Forschung und Lehre durch diese neue akademische Welt. Am Ende stehen eine komplette Zielverschiebung und eine Verkehrung von Ziel und Mittel. Alles richtet sich nun auf die Erfüllung der Kennziffern. Es werden nicht mehr Kennzahlen als Mittel eingesetzt, um Forschung und Lehre als Ziel zu steigern, vielmehr wird so geforscht und gelehrt, dass die Kennzahlen erfüllt werden. Das ist eine neue Art von Dienst nach Vorschrift (vgl. Power 1997; Rose 1999; Miller und Rose 2008; Dean 2009). Wir finden hier eine Erscheinungsform von »Gaming the System« vor, einem Spiel mit den Systemregularien, bei dem die Spieler zu einem strategischen Verhalten veranlasst werden, das im Endeffekt die intendierte Zielerreichung – eine Steigerung der Qualität von Forschung und Lehre – untergräbt. Das ist insbesondere dann zu erwarten, wenn intrinsische durch extrinsische Motivation ersetzt wird (vgl. Espeland und Sauder 2007).

Es ist das besondere Kennzeichen einer vitalen akademischen Gemeinschaft, ein hohes Maß der intrinsischen Motivation zu erzeugen. Das gilt für Forschen, Lehren und Lernen, für Professoren, Mitarbeiter und Studierende. Der soziale Mechanismus, der das leistet, ist die akademische Ehre. Wenn Lehrende und Lernende ihre Mitgliedschaft in der akademischen Gemeinschaft als eine besondere Ehre betrachten, dann ist ihr Handeln durch ein hohes Maß der intrinsischen Motivation geprägt. Es ist für sie deshalb eine Ehre, ihre Sache so gut wie möglich zu machen (Sennett 2008). Sie haben einen Anteil an den Erfolgen der wissenschaftlichen Disziplin und am damit verbundenen Glanz. Das beflügelt sie bei der Arbeit.

Über die akademische Gemeinschaft hinaus sind die wissenschaftliche Gemeinschaft und ihre Differenzierung in Fachgesellschaften von besonderer Bedeutung für die Erzeugung eines starken Commitment, einer Leidenschaft für die Sache der Wissenschaft. Die Praxis des wissenschaftlichen Arbeitens lässt sich als ein Gabentausch verstehen. Die Wissenschaftler erfahren die Aufnahme in die wissenschaftliche Gemeinschaft durch die Promotion als ein Geschenk, das durch ein Gegengeschenk zu erwidern sie als ihre Verpflichtung betrachten, indem sie mit ihrer Forschung und den daraus hervorgehenden Veröffentlichungen zum Erkenntnisfortschritt beitragen. Das ist ein kollektives Unternehmen, wie auch dessen Ergebnis – neues Wissen – von allen Wissenschaftlern als Kollektivgut geteilt wird.

Bei den praktischen Disziplinen spielt deren Gestaltung durch die professionellen Vereinigungen eine besondere Rolle (Parsons 1978a). Es liegt in ihrer Verantwortung, Forschung, Lehre und praktische Dienstleistung nach bestem Wissen und Gewissen in Treuhänderschaft für die Gesellschaft zu gestalten. Es gehört zu den Besonderheiten der professionellen Tätigkeit, dass sie mit ökonomischen Kategorien nicht zu fassen ist. Sie wird maßgeblich von den Prinzipien der Berufsethik geleitet, die dem Gewinnmotiv ausdrücklich Grenzen setzen. Der Klient des Anwalts ist kein Kunde, ebenso wenig der Patient des Arztes und auch nicht der Student eines Professors. Es handelt sich dabei jeweils um soziale Beziehungen, deren Eigenqualität verkannt wird, wenn man sie in die Kategorien des ökonomischen Denkens presst. Wird die akademische Lehre als eine wirtschaftliche Dienstleistung begriffen, dann werden die sozialen Grundlagen ihrer besonderen Qualität zerstört. Dabei können sich die Erosion der akademischen Gemeinschaft durch die fortlaufende Verschlechterung der Betreuungsquote zwischen Professoren und Studierenden und die neue ökonomische Kategorisierung der akademischen Lehre als eine Dienstleistung wechselseitig verstärken.

Alle drei besonderen Gemeinschaften, die das akademische Forschen, Lehren und Lernen prägen, üben eine treuhänderische Funktion für die Gesellschaft aus. Das impliziert ein besonderes Vertrauen der Gesellschaft (Politik, Wirtschaft, Zivilgesellschaft, Öffentlichkeit) in die Selbstkontrolle dieser Gemeinschaften und die Ausübung ihrer Tätigkeit im *wohlverstandenen* Interesse der Gesellschaft. Eine Voraussetzung dafür, dass dieses Vertrauen nicht verspielt wird, sind die innere Vitalität und die äußere Verflechtung dieser Gemeinschaften mit der Gesellschaft. Ihre Vitalität lebt von strengen Aufnahmeverfahren und Initiationsriten und einem aktiven Gemeinschaftsleben, zum Beispiel durch regelmäßige Versammlungen. Ihre äußere Verflechtung wird durch Repräsentanten der Gesellschaft in Gremien der Gemeinschaft gesichert. In der akademischen Gemeinschaft sind die Studierenden ein entscheidendes Bindeglied zur Gesellschaft. Auch Hochschulräte können diese Rolle wahrnehmen. Es kommt dabei darauf an, dass sich die Mitglieder der Hochschulräte als Repräsentanten der ganzen Gesellschaft und nicht als Interessenvertreter verstehen. Außerdem können Hochschulräte diese Mittlerfunktion nur als Beratungsorgane wahrnehmen. Je mehr Entscheidungskompetenzen ihnen zufallen und je stärker dafür die akademischen Gremien (Senat, Fakultätsräte) entmachtet werden, umso mehr wird der akademischen Gemeinschaft der Nährboden ihrer Vitalität entzogen.

Man muss zugestehen, dass die Massenuniversität und die Ausgliederung eines großen Teils der Forschung aus den Universitäten in Deutschland maßgeblich dazu beigetragen haben, die akademische Gemeinschaft und ihre Verklammerung mit den Fachgesellschaften und den professionellen Vereinigungen erodieren zu lassen. Die Konsequenz dieser Entwicklung war in der akademischen Lehre eine wachsende Kluft zwischen dem professoralen Anspruch auf Wissenschaftlichkeit und den studentischen Erwartungen an den praktischen Nutzen ihres Studiums. Eine Folge davon waren wiederum hohe Studienabbrecherquoten. Die akademische Forschung ist durch die gewachsene Lehrbelastung in den Hintergrund gedrängt worden.

Die Frage ist nun, ob die Ablösung der akademischen durch die manageriale Qualitätssicherung dieses Problem bewältigt und die Qualität von Forschung und Lehre steigert. Es muss dabei berücksichtigt werden, dass das neue Qualitätsmanagement ökonomische Denkmodelle auf einen nicht ökonomischen Funktionsbereich der Gesellschaft überträgt und daraus eine grundlegende Umwälzung der Verhältnisse resultiert. Im Endeffekt löst sich die akademische Gemeinschaft ganz auf und die Fachgesellschaften sowie die professionellen Vereinigungen werden aus der Mitgestaltung von Forschung und Lehre an den Universitäten verdrängt. Als Mitglieder der akademischen Gemeinschaft haben die Lehrenden mit den Lernenden das Heft in der Hand gehabt und aus der Praxis heraus gewusst, was zu tun ist. Jetzt werden die Studierenden als Kunden des Universitätsunternehmens begriffen, zu deren

Diensten die Lehrenden als Agenten des Prinzipals Hochschulleitung nach allen Künsten des Managements eingesetzt werden. Den Agenten bleibt zwar noch ein Spielraum, aber dessen Nutzung wird durch die vom Prinzipal vorgegebenen Kennziffern ausgeflaggt. Das ist ein völlig neues Spiel (vgl. Jensen und Meckling 1976; Williamson 1985). An die Stelle des Vertrauens in die akademische Gemeinschaft von Forschenden, Lehrenden und Lernenden tritt das grundsätzliche Misstrauen, dass die Agenten in die eigene Tasche wirtschaften könnten, zulasten des universitären Unternehmens, dessen Profitmaximierung die Steigerung der Ehre der akademischen Gemeinschaft als letztes Ziel aller Anstrengungen ablöst. Das hat einschneidende Konsequenzen für die Qualität von Forschen, Lehren und Lernen.

Das Misstrauen in die Forschenden, Lehrenden und Lernenden ergibt sich aus dem Akteursverständnis des ökonomischen Prinzipal-Agenten-Modells. Dieses Modell kennt nur Akteure, die ihren Eigennutz maximieren. Das Handeln von Mitgliedern einer Gemeinschaft lässt sich damit nicht in seinem genuinen Charakter begreifen, vielmehr wird es in nutzenmaximierendes Handeln umgedeutet. Man hat es dann mit dem Sonderfall zu tun, dass die Mitglieder einer Gemeinschaft nur die Anerkennung durch die Gemeinschaft maximieren wollen, die ihre einzige Präferenz ist und auf die sie ihr nutzenmaximierendes Handeln ausrichten. Das widerspricht jedoch dem Modell des ökonomisch kalkulierenden, nutzenmaximierenden Akteurs, der die Freiheit hat, zwischen einer Vielzahl von Zielen zu wählen und durch den geschickten Ressourceneinsatz ein Optimum zu erreichen. Die ökonomisch denkenden Forschenden, Lehrenden und Lernenden werden dann genau kalkulieren, mit welchem Ressourceneinsatz sie wie viel erreichen können, und dementsprechend genau beobachten, welche Tätigkeiten in welchem Maße belohnt werden. Sie werden nichts tun, was nicht gesehen wird und keine Punkte bringt. Das Handeln im Kontext einer Gemeinschaft vollzieht sich jedoch nach ganz anderen Regeln. Entscheidend ist hier das Commitment gegenüber der Gemeinschaft, die Internalisierung ihrer Werte, die Inkorporierung ihrer Praxis.

In einer vitalen akademischen Gemeinschaft ist der Habitus der Forschenden, Lehrenden und Lernenden ein ganz anderer als der Habitus von Anbietern und Nachfragern einer Dienstleistung, geschweige denn einer Ware. Schon der Dienstleister hat einen anderen Habitus als der Verkäufer eines Produkts. Das gilt in besonderem Maße für Berufe wie das Handwerk und für Professionen wie jene des Arztes oder des Anwalts. Und es kennzeichnet auch die Tätigkeit von Professoren in Forschung und Lehre. Ihr Beruf ist ihnen im besten Fall zur Passion geworden. Die Studierenden sind als Mitglieder der akademischen Gemeinschaft ebenfalls keine Kunden, die für den geringstmöglichen Preis bestmögliche Abschlusszeugnisse erwerben wollen oder bereit sind, für ein besonders prestigereiches Premiumprodukt – sprich: Zertifikat einer hochrangigen Hochschule – auch viel zu bezahlen. Bei all diesen Tätigkeiten geht es um Ehre und nicht um Profit. Die Ehre verlangt, eine Sache nach bestem Wissen und Gewissen so perfekt wie möglich zu machen. Nach dem erworbenen Habitus geht man in der Sache auf, man identifiziert sich damit und lernt, was zu tun ist. Da es sich um komplexe Aufgaben handelt, die hier zu bewältigen sind, lassen sich solche Tätigkeiten nicht taylorisieren, das heißt in einzelne Kennziffern, Leistungspunkte und Wissensmodule aufteilen. Eine solche Taylorisierung wird weder der Komplexität der Aufgaben gerecht noch dem Habitus des Berufsmenschen bzw. Professionellen, weder im Handwerk noch in der ärztlichen oder anwaltlichen Praxis noch in der akademischen Forschung und

Lehre. Passionierte Berufsmenschen externen Kontrollen zu unterwerfen, zerstört die Grundlagen des professionellen Handelns.

Zu den Besonderheiten der akademischen Lehre gehört das hohe Maß der Beteiligung der Studierenden an der Gestaltung des Bildungsprozesses. Ohne ihr Commitment zu dieser Sache mutiert die akademische Lehre in der Tat zu einer entweihten, profanen, rein technischen Dienstleistung, für die man überhaupt keine Professoren im klassischen Sinn benötigt. Stattdessen kann man diese Tätigkeit Lehrkräften überlassen, die ihren Job tun, und zu einem wachsenden Teil noch billigere elektronische Lernhilfen einsetzen. Die Studierenden sind dann in der Tat nicht mehr Mitglieder der akademischen Gemeinschaft, sondern Kunden, die man zwecks Kostenersparnis die Lernmaschinen genauso selbst bedienen lässt, wie sich die Flugpassagiere am Computer selbst einchecken.

Von ganz entscheidender Bedeutung ist hier, dass die Anwendung des Prinzipal-Agenten-Modells auf akademisches Forschen, Lehren und Lernen nicht einfach ein neues, besseres Mittel zur Erreichung gegebener Ziele ist, sondern die gesamte Praxis einschließlich der Ziele umgestaltet, das heißt eine völlig neue Realität erzeugt, die mit der alten akademischen Welt nichts mehr zu tun hat. Es ist eine leise Revolution durch universitäres Qualitätsmanagement (vgl. Bach 1992), weil die neuen Instrumente als reine Technik verstanden werden und ihre viel weiter gehende Wirkung gar nicht erkannt wird. Das liegt auch an der Hegemonie ökonomischer Denkmodelle in den Gesellschaftswissenschaften der Gegenwart und an der Dominanz von Ökonomen im massiv expandierenden Beratungsgeschäft. In der Tat kann man sagen, dass der Verkauf ökonomischer Instrumente der Gestaltung von sozialer Praxis auf dem weltweiten Beratungsmarkt zu einem

Milliardengeschäft geworden ist. Spätestens an dieser Stelle verliert die Wissenschaft der Ökonomie ihre Unschuld (Parsons 1979). Dazu kommt noch, dass im Gefolge der Umstellung auf New Public Management hochschuldidaktische Trainingskurse zu einem lukrativen Geschäft geworden sind. Ihr Kennzeichen ist ihre Loslösung von der Praxis selbst, die ihre Standardisierung und damit weltweite Verbreitung erst ermöglicht. Sie machen aus der akademischen Lehre nach bestem Wissen und Gewissen im wechselseitigen Commitment zwischen Lehrenden und Lernenden ein taylorisiertes Verfahren der Wissensvermittlung ohne inneres Engagement. Die intrinsische Motivation der Gemeinschaftsmitglieder wird vollständig durch die extrinsische Motivation der Verkäufer und Käufer einer Ware ersetzt.

Die Qualitätssicherung der universitären Forschung und Lehre erfährt gegenwärtig eine grundlegende Umwälzung. War sie traditionell eine Sache der akademischen Gemeinschaft von Professoren, Mitarbeitern und Studierenden in der treuhänderischen Ausbalancierung von Wissenschaftlichkeit und praktischem Nutzen für die Gesellschaft, ist sie jetzt in der Hand eines managerialen Controlling durch gestärkte Hochschulleitungen. Das Versprechen dieser managerialen Okkupation der akademischen Welt ist die Steigerung der Qualität von Forschung und Lehre. Eine genaue Betrachtung des sich vollziehenden Wandels bringt jedoch eine Wirklichkeit zum Vorschein, mit der erhebliche Qualitätseinbußen verbunden sind.

Wuchernde Kontrollapparate: Die Kultur des Misstrauens

Innerhalb der Universitäten ist die Errichtung eines inneren Systems der totalen Kontrolle über die Tätigkeiten ihrer Mitglieder die Antwort auf das äußere, durch Peer Review, Benchmarking, Evaluation und Rankings errichtete Kontrollsystem (Power 1997, 2008). Das nur Gutes versprechende Instrument dafür ist »Qualitätsmanagement«. Wer kann schon etwas dagegen haben, dass eine Organisation auf die Qualität ihrer »Produkte« achtet und sich durch »Systemakkreditierung« ihr perfektes System der »Qualitätssicherung« bestätigen lässt. Das kann ja nur im Interesse des »Konsumenten« der »Produkte« sein. Und schließlich ist die Universität ja für nichts anderes als für ihre Kunden da. Damit nichts schiefgeht und alles unter Kontrolle bleibt, werden »moderne« Instrumente des Qualitätsmanagements wie Zielvereinbarungen und Kontraktierung eingesetzt. Business Schools, Unternehmensberatungen und Fortbildungseinrichtungen verkaufen diese Instrumente wie Heilsbringer, die helfen, die Leistungen ihrer Klienten eklatant zu steigern (Sommerhoff 2009). Anstelle der versteckten Bewertungen und Unsicherheiten über die Kriterien sollen offene Systeme, jährliche Mitarbeitergespräche, exakt definierte Standards und genau spezifizierte Leistungskataloge treten. In den Zielvereinbarungen soll eindeutig festgelegt werden, was zu tun ist. Für diese Standardisierungsleistung lassen sich gute Gründe bis hin zum Recht auf Gleichbehandlung nennen: »Wir wollen das aus Schulzeiten bekannte Phänomen vermeiden, dass es bei dem einen Lehrer leicht ist, eine Zwei zu bekommen, während beim anderen eine Drei schon eine stramme Leistung ist«, wird die Leiterin der Personalentwicklung bei Vodafone zitiert (Sommerhoff 2009). Man kann dazu auch sagen, dass dem neuen Sozialingenieur nichts zu schwer ist. In diesem Fall impliziert diese Problemlösung allerdings, dass ein Großteil der ursprünglichen, nicht in Kennziffern zu fassenden Leistungen schlicht ignoriert werden muss, um die gewünschte Standardisierung der Begutachtungen zu erreichen.

Das große Zauberwort, das für die grundlegende Legitimität dieses Systems der totalen Kontrolle sorgt, ist »Transparenz«. Im Interesse aller Beteiligten und Betroffenen und der Leistungssteigerung jedes Einzelnen sowie der ganzen Organisation soll vollkommene Offenheit herrschen. Das klingt wie »Aufklärung« und kann sich deshalb der Weihe durch den sakralen Kern der modernen westlichen Kultur sicher sein. Dabei muss allerdings darüber hinweggesehen werden, dass die Wurzel dieses Systems das in Japan praktizierte »Total Quality Management« ist (Vinni 2007), das auf der japanischen Kultur der Herrschaft der Gruppe über das Individuum gründet (Nakane 1985; Deutschmann 1987). Man muss auch übersehen, dass Japan mit diesem System inzwischen gut 20 Jahre der »totalen« wirtschaftlichen und technologischen Stagnation durchlebt hat, von der Unfähigkeit zu wissenschaftlichen Durchbrüchen ganz zu schweigen.

Es bedarf also erheblicher Anstrengung, um die Schattenseiten des totalen Qualitätsmanagements nicht sichtbar werden zu lassen. Dazu gehört auch die Erweckung des Eindrucks, dass es vor dem Einsatz der neuen Instrumente keine Qualitätssicherung gegeben hätte, Qualität demnach vom neuen Qualitätsmanagement überhaupt erst in den Mittelpunkt der Aufmerksamkeit gerückt worden sei. Sozialisation, Berufsethik, professionelle Gemeinschaft, intrinsische Motivation, Selbstverantwortung, sorgfältige Personalrekrutierung, Vertrauen, spontanes Lob und auch bürokratische Verfahren sind vielfältige soziale Formen, die vor der Einführung der totalen Qualitätssicherung der Erzeugung einer Vielfalt von Leistungen gedient haben und je nach Aufgabenstellung zum Einsatz gekommen sind. Mit dieser Vielfalt von Formen war es auch möglich, nicht nur Qualität zu sichern, sondern auch Kreativität und Originalität zu fördern. Totales Qualitätsmanagement droht diese traditionellen Formen der Sicherung von Qualität und der Förderung von Originalität zum Verschwinden zu bringen und durch eine Einheitsform der externen, genau spezifizierten Kontrolle zu ersetzen.

Wo es im Rahmen der eingelebten Praxis eine Kultur des Vertrauens gab, herrscht jetzt eine ubiquitäre Kultur des Misstrauens (Münch 2009b). Weil das so ist, sehen sich Supermarktketten wie Lidl, die Deutsche Bahn oder die Telekom auch veranlasst, ihre eigenen Mitarbeiter einer totalen Überwachung und Bespitzelung zu unterwerfen. Die verantwortliche Unternehmensführung ist sich noch nicht einmal einer Schuld bewusst und kann auch nicht die öffentliche Aufregung darüber verstehen. Im System des totalen Qualitätsmanagements gibt es in der Tat auch keine Kriterien dafür, wie weit die Kontrolle gehen darf und wo die Autonomie des Individuums beginnt. Aus der Sicht der Qualitätssicherung kann die Kontrolle nie weit genug gehen. Jede Grenzziehung dafür scheint ja die Qualität zulasten des Kunden zu beeinträchtigen. Deshalb denkt sich auch der Kunde nichts dabei, wenn er ein paar Tage nach dem Kundendienst an seinem Kraftfahrzeug von der Qualitätssicherung seines Werkstattbetriebes angerufen wird, um Auskunft darüber zu geben, ob die Mitarbeiter des Betriebes auch alles richtig gemacht und ihn zuvorkommend behandelt haben.

Ein solches, von Japan übernommenes System der totalen Kontrolle stellt im Westen eine Kulturrevolution dar und droht die Errungenschaften einer auf Freiheit und Selbstverantwortung aufbauenden Kultur zu zerstören. Wo es um Qualitätssicherung geht, müssen ohne die Grundlagen einer auf Gruppenloyalität und Konformismus gestützten Kultur die Kontrollen ins Extreme gesteigert werden, weil sie sonst nicht greifen. Am Ende entsteht eine Allianz von totalem Egoismus und totaler Kontrolle, deren Auswüchse überall sichtbar werden, in den Schulen genauso wie in den Universitäten, Verwaltungen und privatwirtschaftlichen Betrieben. Über-

all wird um die Durchsetzung der eigenen Interessen gekämpft, überall müssen externe Kontrollen für Sicherheit sorgen, weil sich niemand vor Angriffen jeglicher Art sicher sein
kann, jeder einem jeden misstraut. Es herrscht der hobbessche
Kampf aller gegen alle, der nur noch durch eine Form der absoluten Herrschaft eingedämmt werden kann. Ausbrüche der
brutalen Gewalt, wie in den sich häufenden Fällen von Amok-
läufen an Schulen, sind nur der extremste Ausdruck dieses
alltäglichen Kampfes in der Allianz von entfesseltem Wettbewerb, grenzenlosem Egoismus und totaler Kontrolle. Die
weniger dramatischen Folgen des Systems der totalen Qualitätssicherung äußern sich in der Verwandlung von Personen,
die schlicht ihre Arbeit gut machen wollen, in Punktejäger, die
im Notfall auch Zahlen manipulieren, Bestechungsgelder anbieten und Kolleginnen bzw. Kollegen mobben, um sich auch
nur kleinste Vorteile zu verschaffen. Doping, Cheating und
Mobbing sind unvermeidliche Bestandteile dieses Systems.

Erst recht gravierend sind die Folgen der Allianz von Egoismus und externer Kontrolle überall dort, wo es um die Förderung von Kreativität geht. Das gilt in besonderem Maße
in der Wissenschaft. Mit einem im Alter von 40 Jahren be-
rufenen Professor, der eine beeindruckende Liste von Dritt-
mittelprojekten und Publikationen vorweisen kann, eine Zielvereinbarung über die nächsten fünf Jahre zu treffen, ist mit
Sicherheit nicht förderlich für die Entfaltung seiner Kreativität (Knobloch 2008). Das wird aber von Hochschulleitungen – selbst gefangen im Panoptikum der Wissenschaft – in
aller Ernsthaftigkeit getan. Im System des totalen Qualitätsmanagements forscht der Professor nicht mehr, er produziert
stattdessen Kennzahlen. Das Mittel der Leistungsmessung
wird zum Selbstzweck. Er kann nur noch das tun, was mit geringstmöglichem Aufwand die größtmögliche Zahl von Punkten einbringt. Das ursprünglich sehr breite Spektrum des Su-

chens und Forschens wird durch die ausschließliche Konzentration auf wenige Kennziffern ersetzt. Nun greift Campbells Gesetz, nach dem ein Indikator umso korrumpierender auf das Verhalten der Akteure wirkt, je mehr Status und Einkommen von dessen Erfüllung abhängen (Campbell 1975; Nichols und Berliner 2007: 25-30). Die Folge dieser Kennziffernsteuerung ist die Reduktion des Spielraums der Forschung, der Vielfalt des Forschens und damit die Einschränkung des Potenzials an Kreativität und Originalität. Dementsprechend sinkt die Erneuerungsrate des wissenschaftlichen Wissens. Darüber hinaus wird die eigentliche Forschungstätigkeit von einer stetig wachsenden Maschinerie der Datenerhebung, Berichterstattung und Begutachtung sowie der Ratings und Rankings überwuchert. Die unausweichliche Kritik an deren Qualität lässt sie paradoxerweise ohne Grenzen weiter wachsen, weil sie weiter differenziert werden müssen. Sie verschlingen einen immer größeren Teil der eigentlich für die Forschung gedachten Finanzmittel, und weil die Positionierung in der Öffentlichkeit immer wichtiger für das Fundraising ist, werden auch die Aufwendungen für Public Relations und Marketing massiv gesteigert.

Auch diese neue Praxis der Kontrolle über die Wissenschaft durch Qualitätsmanagement zerstört eine Errungenschaft der modernen westlichen Kultur: die Freiheit von Forschung und Lehre. Angesichts der Hegemonie des neuen ökonomischen Denkens sehen sich noch nicht einmal hohe Gerichte wie der Bayerische Verwaltungsgerichtshof in der Lage, anlässlich der Klage der bayerischen Jura-Fakultäten die Entmachtung der Fakultäten und die damit verbundene Einschränkung der akademischen Freiheit durch das neue bayerische Hochschulgesetz aufzuhalten.

Unternehmerische Universitäten müssen ihre äußere Markt-
position durch inneres Qualitätsmanagement in Forschung
und Lehre sichern. Ein führungsstarkes Universitätsmanagement muss deshalb die alte akademische Selbstverwaltung
durch die akademische Gemeinschaft von Forschenden, Lehrenden und Lernenden unter korporativer Führung der Professoren ablösen. Zielvereinbarungen und Steuerung durch
Kennziffern (zum Beispiel Drittmitteleinwerbung, Publikationen, Absolventenquoten, Platzierung von Absolventen auf
dem Arbeitsmarkt) müssen den Durchgriff des Universitätsmanagements durch alle Fakultäten und Abteilungen der Universität hindurch sicherstellen. Diese neue Programmatik
erzeugt zunächst eine virtuelle Realität, die jedoch auf die tatsächliche Praxis kolonisierend zurückwirkt und eine Zielverschiebung mit sich bringt. Das kann exemplarisch anhand
der Qualitätssicherung in der akademischen Lehre gezeigt
werden. Eine entscheidende Rolle spielt dabei die zum Zwecke der Qualitätssicherung eingeführte Akkreditierung von
Studiengängen durch Akkreditierungsagenturen. Sie ersetzt
die alte formal-juristische Kontrolle durch das Wissenschaftsministerium und die inhaltliche Kontrolle durch die maßgeblich von Vertretern der Fachgesellschaften erarbeiteten
Rahmenprüfungsordnungen. Im Vergleich zur alten formal-
juristischen und fachgesellschaftlichen Kontrolle erlangen bei
der Kontrolle durch Akkreditierungsagenturen manageriale,
aus Wirtschaftsunternehmen übertragene Formen der Qualitätssicherung eine bislang nicht dagewesene Bedeutung. Weil
sie der akademischen Lehre völlig fremd sind, bilden sie zunächst eine virtuelle Realität mit einem ausgeprägten Eigenleben, um dann aber zunehmend den akademischen Lehrbe-

trieb zu kolonisieren und in der Tendenz eine Zielverschiebung herbeizuführen, die den fachgesellschaftlich definierten Sinn und Zweck der akademischen Lehre zum Verschwinden bringt.

Um nicht ständig die Akkreditierungsagentur ins Haus holen und teuer bezahlen zu müssen, richten unternehmerisch agierende Universitäten die »Systemakkreditierung« ein. Das heißt, sie verordnen sich ein eigenes »Qualitätsmanagement« für die Lehre. Die Akkreditierungsagentur kontrolliert dann nur noch, ob die universitätsinternen Kontrollen umfassend genug gestaltet sind. Zu diesem Zweck schafft die Universitätsverwaltung eine neue Abteilung für das Qualitätsmanagement. Das geschieht in der Hoffnung, dass man auf diese Weise nicht nur Geld sparen, sondern auch die Sache unter eigener Kontrolle halten kann. Man begibt sich allerdings in die Gefahr der Selbstkolonisierung der akademischen Lehre durch das eigene Universitätsmanagement. Die neue Abteilung erarbeitet zunächst einmal ein umfangreiches Handbuch mit unzähligen Grafiken, in denen alle Kontrollschleifen in der Einrichtung, Praktizierung und Beendigung von Studiengängen und in allen Phasen des Studiums bis ins kleinste Detail mit jeder Menge an Rückkopplungen, Kontrollen und Gegenkontrollen, Pfeilen nach unten und oben, links und rechts, diagonal von links oben nach rechts unten und von links unten nach rechts oben aufgezeichnet sind (Abb. 3.1).

Es wird nach außen klar signalisiert, dass an dieser Universität niemand einen unkontrollierten Atemzug macht. Eine wahre Armada von Kontrollinstanzen ist laut Handbuch an der Gestaltung der akademischen Lehre beteiligt. Das wird für die Systemakkrediteure direkt sichtbar durch eine beeindruckende Grafik demonstriert. So kann man zeigen, dass jede denkbare Instanz involviert ist und alles bis ins kleinste Detail unter Kontrolle gehalten wird. Der einstmals selbst-

Abb. 3.1: Qualitätsregelkreise in Studium und Lehre

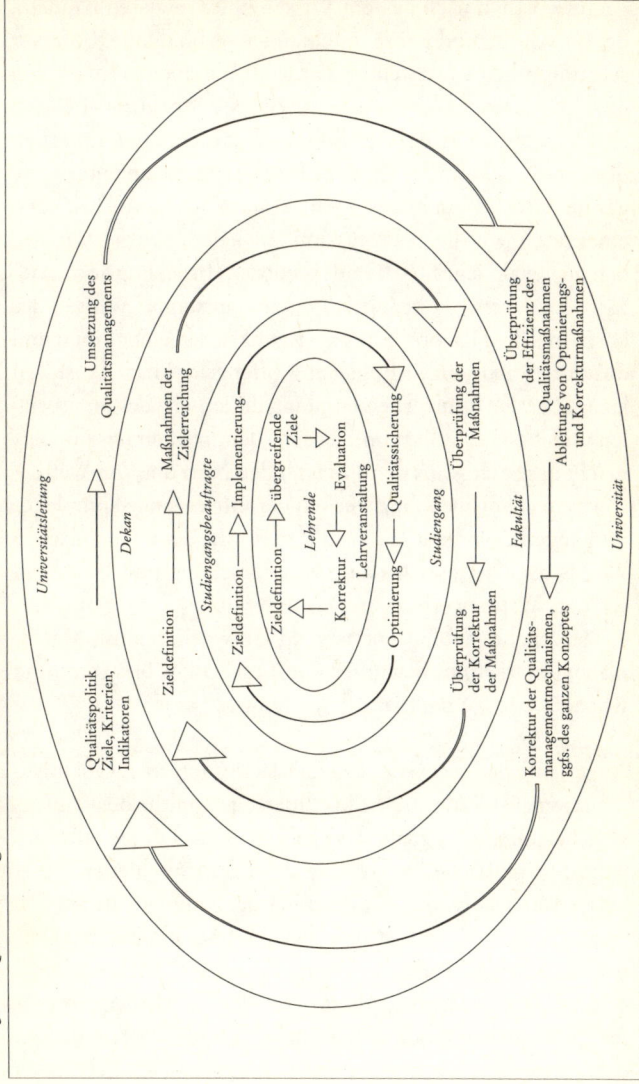

Quelle: Darstellung in Anlehnung an den Entwurf eines Qualitätshandbuches für Studium und Lehre

verantwortlich nach bestem Wissen und Gewissen handelnde, Forschung und Lehre miteinander verbindende Professor schrumpft in der Darstellung der Kontrollschleifen auf die von unzähligen Kontrollinstanzen umzingelte Kategorie »Lehrender« zusammen. In der Abbildung der Akteure und Entscheidungswege kommt der einzelne Professor konsequenterweise gar nicht mehr vor. Das ist nicht weniger als die Auslöschung einer altehrwürdigen Profession auf kaltem Wege. Wir finden hier exakt jenes 360-Grad-Feedback (Bröckling 2007: 236-247), das Michel Foucault (1977: 265) in seiner Analyse des benthamschen Panoptikums als Kennzeichen einer durch und durch rationalisierten Regierung offengelegt hat. Es ist Teil jener liberalen Gouvernementalität, die jenseits der territorialen Gesetzesherrschaft und jenseits der direkten Disziplinarmacht des Staates aus der umfassenden Nutzung von Wettbewerbsmechanismen zu Zwecken der Governance komplexer Vorgänge hervorgeht (Foucault 2006). In der akademischen Welt ist es die Unterwerfung von Forschung und Lehre unter den Wettbewerb zwischen unternehmerisch geführten, aus staatlicher Obhut entlassenen Universitäten um Marktmacht (Clark 1998; Slaughter und Leslie 1997; Slaughter und Rhoades 2004; Ylijoki 2003; Washburn 2005).

Angesichts des 360-Grad-Feedbacks des internen Qualitätsmanagements kann die Akkreditierungsagentur der Universität beruhigt das Qualitätssiegel für »gute Lehre« aufstempeln. Die grafische Darstellung der Kontrollschleifen bildet eine Realität *sui generis*, die den Blick der Kontrolleure auf sich zieht. Es wird »Comforting« (Beruhigung) praktiziert. Derweil variieren die Verhältnisse im Inneren der Universität zwischen der totalen Entkopplung des realen Geschehens von der im Qualitätshandbuch aufgebauten Fassade – wenn die Sache innen nicht so ernst genommen wird, wie es nach außen scheint – und der totalen Erstickung des Lehrbetriebs durch einen Kontrollapparat, vor dem es kein Entkommen gibt, wenn die Sache nicht nur in der Außendarstellung, sondern auch im Inneren ernst genommen wird.

Sobald die Entkopplung der virtuellen Realität der Qualitätssicherung in die Kolonisierung der akademischen Lehre durch manageriales Denken umschlägt, ersetzen die formalen Kontrollen das akademische Ethos. Sie lassen es gar nicht mehr zur Entfaltung kommen, weil sich das Augenmerk nur noch auf das Abhaken der formalen Anforderungen richtet. Von entscheidender Bedeutung bei dieser managerialen Umgestaltung der akademischen Lehre ist die Transformation des Lehrer/Schüler-Verhältnisses in eine Beziehung zwischen Dienstleister und Kunden. Dadurch wird das akademische Band zwischen den Lehrenden und Lernenden zerschnitten. Ihre einmal gebildete akademische Gemeinschaft, in der sie in komplementären Rollen eine gemeinsame Verantwortung für den Bildungsprozess getragen haben, ist zerstört. Sollen in der akademischen Lehre nur noch Kundenwünsche erfüllt werden, dann verdrängt das Bestreben, die Studierenden bei der Lehrevaluation zu guten Bewertungen zu veranlassen, das akademische Ethos, sie in die Welt der Wissenschaft hineinführen zu wollen, auch wenn das ein mühsamer und entsagungsreicher Weg sein mag. Weil die sicherste Strategie zur Erzielung einer guten Lehrevaluation beste Noten für niedrigste Anforderungen sind, ergibt sich eine enorme Inflation an sehr guten Noten, wie man in den unternehmerisch geführten Universitäten der USA – wo schon seit langer Zeit Lehrevaluationen zum Standard des Lehrbetriebes gehören – festgestellt hat (Metz-Göckel 2004). Auch die besten Zeugnisse haben deshalb keinen besonderen Wert mehr. Umso mehr kommt es deshalb in den USA auf das teuer zu bezahlende Prestige der Universität an, mit deren Zertifikat man sich auf dem Arbeitsmarkt positioniert. Der Prestigewert des Bildungstitels hat dann eine viel größere Bedeutung als der Sachwert. Außerdem muss das persönliche Profil durch allerlei Zusatzqualifikationen – zum Beispiel durch teure Auslandsstudien und Praktika bei renommierten Unternehmen – aufgebessert werden. Dabei bekommt das ökonomische und kulturelle Kapital des Elternhauses einen neuen Stellenwert, der unter der Obhut des Wohlfahrtsstaates lange Zeit mit mehr oder weniger Erfolg bekämpft worden war. Das Elternhaus entscheidet wieder verstärkt über die Karrierechancen des Nachwuchses.

Das Qualitätsmanagement führt demnach zu dem paradoxen Effekt, dass Bildungszertifikate ohne Aussagekraft ausgestellt werden. Sie haben weder eine »Handschrift« durch das akademische Ethos und das fachliche Wissen der Professoren, noch steht hinter ihnen eine gereifte und fachlich gebildete Persönlichkeit. Die umfangreichen Kontrollen zerstören die pädagogische Beziehung zwischen Lehrer und Schüler. Beide sind nur noch damit beschäftigt, den Kontrollen Genüge zu tun. Die Sache selbst tritt in den Hintergrund. Das gilt umso mehr, je mehr sich die Lehre im Massenbetrieb und in Betreuungsrelationen von 1 zu 100 vollzieht.

Normalerweise hatte ein Professor durch die regelmäßig von ihm betreuten Diplomarbeiten eine ständige Kontrolle darüber, ob das Studium Persönlichkeiten mit Urteilskraft und fachlichem Können hervorbringt. Die manageriale Umsetzung des Bologna-Prozesses und die entsprechende Ablösung der alten Diplom- und Magisterstudiengänge durch Bachelor- und Master-Programme lässt diese akademische Kontrolle über die Lehre nicht mehr zu. Der Lernprozess wird in eine Vielzahl kleinster, für sich selbst stehender Einheiten zerstückelt. An die Stelle umfangreicher und tiefschürfender Diplom- und Magisterarbeiten treten kleine Abschlusspapiere. Die Studierenden lernen in diesem managerial diktierten

System, wie man am besten Leistungspunkte sammelt, erwerben aber kein zusammenhängendes fachliches Wissen und erst recht keine Urteilskraft. Hinter den vielen Einzelnachweisen ist die Persönlichkeit nicht mehr zu erkennen. Im Ergebnis führt das Qualitätsmanagement ein Eigenleben und erzeugt einen Schein von Qualität, hinter dem sich nur noch leeres Punktesammeln verbirgt, ohne dass daraus gereifte und fachlich urteilsfähige Persönlichkeiten hervorgehen.

Die schrumpfende Kreativität in Forschung und Lehre

Es beweist sich hier, was Michael Power (1997: 101 ff., 124 ff.) als einen allgemeinen Trend der Audit-Gesellschaft identifiziert hat. Damit ist gemeint, dass professionelle Tätigkeiten, zum Beispiel in Pflegeeinrichtungen, Krankenhäusern, Schulen und Hochschulen, in zunehmendem Maße externen Erfolgskontrollen nach dem Prinzip »value for money« unterworfen werden. »Audit« kommt von lateinisch *audire* (hören). Im modernen Qualitätsmanagement handelt es sich um eine Anhörung, das heißt um ein Untersuchungsverfahren, bei dem in Organisationen die Erfüllung von Qualitätsstandards oder das Erreichen von Erfolgszielen überprüft wird. Die unternehmerische Universität ist auch eine Audit-Universität und hat als solche ihren Preis. Die »Befreiung« der universitären Bildung aus der Treuhänderschaft der akademischen Gemeinschaft sowie der einzelnen Fachgesellschaften und ihre Umwandlung in eine auf dem Bildungsmarkt gehandelte Ware erzeugt ein Maß an Unsicherheit, das die Unterwerfung des Bildungsprozesses unter eine totale externe Kontrolle trotz aller Bedenken als unausweichlich und deshalb gerechtfertigt erscheinen lässt.

Das bedeutet letztlich in der Tendenz eine Kolonisierung des Bildungssystems durch die Ökonomie. Im Feld der Bildung können nicht mehr ausreichende Gegenkräfte gegen die ökonomischen Imperative mobilisiert werden. Es dominiert dementsprechend die Vermittlung ökonomisch verwertbarer, im betrieblichen Beschäftigungsverhältnis weiterentwickelbarer Grundkompetenzen. Dagegen treten die Aufgaben der Persönlichkeits- und der Fachbildung in den Hintergrund.

Das akademische Qualitätsmanagement führt offensichtlich entgegen aller Hoffnung nicht in die beste aller Welten. Die manageriale Kontrolle über Forschung und Lehre muss mit einem Verlust an genuiner Qualität bezahlt werden, der grundsätzlich nicht auf wenige Kennziffern reduzierbaren Diversität, Originalität und Vertiefung in die Sache selbst.

Nun ist aber nicht zu bestreiten, dass die akademische Gemeinschaft in der Massenuniversität längst ihre Vitalität verloren hat und eine kaum überbrückbare Kluft zwischen dem Festhalten der Lehrenden an der Wissenschaftlichkeit des Studiums und den Interessen der Studierenden sowie ihrer späteren Arbeitgeber an dessen praktischem Nutzen entstanden ist. Das Verständnis der Universität als Unternehmen, der Forschenden und Lehrenden als Agenten des Prinzipals Hochschulleitung und der Studierenden als Kunden, die es zufriedenzustellen gilt, setzt an die Stelle der Entscheidung über das Curriculum durch die von Forschenden, Lehrenden und Lernenden gebildete akademische Gemeinschaft die externe Steuerung durch die sich aus praktischen Verwertungsinteressen ergebende Nachfrage nach Studiengängen und deren Akkreditierung durch Agenturen nach Maßgabe ihrer Standardisierung, Durchorganisation, Studierbarkeit und Kontrolle durch Qualitätsmanagement. Damit haben die akademische Gemeinschaft, die wissenschaftliche Gemeinschaft der Fachgesellschaften und die professionellen Vereinigungen ein erhebliches Maß an Definitionsmacht über das Curriculum verloren. Das bedeutet einen Verlust an akademischer Freiheit und eine verstärkte Instrumentalisierung des wissenschaftlichen Studiums für praktische Zwecke. Die Folge davon ist eine verminderte Ausschöpfung des Kreativitäts- und Erneuerungspotenzials der akademischen Forschung und Lehre.

Man kann allerdings nicht sagen, dass das Akkreditierungsverfahren stromlinienförmig die alte akademische Qualitätssicherung gegen das manageriale Controlling mittels Kennziffern austauschen würde. Der Konflikt zwischen beiden Modellen findet sich in der Organisation der Akkreditierung selbst. So wacht in Deutschland mit dem Akkreditierungsrat eine oberste Kontrollinstanz über das Akkreditierungsverfahren und die Tätigkeit der entsprechenden Agenturen. In diesem Rat wird um die Erhaltung der akademischen Freiheit unter den neuen Zwängen der managerialen Kontrolle gekämpft. Dasselbe tun Professoren als Mitglieder von Akkreditierungskommissionen, die gegen zu weitgehendes Hineinreden in die Studiengänge Widerspruch einlegen. Auf diese Weise mag es in der Tat gelingen, das notwendige Maß an akademischer Freiheit zu retten, das für kreative Lehre erforderlich ist. Allerdings wird das nur dann gehen, wenn das Bewusstsein für die Gefahren der managerialen Kontrolle geschärft wird. Das kann nachhaltig nur dann gelingen, wenn die akademische Gemeinschaft eine Revitalisierung unter den gegebenen Bedingungen erfährt.

2. Der neue *Homo oeconomicus* des akademischen Betriebs

Was unscheinbar als instrumentelle Verbesserung der akademischen Lehre daherkommt, entpuppt sich als eine Revolution, die nichts mehr von einer akademischen Welt übrig lässt, die ihren eigenen Gesetzen folgt. Stattdessen geht auch das akademische System in einer hegemonial gewordenen Ökonomie auf, die keine Grenzen mehr kennt, wie man sie sich aus der Perspektive einer funktional differenzierten Gesellschaft einmal gedacht hat (Luhmann 1991). Möglicherweise hat man nicht zureichend erkannt, dass Funktionssysteme feste, gegen potenzielle Übergriffe zu verteidigende institutionelle Grundlagen benötigen, um ihre Autonomie zu bewahren. Es ist deshalb realitätsgerechter, statt von Funktionssystemen von Feldern zu sprechen, um deren Position im sozialen Raum ständig gekämpft wird und innerhalb deren Machtkämpfe entscheiden, welche Regeln die jeweilige Praxis anleiten (vgl. Bourdieu 1992; Bourdieu und Wacquant 2006). In materiellen Kämpfen geht es um Positionen, in symbolischen Kämpfen um die Definition der Situation und die Gestaltung der Spielregeln. Die ökonomische Umgestaltung der akademischen Forschung und Lehre ist deshalb kein zwangsläufiger Prozess der »Modernisierung« einer veralteten Institution, sondern eine Landnahme des akademischen Feldes durch das ökonomische Denken in symbolischer Hinsicht und durch eine einseitig ökonomisch denkende Beraterelite (Fourcade 2006), die Universitäten in Unternehmen umwandelt und schon damit den Trennzaun zwischen Wirtschaft und Wissenschaft einreißt, in materieller Hinsicht.

Mit der Ökonomisierung der akademischen Welt geht eine komplette Umwandlung des Habitus der entscheidenden Akteure einher (vgl. Bourdieu 1993). Die neuen Universitätspräsidenten denken und handeln nicht mehr wie Akademiker alten Stils, sondern wie die Chief Executive Officers (CEOs) der Unternehmensvorstände. Sie übernehmen ihre Managementphraseologie und spulen in den Sitzungen der Hochschulräte die ganze Litanei der möglichst wirkungsvollen Darstellung der Geschäftsprozesse ab. Im Kampf um die besseren

Ranking-Plätze müssen Erfolgszahlen präsentiert werden. Im Interesse der »Transparenz« für Investoren – einschließlich der Öffentlichkeit als Investor von öffentlichem Interesse – müssen wachsende Summen für Rechnungslegung, Marketing und Public Relations aufgewendet werden. Es werden Abteilungen zur Akquisition von EU-Fördergeldern und für den Wissenstransfer in die Praxis geschaffen, auch wenn es dafür nur wenig Potenzial in den Reihen der Forscher gibt. Das Spiel mit den Zahlen wird zu einer Realität *sui generis*, die zunächst noch ein Eigenleben fernab vom realen Geschehen führen kann. Je mehr sie sich jedoch in der Universität einnistet, umso stärker bestimmt sie auch den Alltag von Forschen, Lehren und Lernen. Die ältere Generation erlebt den Hysteresis-Effekt, mit dem alten akademischen Habitus deplatziert zu sein, und geht in die innere Emigration. Nur einzelne Heroen wie Marius Reiser (2009) ziehen sich mit Haut und Haaren aus dem neuen Spiel zurück. Die junge Generation wächst in das neue System hinein und erwirbt den erforderlichen Habitus, um am neuen Spiel mit Erfolg teilnehmen zu können. Sie forscht, lehrt und lernt nicht um der Erkenntnis willen, zur Ehre ihrer Disziplin und zwecks Anerkennung durch die akademische Gemeinschaft, sondern um Punkte zu sammeln, sodass ihr Punktekonto wächst, Kapital akkumuliert und Rendite erwirtschaftet wird. Für sie ist es dann normal, dass Lehren und Lernen als ein Geschäft zu betreiben sind. Ihr Habitus ist nicht mehr der akademische, sondern der manageriale mitsamt seinen Zwängen, aus allem ein Geschäft machen zu müssen, einschließlich seiner selbst, und der damit einhergehenden Dominanz aller Erscheinungsformen des Vermarktetwerdens und der Selbstvermarktung (vgl. Bröckling 2007). In einer Welt, in der das Denken in ökonomischen Kategorien eine hegemoniale Position erobert hat, erscheint es völlig normal, Wissenschaft und Bildung als Geschäft eines Universitätsunternehmens zu betreiben. Es existiert quasi nur noch der unternehmerische Habitus. Das ökonomische Denken erfährt darin seine Reifikation. Für Menschen, die sich an das Bild einer funktional differenzierten Gesellschaft als eine Errungenschaft der Moderne gewöhnt haben, ist das allerdings keineswegs normal. Ihr Habitus hat indessen in der ökonomisch durchorganisierten Welt von Forschung und Lehre ausgedient.

Der Autonomieverlust von Forschen, Lehren und Lernen, der aus der ökonomischen Invasion in das akademische Feld folgt, hat einschneidende Konsequenzen für die Wissensevolution und den akademischen Bildungsprozess. Die Umstellung von der Steuerung durch Ehre, Anerkennung, Leidenschaft und intrinsische Motivation auf Erfolgszahlen, Rendite und extrinsische Motivation macht den Erkenntnis- und den Bildungsprozess vom Zweck an sich zum Mittel für den Zweck der Erfüllung von Kennziffern und der Erwirtschaftung von Renditen. Damit wird das Potenzial, das im Erkenntnis- und im Bildungsprozess an sich steckt, auf das ökonomisch Verwertbare reduziert. Was wertvolle Erkenntnis und was wertvolle Bildung ist, wird jetzt nicht mehr in Treuhänderschaft von der akademischen Gemeinschaft im Zusammenspiel mit den Fachgesellschaften und professionellen Vereinigungen auf der einen Seite und Politik, Wirtschaft, Zivilgesellschaft und Öffentlichkeit auf der anderen Seite bestimmt. Entscheidend ist jetzt *allein* die Nachfrage von Seiten der nicht mehr als Mitglieder der akademischen Gemeinschaft, sondern als Kunden des Universitätsunternehmens verstandenen Studierenden sowie auch direkt von Seiten der Wirtschaft, der Politik, der Zivilgesellschaft und der Öffentlichkeit. Es ist liegt nahe, dass durch diese Verschiebung der Definitionsmacht über den Wert von Erkenntnis und Bildung von der Seite der Forschenden, Lehrenden und Lernenden als einer akademischen Gemeinschaft zur Seite der externen Nachfrager nach Erkenntnis und Bildung eine Einschränkung des Erkenntnis- und Bildungsprozesses auf das nach den von außen herangetragenen Interessen Verwertbare stattfindet. Das ist nicht weniger als das Ende der akademischen Freiheit und die Instrumentalisierung von Bildung und Wissenschaft für äußere Zwecke. Dadurch verliert der Erkenntnis- und Bildungsprozess seine innere Dynamik, sein kreatives Potenzial, seine Fähigkeit der ständigen Erneuerung, seine Offenheit für das Neue, das Unbekannte. Beide – die Erkenntnissuche und die Bildung – werden nicht aus sich selbst heraus mit offenem Ergebnis angetrieben, sondern von äußeren, stets im herrschenden Wissen und Denken verwurzelten Interessen.

Wissenschaft und Bildung laufen damit in die Sackgasse der Dogmatisierung hinein. Ein gutes Beispiel dafür ist die weltweite, nobelpreisgekrönte Hegemonie der Chicago-Schule in der Ökonomie in den vergangenen drei Jahrzehnten, als deren Glanzleistung man die größte Wirtschaftskrise seit acht Jahrzehnten betrachten kann. Entscheidend für diese Engführung der ökonomischen Wissensevolution ist die US-amerikanische Hegemonie in der Wissenschaft, unterstützt von der globalen Dominanz der amerikanischen *high impact journals*, dem riesigen amerikanischen Publikationsmarkt, den eng gestrickten Netzwerken, die dem Nobelpreiskomitee Vorschläge mit Gewicht unterbreiten, dem amerikanisch dominierten Social Science Citation Index und dem ebenso amerikanisch beherrschten Shanghai-Ranking. Die dogmatische Verengung des ökonomischen Denkens ist ein guter Beweis für die Engführung von Wissenschaft und Bildung unter dem Regime von NPM (Hodgson und Rothman 1999; Hodgson 2009; Dobusch und Kappeler 2009).

Mit der Umstellung auf das Prinzipal-Agenten-Modell und auf Kennziffernsteuerung werden Eigennutz maximierende

Akteure erzeugt, die es in diesem Sinne im Kontext einer vitalen akademischen Gemeinschaft nicht gab. Akteure, deren Handeln ausschließlich auf die Maximierung ihres eigenen Nutzens ausgerichtet ist, betreiben ausgiebiges *gaming the system*. Das heißt, sie nutzen die Spielregeln zur eigenen Profitmaximierung. Die Folge davon ist die ausschließliche Konzentration auf Tätigkeiten, die in Kennziffern erfasst sind und besonders hoch prämiert werden, während andere Tätigkeiten, die vorher noch ein wesentlicher Bestandteil von Forschen, Lehren und Lernen waren, von der Bildfläche verschwinden. An drei Beispielen kann das verdeutlicht werden:

(1) Die besondere Prämierung von Veröffentlichungen in den weltweit dominanten amerikanischen Fachzeitschriften verselbständigt sich zum Beweis von international anerkannter Exzellenz, obwohl es sich zunächst nur um den Nachweis der Konformität mit den dort herrschenden Paradigmen, Methoden und Thematiken und des Zugangs zu den relevanten Netzwerken handelt. Das führt insbesondere, aber nicht nur, in den Geistes- und Sozialwissenschaften zu einer enormen Verarmung des Wissens, insbesondere solchen Wissens, das sich aus bestimmten kulturellen Traditionen speist und/oder direkt diese Kulturen zum Gegenstand hat.

(2) Die besondere Prämierung des begutachteten Fachzeitschriftenaufsatzes (*peer reviewed journal article*) mit hohem Impact-Faktor impliziert eine erhebliche Normalisierung und Dogmatisierung des Wissens gemäß der herrschenden Standards (Link 2009). Der Impact-Faktor misst die Häufigkeit, in der die Artikel einer Fachzeitschrift im Vergleich zu anderen Zeitschriften eines Fachgebiets zitiert werden. Daraus ergibt sich eine Rangordnung nach dem Zahlenwert dieses Faktors. Insbesondere in den Geistes- und Sozialwissenschaften werden dadurch standardisierbare – überwiegend quantitativ verfahrende – Formen der Wissensproduktion nach

dem ihnen fremden, von außen auferlegten Modell der Naturwissenschaften favorisiert. Das hat oft eine erhebliche Trivialisierung des Wissens zur Folge. Insbesondere mit dem Aussterben der Monografie geht die Fähigkeit verloren, größere Zusammenhänge zu erfassen.

(3) Die besondere Prämierung des Qualitätsmanagements durch Systemakkreditierung überfrachtet die akademische Lehre mit verselbständigten Evaluationsverfahren, die eine artifizielle Welt für sich bilden. Sie beanspruchen ein Maß der Aufmerksamkeit und unterwerfen die akademische Lehre einem Maß der Standardisierung, die ihren genuinen Charakter zum Verschwinden bringen.

Die Steuerung der akademischen Forschung und Lehre durch Qualitätsmanagement gehorcht in ihrem Kern den Gesetzmäßigkeiten einer Zentralverwaltungswirtschaft. Es wird im Überfluss produziert, was die Kennziffern verlangen, während an allem größter Mangel herrscht, was von den Kennziffern nicht erfasst ist. Wissenschaft und Bildung verlieren so ihre ureigenste Kraft der ständigen Erneuerung. Sie werden einer 360-Grad-Überwachung unterworfen, die nur noch wenig Spielraum für Kreativität, das heißt für Abweichung von der Normalität, lässt. Man kann diese Kontrolle über Bildung und Wissenschaft als eine neue Stufe der rationalisierten Gouvernementalität interpretieren (Foucault 1977, 2006).

Schlussbemerkungen

Um einen Ausweg aus dem Dilemma der kontraproduktiven Effekte des Qualitätsmanagements zu finden, ist ein Blick auf das amerikanische Hochschulsystem hilfreich, allerdings ohne zu verkennen, dass auch dort ähnliche Erosionsprozesse der akademischen Gemeinschaft zu beobachten sind. Nach dem Modell der USA – wobei mehr an das Ideal als an die aktuelle Realität zu denken ist – bedarf es in der Massenuniversität (1) einer Differenzierung in ein Vorgraduierten- und ein Graduiertenstudium, (2) einer flächendeckenden Umwandlung von Mitarbeiterstellen in Juniorprofessuren und (3) einer Reintegration der außeruniversitären Forschung in die Universitäten. Die Einführung des Bachelor/Master-Modells und des Promotionsstudiums in Graduiertenkollegs und Graduiertenschulen haben bislang erst eine dieser drei Voraussetzungen in der Tendenz geschaffen. Allerdings ist noch völlig unklar, wie sich der einsetzende Differenzierungsprozess gestalten wird. An den Größenverhältnissen der USA gemessen, würden sich in jedem Fach etwa 30 Standorte mit einem Master- und Promotionsprogramm ausdifferenzieren, wobei größere Universitäten eine größere Zahl derartiger Programme anbieten könnten, mittelgroße Universitäten eine mittlere Zahl und kleine Universitäten eine kleine Zahl. Die 30 Master- und Promotionsprogramme könnten aufgrund dieser unterschiedlichen Größenordnungen durchaus über die gegenwärtig ca. 100 Universitäten verstreut sein. Dort wo die genügende kritische Masse für ein Fach und entsprechende Nachfrage vorhanden sind, kann ein Master-/Promotionsprogramm angeboten werden. An allen Universitäten wäre jedoch das Hauptgeschäft zu etwa 80 Prozent das Bachelor-Studium. Nur ca. 20 Prozent der Bachelor-Absolventen würden überhaupt ein Master- und/oder Promotionsstudium aufnehmen. Unter der Voraussetzung, dass durch die Umwandlung der Mitarbeiterstellen in Juniorprofessuren und durch die Reintegration der außeruniversitären Forschung in die Universitäten Departments mit ca. 30 bis 40 Professoren gebildet werden könnten, wäre eine nach Graduierten- und Vorgraduiertenstudium abgestufte akademische Gemeinschaft wiederherstellbar. Sie könnte im Graduiertenstudium in hohem Maße die Studierenden einbinden und Lehrende und Lernende gleichermaßen auf ihre Standards verpflichten, die vorrangig auf die Wissenschaftlichkeit des Studiums zielen. Betreuungsquoten von 1 zu 5 im Graduiertenstudium würden ein Maß des wechselseitigen Commitments schaffen, das externe Kontrollen überflüssig macht. Betreuungsquoten von 1 zu 20 würden auch auf der Vorgraduiertenebene des Bachelor-Studiums der akademischen Gemeinschaft noch genügend Vitalität geben, damit sie sich selbst, wenn auch hier in mehr formalisierter Gestalt, kontrollieren kann. Wie in den USA können starke Universitätsleitungen die strategischen Entscheidungen treffen. Die Hochschulräte können als beratende Organe zwischen der Universität und der Gesellschaft vermitteln. Die Kontrolle über Forschung und Lehre bleibt aber wie dort allein den Departments überlassen. Die Departments sind groß und stark genug, um sich die Kontrolle über Forschung und Lehre nicht aus der Hand nehmen zu lassen. Die Einbindung der Studierenden geht weit genug, um die gegenseitige Verpflichtung auf die akademischen Standards zu ermöglichen. In solchen Verhältnissen wäre es nicht nötig, strukturelle Defizite durch externe Kontrollen auszugleichen und damit zugleich die Grundlagen der akademischen Freiheit und der Ausbalancierung von Wissenschaftlichkeit und praktischem Nutzen zu beseitigen. Die manageriale könnte wieder der akademischen Qualitätssicherung Platz machen.

IV. Das Panoptikum des akademischen Qualitätsmanagements

Qualitätssicherung ist zum Zauberwort der neuen Governance von Wissenschaft geworden. Im Zuge der globalen Verbreitung von New Public Management (NPM) erwartet man auch in der Wissenschaft eine Leistungssteigerung vom Einsatz der neuen Steuerungsinstrumente. Der Glaube an dieses Heilsversprechen ist umso überraschender, als es in der Wissenschaft anders als in anderen Bereichen der Produktion öffentlicher Güter auf ein außerordentlich hohes Maß an im Vorhinein nicht bestimmbarer Kreativität und Originalität ankommt. Die Qualitätssicherung verstrickt sich in einen Widerspruch mit den Funktionsbedingungen der wissenschaftlichen Forschung (Heinze 2008). Schon im Peer Review steckt ein Element der Fesselung von Forschung. Erst recht wird dieser Effekt in den zunehmend eingesetzten Verfahren der standardisierten Messung wissenschaftlicher Tätigkeit wirksam, wie in den beiden folgenden Abschnitten gezeigt werden soll. Zunächst geht es um die Folgen der durch Qualitätssicherung im globalen Wettbewerb geförderten US-amerikanischen Hegemonie für die Vielfalt des wissenschaftlichen Wissens und die Offenheit der Wissensevolution, dann um den normalisierenden Effekt des Qualitätsmanagements auf die Publikationspraxis in der Soziologie (Link 2009).

1. Normalisierung der Forschung durch Peer Review

In der Idealwelt des Universalismus bedeutet Internationalität Horizonterweiterung. Sie ist deshalb ein unverzichtbarer Bestandteil der wissenschaftlichen Wissensgenerierung, auch in den Geistes- und Sozialwissenschaften. In der Realwelt der Marktmacht der führenden amerikanischen Fachzeitschriften bedeutet allerdings Internationalität zwangsläufig, den amerikanischen Provinzialismus zum universell gültigen Maßstab des geistes- und sozialwissenschaftlichen Wissens zu machen. Dieser Engführung der Wissensevolution kann nur eine Strategie entgehen, die auf ein globales System von *checks and balances* hinarbeitet. Ein wesentlicher Schritt zu einem solchen ausgewogenen Wissenschaftssystem könnte zum Beispiel ein Maß der Internationalität sein, das nicht einfach die absolute Zitationsquote einer Fachzeitschrift verwendet, sondern die Quote der Zitation von Literatur außerhalb der eigenen nationalen Wissenschaftlergemeinschaft.

Für den Erkenntnisfortschritt in den Geistes- und Sozialwissenschaften ist der Import von Wissen aus anderen Kulturen genauso wichtig wie der Export in diese Kulturen hinein. Der Import dient der Horizonterweiterung, der Export führt zur Kolonisierung nationaler Kulturen durch die eine Hegemonialmacht, wenn ihm kein Import im gleichen Umfang entgegensteht. Das ist indessen die Realität in den Geistes- und Sozialwissenschaften. Ein Vergleich der führenden amerikanischen und deutschen Fachzeitschriften für Soziologie ist in dieser Hinsicht sehr aufschlussreich. Es handelt sich um das *American Journal of Sociology* (AJS) und die *American Sociological Review* (ASR) sowie die *Kölner Zeitschrift für Soziologie und Sozialpsychologie* (KZSS) und die *Zeitschrift für Soziologie* (ZfS). Die Anzahl der Zitationen pro Jahr dieser Fachzeitschriften lag 2006 bei 6730 und 7927 auf der amerikanischen Seite sowie bei 288 und 180 auf der deutschen (ISI 2006). Die 20- bis 44-fach höhere Zitationsquote von AJS und ASR im Vergleich zu KZSS und ZfS ergibt sich überwiegend daraus, dass zwar in der KZSS und der ZfS, wie überall in der Welt, Artikel des AJS und der ASR zitiert werden, im AJS und in der ASR aber keine Artikel der KZSS oder der ZfS. In AJS und ASR wird in der Regel zu 90 bis 100 Prozent amerikanische Literatur zitiert, in KZSS und ZfS dagegen zu 40 bis 70 Prozent nichtdeutsche, meist englischsprachige, überwiegend amerikanische. Vergleichen wir exemplarisch jeweils einen Aufsatz in den Februarheften des Jahrgangs 2008, dann kommen im ASR-Aufsatz drei von 112 Literaturquellen nicht direkt aus dem amerikanischen Kontext. Bei den drei ausländischen Quellen handelt es sich um Übersetzungen ins Englische von Pierre Bourdieu, Emile Durkheim und Thomas Luckmann (Lichterman 2008). Im ZfS-Aufsatz stammen jedoch 39 von 59 Literaturquellen aus dem ausschließlich englischsprachigen Ausland (Dolata 2008). Im Vergleich steht ein Internationalisierungsgrad von 2,7 Prozent des ASR-Artikels einem Internationalisierungsgrad von 66 Prozent des ZfS-Artikels gegenüber. Der ZfS-Artikel weist demnach einen gut 24-mal höheren Internationalisierungsgrad auf als der ASR-Artikel, wenn man den Import ausländischer Literatur als Kriterium anlegt. Wie will man unter diesen Bedingungen die ASR legitimerweise als Maßstab der Internationalität soziologischer Publikationen gelten lassen?

Am Maßstab einer ausgewogenen Wissensevolution gemessen ist deshalb die internationale Spitzenposition von AJS und ASR kein Beweis ihrer Internationalität, sondern Ausdruck einer Hegemonie, die zur Verarmung des wissenschaftlichen Wissens führt. Eine Strategie, die diese Verarmung verhindern will, muss deshalb auf ausgewogenere Maße der Internationalität setzen, als die simplen Zahlen des Social Science Citation Index (SSCI) vorgeben. Man kann daran erkennen, welchen Einfluss die Zahlen des Institute for Scientific Information (ISI) auf die Entwicklung der Wissenschaften ausüben. Es ist eine Herrschaft der Zahlen über das Denken (Porter 1995), weil simple Zahlen ohne Reflexion definieren, was unter Internationalität verstanden wird. Man könnte auch sagen, dass hier Statistiker mit einfachen Zahlen, ohne dass sie selbst oder die Rezipienten darüber reflektieren, was sie bedeuten, eine verborgene, nicht legitime Herrschaft ausüben. Die Herrschaft ist verborgen, weil nicht erkannt wird, welch enormen Einfluss die Zahlen auf die Forschungspraxis ausüben (Bornmann 2010a). Sie ist nicht legitim, weil keine öffentliche Debatte über ihre Angemessenheit geführt wird und auch keine öffentliche Debatte darüber, ob es zulässig ist, dass das ISI weltweit ein Monopol der Information über die Wissenschaften innehat. Eine offenere Wissensevolution wäre darauf angewiesen, die verborgene Herrschaft des ISI ans Tageslicht zu bringen und dessen Monopol durch Gegenmacht, das heißt durch alternative Informationssysteme zu brechen.

Angesichts der negativen Effekte auf die Wissensevolution stellt sich die Frage, warum sich die fortlaufende Reproduktion von Ungleichheit im Feld der Wissenschaft trotz Kritik und Klagen recht zäh erhält und sich keine Veränderungen abzeichnen. Zwei stabilisierende Faktoren sind dafür im Wesentlichen verantwortlich zu machen: (1) der Zwang zum Mitspielen und (2) der Glaube an die positiven Effekte der Qualitätssicherung. Ist ein Spiel im Gang, verlangt es große Anstrengungen, die Spielregeln zu ändern. Für die gewöhnlichen Spieler ist es allemal chancenreicher, am Spiel teilzunehmen, als Zeit und Energie in die Veränderung der Spielregeln zu investieren. Wer nicht mitspielt, der verliert auf jeden Fall.

Also bleibt nichts anderes übrig, als das Spiel mitzuspielen, ob man das Spiel an sich als förderlich für die Wissenschaft betrachtet oder auch nicht. Seine Legitimation erhält es durch den Glauben an die Unabdingbarkeit der Qualitätssicherung. Er repräsentiert den neoliberalen Glauben an die positiven Effekte der Output-Steuerung im Feld der Wissenschaft.

Wer die Monopolstellung der *high impact journals* kritisiert, sieht sich mit der Frage konfrontiert, wie man sonst die Spreu vom Weizen trennen wolle, zumal in einer Zeit der explosionsartigen Vermehrung von Wissensangeboten. Man stellt sich das System der Qualitätssicherung in der Hierarchie von A-, B- und C-Journals so vor, dass die A-Journals die strengsten Standards anlegen, die B-Journals mittlere und die C-Journals niedrigere. Das Wissen darum – so ist es gedacht – führt in Antizipation des Prüfungsverfahrens dazu, dass nur die »besten« Manuskripte überhaupt bei den A-Journals eingereicht werden, mittlere Manuskripte bei den B-Journals, schlechtere bei den C-Journals. Was beim A-Review aussortiert wurde, landet beim B-Review. Besteht es auch dort nicht, wird es einem C-Journal vorgelegt. Was hier nicht durchkommt, landet zu Recht im Papierkorb. Es ist nicht wert, überhaupt publiziert zu werden. Das ist die *illusio*, die das Spiel in Gang hält. Die Spieler investieren in der Hoffnung, der eine oder andere Text möge den A-, den B- oder wenigstens den C-Test bestehen. Die Ablehnung durch das A-Journal lässt den Autor glauben, dass das Stück wohl doch nicht so »exzellent« ist, wie anfänglich gedacht. Da man das ohnehin nicht so genau sagen kann, übt das Urteil der Herausgeber auf der Basis der Gutachten Definitionsmacht aus. Der rational handelnde Spieler nimmt es hin und versucht es bei einem B-Journal, bei abermaligem Misserfolg bei einem C-Journal. Erneuter Misserfolg überzeugt ihn davon, bei einem zunächst für A-würdig gehaltenen Text doch zu viel falsch gemacht zu haben. Er kann wahrhaftig sein und daran glauben oder auch zynisch nur das tun, was der Erfolg verlangt.

Der wahrhaftige Spieler sieht sich auf einem wissenschaftlich falschen Weg und lässt sich gern belehren. Der zynische Spieler denkt, dass er strategisch falsch vorgegangen ist, und versucht, seine Strategie an die identifizierten Erfolgsbedingungen anzupassen. »Zynisch« heißt, dass man ohnehin nur darauf zielt, einen Text zu produzieren, der von imaginierten Gutachtern für gut genug befunden wird, was immer das auch bedeuten mag. Der zynische Spieler verlegt sein Handeln ganz auf prognostizierte Gutachtererwartungen. Außerdem weiß er sich richtig zu wappnen. Er versucht es im besten Fall gar nicht mit einem riskanten Text, sondern mit solider, eng gefasster, spezialisierter handwerklicher Arbeit, auch nicht allein, sondern im Verbund mit mindestens drei Koautoren, in manchen Disziplinen mit zehn oder noch mehr.

Fragen, ob der Selektionsprozess tatsächlich dazu führt, dass die »besten« Artikel ganz oben landen und die schlechteren ganz unten, Fragen nach der Bestimmung von Qualität, Fragen nach der Hegemonie einer bestimmten national verankerten Wissenskultur und Fragen nach den langfristigen Effekten von Peer Review auf die Wissensevolution würden die *illusio* zerstören, das Spiel unspielbar machen. Die Evidenz für die Reliabilität, Fairness und Prognosevalidität in Bezug auf die Rezeption eines Aufsatzes in der wissenschaftlichen Gemeinschaft, die von Gutachterurteilen im Peer Review erreicht werden, ist auf jeden Fall sehr ernüchternd. Eine Vielzahl von empirischen Studien kommt zu dem Ergebnis, dass auf Peer Review in Bezug auf diese drei Kriterien kein Verlass ist (Bornmann 2011b).

Zahlreiche Untersuchungen zeigen die geringe Übereinstimmung der Gutachterurteile, ihre Beeinflussung durch Vorurteile und ihre kontraproduktiven Effekte auf das Verhalten von Wissenschaftlern und die Evolution des Wissens (Campanario 1996; Horrobin 2001; Biagioli 2002; Frey 2003; Bedeian 2004; Miller 2006; Grey 2010). Dasselbe gilt für das Ranking von Fachzeitschriften nach dem Impact (Smith 1997; Starbuck 2005; Ewing 2006; Connelly und Gallagher 2010; Joint Committee on Quantitative Assessment of Research 2008; Hogler und Gross 2009; Neuhaus et al. 2009). Der Journal-Impact-Faktor wurde von Eugene Garfield (2006), dem Gründer des Institute for Scientific Information (ISI) in Philadelphia, entwickelt, um das von ihm wie schon von Derek de Solla Price (1963) identifizierte Problem der Informationsverarbeitung bei wachsender Publikationsmenge in der Wissenschaft zu bewältigen. Bei der Nutzung des Journal-Impact-Faktors als Informationsinstrument kommt es jedoch zu einer extrem einseitigen Reduktion von Komplexität mit dem Effekt der Verbannung einer Vielzahl von Quellen des möglichen Erkenntnisfortschritts aus dem Blickfeld der Wissenschaftler und der Wissenschaftspolitik. Ohne diese »Dienstleistung« des kommerziellen ISI verfügt jeder einzelne Wissenschaftler über eigene Instrumente der Komplexitätsreduktion. Das heißt, es wird Komplexität für den einzelnen Wissenschaftler reduziert, aber nicht in kollektiv verbindlicher Weise für das ganze Wissenschaftssystem bzw. für eine Disziplin oder Subdisziplin. Im Lichte von Friedrich von Hayeks (1969) Lehre des Wettbewerbs als Entdeckungsverfahren stellt sich der Journal Impact-Faktor als ein schweres Hindernis für den Erkenntnisfortschritt dar. Umso erstaunlicher ist es, in welchem Maße dieser Faktor inzwischen das Verhalten von Wissenschaftlern bestimmt, merkwürdigerweise gerade in der Ökonomie, der Disziplin des Nobelpreisträgers von Hayek und der Disziplin, in der sonst das hohe Lied des Marktwettbewerbs gesungen wird. Wie weit die Ökonomie inzwischen von diesem Instrument der Komplexitätsreduktion beherrscht wird, zeigt sich zum Beispiel in der Verbreitung von Rankings wie dem *Handelsblatt*-Ranking deutschsprachiger Ökonomen und Betriebswirte sowie Ökonomie- und Betriebswirtschaftsfachbereiche (Handelsblatt 2009a, 2009b, 2010a, 2010b, 2010c). Auf diese höchst einseitige, den Pool der Wissensevolution extrem einengende Weise werden Rangordnungen zementiert, die sich kaum noch umstoßen lassen. Befeuert wird insbesondere die Begierde potenter Hochschulleitungen, sich die bestplatzierten Ökonomen zu angeln. Nach den Prinzipien eines *winner takes all*-Marktes (Frank und Cook 1996) schießen die Spitzengehälter in die Höhe, während die Masse der Wissenschaftler mit kleinen Leistungszulagen zur kargen W-Besoldung zur Jagd auf Impact-Punkte getrieben wird. Aus der Leidenschaft für die Wissenschaft als einer heiligen Sache wird ein profaner Kampf um Leistungspunkte zur Unterhaltung der *Handelsblatt*-Leser gemacht. Die Wissenschaft verliert in diesem kommerziellen Spektakel ihre ganze Würde. Sie wird auf die Ebene von Unterhaltungsshows wie *Deutschland sucht den Superstar* heruntergezogen.

Die Wissenschaftler selbst finden sich in einen Käfig eingesperrt und zugleich zur Schau gestellt. Die extrinsische verdrängt zum Schaden der Wissenschaft die intrinsische Motivation, die auf ein Höchstmaß der inneren Berufung ohne externe Anreize angewiesen ist, um gedeihen zu können. Von den vielen leidenschaftlich forschenden Wissenschaftlern kann immer nur ein ganz kleiner Prozentsatz zu größten Erfolgen gelangen. Diese sind aber nur auf der Basis und im Umfeld vieler weniger erfolgreicher Forscher möglich. Nur wer sich trotz ausbleibender großer Erfolge anerkannt fühlt, wird weiterhin seine Leidenschaft einbringen. Das ist aber bei der Umstellung auf Leistungsentgelte bei zugleich mäßigen Grundgehältern gerade nicht mehr zu erwarten. Der Wissenschaft geht bei diesem neuen Entgeltsystem eine wesentliche Grundlage ihres Gedeihens verloren. Es ist eine neue Art des Dienstes nach Vorschrift, die mit den neuen Steuerungsinstrumenten in die Universitäten einzieht (Kieser 2010).

Verräterisch ist schon der Begriff der Qualitätssicherung. Er bringt an sich unmissverständlich zum Ausdruck, dass es sich um ein Verfahren der Normalwissenschaft handelt. Die Beurteilung von Qualität setzt feste, genau spezifizierte Maßstäbe voraus. Anderenfalls trifft man willkürliche Entscheidungen, die sich nicht begründen lassen. Deshalb streben Peer Reviews zur Prämierung des Normalen, Standardmäßigen und zur Ausscheidung des Anormalen und Unstandardisierten. Peer Review läuft genau so ab, wie Michel Foucault (1991) in seiner Antrittsvorlesung am Collège de France die Ordnung des Diskurses beschrieben hat: Ausschließungsmechanismen sorgen für die Trennung des Wahren vom Unwahren. Und diese Ausschließungsmechanismen stehen im Peer Review nicht zur Disposition. Das macht aus jedem einzelnen Peer Review ein Stück Normalisierung, wie auch Sauder und Espeland (2009) in einer Interpretation der Ergebnisse ihrer Studien zum Ranking von US-Law Schools durch *US News & World Report* mit Bezugnahme auf Foucaults (1977) Studie *Überwachen und Strafen* feststellen. Normalisierung beinhaltet Vergleiche des Unvergleichbaren nach fixierten Maßeinheiten, das Ummünzen festgestellter Differenzen in Statushierarchien, die Homogenisierung des Wissens und die Exklusion des Widerspenstigen (Sauder und Espeland 2009: 72ff.; Kieser 2010).

Der flächendeckende Einsatz von Peer Review unterwirft den gesamten Forschungsbetrieb einem totalen Überwachungssystem, das dem von Jeremy Bentham im Fahrwasser des ökonomischen Liberalismus im 19. Jahrhundert in England konzipierten Gefängnis in Gestalt eines Panoptikums gleicht. Im Panoptikum sind die Gefängniszellen in einem kreisrunden Gebäude untergebracht und können von einem Beobachtungsturm in der Mitte des Kreises überwacht werden, wobei die Gefängnisinsassen in den Beobachtungsturm nicht hineinsehen können, die Beobachter aber in die Gefängniszellen. Die anonymen Gutachter im Peer Review der Fachzeitschriften sitzen in dem uneinsehbaren Beobachtungsturm. Umso mehr sind die Autoren, die Manuskripte einreichen, im eigenen Überlebensinteresse gehalten, keinen Fehler zu machen und sich keine Blöße zu geben. Kluge Autoren lernen das und sagen nichts mehr, wofür die Beweise nicht gleich mitgeliefert werden. Das befördert solide, brave und langweilige Texte und exkludiert alles, was nur das geringste Wagnis eingeht. Für Disziplinen, die von solchen Wagnissen in besonderem Maße leben – das sind die Geistes- und Sozialwissenschaften –, bedeutet das den Tod, unmittelbar beobachtbar an der durchschnittlich herrschenden Solidität und Langweiligkeit ihrer begutachteten Fachzeitschriften. Diese Wissenschaften sind das Opfer ihrer Disziplinierung nach dem Modell der Naturwissenschaften. Allerdings sollte auch in den Natur- und Lebenswissenschaften der kreativitätsvernichtende Effekt der Disziplinierung durch Peer Review nicht unterschätzt werden. Auch diese Wissenschaften erzielen ihre Fortschritte nur durch einen ausreichenden Spielraum für Disziplinlosigkeit, zu der insbesondere auch das Überschreiten disziplinärer Grenzen und interdisziplinäre Forschung gehören, für die es in den herkömmlichen, höchsten Impact versprechenden Journalen keinen Platz gibt.

Doktorandinnen und Doktoranden der nach den Leitlinien der Deutschen Forschungsgemeinschaft (DFG) ausdrücklich interdisziplinär ausgerichteten Graduiertenkollegs müssen deshalb eindringlich davor gewarnt werden, diesen Auftrag zu wörtlich zu nehmen, weil sie sonst keine Chance hätten, ihre Forschungsergebnisse in einem peer reviewed journal unterzubringen. Man kann hier eine besonders verwirrende Seite des totalen Überwachungssystems erkennen. Bei der Bewerbung um ein Promotionsstipendium im Kolleg müssen die zukünftigen Doktorandinnen und Doktoranden Qualifikationen für interdisziplinäre Arbeit vorweisen, im Kolleg werden sie auch mit unterschiedlichen disziplinären Perspektiven konfrontiert, in ihrer eigenen Forschungsarbeit und erst recht in der Publikation ihrer Ergebnisse darf das aber nicht mehr durchscheinen, weil es ihre Publikationschancen verringert und ihre Karrierewünsche zunichtemacht. Die langjährige Leitung eines interdisziplinären Graduiertenkollegs lehrt, dass dieses Diktum am meisten in jenen Disziplinen gilt, die in ihrer methodischen Disziplinierung am weitesten fortgeschritten sind, das heißt, in der Volkswirtschaftslehre ganz ausschließlich, in der Politikwissenschaft sehr deutlich, in der Rechtswissenschaft schon weniger spürbar und noch am wenigsten in der Soziologie. Deshalb haben die Dissertationen in der Soziologie auch den ausgeprägtesten interdisziplinären Charakter (siehe Hiß 2006, Bechmann 2007, Frerichs 2008).

In der Volkswirtschaftslehre hat die disziplinäre Einschließung ein Niveau erreicht, das wahrhaftige interdisziplinäre Zusammenarbeit jenseits bloßer Fassaden grundsätzlich ausschließt. Man kann diesen für den wissenschaftlichen Fortschritt kontraproduktiven Zustand soziologisch auf das in der Volkswirtschaftslehre unter allen Disziplinen jenseits der Naturwissenschaften am rigorosesten praktizierte Regime der A-, B- und C-Journals zurückführen. Paradoxerweise sind die sonst auf offene Märkte setzenden Ökonomen stolz auf diesen Erfolg der Disziplinierung ihrer Forschung und der dadurch beförderten Schließung der Wissensevolution. Durch die außerhalb der Natur- und Lebenswissenschaften nur ihrer Disziplin zuerkannte alljährliche Ehrung durch den Preis der schwedischen Reichsbank im Gedenken an Alfred Nobel werden sie in diesem Stolz Jahr für Jahr bestätigt und bemerken darüber nicht, wie wenig sie über die Realität des gesellschaftlichen und wirtschaftlichen Geschehens jenseits des Modell-Platonismus (Albert 1963) wissen. Die globale Finanzkrise hat das im Herbst 2008 mit einem Schlag und großem Knall ans Tageslicht gebracht. Die Krise lässt sich auch als Offenbarungseid einer durch das Regime der begutachteten Fachzeitschrift fehlgeleiteten Wissenschaft verstehen. Dazu gehört auch, dass die Stratifikation der ökonomischen Literatur nach A-, B- und C-Journals eine Hegemonie der amerikanischen Ökonomie und damit für die letzten 30 Jahre eine Hegemonie des Neoliberalismus mit sich gebracht hat. Die Folgen dieser Hegemonie sind anhand der globalen Finanzkrise zu besichtigen (Hodgson und Rothman 1999; Hodgson 2009; Dobusch und Kappeler 2009).

Ob die Ökonomen zu dieser Einsicht gelangen, muss allerdings bezweifelt werden, weil sie in einem Panoptikum gefangen sind, aus dem es kein Entkommen gibt. Dafür müsste man schon die Mauern des Gebäudes einreißen und den Beobachtungsturm schleifen, das heißt, das Regime des begutachteten Fachzeitschriftenaufsatzes beenden und sich auf weniger gesichertes, die Grenzen der Disziplin sprengendes Terrain begeben. Dazu bedürfte es einer Umkehr bis in das Studium im ersten Semester hinein. Das wäre eine Revolution und ist deshalb insbesondere in Deutschland höchst unwahrscheinlich, wo es keine Professorenstellen an den Außengrenzen von Disziplinen und in ihrem Überschneidungsbereich gibt. In den USA und in Großbritannien ist das viel eher möglich, weil dort die breitere Ausdifferenzierung der Departments insbesondere in Soziologie und Politikwissenschaft schon immer bessere Chancen für Forschung und Lehre in interdisziplinären Grenzbereichen geboten hat. Deshalb hat in beiden Ländern zum Beispiel die Politische Ökonomie überlebt, für die es in Deutschland weder bei den Ökonomen noch bei den Politologen noch bei den Soziologen einen Platz gibt. Ebenso finden sich in Großbritannien ganze Departments für Accounting mit einem erheblichen Teil von *critical accounting studies* auf der Linie von Foucault, wofür man in Deutschland, wo es an einem betriebswirtschaftlichen Fachbereich in der Regel nur einen Lehrstuhl für betriebliches Rechnungswesen gibt, kein Verständnis hat, geschweige denn, dass man etwas dazu sagen könnte. So wird Wissensarmut zum System.

Man kann also erkennen, dass die Engführung der Wissensproduktion durch Peer Review und die damit einhergehende Verarmung des Wissens in den Vereinigten Staaten und in Großbritannien weniger gravierend ausfällt als in Deutschland. Das zeigt sich auch in der Gründung von Zeitschriften in den Randbereichen und den Überschneidungszonen der Disziplinen, die dort – sicherlich auch aufgrund des größeren englischsprachigen Marktes – viel leichter aus dem Boden sprießen als in Deutschland. Es ist also das Zusammenwirken des Peer-Review-Regimes mit der Oligarchie der Lehrstühle, das der disziplinären Forschung in Deutschland engere Grenzen setzt als in Großbritannien und den USA.

Allerdings bedeutet die weitgehende innere Schließung des wissenschaftlichen Publikationsmarktes der USA, wie sie sich im Vergleich der Zitationen zwischen ASR und ZfS gezeigt hat, dass die breitere Ausdifferenzierung der amerikanischen Wissenschaft nur wenig von europäischen Traditionen und neueren Entwicklungen befruchtet werden kann. Beispielsweise sucht man in den USA vergeblich nach einer Rezeption der Systemtheorie Niklas Luhmanns. Der dort florierenden Wirtschaftssoziologie fehlt eine engere Verknüpfung mit dem europäischen, von Marx, Weber und Durkheim begründeten Erbe. Die Folge davon ist eine Verengung der Forschungsperspektive, die ignoriert, was zum Beispiel mit Max Weber in

Bezug auf die kulturelle, rechtliche und politische »Einbettung« der Wirtschaft zu sehen ist. Ein Beispiel dafür ist der viel rezipierte Beitrag Mark Granovetters (1985) zum Problem der sozialen Einbettung des wirtschaftlichen Handelns. Weber hat gezeigt, das sich der moderne Kapitalismus nur entfalten konnte, weil geschlossene Netzwerke zwischen eng miteinander vertrauten Partnern gesprengt und durch offene, auch Fremde einbeziehende Netzwerke von Geschäftspartnern ersetzt wurden. Die evolutionäre Errungenschaft war Vertrauen zwischen Fremden und nicht nur zwischen Freunden. Eine entscheidende Grundlage dafür war unter anderem die Entwicklung eines Rechtssystems, das auftretende Konflikte auch zwischen Fremden bewältigen konnte (Weber 1976 [1922]: 387-513). Granovetter erklärt dagegen relativ geschlossene Netzwerke zwischen Vertrauten zur Voraussetzung vertrauensvollen wirtschaftlichen Austauschs. Eine Wirtschaftssoziologie, die Anschluss an die europäische Tradition hält, hilft diese Engführung der Wissensentwicklung zu verhindern (siehe Swedberg 1998; Beckert 2009). Umgekehrt fehlt in Deutschland die disziplinäre und interdisziplinäre Ausdifferenzierung, um das webersche Erbe über die bloße Exegese hinaus produktiv fortführen und auf gegenwärtige Problemlagen beziehen zu können (Münch 2008a, 2009c).

Man kann das Regime des *peer reviewed journals* (Hirschauer 2004) als die Besserungsanstalt der Wissenschaft bezeichnen (Goffman 1973). Sie verbessert im echten Sinne des Wortes die Qualität der Veröffentlichungen, aber eben ihre Qualität und nicht ihre Kreativität und Originalität, die durch Peer Review systematisch als »disziplinlos« und »anormal« aussortiert wird. Die Nachwuchswissenschaftler lernen durch frühzeitige Versuche, was erlaubt, was geboten und was verboten ist. Besonders intensiven Unterricht erhalten sie durch das *revise and submit*-Verfahren. Die Gutachter zeigen Anerkennung, gemahnen jedoch zur Konzentration auf das Wesentliche, zur Präzisierung der Gedankenführung und zur Berücksichtigung des Forschungsstandes. Ohne Bezug auf die einschlägige Forschung gibt es kein grünes Licht. Dadurch wird Kontinuität und inkrementale Innovation gefördert, gleichzeitig aber auch das Beschreiten von Neuland behindert. Im besten Fall wird Nachwuchswissenschaftlern das Handwerk eines guten Fachzeitschriftenaufsatzes beigebracht. Im schlimmsten Fall werden ihnen nicht nur überflüssige Flausen ausgetrieben, sondern auch Motivation und Fähigkeit zur Bearbeitung gewagter Forschungsfragen. Und sie erwerben die komplette sekundäre Intelligenz, um das erfolgreich zu betreiben, was im Englischen als *gaming the system* bezeichnet wird: Salamitaktik, Autorennetzwerke, Zitationskartelle, extreme Spezialisierung, Schwimmen im Mainstream, Standardisierung der Publikationspraxis, strategisches Zitieren, Betrug, Fälschung und dergleichen (Frey 2008; Binswanger 2010: 154-173). Sie lernen auch, gegenüber den Gutachtern diejenige Demut zu zeigen, die erforderlich ist, um ihr Plazet zu bekommen. Dazu gehört ein minutiöser Überarbeitungsbericht mit ausdrücklichem Dank für die konstruktive Gutachterkritik und die Revision nach Maßgabe der Gutachter. Das größte Problem ist dabei die Erfüllung von einander nicht selten widersprechenden Revisionswünschen.

Am Ende gehen aus diesem Erziehungsprozess solide Normalwissenschaftler hervor, die zu keinem kühnen Gedanken mehr fähig sind. Die Guten sind besser geworden, die Schlechten sind auf der Strecke geblieben, die Kühnen sind entweder geläutert oder sie sind ausgestiegen. Es herrscht die Konformität erzeugende Angst vor dem Fehler. Die Präferenz gilt deshalb risikoarmen Projekten. Widerstand ist zwecklos und scheitert trotz Kritik am festen Gemäuer des Panoptikums. Wer sich nicht mit den Spielregeln identifizieren kann, sieht sich zum zynischen Einsatz der erforderlichen Erfolgsstrategien gezwungen.

Die Nachwuchsforscher in den USA haben diese Lektion schon früher gelernt als ihre europäischen Kollegen. Für sie ist es längst üblich geworden, die größte Mühe und die meiste Zeit in die Schaffung eines Datensatzes zu investieren, der dafür geeignet ist, aus ihm in den nächsten zehn Jahren eine Reihe von Aufsätzen zu generieren, die sich in einem Journal mit möglichst hohem Impact unterbringen lassen. Um welchen Forschungsgegenstand es dabei geht, ist zweitrangig. Die Forschungsfragen werden an das angepasst, was der Datensatz hergibt. Es kommt darauf an, dass exklusiv über einen Datensatz verfügt wird, der Individualdaten enthält, die sich mit den fortgeschrittensten Methoden auswerten lassen. Bisweilen führt diese Vorgehensweise zu originellen, theoretisch interessanten und methodisch versierten Beiträgen, meistens jedoch zu Produkten, die sich zwar methodisch auf der Höhe der Zeit befinden, aber keine interessante Frage beantworten können. Wer in dieses System gut hineinsozialisiert ist, schaltet zuerst einmal alle Risiken aus, die sich aus der Verfolgung von Fragestellungen ergeben, für die man noch keinen Sicherheit verbürgenden Datensatz hat. Deshalb wird die Forschung durch Peer Review zwar methodisch immer besser, dies geschieht aber auf Kosten einer wachsenden Eindämmung der theoretischen Neugier und der Verfolgung von Fragen, die über die Grenzen der Normalität hinausgehen.

Es überrascht nicht, dass eine aktuelle, sehr aufwendig und detailliert verfahrende Untersuchung im Bereich der Biotechnologie eine größere Variationsbreite in Theorie und Methoden bei industrie- als bei regierungsgeförderten Projekten feststellt (Evans 2010). Das gilt vor allem für vielzitierte Wissenschaftler mit einer exklusiven Förderung durch ein einziges Unternehmen. Der Autor dieser Studie erklärt diesen

Befund damit, dass bei den industriegeförderten Projekten anders als bei den regierungsgeförderten kein Peer Review über die penible Beachtung des herrschenden theoretischen und methodischen Kanons wacht. Wer schon über hohe Reputation verfügt und exklusiv von einem Unternehmen gefördert wird, sich also weder bei der Regierung noch bei anderen Unternehmen um Fördergelder bemühen muss, verfügt demnach über einen größeren Freiraum für die Erprobung neuer Theorien und Methoden. Entscheidend für das Beschreiten neuer Wege ist demnach nicht so sehr, ob man von der Regierung oder der Industrie gefördert wird, sondern wie unabhängig von Peer Review man forschen kann.

Will man die Erneuerungsrate des Wissens steigern, dann muss man für genügend Unabhängigkeit der Forscherinnen und Forscher von Kontrollen über ihre Arbeit sorgen. Das kann auch dadurch geschehen, dass für eine ausreichende Grundausstattung der Forschung gesorgt wird. Der aktuelle Trend der Verringerung des Anteils der Grundausstattung und der Erhöhung des Drittmittelanteils in der Forschung geht aber genau in die andere Richtung. Es handelt sich hier allerdings um keine Frage der Maximierung der einen Seite auf Kosten der anderen, sondern um eine Frage der richtigen Balance. Die erwähnte Studie zur Biotechnologie kommt demgemäß zu dem Schluss, dass Peer Review zur Folge hat, mehr über weniger zu wissen, der Verzicht darauf dagegen weniger Wissen über mehr verschiedene Dinge zu haben.

Die Entkopplung der tatsächlichen Praxis von der Überwachung durch den Turm in der Mitte – die Hierarchie der Journals – ist innerhalb des Panoptikums kaum möglich, weil der Überwachungsturm alle im Blick hat. In Disziplinen, in denen der begutachtete Fachzeitschriftenaufsatz noch nicht die absolute Herrschaft ausübt und noch andere Publikationssorten (Monografien, Lehrbücher, Sammelbände, Sammelbandbeiträge, Lexikonartikel, Rezensionen, Zeitungsartikel und Essays) existieren, ist die Strategie der Entkoppelung noch möglich. Das gilt allerdings nur so lange, wie sich noch genügend Berufungskommissionen finden, die solchen Publikationen Beachtung schenken. Das ist zum Beispiel bislang in der deutschen Soziologie noch der Fall. Die Pilotstudie des Wissenschaftsrats (2008) zum Forschungsrating Soziologie hat diesen »Sonderweg« allerdings bestraft. Bei diesem Rating konnten Forschungseinheiten in der »Qualität« und ganze Forschungseinrichtungen im Impact und in der Effizienz nur durch hohe Perzentilwerte bei den begutachteten Fachzeitschriftenaufsätzen reüssieren (Münch und Baier 2009). Das Forschungsrating des Wissenschaftsrats mauert die bislang noch vorhandenen Fluchtwege zu und schließt das Panoptikum auch für die Soziologie. Für die Entkopplung der Praxis von der aufgepropften Theorie ist dann kein Platz mehr. Undisziplinierte Berufungskommissionen, die sich diesem Diktum entziehen, schaufeln ihrem Fachbereich das Grab. Durch die Kurzschließung von symbolischem und materiellem Erfolg wird ihm über kurz oder lang das Geld fehlen, um weiter existieren zu können.

Der erste Gedanke, der bei grundsätzlicher Anerkennung des Peer-Review-Systems in Bezug auf mögliche Maßnahmen zur Vermeidung der normalisierenden Effekte aufkommt, ist die Verbesserung der Qualität des Begutachtungsverfahrens (Neidhardt 2006, 2010; Bornmann 2011b). Qualitätsmanagement müsste konsequenterweise auch auf die Qualitätsmessung selbst angewandt werden. Also denkt man an eine besonders sorgfältige Auswahl der Gutachter nach Kompetenz, hinsichtlich eines Aufsatzthemas und nach Distanz zu den Autoren. In der Praxis wird auf bewährte Gutachter zurückgegriffen. Das bedeutet allerdings Engführung, weil eine kleine Gruppe von Gutachtern über das Publikationsgeschehen wacht. Dieser Schließungstendenz könnte durch die bewusste Vergrößerung des Gutachterkreises entgegengewirkt werden, was jedoch ein Minus an Erfahrenheit und ein Plus an Willkür und Unberechenbarkeit mit sich bringt. Ein weiterer Schritt sind explizit formulierte Verhaltensregeln für Gutachter, ein Ehrenkodex des Gutachtens. All diese Maßnahmen können nicht grundsätzlich das Problem der Normalisierung lösen, weil sie selbst normalisierenden Charakter haben. Die Erweiterung des Gutachterkreises ermöglicht wenigstens eine breitere Ausschöpfung der Spannbreite des Normalen. Das geschieht jedoch auf Kosten des Gutachterkonsenses.

Ein rettender Gedanke könnte die Aufnahme der besonderen Prämierung von Originalität in den Verhaltenskodex der Gutachter sein. Man könnte festlegen, dass besonders originelle Texte auch dann gedruckt werden, wenn sie noch nicht völlig ausgereift sind. Allerdings wird das nur in seltenen Fällen auch wirksam werden, nämlich dann, wenn die originelle Idee schon so weit ausgereift ist, dass man ihre Realisierbarkeit absehen kann. Es ist ja auch unbestreitbar, dass nicht nur Normalwissenschaft, sondern auch Durchbrüche in den *high impact journals* erscheinen. Oft sind derartige Publikationen aber durch andere, weniger sichtbare Publikationen vorbereitet worden. Es wurde zuerst einmal das Feld bestellt, aus dem dann auch Artikel hervorgehen konnten, die den normalisierenden Qualitätsstandards eines solchen Journals genügen. Der Durchbruch wurde demnach in der Peripherie eingeleitet, um dann jedoch im Zentrum die endgültige Weihe zu erhalten und damit als vollzogen zu gelten. Dadurch entsteht sogar der falsche Eindruck, der Durchbruch sei überhaupt erst durch das Peer-Review-Verfahren erkannt worden. Er wird den Gutachtern und ihrem Gespür für Originalität zugeschrieben, dabei mussten die Gutachter erst einmal durch vorausgehende Veröffentlichungen mit der Nase auf das Potenzial, das in dem Neuen steckt, gestoßen werden. Ohne externen Einfluss könnten die Beobachtungsposten im Turm des Panoptikums nicht die Rolle der Spürhunde spielen. Diese Rolle muss ihnen von außen aufgedrängt werden, weil innen die Normalwissenschaft dominiert. Auch das MoMA in New York hat Andy Warhol erst ausgestellt, nachdem er auf anderen Ausstellungen schon genug Furore gemacht hatte (Zahner 2006). Dasselbe gilt für die dominanten Galerien. Sie bieten Kunst an, die an anderen Orten schon genug Aufmerksamkeit erzielt hat und daher nun mit guten Aussichten auf weiteren Erfolg ins Zentrum gerückt wird.

Der Erneuerungsprozess könnte beschleunigt werden, wenn genügend Lücken im Mauerwerk vorhanden wären – Publikationen, die unter weniger strenger Überwachung entstehen – und wenn es statt eines Beobachtungsturmes eine größere Zahl gleichrangiger Türme gäbe, die miteinander in Konkurrenz stünden. In diesem Fall wären die Chancen für den Prioritätswettbewerb größer. Beobachter meinen, die Vermehrung der Zahl der Journals und der weltweit heftiger gewordene Kampf um Sichtbarkeit förderten nicht nur den Qualitätswettbewerb, sondern auch den Prioritätswettbewerb. Die Folge sei eine höhere Quote der Veröffentlichung gefälschter Forschungsergebnisse, weil mit der Vermehrung der Journals und der Vermehrung der Gutachten bzw. Gutachter die Qualitätskontrolle leidet. Angesichts der rapiden Verbreitung von Online-Journals und anderen Online-Publikationen wird sogar das Ende des alten Monopols der *high impact journals* vorausgesagt. Diese Voraussage ist sicher übertrieben, weil diese Journals schon seit gut 30 Jahren ihre Oligopolstellung gegen die Proliferation neuer Zeitschriften verteidigen konnten. Daran ändert sich durch die Explosion von Online-Angeboten nicht grundsätzlich etwas. Man kann sogar mit guten Gründen postulieren, dass die Kluft zwischen den Top-Journals und der wachsenden Masse der anderen, meist spezialisierten Journals noch größer werden wird, weil sich die vielen kleinen Journals gegenseitig Produzenten und Rezipienten abjagen und deshalb auf bescheidenen Zitationsquoten sitzen bleiben, während die Top-Journals in unerreichbarer Höhe verharren bzw. durch die größere Zahl von Journals insgesamt infolge des auf sie zentrierten Diskurses sogar noch häufiger zitiert werden als zuvor. Im unübersichtlichen Ozean klammern sich die Rezipienten erst recht an die Leuchttürme, um sich nicht zu verirren. In der Tendenz handelt es sich hier um einen *winner takes all*-Markt (Frank und Cook 1996).

Diesem Mechanismus der Komplexitätsreduktion, der sich im Anschluss an Gehlen (1993 [1940]) und Luhmann (1970: 114ff.) als menschliches Grundbedürfnis darstellt, korrespondiert ein Mechanismus der Distinktion, indem von den Distanzierungsmöglichkeiten, die Top-Journal-Publikationen bieten, auch strategisch zwecks eigener Positionierung im Feld der Ehre Gebrauch gemacht wird. Wir erkennen hier, dass positive Funktionen eines Mechanismus, die dem Forschungsbetrieb helfen – hier: Orientierung durch Komplexitätsreduktion –, auch eine negative Seite haben – hier: die Nutzung symbolischen Kapitals zur Schließung des Wettbewerbs.

Das Peer-Review-Verfahren ganz aufzugeben wäre allerdings nicht die richtige Schlussfolgerung aus seinen unbestritten gegebenen Unzulänglichkeiten. Es hilft Qualität zu sichern und die sonst überforderten Herausgeber von Fachzeitschriften zu entlasten. Was jedoch in die Irre führt, ist eine Praxis, die den Ergebnissen dieser Qualitätsprüfung blindes Vertrauen schenkt und sie zum alles beherrschenden Maßstab bei der Beurteilung wissenschaftlicher Leistungen macht. Den Journal-Impact-Faktor umstandslos in ein Ranking von Forschern und ganzen Fachbereichen umzusetzen, erzeugt eine anscheinend unumstößliche Objektivität der wissenschaftlichen Leis tungsmessung, die bei genauer Prüfung auf sehr wackligen Beinen steht. Für den Vergleich wissenschaftlicher Leistungen ist diese Objektivierung des Subjektiven ungerecht, für die Wissensevolution eine zu weitgehende Einschränkung ihrer Möglichkeiten. Das Problem ist demnach nicht das Peer-Review-Verfahren an sich, sondern dessen symbolische Aufladung und Objektivierung durch den massiven Aufbau von sekundären Evaluationen, Ratings und Rankings im Kontext der Ausbreitung von New Public Management in der akademischen Welt. Sekundäre Evaluationen, Ratings und Rankings erheben ein einzelnes Element der akademischen Qualitätssicherung unter vielen anderen zum alles beherrschenden Maßstab der wissenschaftlichen Arbeit. Die Vereinfachung einer komplexen Praxis der Qualitätssicherung durch NPM unterwirft die Wissenschaft einseitigen Maßstäben, die ihre Entfaltung nicht wie behauptet fördern, sondern massiv behindern. Akademische Qualitätssicherung hat ihren Kern in der unendlichen Abfolge von Behauptung und Kritik unter Bedingungen der Waffengleichheit. Sie findet überall und zu jeder Zeit statt. Heutzutage ist sie ubiquitär zugänglich, verstärkt in Wissenschaftsblogs (Berndt 2010). Solange die Bedingungen der idealen Sprechsituation gegeben sind, besteht bei aller Kritik auch ein Spielraum für abweichende, gegen das herrschende Wissen verstoßende Ideen. Die Unterwerfung der wissenschaftlichen Arbeit unter die Kontrolle von NPM beseitigt diesen Spielraum, weil in diesem Steuerungsprozess zwecks Komplexitätsreduktion dem Journal-Impact-Faktor ein Vorzug gegeben werden muss, der sich einschränkend auf die Wissensevolution auswirkt.

Die neuesten Versuche, die Publikationsflut einzudämmen, wie sie etwa in den USA von der National Science Foundation und in Deutschland von der Deutschen Forschungsgemeinschaft unternommen wurden, werden den Effekt haben, dass sich das Rennen um Publikationen in den *high impact journals* nochmals verschärft. Wenn nur noch fünf eigene Publikationen bei der Beantragung von Forschungsgeldern als Qualifikationsnachweis bzw. zwei einschlägige Publikationen pro Projektjahr genannt werden dürfen, wird der Druck auf den Nachweis von Publikationen in den Journals mit dem höchsten Impact erheblich erhöht. Das bedeutet, dass aufgrund der begrenzten Zahl der Plätze in diesen Zeitschriften eine scharfe Trennlinie zwischen den erfolgreichsten und den weniger erfolgreichen Wissenschaftlern gezogen wird. Aufgrund des Matthäus-Effekts wird sich das Forschungsgeschehen auf wenige »Spitzenforscher« konzentrieren, während die Masse der weniger erfolgreichen Forscher in die Lehre verdrängt wird. Damit wird letztlich der Wettbewerb um die Wissensgenerierung einseitig auf die Produkte der international dominanten Fachzeitschriften eingeschränkt und die Diversität als Voraussetzung einer offenen Wissensevolution reduziert. So gut gemeint und viel applaudiert dieser Steuerungsversuch auch sein mag, birgt er doch erhebliche Gefahren der Fehlsteuerung in sich. Man sieht daran, dass jeder explizite Versuch, steuernd auf den Forschungsprozess einzuwirken, seine Tücken hat und mit kontraproduktiven Effekten rechnen muss. Wissenschaft kann nur gedeihen, wenn die strukturellen Bedingungen der idealen Sprechsituation gegeben sind. Diese Bedingungen sperren sich gegen jeden gezielten Steuerungsversuch.

2. Verarmung des Wissens durch Evaluation?
Effekte des Qualitätsmanagements in der Soziologie

Die Soziologie ist eine vielfältige Disziplin. Ihre Forschung vollzieht sich im Spannungsfeld zwischen internationalisierter professioneller Soziologie für Soziologen und Soziologinnen in Fachzeitschriften und öffentlicher Soziologie für ein breiteres, nationales Publikum in zeitdiagnostischen Büchern und Beiträgen für Presse, Rundfunk und Fernsehen, zwischen grundlagentheoretischer Soziologie in Monografien und an nationale bzw. lokale Fragen gebundener *policy*-orientierter, oft drittmittelgeförderter, in Sammelbänden publizierter Spezieller Soziologie in den Grenzbereichen zu anderen Disziplinen. Im Zuge des wachsenden politischen Interesses an Forschungsevaluation zum Zwecke einer zielgenauen Output-Steuerung nach Maßgabe der Qualitätssicherung im Rahmen von New Public Management stellt sich die Frage, ob Forschungsevaluation dieser Vielfalt überhaupt gerecht werden kann. Am Beispiel des Forschungsratings Soziologie lässt sich beobachten, dass auch sehr anspruchsvolle, auf Multidimensionalität achtende Evaluationsverfahren, die über die Begutachtung einzelner Forschungseinrichtungen hinausgehen und ein Benchmarking betreiben, dazu tendieren, über reaktive Effekte des strategischen Publizierens die Vielfalt einzuschränken und die Verarmung des soziologischen Wissens zu befördern (Wissenschaftsrat 2008; Neidhardt 2008; Münch und Baier 2009).

Max Weber hat in seiner Kategorienlehre das für die Soziologie besonders charakteristische Spannungsverhältnis zwischen den zwei Welten der Wissenschaft auf den Punkt gebracht. Nach seiner klassischen Definition ist die Soziologie eine Wissenschaft, »welche soziales Handeln deutend verstehen und dadurch in seinem Ablauf und seinen Wirkungen ursächlich erklären will« (Weber 1976 [1922]: 1). Die Soziologie soll also beides sein, Geisteswissenschaft und Naturwissenschaft zugleich, sie soll die soziale Wirklichkeit wie die Geschichtswissenschaft in ihrer konkreten Gegebenheit erfassen, aber auch analytisch zerlegen und in abstrakten Modellen kausale Zusammenhänge ermitteln. Soziologische Forschung soll an den Kriterien der Sinnadäquanz und der Kausaladäquanz gemessen werden. Diese Position in der Mitte zwischen zwei Welten der Wissenschaft wirkt sich unmittelbar auf die Art der Forschung, ihre Organisation und die Publikation ihrer Ergebnisse aus. In diesem Spannungsfeld sind auch verschiedene Aufgabenstellungen der Soziologie zu unterscheiden, die ebenso im Publikationsverhalten reflektiert werden. Wie sich das in der deutschen Soziologie darstellt, soll im Folgenden gezeigt werden. Dabei bietet sich ein Vergleich mit der amerikanischen Soziologie an, weil sich in diesem Vergleich die Eigenarten der deutschen Soziologie besser erklären lassen und Möglichkeiten der Entwicklung besser zu erkennen sind.

Der Stellenwert von Buch, Buchbeitrag, Zeitschrift,
Konferenzbeitrag und Online-Veröffentlichungen

Die Soziologie ist eine sehr vielfältige Disziplin mit deutlichen Differenzen im Publikationsverhalten verschiedener Teilgebiete und Aufgabenstellungen. Neben den Kerngebieten der Soziologischen Theorie, der Sozialstrukturanalyse, den Methoden der empirischen Sozialforschung, der Makrosoziologie, Organisationssoziologie und Mikrosoziologie gibt es eine Vielzahl von Speziellen Soziologien, die sich über ihren Gegenstand definieren und selbst in die Praxis ihres Gegenstandsbereichs hineinwirken, zu ihr in einem reflexiven, sich gegenseitig beeinflussenden Verhältnis stehen. Religion, Familie, Jugend, Geschlecht, Stadt und Region, Wirtschaft, Arbeit, Beruf, Industrie, Betrieb, Recht, Wissenschaft, Medizin und Kriminalität sind nur einige Beispiele dafür.

Was die Aufgabenstellung betrifft, lassen sich im Anschluss an eine vielbeachtete *presidential address* von Michael Burawoy (2005) auf der Jahrestagung der American Sociological Association (ASA) im Jahre 2004 grundlegend mindestens vier mit eigenem Gewicht nennen: Die *professionelle Soziologie* ist auf die Produktion soziologischer Erkenntnis für Soziologen spezialisiert. Ihr Kennzeichen ist besonders hoher methodischer Aufwand, um möglichst enggefasste spezielle Fragen der Soziologie zu beantworten. Dabei spielt die praktische Relevanz keine oder nur eine untergeordnete Rolle. Die typische Publikationsart der professionellen Soziologie ist der begutachtete Fachzeitschriftenaufsatz. In diesem Publikationsmedium dominiert die methodisch gesicherte empirische Sozialforschung, wobei die quantitative Variante einen Vorrang vor der qualitativen hat. Eine Auszählung der mit dem Thyssen-Preis ausgezeichneten Aufsätze in den deutschsprachigen sozialwissenschaftlichen Fachzeitschriften hat für das erste Jahrzehnt des neuen Jahrhunderts 57,7 Prozent (absolut: 14) empirisch-quantitative, 26,9 Prozent (7) empirisch-qualitative, 11,5 Prozent (3) theoretisch/ideengeschichtliche und 3,9 Prozent (1) methodische Artikel ergeben (Alber, Fliegner und Nerlich 2009). Die *kritische* bzw. *theoretische Soziologie* macht die Disziplin, ihr begriffliches und theoretisches Instrumentarium, ihre Methodik und ihr Verhältnis zur gesellschaftlichen Praxis im Hinblick auf Sinn, Zweck und weitere Folgen und Nebenfolgen selbst zum Untersuchungsgegenstand. Diese Selbstreflexion der Soziologie findet sich breiter über verschiedene Publikationsarten verstreut, größte Beachtung zieht sie jedoch in Gestalt von Monografien auf sich, die

Leitlinien für das soziologische Denken setzen. Die Maßstäbe dafür haben die Werke der soziologischen Klassiker geschaffen. Die Aufgabe der policy-*orientierten Soziologie* ist die Begutachtung und Beratung der Praxis in einer Vielzahl von Handlungsfeldern. Viele Spezielle Soziologien sind aus dieser Aufgabenstellung hervorgegangen. Hier ist der Ort der Auftragsforschung für öffentliche und private Institutionen. Die typischen Publikationsarten dieser Soziologie sind der Forschungsbericht und das Gutachten. Dieses Genre strahlt auch auf die Publikationen aus, die sich an ein fachliches oder auch breiteres Publikum richten. Die Fragestellungen beziehen sich auf die soziale Wirklichkeit in ihrer ganzen Komplexität und lassen sich deshalb nicht in analytisch exakt geschnittene Forschungsprobleme umsetzen. Sie passen nicht in die Kernzeitschriften der Soziologie, eher in entsprechende, Theorie und Praxis vermittelnde Spezialzeitschriften wie zum Beispiel die *Zeitschrift für Sozialreform*. Ein großer Teil dieser Literatur erscheint darüber hinaus in Sammelbänden. Die *öffentliche Soziologie* behandelt Fragen von größerer Kulturbedeutung, gesellschaftlicher Relevanz und Aktualität. Sie wendet sich nicht an Soziologen als Soziologen und auch nicht an spezielle Auftraggeber, sondern an die breite Öffentlichkeit oder an Teilöffentlichkeiten. Publikationen zu aktuellen Problemen, Konflikten und Wandlungstendenzen der Gesellschaft, zum Beispiel zu Armut, Ungleichheit, Religiosität, Ethnizität, Identität in der Gegenwartsgesellschaft, zu gesellschaftlichem Wandel im Kontext der Globalisierung und Europäisierung der Lebensverhältnisse, repräsentieren diesen Typus. Es handelt sich dabei um zeitdiagnostische Werke. Ihre typische Erscheinungsform ist die Monografie, die sich an ein breiteres Publikum richtet.

Die Teilgebiete der Soziologie haben jeweils eine gewisse Nähe zu einem der vier Typen der Soziologie. Die größere

Zahl der Speziellen Soziologien neigt eher zur *policy*-orientierten Soziologie. Allerdings gibt es dazu auch jeweils die professionelle, in Fachzeitschriften erscheinende, weniger jedoch die öffentliche und die kritische Variante der Soziologie. Die Aufteilung der soziologischen Publikationen auf die verschiedenen Publikationsarten sagt etwas über die Anteile der verschiedenen Typen an der Soziologie insgesamt aus. Nach der 2008 veröffentlichten Pilotstudie des Wissenschaftsrates (2008) zum Forschungsrating Soziologie verteilten sich die Publikationen der deutschen Soziologie im Zeitraum von 2001 bis 2005 wie folgt: Sammelbandbeiträge 45,2 Prozent, Zeitschriftenaufsätze 34,4, Monografien 7,3, Sammelbände 6,8, Rezensionen 6,3. Die Zeitschriftenaufsätze haben sich auf über 1000 verschiedene Titel verteilt. Davon wurden wiederum 375 als *peer reviewed journal* eingestuft. In dieser Kategorie ist demnach nur ein kleinerer Teil der erfassten Texte erschienen (Wissenschaftsrat 2008). In dieselbe Richtung weist der Befund von Hornbostel, Klingsporn und von Ins (2008), dass nahezu zwei Drittel der Referenzen im Jahrgang 2006 der *Zeitschrift für Soziologie* keine Zeitschriftenartikel waren.

Nicht berücksichtigt in der Pilotstudie des Wissenschaftsrates wurden Texte, die nicht in einem Verlag erschienen sind. Dazu gehört der größere Teil von Texten der *policy*-orientierten Soziologie in Gestalt auftragsgebundener Forschungsberichte und Gutachten. Schätzungsweise handelt es sich dabei um eine erhebliche Menge an Literatur, die in der Pilotstudie gar nicht in die Bewertung der Qualität der Forschungseinheiten eingeflossen ist. Darin kommt ein Problem der Evaluation soziologischer Forschung zum Ausdruck, das sich darin verdichtet hat, dass der begutachtete Fachzeitschriftenaufsatz in der Studie des Wissenschaftsrates mit großem Abstand vor allen anderen Publikationsarten den größten Teil der Varianz in der Beurteilung der Forschungsqualität erklärt (Münch und Baier 2009). In der Pilotstudie hat demnach der begutachtete Aufsatz einen Vorrang bei der Bestimmung von Forschungsqualität erhalten, den er in der Publikationspraxis (noch) nicht hat und dem auch die Aufteilung der Soziologie in vier Typen mit je eigenen Aufgabenstellungen nicht entspricht.

Die Präferenz für den begutachteten Fachzeitschriftenaufsatz erklärt sich maßgeblich daraus, dass es bei der Evaluation großer Datenmengen nicht möglich ist, die Qualität der Publikationen ohne externe Hilfe zu beurteilen. Weil begutachtete Fachzeitschriftenaufsätze schon evaluiert sind, vertraut man diesem Urteil und wertet alle anderen, nicht vorevaluierten Publikationstypen in vielen Fällen zu Unrecht ab, in mindestens ebenso vielen Fällen aber auch zu Recht. Die mangelnde Belohnung guter Sammelbände müsste am Ende dazu führen, dass sie vom Markt verschwinden und stattdessen der Zeitschriftenmarkt expandiert (Akerlof 1970).

Zur großen Zahl von Sammelbandbeiträgen hat die deutlich gestiegene Zahl von Konferenzen beigetragen. Da die Veranstalter gegenüber ihren Förderern ihre Ergebnisse dokumentieren müssen, finden sich viele Konferenzbände mit nur halbwegs ausgearbeiteten Beiträgen unter der großen Menge an Sammelbänden. Weil alle darum wissen, ist ihr Wert jedoch äußerst gering. Auch das geht zulasten qualitativ hochwertiger Konferenzbände. Der von den Herausgebern und Autoren betriebene Aufwand wird in standardisierten Evaluationsverfahren nicht honoriert.

Der noch in den Anfängen steckende Markt für Online-Publikationen wird aller Wahrscheinlichkeit nach diesem Trend folgen. Mit der wachsenden Menge an Publikationen gewinnen standardisierte Selektionsverfahren an Bedeutung. Das britische Research Assessment Exercise (RAE) soll jetzt genau diesen Weg gehen, nachdem das qualitative Peer-Review-Verfahren immer mehr Zeit und Geld verschlungen hat. Es zählt dann weniger die Qualität eines Textes per se und stärker das in der *scientific community* anerkannte Gütesiegel in Gestalt der Reputation bzw. des Impacts der Zeitschrift oder des Verlags sowie in Gestalt von Begutachtungsverfahren als Vorselektion für die Rezipienten. Letztere können von den Vorselektionen gar nicht mehr abweichen, weil sie zu einer sozialen Tatsache geworden sind.

Die Pilotstudie des Wissenschaftsrates fördert diese Entwicklung. Sie setzt Leitlinien, deren Befolgung die Publikationspraxis in der deutschen Soziologie mehr in die Richtung des begutachteten Fachzeitschriftenaufsatzes und dementsprechend in Richtung der professionellen Soziologie verschieben wird – auf Kosten der kritischen bzw. theoretischen, der *policy*-orientierten und der öffentlichen Soziologie. Herausragende Leistungen in diesen Teilbereichen finden unter dem Regime der professionellen Soziologie nicht mehr die Anerkennung, die sie einmal hatten. Dabei muss man wissen, dass die Produkte der professionellen Soziologie ihre theoretische und methodische Stringenz in hohem Maße mit praktischer Irrelevanz und gesellschaftlicher Bedeutungslosigkeit erkaufen. Der leitende Lektor von Princeton University Press für Europa, Richard Baggaley (2007), klagt zum Beispiel darüber, das britische RAE sorge dafür, dass keine Bücher mehr geschrieben würden, die große Ideen verkünden.

Die regelmäßige Evaluation der Publikationspraxis nach diesen Standards müsste bei rationalen Akteuren am Ende dazu führen, dass niemand mehr Buchbesprechungen, Lexikonartikel, Enzyklopädiebeiträge, Lehrbücher, Monografien, Beiträge zu Konferenzbänden oder Zeitungsessays verfasst. Es wäre auch völlig irrational, Gutachten zu Förderanträgen, eingereichten Aufsatz- oder Buchmanuskripten oder Berufungsverfahren zu schreiben. Wesentliche Bestandteile eines gut gedeihenden Wissenschaftsbetriebes würden schlichtweg von der Bildfläche verschwinden. Im akademischen Alltagsgeschäft müsste jeder Handstreich, der bisher aus freien Stücken getan wurde, extra bezahlt werden. Die Umstellung von der Steuerung durch Leidenschaft für Forschung und Lehre auf Anreize und Sanktionen, die Ersetzung von professioneller Autonomie und Kollegialität durch ein Prinzipal-Agenten-Modell des akademischen Betriebs muss teuer bezahlt werden. In Deutschland ist das jetzt schon anhand des Wechsels von der C-Besoldung zur W-Besoldung zu beobachten. Im Unterschied zu einer an spezifische Leistungen gebundenen Entlohnung durch Gehaltszulagen sorgt ein angemessenes Grundgehalt zusammen mit einer grundsätzlichen, unspezifischen Anerkennung dafür, dass eine viel größere Vielfalt an Leistungen im gesamten System erbracht wird (Frey 2003, 2008; Kieser 2010).

Die Bedeutung internationaler Publikationsorte bzw. -medien

Von den in der Pilotstudie des Wissenschaftsrates erfassten Publikationen der Jahre 2001 bis 2005 sind nur 15,6 Prozent im nicht deutschsprachigen Ausland, ganz überwiegend in englischer Sprache erschienen (Wissenschaftsrat 2008). Das bringt einen im Vergleich zu den Naturwissenschaften und diesen nacheifernden gesellschafts- und humanwissenschaftlichen Disziplinen – wie der Volkswirtschaftslehre und der Psychologie – anscheinend sehr niedrigen Internationalisierungsgrad der Soziologie zum Ausdruck. Sie steht in dieser Hinsicht Disziplinen wie der Geschichtswissenschaft und der Jurisprudenz näher als der Ökonomie. Das hat zunächst etwas mit dem in der Soziologie nach wie vor bedeutsamen

Wissenschaftsverständnis zu tun. Danach ist die Soziologie eine Wirklichkeitswissenschaft, die soziale Phänomene in ihrer an einem Ort und zu einer Zeit gegebenen konkreten Gestalt untersucht, zum Beispiel den Korporatismus und die Deutschland AG als spezifische Formung des deutschen Kapitalismus oder das konservative Wohlfahrtsregime in Deutschland. Daran sind zum Beispiel amerikanische Soziologen in der Regel nicht interessiert.

Es hat sich jedoch die vergleichende Sozialforschung stark entwickelt, in deren Rahmen die deutschen Varianten von Kapitalismus und Sozialstaat international verglichen werden (Streeck und Thelen 2005). Dazu gehört auch die vergleichende Untersuchung des Wandels nationaler Institutionen im Kontext der Globalisierung und Europäisierung der Lebensverhältnisse. Einen wichtigen Beitrag zu diesem Trend hat die international vergleichende Lebenslaufforschung geleistet, die zum Beispiel Bildungs- und Berufskarrieren, Übergänge von der Ausbildung in die Beschäftigung und von der Beschäftigung in den Ruhestand untersucht. Maßgebliche Beiträge zu dieser Entwicklung kommen aus Deutschland (Mayer 2004; Blossfeld, Mills und Bernardi 2006; Blossfeld und Hofmeister 2006). Das Feld ist stark internationalisiert. Dementsprechend werden die deutschen Forschungsergebnisse ganz überwiegend in englischsprachigen Fachzeitschriften und Sammelbänden publiziert. Diese Forschung bewegt sich in einer sehr fruchtbaren Symbiose von professioneller Soziologie und *policy*-orientierter Soziologie. Sie ist in Kooperation mit ausländischen Partnern international eng vernetzt. Die Forschungsrahmenprogramme der Europäischen Union haben dazu wichtige Unterstützung geleistet. Zusammenschlüsse wie das European Consortium for Sociological Research und Fachzeitschriften wie die *European Sociological Review* (ESR) haben Grundlagen für eine stärkere europäische Vernetzung der empirischen Sozialforschung geschaffen. Dadurch ist in Europa ein gewichtiges Pendant zur seit Ende des Zweiten Weltkriegs dominanten amerikanischen Soziologie entstanden. Letztere hat vor allem die Entwicklung der professionellen Soziologie, konzentriert in den führenden amerikanischen Fachzeitschriften, vorangetrieben. Die breite Ausdifferenzierung der Soziologie in den großen amerikanischen Departments bringt es jedoch mit sich, dass auch ein Markt für Monografien existiert. Für deren Autoren gibt es die Kennzeichnung »book people«.

In der englischsprachigen Literatur sind die führenden Fachzeitschriften wie auch die führenden Universitätsverlage zu Inhabern marktbeherrschender Qualitätssiegel geworden. Sie machen den riesigen Markt für die Rezipienten übersichtlich. In gewissem Maß ist das eine Oligopolstellung, die das Potenzial für Innovationen beschränkt. Je mehr sich die Soziologie internationalisiert, umso mehr wird die von den führenden amerikanischen (nur zum Teil auch britischen) Fachzeitschriften und Verlagen repräsentierte Wissensordnung global verbindlich. Der Zugang zu den international führenden amerikanischen Fachzeitschriften ist weltweit höchst ungleich verteilt. Um regelmäßig in diesen Zeitschriften publizieren zu können, muss man gelernt haben, nach welchen Regeln Aufsätze selektiert werden, man muss in Publikations- und Zitationsnetzwerke involviert sein. Das geht vor Ort als Mitglied einer führenden amerikanischen Universität viel besser als in anderen Regionen der Welt. Das gilt erst recht für die führenden amerikanischen und britischen Universitätsverlage. Wenn deren Lektoren für ein Buchmanuskript keinen Markt in der englischsprachigen Welt sehen, dann kann es noch so hohe wissenschaftliche Standards erfüllen und hat dennoch keine Chance, in die Verlagsliste aufgenommen zu werden. Schon die Tatsache, nicht in den USA oder Großbritannien zu lehren und damit die eigenen Studierenden als Leser gewinnen zu können, kann dabei genügen. Das gilt insbesondere für Forschung, die den in den USA oder in Großbritannien herrschenden Paradigmen, Methoden und Themen nicht entspricht. Das heißt, dass das weltweite Streben nach Präsenz in den führenden amerikanischen oder britischen Universitätsverlagen die Homogenisierung des Wissens vorantreibt und die Diversität als Quelle einer offenen Wissensevolution einschränkt. Die höhere Bewertung von Publikationen dieser Verlage hat den kontraproduktiven Effekt einer Engführung der Wissensevolution. Neben der symbolischen Aufladung ihrer Publikationen trägt zu diesem Effekt auch noch die Strategie der für Autoren von außerhalb der USA und Großbritannien offeneren Verlage bei, den kleineren Markt ihrer Bücher durch besonders hohe Preise zu kompensieren, um allein durch den Verkauf an die Bibliotheken auf die Kosten zu kommen. In einer Art *self-fulfilling prophecy* finden diese Bände dann erst recht kaum private Käufer. Im Schatten der dominanten Universitätsverlage haben sie zwangsläufig geringere Zitationschancen, womit sich der Kreis schließt und die Verlagslektoren in ihrer Akquisitionspolitik bestätigt werden.

Was international anerkannt werden will, muss sich in dieses System einfügen. Problematisch daran ist die Tatsache, dass insbesondere die amerikanische Soziologie, ich habe bereits darauf hingewiesen, gemessen an ihrer Rezeption nichtamerikanischer Literatur, überhaupt nicht internationalisiert ist. Das bedeutet auch, dass sich amerikanische Soziologen in eine ihnen weitgehend fremde Welt begeben, wenn sie zu Besuch nach Deutschland kommen. Die dominante Stellung der US-Soziologie resultiert eben in erheblichem Maße aus der Größe und Integration des amerikanischen Publikationsmarktes und der Nutzung des Englischen als internationale Wissenschaftssprache. Deswegen kann die Publikation in englischer Sprache nicht per se als Kennzeichen der Internationalität verwendet werden.

Die Hegemonie der amerikanischen, insgesamt der englischsprachigen Sozialwissenschaften wird massiv vom inzwischen viel kritisierten, gleichwohl aber auch viel zitierten und beachteten Shanghai-Ranking befördert. In dessen Liste der 100 sichtbarsten Departments für Sozialwissenschaften finden wir 71 amerikanische (davon 43 unter den ersten 50), neun britische, sieben kanadische und vier niederländische Departments. Die restlichen neun Plätze teilen sich Israel (2), Australien (2), Hongkong, Dänemark, Norwegen, Belgien und die Schweiz (SJTU 2010). Das Land Max Webers, Georg Simmels, Niklas Luhmanns und Jürgen Habermas' taucht in dieser Liste überhaupt nicht auf. Das ist auch nicht weiter überraschend, da als Datenbasis der Social Science Citation Index des Thomson Institute for Scientific Information mit dessen ausschließlicher Notierung von Fachzeitschriftenaufsätzen, ganz überwiegend in englischer Sprache, und Ökonomie-Preisträger der schwedischen Reichsbank im Gedenken an Alfred Nobel dienen. Sozialwissenschaften sind hier im weiteren Sinn gemeint, der auch die Wirtschaftswissenschaften einschließt.

Ganz ähnlich wie für die deutsche stellt sich die Situation für die französische Soziologie dar. Die deutsche und die französische Soziologie haben mit den Klassikern Weber, Simmel und Durkheim maßgebliche und bleibende Grundlagen des Faches überhaupt gelegt und sind noch heute international bedeutende Träger der klassischen Traditionen und ihrer Weiterentwicklung. Wesentliche Paradigmen der theoretischen Soziologie wie die Kritische Theorie und die Systemtheorie in Deutschland und der Strukturalismus und Poststrukturalismus in Frankreich haben in anderen Ländern kein vergleichbares Pendant. Das bedeutet aber auch, dass sie in anderen Ländern selbst nur sehr begrenzt gepflegt werden. Das gilt insbesondere für die USA und für Großbritannien. Die entsprechende Literatur erscheint deshalb nach wie vor überwiegend in deutscher bzw. französischer Sprache. Es kann auch nur sehr begrenzt von Erfolg gekrönt sein, die entsprechenden Texte in englischer Sprache zu veröffentlichen. Ein großer Teil insbesondere der kritisch-theoretischen Soziologie kommt also im englischsprachigen Diskurs nur sehr begrenzt vor. Auch darin zeigt sich, dass die Gleichung »englisch = international« in der Soziologie so allgemein nicht gilt.

Ähnlich ist die Situation für die öffentliche und die *policy*-orientierte Soziologie. Sie beziehen sich überwiegend auf Diskurse der nationalen Öffentlichkeit und auf Probleme nationaler Auftraggeber. Deswegen können deutsche Zeitdiagnosen und Forschungsberichte in englischer Sprache gar nicht die Resonanz erfahren wie auf Deutsch. Die renommierten Verlage lehnen entsprechende Publikationsangebote mit der Auskunft ab, dafür gebe es in der englischsprachigen Welt keinen Markt. Wenn sie dort nicht erscheinen, zeugt das keineswegs von minderer Qualität, wie auch umgekehrt nicht alles, was in diesen Verlagen publiziert wird, automatisch hochwertig ist.

Die verschiedenen Aufgabenstellungen der Soziologie sind demnach für Internationalisierung und englischsprachige Publikationen unterschiedlich zugänglich. Am stärksten ausgeprägt ist die Internationalisierung der professionellen Soziologie, bei einer noch bestehenden und sich angesichts europäischer Vernetzung nur langsam abschwächenden Dominanz der Vereinigten Staaten. Die kritisch-theoretische, die *policy*-orientierte und die öffentliche Soziologie sperren sich allerdings gegen diese Form der Internationalisierung. Je mehr jedoch die professionelle Soziologie die anderen Typen der Soziologie verdrängt, umso stärker wird sich die Soziologie als internationalisiert präsentieren, dies jedoch paradoxerweise auf Kosten einer Verengung ihres Denkhorizontes. Das ist ein kaum aufzulösendes Dilemma. Im Forschungsrating Soziologie hat zum Beispiel das Sozioökonomische Panel am Deutschen Institut für Wirtschaftsforschung einen Spitzenwert in der Bewertung der Forschungsqualität erreicht. Die Grundlage dafür war der direkte Zugang zu den Daten des Panels im eigenen Haus und ihre Auswertung in einer Reihe von Fachzeitschriftenaufsätzen. Für sich genommen ist das ohne Zweifel zu Recht honoriert worden. Das Forschungsrating macht daraus jedoch ein verbindliches Qualitätsmaß für alle, was in der Tendenz auf eine Einengung des Spielraums für anerkannte Wissensproduktion in der Soziologie hinausläuft. Wenn alle ein Erfolgsmodell nachahmen, leidet die Diversität der Forschungsansätze und des generierten Wissens (Wissenschaftsrat 2008; Münch 2009e).

Traditionen der Einzel- und Koautorenschaft

Nach der Untersuchung von Hornbostel, Klingsporn und von Ins (2008) wurden 63 Prozent der Artikel des Jahrgangs 2006 der *Zeitschrift für Soziologie* von einem einzelnen Autor veröffentlicht, 26 Prozent von zwei Autoren, elf von drei und kein einziger von mehr als drei Autoren. Im *American Journal of Sociology* halten die von einem einzelnen Autor veröffentlichten Aufsätze auch noch die knappe Mehrheit von 51 Prozent; 30 Prozent wurden von zwei, 14 von drei, fünf Prozent von vier und kein Aufsatz von mehr als vier Autoren verfasst. Das *American Journal of Sociology* steht etwa in der Mitte zwischen historischen und physikalischen Fachzeitschriften, die *Zeitschrift für Soziologie* steht den historischen Zeitschriften noch deutlich näher. Das zeigt die Untersuchung von Hornbostel, Klingsporn und von Ins.

Die wachsende Dominanz der professionellen Soziologie bringt eine Tendenz zur Vermehrung der Autoren mit sich. Das hat eine funktionale und eine strategische Seite. Funktional können mehrere Autoren eine Fragestellung arbeitsteilig differenzierter und tiefer gehend bearbeiten. Strategisch können sie sich gemeinsam besser gegen mögliche Gutachtereinwände absichern, und sie verfügen zusammen über mehr soziales Kapital, was die Wahrscheinlichkeit erhöht, auf positiv eingestellte Gutachter zu treffen und mehr Rezipienten zu finden. Außerdem können mehr Autoren im gleichen Zeitraum auch mehr Artikel veröffentlichen, und sie können sich in größerer Zahl selbst zitieren. Je mehr die Publikationszahl, die Platzierung von Publikationen in Zeitschriften mit hohem Impact und die erreichte Zitationsquote zum Erfolgskriterium für die wissenschaftliche Karriere werden, umso größeres Gewicht erhält die strategische Seite. Es kann deshalb prognostiziert werden, dass sich Koautorenschaften unter diesen Bedingungen über die funktionale Notwendigkeit hinaus vermehren.

Wenn die professionelle Soziologie weiterhin an Bedeutung zunimmt, wird sich dieser Trend auch in Deutschland verstärken. Es ist auch klar ersichtlich, dass die am weitesten professionalisierten Forschungseinrichtungen immer größere Datenmengen verwalten und eine daran beteiligte größere Zahl von Autoren diese Daten für gemeinsame Publikationen verwenden. Dabei trägt sich das System der Datengenerierung und -analyse zunehmend selbst, sodass der individuelle Beitrag der Autoren kaum noch zu erkennen ist. In einem solchen Forschungsverbund können auch durchschnittlich kreative Forscherinnen und Forscher hohe Publikations- und Zitationsquoten erreichen.

Eine ganz eigene Form der Koautorenschaft ist in dem großen Anteil von 45,2 Prozent der Sammelbandbeiträge an allen

Publikationen im Forschungsrating Soziologie zu erkennen. In einer größeren Zahl der Sammelbände bringen die Herausgeber mehrere Autoren zusammen, um ein Thema in unterschiedlichen Aspekten zu untersuchen. Eine spezielle Variante davon sind international vergleichende Untersuchungen, bei denen Forscher aus mehreren Ländern zusammenarbeiten. Auch diese Kooperationen haben eine funktionale und eine strategische Seite. Dabei verschwindet hinter dem gemeinsamen Forschungsrahmen tendenziell die kreative Leistung der einzelnen Kooperationspartner. Die Rolle der führenden Wissenschaftler solcher Forschungsverbünde verlagert sich von der kreativen Forschung weg und hin zum Forschungsmanagement. Es wird dann ein einmal gefundenes Programm aufgrund seines Erfolgs in verschiedenen Variationen fortgeführt.

Durch das starke Gewicht koordinierter Programme in der Forschungsförderung der DFG und der EU ergibt sich auch in der Soziologie eine Tendenz zur Verdrängung individueller Forscherpersönlichkeiten durch Großkollaborationen in Forschungsverbünden. Dafür gibt es einerseits funktionale Gründe der arbeitsteiligen Forschung, andererseits ist aber auch hier die strategische Nutzung solcher Kollaborationen zur sichtbaren Positionierung in der *scientific community* bedeutsam.

Anforderungen an das Publikationsverhalten
in einzelnen Karrierestufen

Die klassische Karriere führte in der Soziologie wie in den geisteswissenschaftlichen Disziplinen von der Dissertation über die Habilitationsschrift plus einer sichtbaren Zahl von Beiträgen in Fachzeitschriften und Sammelbänden im besten Fall zur Professur, mangels verfügbarer Professorenstellen aber auch in jahrelang unsichere Beschäftigung. Dissertation und Habilitationsschrift wurden beide als Monografien verfasst. Die Habilitationsschrift sollte die Qualität eines umfangreichen und tiefschürfenden Werkes haben. Sie sollte die imposante Leistung eines jungen Gelehrten sein, der mit seiner Persönlichkeit einen prägenden Einfluss auf das Fach ausüben kann. Nach der Berufung auf einen Lehrstuhl haben die Lehrtätigkeit, die Betreuung von Diplomanden, Doktoranden und Habilitanden, Vorträge bei Konferenzen, die Pflege von Kooperationen und Austauschbeziehungen, die Teilnahme an der akademischen Selbstverwaltung und die Übernahme von Aufgaben für die soziologische Profession im Speziellen (Gutachtertätigkeit, Herausgeberschaft von Fachzeitschriften) und für die Forschungsorganisation im Allgemeinen ein so großes Gewicht bekommen, dass nur wenige Professoren während ihrer gesamten Karriere ein hohes Publikationsniveau aufrechterhalten können. Nur sehr wenige publizieren weiterhin Monografien und Fachzeitschriftenaufsätze. Für die große Mehrheit sind die Herausgabe von Sammelbänden und erbetene Beiträge zu solchen Bänden sowie in Konferenzbänden veröffentlichte Vorträge die typische Publikationsform. Wer sich diesem Publikationszwang nicht entziehen oder ihn geschickt bewältigen kann, ist als Autor von Fachzeitschriftenaufsätzen oder Monografien verloren.

Man könnte die Zahl von Einladungen zu solchen Publikationsprojekten als Reputationsbeweis werten. Die Pilotstudie des Wissenschaftsrats hat davon jedoch auch mangels Daten Abstand genommen und stattdessen ganz überwiegend Qualität anhand des begutachteten Fachzeitschriftenaufsatzes gemessen, ungeachtet der Tendenz, dass bei der zunehmenden Zahl von Autoren der einzelnen Aufsätze und der kooperativen Verwertung großer Datenmengen die einzelne Forscherpersönlichkeit hinter dem Verbundprodukt verschwindet. Das wird die schon zu beobachtende Tendenz zur Publikationspraxis der professionellen Soziologie verstärken.

Die Tendenz geht dahin, dass auch die Doktoranden versuchen sollten, aus dem Kontext ihrer Dissertation vor Abschluss und nach Abschluss des Promotionsverfahrens zwei bis drei Fachzeitschriftenaufsätze zu veröffentlichen, im Einzelfall auch einzelne Kapitel daraus, im besten Fall in englischer Sprache, was im Falle der in der Regel deutschsprachigen Dissertation auch gut möglich ist. Strukturierte Doktorandenprogramme wie die DFG-Graduiertenkollegs oder neuerdings die Graduiertenschulen befördern ein solches Publikationsverhalten, auch durch die Förderung von Konferenzteilnahmen, bei denen jeweils Papiere präsentiert werden, aus denen Aufsätze hervorgehen können. Typischerweise schließt sich an die Promotion immer seltener direkt eine Habilitationsphase mit einer Sechsjahresperspektive an, sondern eine offene Postdoktorandenphase, bei der sich in zwei bis drei Jahren entscheidet, ob es mit der akademischen Karriere weitergeht. Diese Entscheidung ergibt sich zunehmend aus der erfolgreichen Publikation von Fachzeitschriftenaufsätzen.

Damit ist der Weg zur kumulativen Habilitation vorgezeichnet, zumal es kaum machbar ist, schon frühzeitig mit Fachzeitschriftenaufsätzen auf dem Publikationsmarkt sichtbar zu sein und quasi nebenher eine große Monografie zu verfassen, insbesondere weil die Zufriedenstellung der Gutachter bei den eingereichten Fachzeitschriftenaufsätzen angesichts der zunehmenden Ablehnungsquoten immer aufwendigere Revisionen verlangt. Um auf diesem Markt erfolgreich bestehen zu können, ist die strategische Nutzung von Koautorenschaften ein erheblicher Wettbewerbsvorteil. Daraus folgt, dass bei den kumulativen Habilitationen der Anteil von in Kollaboration mit einem, zwei oder noch mehr Autoren verfassten Aufsätzen wächst. Wer sich in diesem Wettbewerb durchsetzt und auf einen Lehrstuhl berufen wird, ist in einer Position, in der er oder sie kollaborative Forschung in größerem Stil betreiben kann. Er oder sie wird die eingeübte Praxis der Publikation in Koautorenschaft in mehr oder weniger großen Verbünden weiter pflegen können. Der Bruch zwischen der Qualifizierungsphase und der Reifephase wird weniger dramatisch ausfallen.

Einen zunehmenden Einfluss auf das Publikationsverhalten hat in den vergangenen 25 Jahren die wachsende Drittmitteleinwerbung ausgeübt. Sie hat im besten Fall eine Datenbasis geschaffen, die sich kollaborativ für eine größere Zahl von Publikationen nutzen lässt. In vielen Fällen ist dadurch aber auch ein *circulus vitiosus* der Drittmitteleinwerbung zur Beschäftigung von Mitarbeitern entstanden. Das Schreiben von Texten erschöpft sich weitgehend in einer Antrags- und Berichtsprosa, die auf dem Publikationsmarkt gar nicht erscheint. Die daran beteiligten Projektmitarbeiter werden auf diesem Markt gar nicht sichtbar und haben keine akademischen Karrierechancen. Je mehr die etatmäßigen Mitarbeiter neben der Lehre in dieses Einwerbungsgeschäft einbezogen sind, umso weniger können sie sich durch Publikationen qualifizieren.

Zusammen mit den aus Studiengebühren finanzierten Lehrkräften wächst ein Mittelbau heran, der kaum auf dem Publikationsmarkt erscheint. Das Rennen bei Berufungsverfahren machen deshalb immer häufiger Kandidaten, die von diesem Geschäft befreit waren und sich ganz auf die Positionierung auf dem Publikationsmarkt konzentrieren konnten, sei es in außeruniversitären Forschungseinrichtungen, sei es mithilfe von Promotions-, Postdoc- und/oder Habilitationsstipendien. Ihre geringe Lehrerfahrung verlangt dann wieder die Unterstützung durch eine größere Zahl von Lehrkräften. So verlaufen Forschung und Lehre zunehmend in getrennten Bahnen. Durch die frühere und schärfere Trennung der beiden Funktionen gehen für beide Seiten Talente verloren, und beide Seiten können sich weniger stark gegenseitig befruchten.

Unterschiede zwischen üblichen Verfahrensweisen in Deutschland und verschiedenen anderen Weltregionen

Im internationalen Vergleich setzen die USA die »Benchmark«. Die American Sociological Association (ASA) wurde 1905 gegründet und hat gegenwärtig mehr als 14 000 Mitglieder, die 1909 gegründete Deutsche Gesellschaft für Soziologie nur etwas mehr als 1800. Bei einer etwa 3,5-mal größeren Einwohnerzahl übersteigt die Mitgliederzahl der ASA diejenige der DGS um das Achtfache. Die ASA hat 44 Sektionen mit insgesamt 21 000 Mitgliedern (nicht alle Mitglieder dieser Sektionen gehören auch der ASA an). Sie gibt zehn Fachzeitschriften bzw. Magazine heraus. Die jährlich stattfindenden Kongresse werden von mehr als 6000 Teilnehmern besucht. Die DGS hat 34 Sektionen und verfügte bis 2010 nur über ein Mitteilungsheft, das vier Mal im Jahr erscheint. Erst ab 2011 soll eine eigene Fachzeitschrift publiziert werden. Zu den im Rhythmus von zwei Jahren durchgeführten Kongressen kommen bis zu 2200 Teilnehmer (zuletzt in Frankfurt am Main 2010). Das sagt sehr viel über das Marktvolumen, die Differenzierung in ausreichend große Teilmärkte bzw. *communities* von Spezialisten und die Chancen, für spezielle Beiträge auch genug Rezipienten zu finden, um zumindest auf einem Teilmarkt sichtbar zu sein. Amerikanische Soziologen sind deshalb auch nicht darauf angewiesen, außerhalb der USA Rezipienten zu finden bzw. selbst Literatur von außerhalb zu rezipieren. Sie erreichen dementsprechend auf dem amerikanischen Publikationsmarkt allein schon aufgrund ihrer Zahl den achtfachen Impact im Vergleich zu deutschen Soziologen auf dem deutschen Markt. Ein Jahrgang der beiden führenden amerikanischen Fachzeitschriften wird sogar 23- bis 44-mal häufiger zitiert als ein Jahrgang der beiden führenden deutschen Fachzeitschriften. Das erklärt sich nur in geringem Maße aus der um gut ein Drittel höheren Zahl der darin enthaltenen Aufsätze. Der weitaus größere Teil findet in der in den USA und weltweit breiteren Rezeption der beiden US-Zeitschriften seine Erklärung. Das liegt einerseits an der globalen Durchsetzung des Englischen als internationale Wissenschaftssprache, andererseits an der Größe des integrierten amerikanischen Publikationsmarktes wie auch an der Größe und Ausdifferenzierung der amerikanischen Soziologie-Departments und an der damit zusammenhängenden Anziehungskraft der amerikanischen Universitäten. Nachwuchswissenschaftler aus aller Welt finden in jeglicher Hinsicht, von der Alltagssprache, dem Alltagsleben über die jeweils vorhandenen *communities* von Immigranten bis zu den Annehmlichkeiten des Campus-Lebens, an den amerikanischen Universitäten viel leichter Zugang zur amerikanischen Soziologie-Welt als an deutschen Universitäten zur deutschen.

Dazu kommen die großen Unterschiede im Studienaufbau und in der Personalstruktur. Auch in dieser Hinsicht sagt die Tatsache sehr viel aus, dass die Bevölkerung der USA diejenige von Deutschland um das Dreieinhalbfache übersteigt, die Zahl der ASA-Mitglieder diejenige der DGS-Mitglieder jedoch um das Achtfache. Das ergibt sich daraus, dass die Mitglieder in aller Regel Professorenstatus haben. In den USA beginnt dieser Status mit der *tenure-track*-Position des Assistant Professor nach der Promotion. Infolgedessen sind durchschnittlich 75 Prozent des wissenschaftlichen Personals an amerikanischen Departments Professoren. In Deutschland ist es genau umgekehrt. Ein amerikanisches Soziologie-Department kann sich aus 30 bis 40 Professoren zusammensetzen, denen persönlich keine Mitarbeiter zur Verfügung stehen. Lediglich vorübergehend werden sie für spezifische Lehraufgaben oder Forschungsprojekte von Doktoranden als *teaching* oder *research assistants* für fünf bis zehn Stunden in der Woche unterstützt. Im Unterschied zu etatmäßig oder in Projekten beschäftigten Mitarbeitern von Professoren in Deutschland sind die Assistant Professors in den USA selbständige Anbieter und Rezipienten auf dem Publikationsmarkt. Unterhalb dieser Qualifikationsstufe bietet das institutionalisierte Promotionsstudium eine breite und international attraktive Grundlage für die Rekrutierung von Assistant Professors. Auch das fehlt in Deutschland noch weitgehend. Erst durch die Graduiertenkollegs und Graduiertenschulen finden sich hier Ansätze, die dem amerikanischen Modell folgen, allerdings noch mit großen Startschwierigkeiten, insbesondere weil es für die Promovierenden kein mit den USA vergleichbares Karrieremuster wie das amerikanische *tenure-track*-Modell gibt.

Diese Unterschiede haben erhebliche Konsequenzen für die Breite der Ausdifferenzierung des Faches, vor allem in interdisziplinäre Bereiche hinein, und für das entsprechende Publikationsverhalten. In den USA können sich Nachwuchswissenschaftler in einem Spezialgebiet mit einer in einem führenden Universitätsverlag erschienenen Dissertation und einigen Fachzeitschriftenaufsätzen für eine Professur im *tenure-track*-Verfahren qualifizieren. Bei 30 bis 40 Professoren an einem Department gibt es dafür den nötigen Spielraum. In Deutschland können sie mit einer Spezialisierung außerhalb der Kerngebiete und außerhalb des Mainstream an einem Institut mit durchschnittlich fünf Professoren nicht zum Erfolg kommen, weil es dafür keine Professuren gibt. Der deutschen Soziologie fehlt deshalb in einer Vielzahl von Spezialgebieten die kritische Masse, um mit der amerikanischen Soziologie mithalten zu können. Spezielle Soziologien wie die Wirtschaftssoziologie, die Rechtssoziologie, die Familiensoziologie oder die Bildungssoziologie verfügen deshalb in Deutschland im Vergleich zu den USA über zu wenig kritische Masse, um international sichtbar zu sein. Dementsprechend gibt es auch weniger Potenzial für die Professionalisierung von Speziellen Soziologien in einem Markt von Fachzeitschriften, sodass sie weitgehend von Auftragsforschung absorbiert werden, die im professionellen Kern der Disziplin nicht sichtbar wird und dort keine Wirkung entfaltet. Es gibt zwar eine Vielzahl von Projektmitarbeitern, die in dieser Forschung tätig sind. Aus ihrer Antrags- und Berichtsprosa entstehen aber keine international sichtbaren Publikationen.

Wo in den USA Spezialgebiete der Soziologie für junge und ältere Wissenschaftler – oft in gleichberechtigter Koautorenschaft – einen größeren Markt für professionelle Publikationen bilden, herrscht in Deutschland ein Modell vor, bei dem der Professor durch eine Vielzahl von Verpflichtungen sowie durch das Projektmanagement und die Mitarbeiter durch das Verfassen von Anträgen und Berichten vom professionellen Publikationsmarkt ferngehalten werden. Nur in wenigen Ausnahmefällen gelingt es, sich diesen Zwängen zu entziehen und sich dem international führenden amerikanischen Modell zu nähern.

Die Vernetzung der europäischen Soziologien hat bei Weitem noch nicht einen dem amerikanischen Markt nahekommenden integrierten europäischen Publikationsmarkt geschaffen, der einen ähnlichen weltweiten Einfluss ausüben würde. Das ist unmittelbar an dem 25- bis 30-fach höheren Zitationsaufkommen des *American Journal of Sociology* und der *American Sociological Review* im Vergleich zur *European Sociological Review* abzulesen. Das bedeutet, dass die übrigen Weltregionen weitgehend dem amerikanischen Modell folgen und dadurch dessen hegemoniale Stellung unterstützen.

Die Soziologie steht im Spannungsverhältnis zwischen geisteswissenschaftlicher Hermeneutik und naturwissenschaftlicher Kausalanalyse, zwischen der Erfassung der konkreten sozialen Wirklichkeit wie in der Geschichtswissenschaft und der abstrakten Modellbildung wie in der Ökonomie. Sie kann als Wirklichkeitswissenschaft und als analytisch verfahrende Kausalwissenschaft betrieben werden. Das hat nachhaltige Auswirkungen auf das Publikationsverhalten. Auf der einen Seite steht die Präferenz für den Typus des Gelehrten klassischer Art, für Monografien in Alleinautorenschaft, von der Dissertation über die Habilitationsschrift bis zum *opus magnum*. Auf der anderen Seite steht die professionelle Soziologie des begutachteten Fachzeitschriftenaufsatzes, deren Anforderungen aus funktionalen *und* strategischen Gründen fast nur noch von Forschungsverbünden und Mehrfachautorenschaften erfüllt werden können. Je mehr die professionelle Soziologie die Oberhand gewinnt, umso mehr verschwindet der gelehrte Soziologe/die gelehrte Soziologin und umso schwerer wird es, die kreativen Köpfe innerhalb der üblichen Autorennetzwerke zu identifizieren. Der gelehrte Soziologe/die gelehrte Soziologin wird in die Philosophie, die Geschichtswissenschaft oder die Literaturwissenschaft abgedrängt oder auch in die Rolle des Schriftstellers oder Feuilletonisten. Jeweils geht dabei der Bezug zum professionellen Kern der Soziologie verloren.

Auffälligerweise bietet die erwähnte breite Ausdifferenzierung der amerikanischen Soziologie auch für den Typus des/der Gelehrten in Gestalt der »book people« einen fruchtbaren Nährboden, während es dafür in Deutschland mit der wachsenden Bedeutung der professionellen Soziologie zunehmend weniger Platz gibt. Als eine dezidiert der Unterstützung von kreativen Forscherpersönlichkeiten verpflichtete Fördereinrichtung kann zum Beispiel die Alexander von Humboldt-Stiftung maßgeblich dazu beitragen, dass auch in der Soziologie dieser Typus des Forschers und der Forscherin innerhalb und außerhalb der Verbundforschung überlebt. Strukturell bedarf es dazu einer erheblichen Verbreiterung und Ausdifferenzierung soziologischer Forschung auf Professorenebene durch eine grundlegende Personalreform. Dann gibt es auch ein viel breiteres Potenzial an interessanten Kooperations- und Diskussionspartnern für ausländische Soziologinnen und Soziologen.

Schlussbemerkungen

Die deutsche Soziologie ist neben der französischen und der amerikanischen eine der großen Gründerinnen des Faches überhaupt und ein Motor ihrer weltweiten Verbreitung. Auch heute noch gehört sie weltweit zu den gewichtigsten Trägern der Disziplin. Die strukturellen Vorteile der amerikanischen Soziologie drohen jedoch die deutsche in eine marginale Position zu drängen, wenn es nicht gelingt, durch eine Reform der Personalstruktur und die damit einhergehende Vergrößerung des Potenzials von Beiträgen zu den internationalen Publikationsmärkten ein breiteres Spektrum soziologischer Spezialgebiete mit der entsprechenden kritischen Masse zu etablieren. Daraus würde sich eine breitere internationale Präsenz der deutschen Soziologie sowohl auf den Märkten für Fachzeitschriften als auch auf den Märkten für Monografien ergeben. Ebenso wäre es eher möglich, den verschiedenen Aufgabenstellungen der Soziologie zugleich gerecht zu werden. Auch das Spannungsverhältnis zwischen Hermeneutik und Kausalanalyse müsste dann nicht zugunsten der Kausalanalyse aufgelöst werden.

V. Stratifikation durch Evaluation: Zur sozialen Konstruktion wissenschaftlicher Exzellenz

Der wachsende Einsatz von Peer Review und/oder Kennziffern zur zentral organisierten, vergleichenden Evaluation der Forschungsleistungen von Fachbereichen im Zuge der unaufhaltsamen Verbreitung von New Public Management (NPM) als treibende Kraft verwissenschaftlichter Governance gehört zu den zentralen Instrumenten, die an der großen Transformation von Wissenschaft und Forschung in der Gegenwart beteiligt sind. Peer Review und Kennziffernsteuerung sind wesentliche Bestandteile der im Rahmen von New Public Management verstärkten Governance der Forschung (vgl. insgesamt Stölting und Schimank 2001; Weingart 2001, 2005b; Lenhardt 2005; Teichler 2005a, 2005b; Krücken 2006; Forschergruppe Governance der Forschung 2007). Forschungsevaluation durch Peer Review und/oder Kennziffern gilt als wichtiges Instrument, um Reflexion über Stärken und Schwächen zu ermöglichen und entsprechende Maßnahmen zur Leistungssteigerung zu veranlassen. Sie hat im Zuge der öffentlichen Thematisierung des internationalen Wettbewerbs zunehmend an Bedeutung gewonnen. Trotzdem ist ihre Qualität höchst umstritten (vgl. Daniel 1993, 2001; Widmer 1996; Hornbostel 1997; Patton 1997; Campbell und Felderer 1997; Kuhlmann 1998, 2004, 2003; Campbell 1999; Barré 2001; Langfeldt 2001; Fröhlich 2002; Schiene und Schimank 2006; Lamont 2009).

Die Praxis der Evaluation und ein Großteil der Evaluationsforschung werden von dem Glauben beherrscht, durch Evaluation werde Realität »gemessen« und eine Basis für gesellschaftliche »Steuerung« zwecks Optimierung erwünschter

Ergebnisse geschaffen. Dabei gerät aus dem Blick, dass solche Verfahren in erheblichem Maße Realität nach hoch selektiven, oft wenig reflektierten Standards konstruieren und viele nicht intendierte Nebenfolgen produzieren, sodass sich die erwünschten Ergebnisse gar nicht einstellen oder sogar das Gegenteil eintrifft (Moed 2005; Weingart 2005a). Eine aufklärende soziologische Analyse von Evaluationsverfahren muss deshalb ermitteln, weshalb, wie und mit welchen Folgen solche Verfahren Realität nicht einfach messen, sondern selbst konstruieren. Die folgende Analyse will einen Beitrag dazu leisten (vgl. auch Münch 2006a, 2006b, 2007). Es wird eine Fallanalyse eines Evaluationsverfahrens durchgeführt, an die sich eine Diskussion der Ergebnisse im Lichte relevanter theoretischer Annahmen anschließt. Dabei sollen soziale Mechanismen herausgearbeitet werden, die in Evaluationsverfahren wirksam werden und ihre Ergebnisse prägen, sowie Mechanismen, die zur Verstetigung der Ergebnisse beitragen (vgl. Hirschauer 2004; Neidhardt 2006, 2008; Bornmann 2010a, 2011b). Neben der Fallanalyse fließen auch die teilnehmende Beobachtung und die Selbstbeobachtung bei Begutachtungsverfahren in die Untersuchung ein.

1. Vergleichende Evaluation von Fachbereichen: Eine Fallanalyse

Im Jahr 1999 wurde von einer Gutachterkommission im Auftrag des Bayerischen Staatsministeriums für Wissenschaft, Forschung und Kunst eine Evaluation der Wirtschaftswissenschaften an den Universitäten in Bayern durchgeführt (Bay-Staat 1999). Die Evaluierung hat sich auf Forschung und Lehre bezogen. Allerdings hat die Forschung das Bild, das von den jeweiligen Fachbereichen gezeichnet wurde, und die darin zum Ausdruck kommende Bewertung durch die Gutachter mehr geprägt als die Lehre. Wir beschränken uns ganz auf die Forschungsleistungen. Es soll zunächst in einem ersten Schritt erfasst werden, wie weit sich die durchschnittlichen Forschungsleistungen der Fachbereiche einander annähern, wenn ihre unterschiedliche Größe, Ausstattung und Lehrbelastung herausgerechnet wird. Dabei soll auch geprüft werden, wie weit dadurch die Einschätzung der Forschungsleistungen und die dementsprechende Rangeinstufung beeinflusst wurde. Anschließend wird in einem zweiten Schritt untersucht, wie weit die Vielfalt der Lehr- und Forschungstätigkeit abgebildet werden konnte. Die Befunde sollen soziologisch interpretiert und erklärt werden. Schließlich soll gefragt werden, wie weit die Ergebnisse vom Einzelfall ausgehend verallgemeinert werden können und welche Folgen vom wachsenden Einsatz der vergleichenden Evaluation von Fachbereichen für die Forschung erwartet werden können.

Gemäß der Zusammensetzung der Kommission zeigt sich zunächst eine höhere Bewertung der genuinen Forschungstätigkeit der Volkswirte im Vergleich zu den Betriebswirten. Der Artikel in einem *peer reviewed journal* mit hohem Impact-Faktor ist der Maßstab, weniger die Beratertätigkeit für Unternehmen. Auch der Drittmitteleinwerbung wurde nach der Leitlinie volkswirtschaftlicher Forschungstätigkeit als modelltheoretischem Denken weniger Bedeutung beigemessen, als dies in anderen Fächern üblich ist. Darin spiegelt sich das allgemein eher niedrige Niveau der Drittmitteleinwerbung in diesem Fach. Dementsprechend konnten Nachteile in der Publikationstätigkeit in den Augen der Gutachter kaum durch Vorteile in der Drittmitteleinwerbung aufgewogen werden (BayStaat 1999: 95-99, 106-113). Mangels Verfügbarkeit bibliometrischer Daten wurden die Publikationsleistungen der Betriebswirte nur per Augenschein anhand von Publikationslisten bewertet, wobei der gesamte Umfang der Liste und die Häufigkeit von Fachzeitschriftenaufsätzen, vorzugsweise in englischer Sprache, von entscheidender Bedeutung für die Bewertung waren (BayStaat 1999: 84-91). Heute würde man zur Unterstützung auf Google Scholar zurückgreifen und hätte sehr schnell Informationen über Breite und Rezeptionserfolg der Publikationstätigkeit auch der Betriebswirte zur Hand. Ohne diese Informationen beschränkt sich der Bericht bei den Betriebswirten auf relativ grobe Einschätzungen, die aber dennoch eine höhere, mittlere oder niedrigere Einstufung erkennen lassen.

Mehr ins Detail geht die Evaluation der Volkswirte, da sie sich auf bibliometrische Analysen stützt. Anhand dieser Analysen soll hier der Einfluss von Größen-, Ausstattungs- und Lehrbelastungseffekten auf die gemessenen Publikationsleistungen ermittelt werden (BayStaat 19999: 91-99). Den Gutachtern ist völlig klar, dass die Forschungsleistungen und die Publikation ihrer Ergebnisse unter ungleichen Bedingungen erbracht werden. Deshalb relativieren sie vorab auch ausdrücklich ihre Analyse und Bewertung der Forschungsleistungen wie folgt:

> »Bei der nachstehenden Beurteilung aller Fakultäten sollte bedacht werden, dass die Ergebnisse nicht unmaßgeblich durch starke Unterschiede in der Personalausstattung ausgelöst sein könnten, da Publikationen zeitliche Freiräume erfordern. Daher ist mit der positiven Hervorhebung von Publikationsleistungen nicht automatisch die Feststellung einer Überlegenheit der positiv beurteilten Fakultäten gegenüber den weniger positiv beurteilten verbunden. Es ist denkbar, dass eine Angleichung der Personalausstattung zu einer Angleichung der Forschungsleistungen führen würde. Zumindest sind die nachstehend getroffenen Feststellungen nicht so zu verstehen, dass mit positiv hervorgehobenen Forschungsleistungen grundsätzlich die Empfehlung verbunden wäre, die jeweiligen personellen Ressourcen zu erweitern bzw. im umgekehrten Fall zu reduzieren.« (BayStaat 1999: 83-84)

In dem Bericht werden auch sorgfältig die erheblichen Differenzen der Personal- und Sachmittelausstattung und der Belastung durch die Lehre dokumentiert (BayStaat 1999: 21-35). So verfügen die Wirtschaftswissenschaften an der LMU München über eine deutlich bessere Ausstattung in der Zahl der Professoren, in der Zahl der Mitarbeiter pro Professor und in den Sachmitteln, während die Lehrbelastung geringer ist als an den meisten anderen wirtschaftswissenschaftlichen Fachbereichen. Insbesondere die kleinen Neugründungen in Bamberg, Bayreuth und Passau sind deutlich schlechter ausgestattet. Die Wirtschaftswissenschaften der Friedrich-Alexander-Universität Erlangen-Nürnberg haben die bei Weitem höchste Lehrbelastung zu tragen. Obwohl die Gutachter eingangs ihre Bewertungen pauschal relativieren und auch bei der Bewertung der einzelnen Standorte nochmals auf besonders auffällige Unterausstattung hinweisen (BayStaat 1999: 96), stehen am Ende jedoch Urteile und Rangdifferenzierungen, die dann vom Leser unwillkürlich als Statushierarchie wahrgenommen werden. Den beiden betriebs- und volkswirtschaftlichen Fachbereichen an der LMU München wird eine unangefochtene Spitzenstellung bescheinigt. Im Vergleich zu dieser Hervorhebung der Münchner Wirtschaftswissenschaften werden die Fachbereiche der übrigen Hochschulen in eine nachrangige Position eingeordnet, Regensburg, Würzburg und etwas dahinter Augsburg in eine mittlere Position, dahinter mit deutlichem Abstand die kleinen Standorte Bamberg, Bayreuth und Passau. Die Friedrich-Alexander-Universität Erlangen-Nürnberg fällt in der Bewertung deutlich ab (BayStaat 1999: 95-99, 114-121). Der Befund korreliert mit Ausnahme der Abwertung von Erlangen-Nürnberg mit der Größe der Fachbereiche.

Konsequenterweise mündet der Bericht in die Empfehlung, die nur schwach ausgestattete Volkswirtschaftslehre in Bamberg, Bayreuth und Passau als Diplomstudiengang aufzugeben und die frei werdenden Professuren den verbleibenden größeren Fachbereichen zuzuschlagen (BayStaat 1999: 216-217). Diese Empfehlung hätte man ohne Evaluationsverfahren allein aus den Größenunterschieden ableiten können. Das Verfahren gibt ihr jedoch zusätzliche Legitimität, weil die Größenunterschiede auch als Statusunterschiede erscheinen. Gleichwohl scheiterte die Umsetzung der Empfehlung am Widerstand der betroffenen Fachbereiche. An der ermittelten Statushierarchie hat diese Beharrlichkeit allerdings nichts ändern können.

Hätte die Kommission ihre vorab vorgenommene pauschale Relativierung auch in die tatsächlich erfolgte Bewertung umgesetzt, dann wären weit weniger klare Statusunterschiede sichtbar geworden. Das soll im Folgenden anhand einer Sekundäranalyse der Publikationsdaten in der Volkswirtschaftslehre gezeigt werden. Dabei werden diese Daten auf die im Bericht dokumentierten, in der Analyse aber im Einzelnen nicht berücksichtigten Daten zu den Mitarbeitern pro Professor und zur Lehrbelastung bezogen (BayStaat 1999: 24ff.). Gerade unter der Bedingung gewachsener Lehrbelastung (Schimank 1995), wirken sich Ausstattungsunterschiede besonders gravierend auf die verfügbare Zeit für die Forschungstätigkeit aus. Rechnet man diese Unterschiede heraus, dann nähern sich die Publikationsleistungen der Fachbereiche in erheblichem Maße einander an.

Forschungsleistungen im Kontext von Größe, Ausstattung
und Lehrbelastung von Fachbereichen

Es soll jetzt dargelegt werden, wie schwer es wird, auch dann noch signifikante Leistungsdifferenzen zwischen Fachbereichen festzustellen, wenn Effekte der Größe, Ausstattung und Lehrbelastung herausgerechnet werden. Mit einer bis zum

Dreifachen größeren Zahl an Mitarbeitern kann mit demselben Zeitaufwand in etwa die dreifache Menge an Publikationen produziert werden. Das zeigt sich schon an der Verwendung eines von Bommer und Ursprung (1998) eingeführten Indexes (BayStaat 1999: 91-95). In den Index sind alle Aufsätze der Professoren und Mitarbeiter eines Fachbereichs eingegangen, die zwischen 1990 und 1995 veröffentlicht und im Social Science Citation Index registriert wurden. Die Aufsätze wurden nach Länge, Zahl der Mitautoren und Impact der Zeitschrift gewichtet. Der Index verzerrt systematisch zugunsten der großen Fachbereiche, weil der Gesamtoutput des wissenschaftlichen Personals auf die Zahl der Professoren bezogen wird.

Dasselbe gilt für die Erfassung der Produktivität mittels der bibliometrischen Messinstrumente EconLit (Economic Literature) und JEL (Journal of Economic Literature) pro Professur. Die Datenbank EconLit erfasst etwa 560 ökonomische Fachzeitschriften, die Datenbank JEL die Aufsätze aus den 200 einflussreichsten Fachzeitschriften. Es wurden jeweils nur die Aufsätze der Professoren, gewichtet nach Seitenzahl und Anzahl der Autoren, ermittelt und auf die Zahl der Professoren eines Fachbereichs bezogen, um die Produktivität des Fachbereichs zu bestimmen (BayStaat 1999: 92 f.). Die Produktivität eines Professors wird durch die Zahl seiner Mitarbeiter gesteigert, selbst dann, wenn er allein als Autor auftaucht. Außerdem steigen seine Möglichkeiten, in Koautorenschaft Artikel zu veröffentlichen, mit der Zahl der Mitarbeiter. Dieser Effekt wird durch die Berücksichtigung der Zahl von Autoren in der Berechnung nicht ausgeglichen. Ein Professor mit der dreifachen Zahl von Mitarbeitern als andere Kollegen kann dreimal häufiger als Koautor auftreten. Nehmen wir das durchaus Übliche an, dass jeder Professor jeweils einen Artikel in Koautorenschaft mit einem seiner Mitarbeiter verfasst, dann erreicht der dreifach besser ausgestattete Professor einen dreifach höheren Wert nach dem zugrunde gelegten Produktivitätsindex. Ein realitätsgerechter Produktivitätsindex muss genau diese Gelegenheitsstrukturen für Publikationen erfassen. Dabei kommt es nicht auf die tatsächlich realisierten Gelegenheiten an, sondern nur auf die aus der Professoren- und Mitarbeiterzahl resultierenden Gelegenheiten für Publikationen. Erst dann, wenn man diese Gelegenheitsstruktur im Index erfasst hat, kann gemessen werden, was die Mitglieder eines Fachbereichs tatsächlich aus diesen Gelegenheiten gemacht haben. Erst darin kommt ihre eigene, um verzerrende Struktureffekte bereinigte Publikationsproduktivität zum Ausdruck. Um diese Verzerrung zu beseitigen, muss man genauer erfassen, welche Publikations*chancen* an einem kleineren oder größeren Fachbereich bestehen.

Die Quote Output pro Professur kann nur eine erste Stufe der Produktivitätsberechnung sein. Um ein genaueres und gerechteres Bild der Produktivität eines Fachbereichs zu bekommen, muss man die Teilmenge der Publikationen pro Professur wieder auf die Zahl der Mitarbeiter pro Professur als Einzelautoren, auf die Zahl möglicher Koautorenschaften des Professors mit seinen Mitarbeitern und auf die Zahl möglicher Koautorenschaften unter den Mitarbeitern beziehen. Bei Bommer/Ursprung wurden alle Publikationen eines Fachbereichs gezählt, auch die Publikationen von Mitarbeitern und Koautorenschaften aller Art. Dazu gehören auch die Koautorenschaften zwischen Professoren, die jedoch aus Gründen der Vereinfachung vernachlässigt werden sollen, obwohl auch hier ein Vorteil für größere Fachbereiche festzustellen ist. Die Gesamtmenge der Publikationen GP wurde durch die Zahl der Professoren eines Fachbereichs P_f geteilt. Das ergibt die durchschnittliche Publikationsmenge pro Professur PP:

	M_e	+	$1/_2 \frac{M_a}{P}$	+	$1/_2 \frac{M_{ei}}{M_{a-ei}}$	=	$PCHP$
Augsburg	2,533	+	1,267	+	0,767	=	4,567
Bamberg	1,3	+	0,650	+	0,150	=	2,1
Bayreuth	2,5	+	1,25	+	0,75	=	4,5
Erlangen-Nbg.	3	+	1,5	+	1,0	=	5,5
U München	3,579	+	1,79	+	1,29	=	6,659
Passau	2,75	+	1,375	+	0,875	=	5
Regensburg	2,333	+	1,167	+	0,667	=	4,167
Würzburg	2,6	+	1,3	+	0,8	=	4,7

$$PP = \frac{GP}{P_f}. \tag{1}$$

Was noch fehlt, ist der nächste Schritt, bei dem die durchschnittliche Publikationsmenge pro Professur PP durch die Publikationschancen pro Professur $PCHP$ zu dividieren ist. Das Ergebnis ist die Publikationsproduktivität pro Professor PPP_{BU}:

$$PPP_{BU} = \frac{PP}{PCHP}. \tag{2}$$

$PCHP$ ist dabei die Summe der Publikationschancen der einzelnen Mitarbeiter M_e einschließlich der halben Publikationschancen der Mitarbeiter mit dem Professor $1/_2 \frac{M_a}{P}$ und eines einzelnen Mitarbeiters mit den anderen Mitarbeitern $1/_2 \frac{M_{ei}}{M_{a-ei}}$:

$$PCHP = M_e + 1/_2 \frac{M_a}{P} + 1/_2 \frac{M_{ei}}{M_{a-ei}}. \tag{3}$$

Die Ergebnisse dieser Berechnung finden sich in den Tabellen 5.1 und 5.2.

Tab. 5.2: Publikationsproduktivität im Fach VWL nach Bommer/Ursprung (berechnet nach Publikationschancen pro Professur)

	PP	PCHP	PPP_{BU}
Augsburg	5,81	4,567	1,272
Bamberg	2,85	2,1	1,357
Bayreuth	2,0	4,5	0,444
Erlangen-Nbg.	2,43	5,5	0,442
U München	11,49	6,659	1,725
Passau	1,42	5	0,284
Regensburg	5,81	4,167	1,394
Würzburg	2,43	4,7	0,517

Bei EconLit und JEL wird im Evaluierungsbericht die Publikationsmenge pro Professur berechnet. Es werden alle Publikationen der Professoren eines Fachbereichs gezählt, einzeln und in Koautorenschaft verfasste. Ein realitätsgerechtes Bild erhält man erst, wenn diese Publikationsmenge wieder durch die Zahl der Mitarbeiter geteilt wird. Diese Zahl bestimmt die Gelegenheitsstruktur von Publikationschancen des jeweiligen Professors, zumal es in der VWL sehr verbreitet ist, dass Professoren mit Mitarbeitern in Koautorenschaft publizieren. Die Koautorenschaften werden ja in die entsprechenden Publikationsindizes einbezogen. Es wird zwar die Zahl der Autoren berücksichtigt, die an einem Lehrstuhl bestehenden Publikationschancen variieren aber unabhängig davon nach der Zahl der Mitarbeiter. Es ergibt sich somit folgende Berechnungsformel:

$$PPP_{EJ} = \frac{PP}{M_a}. \tag{4}$$

Bei diesem Berechnungsmodus bleibt immer noch unbeachtet, dass sich mit der größeren Mitarbeiterzahl die Chancen

Tab. 5.3: EconLit und JEL nach Professoren und Mitarbeiterzahl

	EconLit		JEL	
	Professor	Professor/Mitarbeiter	Professor	Professor/Mitarbeiter
Augsburg	44,4	17,529	17,0	6,711
Bamberg	23,7	18,231	19,7	15,154
Bayreuth	35,6	14,240	10,8	4,320
Erlangen-Nbg.	14,7	4,900	1,8	0,600
U München	107,1	29,925	61,1	17,072
Passau	22,8	8,291	5,0	1,818
Regensburg	36,3	15,559	13,4	5,744
Würzburg	86,7	33,346	33,7	12,962

vervielfachen, über Drittmittelprojekte weitere Koautoren zu gewinnen. Das heißt, dass selbst die Teilung der Publikationsmenge pro Professur durch die Mitarbeiterzahl immer noch zugunsten der Fachbereiche mit größerer Mitarbeiterzahl pro Professur verzerrt. Die Berücksichtigung der Mitarbeiterzahl ist demgemäß eigentlich nur ein erster Schritt zu einem realitätsgerechteren Bild (Tab. 5.3).

Im Evaluierungsbericht ist schließlich ein Ranking noch nicht berücksichtigt, das von Kalaitzidakis et al. (1999) im *European Economic Review* veröffentlicht wurde. Bei diesem Ranking wurden Aufsatzpublikationen in den zehn international meistgelesenen Fachzeitschriften (acht amerikanische, zwei europäische) erfasst. Nimmt man dieses Ranking hinzu, dann kommt man schließlich zu dem Ergebnis, das in Tabelle 5.4 zusammengefasst ist.

Das Gesamtergebnis dieser realitätsnäheren, aber immer noch zugunsten von Fachbereichen mit größerer Mitarbeiterzahl verzerrenden Berechnung der Publikationsproduktivität stellt sich anders dar als im Evaluierungsbericht. Der dort

Tab. 5.4: Publikationsproduktivität unter Berücksichtigung von Publikationschancen

	Bommer/Ursprung	EconLit	JEL	KA	KAP
Augsburg	1,272	17,529	6,711	1,39	0,304
Bamberg	1,357	18,231	15,154	2,05	0,976
Bayreuth	0,444	14,240	4,320	0,0	0,0
Erlangen-Nbg.	0,332	4,900	0,600	0,0	0,0
U München	1,725	29,925	17,072	1,21	0,182
Passau	0,284	8,291	1,818	0,0	0,0
Regensburg	1,394	15,559	5,744	1,51	0,362
Würzburg	0,517	33,346	12,962	0,40	0,085

Erläuterungen: KA = Kalaitzidakis et al.; KAP = Kalaitzidakis et al. Publikationen pro Publikationschancen pro Professur (PCHP)

ermittelte große Vorsprung der LMU erweist sich in erheblichem Maße als ein Größen- und Ausstattungseffekt. Augsburg, Bamberg, München, Regensburg und Würzburg liegen relativ nahe beieinander und bilden die obere Gruppe vor Bayreuth, Passau und Erlangen-Nürnberg. Das Beispiel Erlangen-Nürnberg zeigt, dass der Größeneffekt jenseits einer mittleren Größe mit sinkender Forschungsleistung verbunden sein kann, insbesondere wenn mit der Größe eine besonders hohe Lehrbelastung einhergeht. Tatsächlich sind die Lehrleistungen an der Friedrich-Alexander-Universität (FAU) in VWL sehr umfangreich. Sie vermindern offenbar die Publikationsproduktivität. Was die VWL an der LMU auszeichnet, ist der Umstand, dass die Größe und die Ausstattung in eine Publikationsproduktivität umgesetzt wird, die nur knapp vor Bamberg, Regensburg, Würzburg und Augsburg liegt, allerdings bei einer deutlich geringeren Belastung durch die Lehre in der Landeshauptstadt. Der Rückstand der FAU kann zumindest zu einem gewissen Teil auf die hohe Lehrbelastung zurückgeführt werden.

Eine noch genauere Berechnung der Publikationsproduktivität pro Professur muss in der Tat nicht nur die Mitarbeiterzahl berücksichtigen, sondern auch die unterschiedliche Lehrbelastung. Eine Möglichkeit, diesen Faktor annäherungsweise einzubeziehen, besteht in der Einführung eines Belastungsfaktors in der Bandbreite von 0 bis 1, wobei 0 bei dem Fachbereich mit der höchsten Lehrbelastung angesetzt wird. Die Abweichung der anderen Fachbereiche nach unten wird dann durch Werte von 0,001 bis 1,00 ausgedrückt. Als Kriterium kann die Quote Studierende/wissenschaftliches Personal verwendet werden. An der FAU beträgt die Quote 100, an der LMU 38. Das heißt, bei der LMU wäre pro Stelle ein Belastungsfaktor von 0,62 hinzuzufügen. Da die Lehre nur etwa die Hälfte der Arbeitszeit in Anspruch nehmen soll, wird die Abweichung jedoch nur zur Hälfte angerechnet, also mit 0,31. Die Einheit Mitarbeiter bekommt einen Belastungsfaktor von 3,579 (Mitarbeiter) x 0,31 = 1,109. Das heißt, der Belastungsfaktor 1,109 wirkt sich bei der Berechnung gegenüber dem am stärksten durch Lehre belasteten Fachbereich wie die Verfügung über zusätzliche Mitarbeiterstunden im Umfang von 1,109 Mitarbeiterstellen pro Professur aus (Tab. 5.5). Dass dadurch keine Verzerrung zugunsten von Fachbereichen mit höherer Lehrbelastung eintritt, zeigt sich darin, dass sich nur bei unmittelbaren Rangnachbarn gegenüber dem Publikationsindex ohne Berücksichtigung der Lehrbelastung ein Platztausch ergibt. Infolgedessen spricht alles dafür, die Publikationsrangfolge unter Berücksichtigung der Lehrbelastung als Grundlage der Beurteilung der Publikationsleistungen zu verwenden. Es ändert sich nichts an der Aufteilung in die zwei Gruppen der produktiveren und weniger produktiven Fachbereiche. Nur innerhalb der beiden Gruppen verschiebt sich die Rangfolge (Tab. 5.6).

	LB	$Mel + \frac{1}{2}\frac{Mal}{P} + \frac{1}{2}\frac{Meil}{Mal-eil} = PCHP_1$			
Augsburg	0,125	2,85 +	1,43 +	0,93	= 5,21
Bamberg	0,0925	1,42 +	0,71 +	0,21	= 2,34
Bayreuth	0,125	2,81 +	1,41 +	0,91	= 5,13
Erlangen-Nürnberg	0,0	3 +	1,5 +	1,0	= 5,5
U München	0,31	4,69 +	2,35 +	1,85	= 8,89
Passau	0,055	2,90 +	1,45 +	0,95	= 5,3
Regensburg	0,205	2,81 +	1,41 +	0,91	= 5,13
Würzburg	0,05	2,73 +	1,37 +	0,87	= 4,97

Erläuterungen: LB = Lehrbelastungsfaktor pro Mitarbeiter; $PCHP_1$ = Publikationschancen pro Professor, gewichtet nach Lehrbelastung; Mel, Mal, Meil = Mitarbeiter, erweitert um die durch geringere Lehrbelastung als an der FAU Erlangen-Nbg. gewonnene Forschungskapazität der Mitarbeiter.

Das ermittelte Ergebnis wird weitgehend durch die bibliometrischen Daten des Centrums für Hochschulentwicklung (CHE) bestätigt. Die bibliometrischen Auswertungen des CHE berücksichtigen nur die Publikationen der Professoren eines Fachbereichs, gewichtet nach Autorenzahl, Art und Länge der Publikation. Im CHE-Ranking sind Würzburg, Regensburg und Bayreuth bundesweit unter den ersten zehn Fachbereichen platziert. Bamberg, Erlangen-Nürnberg und München befinden sich im oberen Mittelfeld. Nur Augsburg und Passau fallen in dieser Wertung ab (Berghoff et al. 2005). Gegen die breite, nur wenig gewichtete Literaturbasis des CHE ist der Einwand erhoben worden, dass dadurch Masse statt Qualität, insbesondere nicht Internationalität gemessen wird (Ursprung 2003; vgl. dazu Combes und Linnemer 2003; Coupé 2003; Kalaitzidakis, Mammuneas und Stengos 1999; Rauber und Ursprung 2006). Das CHE hat deshalb zusätzlich

Tab. 5.6: Publikationsproduktivität pro Professur unter Berücksichtigung von ungleicher Lehrbelastung

	Bommer/ Ursprung	EconLit	JEL	KAP
Augsburg	1,115	15,579	5,965	0,267
Bamberg	1,218	16,690	13,873	0,876
Bayreuth	0,390	12,669	3,843	0,0
Erlangen-Nbg.	0,442	4,900	0,600	0,0
U München	1,292	22,836	13,028	0,136
Passau	0,268	7,862	1,724	0,0
Regensburg	1,133	12,918	4,769	0,294
Würzburg	0,489	31,758	12,344	0,080

Anmerkung: Die absoluten Publikationswerte nach Bommer/Ursprung und KAP wurden durch PCHP$_1$ geteilt, die Publikationswerte pro Professor bei EconLit und JEL durch die Mitarbeiterzahl Mel.

eine auf internationale Publikationen spezialisierte Liste angeboten (Tab. 5.7) (Berghoff et al. 2005: P10-11). Gegen den Vorwurf der zu geringen Selektivität muss man allerdings wiederum einwenden, dass eine selektivere und stärker nach Internationalität gewichtete Verfahrensweise die Literaturbasis so stark einschränkt, dass mit zunehmender Selektivität nur noch ein Bruchteil des realen Forschungsgeschehens repräsentiert wird. Der Anteil von Aufsätzen deutscher Autoren in den internationalen Fachzeitschriften der Volkswirtschaftslehre betrug im Zeitraum von 1981 bis 1985 nur 1,5 Prozent, im Zeitraum von 1995 bis 1999 nur 2,6 Prozent (Winterhager, Schwechheimer und Weingart 2001). Größeneffekte sowie Zufall schlagen dann besonders stark durch.

Bei der so weit erfolgten Annäherung an eine der Größe, Ausstattung und Lehrbelastung entsprechende Berechnung der Publikationsproduktivität sind immer noch nicht die an

Tab. 5.7: CHE-Ranking VWL 2001-2003, Publikationswerte pro Professor

	national	international	
Würzburg	43,7	6,5	Bonn
Bayreuth	33,3	6,3	Lüneburg
Leipzig	30,4	6,2	Magdeburg
Erfurt	28,6	6,0	Kiel
Regensburg	27,8	5,9	München
Bremen	27,4	5,8	Konstanz
Münster	27,3	5,6	Mannheim
Mannheim	26,4	5,2	Bielefeld
Marburg	26,1	5,1	HU Berlin
UBW Hamburg	24,6	4,1	Marburg
Hohenheim	24,3	3,8	Frankfurt/O.
Bamberg	19,1	2,6	Bamberg
München	16,8	2,6	Regensburg
Erlangen-Nürnberg	14,6	2,4	Würzburg
Passau	8,8	1,4	Augsburg
Augsburg	6,1	0,3	Passau
	–	–	Bayreuth
	–	–	Erlangen-Nürnberg

Quelle: Berghoff et al. 2005

der LMU zusätzlich bestehenden Gelegenheitsstrukturen für Publikationen durch das Center for Economic Studies (CES) berücksichtigt, auch nicht die Beziehung zum ifo-Institut. Aus dem Aufsatz von Bommer und Ursprung (1998) geht zudem hervor, dass die umfangreichsten Beiträge von zwei Professoren des Münchner Fachbereichs geleistet wurden, die zur Spitzengruppe der produktivsten Autoren im ganzen Bundesgebiet gehören, wobei wieder die Ausstattung mit zu berücksichtigen ist. Da sich der Münchner Durchschnittswert jedoch nicht weit von drei bis vier anderen Universitäten abhebt, wenn die Verzerrungen durch Größe, Ausstattung und Lehrbelastung beseitigt werden, gilt auch für München wie für die anderen Fachbereiche, dass es eine Normalverteilung der Publikationsproduktivität gibt, die Unterschiede innerhalb des Fachbereichs also größer sind als die Unterschiede zwischen den Fachbereichen. In Verbindung mit dem stark durch die Größe und die Ausstattung bestimmten Prestige der Standorte werten einzelne herausragende Forscher jedoch die Fachbereiche unterschiedlich stark auf, sodass trotz ähnlicher Durchschnittswerte deutliche Leistungsdifferenzen zwischen den Fachbereichen konstatiert werden. Einzelne besonders renommierte Forscher verleihen einem ganzen Fachbereich besonderen Glanz, der auf die übrigen Mitglieder ausstrahlt und so die Einschätzung der Gesamtleistung des Fachbereichs anhebt. Es handelt sich dabei um eine Veralltäglichung von Charisma durch dessen Übertragung von der Person auf die Institution (Weber 1976 [1922]: 142-148).

Das Handelsblatt (2010a, 2010b, 2010c) hat drei Ranglisten der im deutschsprachigen Raum (Deutschland, Österreich, Schweiz) tätigen Volkswirte erstellt: eine Rangliste der 100 sichtbarsten Wissenschaftler unter 40 Jahren, eine Rangliste der 100 sichtbarsten im Zeitraum von 2005 bis 2009 und eine Rangliste der 250 aufgrund ihres Lebenswerks sichtbarsten. Als Maßstab dient die Zahl der Artikel, die in den 1265 international präsentesten Fachzeitschriften veröffentlicht wurden (Handelsblatt 2010e). Dabei wurden die Artikel nach dem Impact-Faktor der jeweiligen Zeitschrift gewichtet, und zwar von 1,0 bis 0,05. Die Zurechnung auf einen Wissenschaftler erfolgt nach der Autorenzahl, 1 für einen allein veröffentlichten Aufsatz, 0,5 für eine Koautorenschaft mit einem zweiten Autor usw. (Handelsblatt 2010d).

Interessant ist die zunehmende Konzentration der gelisteten Volkswirte auf die dominanten Institutionen (Universitäten und außeruniversitäre Institute) mit steigendem Alter. Die Liste der Volkswirte unter 40 Jahren weist die breiteste Streuung und die geringste Häufung von gelisteten Forschern an den dominanten Standorten auf. Sie streut über nicht weniger als 55 Institutionen. Die dominanten Universitäten Mannheim, Zürich, Bonn, Frankfurt/Main und München kommen auf nicht mehr als vier bis fünf Platzierte und teilen sich dieses Ergebnis mit drei weiteren Hochschulen. Die Liste der 100 erfolgreichsten Volkswirte im Zeitraum von 2005 bis 2009 zeigt einen mittleren Konzentrationsgrad. Insgesamt 46 Institutionen sind vertreten. Vier Universitäten – Zürich, Bonn, Mannheim und Frankfurt – kommen auf vier bis acht gelistete Ökonomen, weitere fünf – Innsbruck, HU Berlin, St. Gallen, Oldenburg und Duisburg-Essen – auf drei, 15 Institutionen auf zwei und 22 auf einen. Die geringste Streuung und die größte Häufung an wenigen Standorten sehen wir in der Liste, die das gesamte Lebenswerk der aktiven Wissenschaftler erfasst. Diese verteilen sich auf nur noch 33 Institutionen. Es dominieren die Universitäten Frankfurt/Main, München, Bonn, Zürich und Mannheim mit aufsteigend sechs bis elf gelisteten Wissenschaftlern. Dasselbe Muster der mit dem Lebensalter zunehmenden Häufung erfolgreicher Wissenschaftler an den Fachbereichen, die das Feld beherrschen, findet sich bei einem Vergleich der Handelsblatt-Ranglisten für Betriebswirte unter 40 Jahren und für das Lebenswerk von Betriebswirten (Handelsblatt 2009a, 2009b).

Man kann bei diesem Listenvergleich genau erkennen, dass hohe Produktivität in der kreativsten Phase der wissenschaftlichen Karriere bis vierzig Jahre sehr breit gestreut ist, in den weiteren, in aller Regel weniger kreativen Phasen es jedoch den kapitalkräftigsten Universitäten gelingt, mit Hilfe ihrer besseren Ausstattung einen größeren Anteil an kreativen Forschern an sich zu binden. Die Leistung der dominanten Universitäten besteht demnach nicht darin, besonders kreative Wissenschaftler hervorzubringen, sondern darin, die an anderen Standorten spontan entstandene Kreativität einzusammeln und mit weiterem institutionellem Prestige zu versehen. Die dadurch forcierte Stratifikation des Feldes vermindert die Entfaltungschancen für Kreativität an vielen weniger prestigereichen Standorten, um sie auf wenige Institutionen zu konzentrieren und damit aber auch in engere Bahnen zu lenken. Außerdem werden die in der ersten Karrierephase erzielten Publikationserfolge an den dominanten Standorten in Reputation umgemünzt, die von weiteren derartigen Erfolgen relativ entkoppelt ist. Das ist daran zu erkennen, dass viele Volkswirte in den vorderen Rängen der Lebenswerkliste in der aktuellen Liste für 2005 bis 2009 entweder deutlich nach unten gerutscht oder gar nicht mehr platziert sind. Das heißt, dass die dominierenden Institutionen Ruhm konservieren, der vergangenen Erfolgen zu verdanken ist, aber nicht durch gegenwärtige Publikationsproduktivität gedeckt ist. In diesem Sinne verwalten diese Institutionen in erster Linie das Wissen der Vergangenheit und erweisen sich aufgrund ihrer Teilhabe an einem Oligopol als Hindernisse für einen dynamischeren Erkenntnisfortschritt. Sie müssen ihre Attraktivität für etablierte Wissenschaftler mit einer Tendenz zur Überalterung und daraus resultierender Kreativitätsschwäche bezahlen.

In der öffentlichen Darstellung erscheinen jedoch die dominierenden Fachbereiche als die kreativeren, die einen größeren Beitrag zum Erkenntnisfortschritt leisten als die anderen. In Wirklichkeit kaufen sie jedoch mehr Kreativität ein, als sie selbst hervorbringen. Sie werden für Leistungen belohnt, die sie gar nicht selbst erbracht haben. Man sieht hier unmittelbar die Folgen der Überlagerung des primären Wettbewerbs zwischen Forschern um die Anerkennung ihrer Beiträge zum Erkenntnisfortschritt durch den sekundären Wettbewerb zwischen unternehmerisch agierenden Universitäten um die Rekrutierung erfolgreicher Forscher. Dass die kontraproduktiven Konsequenzen dieser Überlagerung nicht erkannt werden, gehört mit zum Spiel. Es sieht sogar so aus, als ob die Fachbereiche wie Sportmannschaften um den Sieg im *Handelsblatt*-Ranking kämpften und damit insgesamt das Leistungsniveau im System gesteigert werde. So bleibt die illusio erhalten, sodass alle weiter an das Spiel glauben und ihre Einsätze tätigen.

Man könnte zugunsten der ökonomisch eher ineffizienten Konzentration von Forschungspersonal an herausgehobenen Standorten ins Feld führen, dass der wissenschaftliche Fortschritt eine Vielzahl von Fehlschlägen benötigt, um nur eine einzige neue Erkenntnis hervorzubringen. In diesem Sinn folgt die Evolution des Wissens eher einem Gesetz der Verschwendung von Ressourcen als einem Gesetz der Effizienz. Das ist im Allgemeinen vermutlich richtig, rechtfertigt aber keineswegs die massive Konzentration von Forschungspersonal auf wenige Großstandorte auf Kosten der Unterausstattung einer Vielzahl anderer Standorte. Findet die »Verschwendung« von Forschungsressourcen nur an wenigen Standorten statt, dann ist das Alternativenspektrum in aller Regel von vornherein auf die an diesen Standorten dominierenden Forschungsansätze eingeschränkt. Damit hält der Pool, aus dem die Wissensevolution schöpfen kann, weniger Potenzial für Überraschungen bereit.

Weil Forschungsressourcen nicht grenzenlos verfügbar sind, steht allerdings auch ihr Einsatz unter dem Gebot der Optimierung. Es kann mit guten Gründen angenommen werden, dass der Forschungsoutput und damit der Reichtum, aus dem die Wissensevolution schöpfen kann, zunächst einmal mit dem Umfang des Ressourceneinsatzes an einem Fachbereich wächst, ab einer fachspezifisch zu bestimmenden Größe jedoch das Gesetz des sinkenden Grenznutzens jeder weiteren Investition wirksam wird und zu einer Stagnation bzw. Verringerung des Outputs führt. Genau auf diesen kurvilinearen Zusammenhang zwischen Forschungsinput und Forschungsoutput sind Jansen et al. (2007) in ihrer Untersuchung zur Mikroökonomie, Astrophysik und Nanotechnologie gestoßen. Dabei ging es um den Zusammenhang zwischen den Drittmittelanteilen an der Ausstattung und den absoluten Publikationszahlen. Es zeigte sich, dass der optimale Anteil in der Mikroökonomie bei 45 Prozent erreicht war, in der Astrophysik bei 77 und in der Nanotechnologie bei 87 (Jansen et al. 2007: 136-138). Es kann vermutet werden, dass die Optimalitätsschwelle bei den relativen Publikationszahlen pro Wissenschaftler niedriger liegt als bei den absoluten. Eine das Potenzial für die Wissensevolution besonders stark einschränkende Verteilungsstruktur von Forschungsressourcen besteht demnach darin, dass viele unterausgestattete und damit mangels kritischer Masse wenig produktive Fachbereiche wenigen überausgestatteten und damit mit sinkenden Grenzerträgen arbeitenden Fachbereichen gegenüberstehen. Verursacht werden die sinkenden Grenzerträge jenseits der optimalen Größe insbesondere durch zunehmenden Koordinationsaufwand. In stark hierarchisch (oligarchisch) organisierten Forschungssystemen, wie insbesondere in Deutschland, macht sich zusätzlich kontraproduktiv bemerkbar, dass besonders viele junge Forscher in abhängiger Stellung die Forschungsprogramme weniger Direktoren oder Lehrstuhlinhaber ausführen und damit ihr eigenes Kreativitätspotenzial nicht ausgeschöpft wird.

Es ist erstaunlich, mit welcher Unbekümmertheit trotz Beratung durch ökonomischen Sachverstand auch beim *Handelsblatt*-Ranking Größen-, Budget- und Ausstattungseffekte in Leistungsdifferenzen umgemünzt werden und auf diese Weise eine sich zunehmend verfestigende Stratifikation der Ökonomie-Fachbereiche mit einem schließenden Effekt auf die Wissensevolution erzeugt wird. So wird vom Abstieg der einen und vom Aufstieg der anderen Universität gesprochen (Handelsblatt 2010f). Bei genauem Lesen stellt man jedoch fest, dass diese Bewegungen nichts damit zu tun haben, dass die Wissenschaftler am einen Ort mehr und mit erhöhtem Impact publiziert haben als am anderen Ort, sondern damit, dass am einen Ort weitere Professorenstellen geschaffen, am anderen Ort aber Stellen gestrichen wurden. Auf diese Weise kommt Mannheim auf den Spitzenwert von 24 Professorenstellen und belegt damit natürlich den Spitzenplatz im Ranking der deutschen Universitäten, während sich in Berlin die Professorenstellen auf drei Universitäten verteilen und schon deswegen keine Berliner Universität mit Mannheim mithalten kann. Deshalb wird auch ernsthaft die Frage gestellt, ob sich die Berliner Volkswirte nicht besser alle zusammentäten, um im *Handelsblatt*-Ranking wieder weiter nach oben zu steigen. Die Platzierung in diesem virtuellen Ranking wird so zum Wert an sich, obwohl man eher sagen müsste, dass gerade in der auf Modellbau spezialisierten Volkswirtschaftslehre die kritische Masse schneller erreicht wird als in vielen anderen Disziplinen. Das zeigt die Untersuchung von Jansen et al. (2007). Man kann es auch daran erkennen, dass die Mehrheit der im *Handelsblatt* gelisteten Ökonomen an im Vergleich zu Mannheim deutlich kleineren Fachbereichen tätig ist. Die weitaus meisten Volkswirte benötigen offensichtlich kein übergroßes lokales Umfeld, um erfolgreich forschen zu können, zumal das globale Umfeld für alle Forscher unmittelbar zugänglich und viel relevanter ist.

Für die Volkswirtschaftslehre hat es keine Bedeutung, an welchen Orten neues Wissen entsteht. Es kommt nur darauf an, dass überhaupt neues Wissen generiert wird. Und dafür ist eine größere Zahl von ausreichend bestückten Fachbereichen mit Sicherheit besser als eine kleine Zahl von übermäßig ausgestatteten. Das folgt unmittelbar aus von Hayeks (1969) Wettbewerbslehre des Erkenntnisfortschritts und ist an sich unbestrittenes Credo in der Volkswirtschaftslehre. Umso erstaunlicher ist die Tatsache, dass sich in der Disziplin kein Widerspruch gegen die Kolonisierung durch das *Handelsblatt*-Ranking regt. Man erkennt hier die öffentliche Definitionsmacht der Medien, die unmittelbar in die gesellschaftlichen Funktionsbereiche eingreifen und sie ihren Gesetzmäßigkeiten unterwerfen. Für das *Handelsblatt* ist das Ranking offensichtlich ein gutes Geschäft, für die Volkswirtschaftslehre als wissenschaftliche Disziplin jedoch nicht. Sie verliert im Würgegriff des medial inszenierten Rankings ihre Autonomie, Wissen allein nach den Gesetzmäßigkeiten des Erkenntnisfortschritts zu produzieren. Man könnte hier von einem Eingriff kommerzieller Interessen in die Freiheit der Wissenschaft und von der Verletzung des Grundrechts auf freie Forschung sprechen.

Rein statistisch gesehen müssen größere, reichere und besser ausgestattete Fachbereiche absolut mehr hochrangige Wissenschaftler in ihren Reihen haben als kleinere, weniger reiche und bescheidener ausgestattete. Man sieht aber, dass auch die größten, reichsten und am besten ausgestatteten Fachbereiche nur einen Teil, absolut natürlich auch einen größeren Teil der im *Handelsblatt*-Ranking gelisteten Wissenschaftler in ihren Reihen haben, aber eben auch kleinere, ärmere und schlechter ausgestattete solche Wissenschaftler beschäftigen. Ein aus nur fünf Professoren bestehender Fachbereich konnte zum Beispiel mit zwei Mitgliedern vierzig Prozent in der Liste der 100 aktuell erfolgreichsten Volkswirte platzieren. Das ist ein Wert, der auch von den größeren Fachbereichen nur schwer zu erreichen ist. Geht man von den 24 auf der Homepage des Fachbereichs aufgeführten Volkswirtschaftsprofessoren in Mannheim aus, dann ergeben die acht gelisteten nur 35 Prozent. Natürlich stellen die reichsten Fachbereiche eine größere Zahl der Volkswirte, die Spitzenplätze erreichen. Die Spitzenwissenschaftler würden ihre Leistungen jedoch auch an anderen Standorten erbringen, haben dies vor ihrer Berufung an den reicheren Fachbereich auch getan. Für die Volkswirtschaftslehre als wissenschaftliche Disziplin ist es aber unerheblich, wo die Spitzenleistungen erbracht werden. Ja, es ist sogar unbedeutend, wie sich die Leistungen auf Wissenschaftler verteilen. Es zählt nur die Erkenntnis an sich, nicht der Ort ihres Entstehens und nicht die Person, die sie hervorgebracht hat.

Das Ranking macht nur Aussagen darüber, wie kapitalkräftig Fachbereiche sind, um eine möglichst große Zahl von Spitzenwissenschaftlern rekrutieren zu können. Durch das Ranking wird ausschließlich diese »Leistung« prämiert. Das heißt, es entfacht eine Materialschlacht, bei der es bei begrenzten Ressourcen für die Volkswirtschaftslehre nur wenige Gewinner und viele Verlierer gibt, bis hin zur Schließung ganzer Fachbereiche, weil sie in diesem Kampf um Ressourcen zu weit abgehängt wurden. Auch das Schrumpfen auf nur wenige Großstandorte ist für die Entwicklung des volkswirtschaftlichen Wissens und seine Vermittlung an die nachfolgenden Generationen keine gute Voraussetzung. Das *Handelsblatt*-Ranking und die dahinter stehenden ökonomischen Berater werden sich einen Anteil an dieser Entwicklung ans Revers heften können, auch zulasten des zukünftigen Angebots an Wirtschaftsjournalisten. Das *Handelsblatt* (2010g) stellt fest, dass 40 Prozent der 100 produktivsten Volkswirte deutscher Herkunft der letzten fünf Jahre im Ausland tätig sind und hofft, dass die Finanzkrise den brain drain Richtung USA stoppen könnte. Das vom *Handelsblatt*-Ranking befeuerte Aussortieren von kleinen Fachbereichen mangels kritischer Masse trägt jedoch mit dazu bei, dass es in Deutschland in Zukunft eher weniger als mehr Arbeitsplätze für Professoren der Volkswirtschaftslehre geben wird. Der Verlust an ganzen Fachbereichen wird kaum durch einen weiteren Zuwachs an Stellen an den Großfachbereichen ausgeglichen werden. Dafür müssten andere Fächer bluten, die sich heftig dagegen wehren werden.

Die Evaluation von Forschungsleistungen im Kontext der Vielfalt von Lehr-, Management- und Forschungstätigkeiten

Im untersuchten Fall war die nach der Zahl der Publikationen zu bestimmende Sichtbarkeit der Fachbereiche von entscheidender Bedeutung für die Einschätzung ihres Rangs. Mit diesem Blick auf die Publikationen verbindet sich in der Regel die Ausblendung einer Vielzahl von Leistungen, die ein wesentlicher Bestandteil der realen akademischen Welt sind. Ohne diese Vielfalt von Leistungen wird die akademische Welt zu einer Monokultur, die durch das Erfüllen von Kennziffern beherrscht wird und der spontanen Kreativität nur noch wenig Raum gibt. Das lässt sich auch am Evaluierungsbericht Wirtschaftswissenschaften in Bayern beobachten. Der Bericht bemüht sich darum, der Vielfalt von Leistungen der einzelnen Fachbereiche gerecht zu werden (BayStaat 1999: 114-121). Ins Auge springen jedoch die mittels Kennziffern gemessenen Unterschiede, hier in den Publikationen. Sie prägen die Bewertung und definieren Statusunterschiede nach einem Vielfalt einebnenden Standardmaß.

Die Bewertung von Forschungsleistungen nach Publikationen in Fachzeitschriften ist ein einseitiges Messinstrument mit standardisierendem Effekt. Das Instrument schert eine in der Realität sehr vielfältige Forschungstätigkeit über den Einheitskamm des Standardaufsatzes und ist zum Beispiel blind für über Jahre hinweg wachsende Monografien, aber auch für außergewöhnliche Ideen, die nicht in das starre Format des Standardaufsatzes passen. Die Standards für Zeitschriftenaufsätze begrenzen das Publizierte nicht nur nach unten, sondern auch nach oben zum Außergewöhnlichen außerhalb der Norm hin. Durch Publikationsindizes werden aber auch sonst nützliche Leistungen nicht erfasst, zum Beispiel umfangreiche Lehrtätigkeit in betreuungsintensiven Teilgebieten eines Faches wie etwa in der Methodenausbildung mit Forschungspraktika, die Tätigkeit in Gutachterausschüssen, allerlei Beratungsfunktionen, in denen der Transfer zwischen Wissenschaft und Praxis stattfindet, was sich aber nicht in publizierten Aufsätzen in der engeren Fachliteratur niederschlägt. Es ist auch für die Befruchtung der Wissenschaft selbst durch die Konfrontation mit der Praxis nachteilig, wenn durch die alleinige Orientierung an standardisierenden Messinstrumenten solche Tätigkeiten systematisch abgewertet werden (vgl. Dyckhoff, Rassenhövel, Gilles und Schmitz 2005). Es werden Anreize gesetzt, die signalisieren, diese Tätigkeiten besser nicht mehr auszuüben.

Evaluationsverfahren, die auf die Ermittlung der Forschungstätigkeit mittels Kennziffern wie Drittmittelaufkommen oder Publikationsindizes fokussiert sind, sortieren andere nützliche Leistungen an Universitäten aus. Entweder werden sie ganz verdrängt oder sie werden strategisch einem vor Forschungsevaluation geschützten Bereich übertragen. So haben die Fachbereiche in Großbritannien auf das im Abstand von vier bis sechs Jahren wiederholte Research Assessment Exercise (RAE) so reagiert, dass sie eine schärfere institutionelle Trennung zwischen Forschung und Lehre eingeführt haben. Das überwiegend in der Lehre tätige Personal nimmt gar nicht mehr am Evaluationsverfahren teil und muss dafür mit einem höheren Lehrdeputat bezahlen. Im Gegenzug werden die besonders produktiven Forscher mit einer kräftigen Senkung des Lehrdeputats belohnt. Zusammen mit der Anpassung an den im Verfahren dominierenden Indikator des begutachteten Fachzeitschriftenaufsatzes hat sich dadurch eine kontinuierliche Anhebung der mittleren Note aller Fachbereiche ergeben. Diese Noteninflation hat in der Soziologie dazu geführt, dass 2001 von den 47 Fachbereichen 17 die Note »exzellent«, zehn die Note »sehr gut«, 16 die Note »gut«, vier die Note »befriedigend« erzielt haben und keiner die Note »nicht befriedigend« erhalten hat. Als Reaktion auf diese Noteninflation wurde die Note »exzellent mit Stern« eingeführt, die sechs der 17 »exzellenten« Fachbereiche erreicht haben. Die Folge des RAE ist die Einschränkung des Wissens auf den begutachteten Standardaufsatz und die scharfe Trennung von Forschung und Lehre. Der Forschung fehlt dementsprechend Vielfalt als Pool für Erneuerung und der direkte Draht zu den nachfolgenden Forschergenerationen, denen der frühzeitige Zugang zur Forschungsfront erschwert wird (Broadhead und Howard 1998; RAE 2001; Sharp und Coleman 2005).

Im Leistungsvergleich der bayerischen Universitäten fällt insbesondere auf, dass die sehr selektiven Publikationsindizes die Universitäten Bayreuth, Erlangen-Nürnberg und Passau benachteiligt haben, weil sie dem spezifischen Profil der dortigen VWL nicht gerecht werden: der auf die Region bezogenen angewandten Forschung in Bayreuth, der Verbindung zu den Regionalwissenschaften in Erlangen-Nürnberg und der kulturwissenschaftlichen Ausrichtung in Passau. Alle drei Profile werden von den Publikationsorganen im Kernbereich der mathematisierten VWL nicht zureichend erfasst, bilden jedoch einen wichtigen Gegenpol gegen eine zu starke Reduktion der VWL auf diesen Bereich. Sie tragen so zur Erhaltung der Vielfalt von Forschungsansätzen bei. Das beweist die bessere Platzierung von Bayreuth und Erlangen-Nürnberg im breiter angelegten bibliometrischen Verfahren des CHE (Berghoff et al. 2005). Deshalb wäre es kontraproduktiv, die Forschungsleistungen dieser Fachbereiche allein am Maßstab standardisierter Publikationen im Kernbereich der mathematisierten VWL zu messen.

Die Welt der Wissenschaft kann sich als mehr oder weniger vielfältig und in den verschiedenen Forschungsleistungen gleichwertig oder als uniform und eindimensional stratifiziert darstellen. Das eine Extrem ist eine Wissenschaft, in der eine Vielfalt von Paradigmen, Publikationsformen, Standorten, nationalen und lokalen Kulturen relativ gleichberechtigt nebeneinander existieren. Es herrscht das Chaos, alles und nichts gilt, jeder oder jede kann sagen, was er oder sie will. Verfechter einer Einheitswissenschaft sehen in der Soziologie ein Beispiel für dieses Chaos. Das Gegenbild dazu bietet die Volkswirtschaftslehre. Sie zeichnet sich durch die Geltung eindeutiger, modelltheoretisches Denken repräsentierender Maßstäbe aus, die institutionell durch eine feststehende, nach dem Impact-Faktor in A-, B- und C-Kategorien unterteilte Hierarchie von Journals international abgesichert ist. Die uniforme Stratifikation dieser Disziplin beinhaltet, dass man unter den ersten 100, die A-Journals und die Zitationen beherrschenden Ökonomen der Welt 91 Amerikaner und fast nur amerikanische und die einschlägigen britischen Departments in Oxford und Cambridge sowie das University College London findet (Coupé 2003: 1326-27, 1334-39). Ein Ranking der 1000 weltweit sichtbarsten Ökonomen für den Zeitraum von 1990 bis 2006 führt lediglich neun in Deutschland arbeitende Wissenschaftler auf, und zwar erst zwischen Platz 334 und 988. Dafür sind nicht weniger als 670 davon in den USA tätig. Der größte Teil der außerhalb der USA wirkenden Volkswirte forscht in einem englischsprachigen Land (Coupé 2002). Die USA haben etwa die 3,5-fache Einwohnerzahl Deutschlands, stellen aber 74-mal mehr Wissenschaftler in diesem Ranking. In einem aktuellen Ranking der 1320 weltweit sichtbarsten Wirtschaftswissenschaftler sind gerade einmal 23 in Deutschland beschäftigte Forscher gelistet. Auch dieses Ranking wird von den USA dominiert (Ideas 2010). Man sieht hier, wie der weitgehend in sich geschlossene amerikanische Publikationsmarkt mit Unterstützung der dominant englischsprachigen Literaturdatenbanken eine amerikanische Hegemonie in den Wirtschaftswissenschaften errichtet hat, die umso wirksamer wird, je mehr die Wissenschaft globalisiert ist. Eine Folge der amerikanischen Hegemonie in der Volkswirtschaftslehre ist die lange Zeit stabile Vorherrschaft eines bestimmten Paradigmas. War es nach dem Zweiten Weltkrieg bis in die siebziger Jahre der Keynesianismus, ist es seitdem der Neoliberalismus (vgl. Hartwell 1995; Lebaron 2000, 2001; McCarty 2000; Mirowski und Plehwe 2009).

Die Hegemonie der amerikanischen Wirtschaftswissenschaft zeigt sich auch im Shanghai-Ranking der 100 sichtbarsten Economics/Business-Departments der Welt und in der Vergabe der Ökonomie-Preise der schwedischen Reichsbank im Gedenken an Alfred Nobel. Im Shanghai-Ranking finden wir 66 amerikanische (davon 41 unter den ersten 50), zehn kanadische, acht britische und vier niederländische Universitäten gelistet. Die restlichen zwölf verteilen sich auf Hongkong (2), Israel (2), Australien, Singapur, Schweden, Dänemark, Belgien, Frankreich, Deutschland und die Schweiz (SJTU 2010). Die einzige deutsche Universität in dieser Liste ist Frankfurt am Main. Sie verdankt ihren Rangplatz 78 von 100 zu einem erheblichen Teil dem Ökonomie-Preisträger Reinhard Selten (40,8 von 105,2 Punkten), der von 1951 bis 1957 in Frankfurt studierte und dort bis zu seiner Habilitation

1968 als wissenschaftlicher Assistent tätig war, anschließend an der FU Berlin, in Bielefeld und Bonn Professuren innehatte. Von den seit 1969 bis 2010 in 42 Jahren von der schwedischen Reichsbank verliehenen 67 Preisen für Ökonomie gingen 51 an Forscher an amerikanischen Institutionen, sechs an Forscher an englischen (viermal Cambridge, einmal Oxford, einmal London), je zwei an Forscher an schwedischen, norwegischen und deutschen und je einer an Forscher an russischen, französischen, niederländischen und israelischen. Nur sechs Ökonomie-Departments in den USA haben zusammen 32 von den 67 Preisen erhalten, zehn davon allein die University of Chicago, je fünf die University of California in Berkeley und die Princeton University, je vier die Columbia University, die Harvard University und das Massachusetts Institute of Technology (Nobelprize 2010; vgl. Lebaron 2006). Man kann mit Gewissheit sagen, dass relevantes ökonomisches Wissen wesentlich breiter über die Welt verstreut ist, als es die Geografie des Ökonomie-Preises der schwedischen Reichsbank suggeriert. Eine wesentliche Erklärung dafür ist die Hegemonie der amerikanischen Fachzeitschriften und nur einer guten Handvoll amerikanischer Ökonomie-Departments. Eine Auswertung von Hodgson und Rothman (1999) hat ergeben, dass von den 30 meistzitierten Ökonomie-Fachzeitschriften 21 in den USA herausgegeben werden, vier in Großbritannien, vier in den Niederlanden und eine in Australien. Insgesamt 70,8 Prozent der Herausgeber dieser Zeitschriften arbeiten an amerikanischen Institutionen; zwölf amerikanische Universitäten stellen allein 38,9 Prozent der Herausgeber. Von den Autoren der in diesen Fachzeitschriften erschienenen Aufsätze sind 65,7 Prozent an amerikanischen Institutionen tätig; zwölf amerikanische Universitäten haben 21,8 Prozent der Autoren gestellt. Hodgson und Rothman sehen darin ein Oligopol, das sie für die Engführung der

Wissensevolution in der Ökonomie auf technisch immer aufwendigeres mathematisches Modellieren mit zugleich immer schwächerem Bezug zur Realität der Wirtschaft und zu größeren, in der Ökonomiegeschichte verwurzelten Fragen verantwortlich machen. Sie plädieren für eine gezielte Wettbewerbspolitik in der Wissenschaft. Es sollen mehr Departments so ausgestattet werden, dass sie die erforderliche kritische Masse erreichen, um mit den führenden US-Departments mithalten zu können. Auf die Situation in Deutschland übertragen würde das heißen, dass man etwa 30 Fachbereiche ausreichend ausstatten müsste, anstatt nur eine Handvoll über die kritische Masse hinaus zu fördern und dafür 50 Fachbereiche auszuhungern.

Die Exzellenzinitiative von Bund und Ländern zur Förderung von Wissenschaft und Forschung an den deutschen Hochschulen geht von der richtigen Erkenntnis aus, dass die Universitäten in Deutschland einer besseren Ausstattung bedürfen, um mit den amerikanischen Universitäten konkurrieren zu können, von denen allein 152 im Shanghai-Ranking der 500 sichtbarsten Universitäten der Welt gelistet sind, 55 davon unter den ersten 100. Aus Deutschland sind auf der Liste 40 Hochschulen zu finden, jedoch nur fünf unter den ersten 100 (SJTU 2010). Ein wesentlicher, von der Exzellenzinitiative geförderter Schritt der Erhöhung der universitären Forschungskapazität ist die Zusammenarbeit mit außeruniversitären Forschungseinrichtungen, die 40 Prozent der öffentlichen Forschungsmittel beanspruchen, jedoch im Shanghai-Ranking mangels Universitätsstatus gar nicht auftauchen. Die entscheidende Frage ist jedoch, wie viele Fachbereiche und wie viele Universitäten von der Exzellenzinitiative überhaupt profitieren, ob die Zahl ausreicht, um genügend nationalen Wettbewerb zu ermöglichen und eine ausreichende Zahl von Fachbereichen mit der für den internationalen Wettbewerb erforderlichen kritischen Masse auszustatten. Nimmt man die Soziologie als Beispiel, dann finden sich in den USA 90 Departments mit einem Promotionsstudium, das zum Ph.D. führt. In Deutschland wurden in der ersten Exzellenzinitiative 2006/2007 jedoch nur vier Soziologie-Fachbereiche an einer Graduiertenschule beteiligt. Gemessen an der Bevölkerungszahl müssten es im Vergleich zu den USA jedoch etwa 30 sein. Dementsprechend erzeugt die Exzellenzinitiative ein Maß der internen Ungleichheit der Mittelverteilung, das dem nationalen Wettbewerb nicht zuträglich ist und dadurch letztlich auch die internationale Wettbewerbsfähigkeit der deutschen Soziologie untergräbt.

Paul Feyerabends (1976) Plädoyer für methodischen Pluralismus und wider allen Methodenzwang liefert gute Gründe für die Einschätzung, dass die uniforme Stratifizierung das Entwicklungspotenzial einer Disziplin in engen Grenzen hält. Ist die standardisierende Seite stark ausgeprägt, dann stagniert das Wissen. Das Überraschende und Sperrige wird methodisch aussortiert. Dominiert dagegen die Seite der Feyerabend-Welt, dann gibt es zwar viel Überraschendes, aber keinen Aufbau und keine Kontinuität in der Wissensentwicklung. Wer beides will, müsste zwangsläufig für ein Gleichgewicht zwischen beiden Polen plädieren. Wo dieses Gleichgewicht liegen soll, ist letztlich eine Aushandlungssache, die von Fach zu Fach variiert. Die soziologische Analyse kann und muss dieses Gleichgewicht nicht benennen. Ihr genügt die Feststellung, dass bestimmte Verfahren die Wissensentwicklung umso mehr einer Engführung unterwerfen, je mehr sie auf die Verfestigung einer Statushierarchie hinauslaufen.

Die Evaluation der Forschungstätigkeit von Fachbereichen nach eindeutig fixierten Kriterien ist ein Schritt weg von der Feyerabend-Welt und ein Schritt hin zur sozialen Konstruktion einer Liga, in der die Rangplätze nach eindeutig fixierten

Regeln vergeben werden. Was vorher noch nebeneinander mit jeweils eigener Identität und Würde und eigener Klientel existierte, findet sich von einem Tag auf den anderen in einer Rangordnung über- und untergeordnet wieder. Dieser Übergang von der Feyerabend-Welt in die hierarchisch geordnete Welt einer globalen Einheitswissenschaft lässt sich nur vollziehen, wenn die vorher gegebene Vielfalt von möglichen Leistungen auf wenige, eindeutig fixierte Parameter bzw. Kennziffern reduziert wird. Viele vorher noch anerkannte Leistungen zählen nun nicht mehr. Stattdessen bekommen spezifische Leistungen ein Gewicht, das sie vorher nicht hatten. In einer solchen Situation des sozialen Wandels ist ganz entscheidend, welche Rhetorik die Kommunikation beherrscht. In der Gegenwart ist das die Rhetorik der Internationalisierung. Das bedeutet, dass die insbesondere in den Geistes- und Sozialwissenschaften bislang noch stark ausgeprägte segmentäre Differenzierung in nationale und lokale Fachkulturen mit je eigenen Paradigmen und Netzwerken von einer stratifikatorischen Differenzierung in international mehr oder weniger erfolgreiche Disziplinen, Paradigmen und methodische Herangehensweisen abgelöst wird. Die englischsprachige Publikation wird zur Norm, die Platzierung von Publikationen in Journals mit hohem Impact-Faktor zum vorrangigen Erfolgskriterium. Es kann nicht ausbleiben, dass diese erzwungene Internationalisierung bestimmte Publikationsstrategien, Paradigmen und methodische Herangehensweisen belohnt und andere bestraft. Was vorher noch seine eigene Berechtigung hatte, findet sich jetzt als international nicht sichtbar abqualifiziert (vgl. Siebert 2003). In der Psychologie lässt sich beobachten, dass dieser Weg der Internationalisierung zu einer rasanten Ausbreitung der Neuropsychologie und zur Verdrängung der hermeneutisch verfahrenden Psychologie geführt hat.

Auf dem Weg der Internationalisierung werden zwangsläufig die amerikanischen Fachzeitschriften mit hohem Impact-Faktor zu den zentralen Instanzen, die letztlich für die ganze Welt über den Rang einer Forschungsrichtung und eines Forschungsproduktes entscheiden. Im Zeichen der Internationalisierung können nationale Evaluationsverfahren gar nicht anders als diese internationalen Vorgaben umzusetzen. In der Perspektive des soziologischen Institutionalismus werden nationale Evaluationskommissionen durch die wissenschaftliche Weltkultur (und, vermittelt durch ihre Tätigkeit, auch einzelne Forschungseinheiten und -einrichtungen) als legitime Akteure der Weltgesellschaft der Wissenschaft konstituiert (Meyer 2005). Sie sind gar nicht mehr anders legitim denkbar, als dass sie als Agenten eines »generalisierten Anderen« handeln, der sich institutionell in den das wissenschaftliche Feld beherrschenden amerikanischen Fachzeitschriften verkörpert findet.

Dieses Verfahren setzt ganz spezifische Anreize für Publikationsstrategien. Es zeigt sich ein starker Trend zur Vervielfachung von Koautorenschaften. Nicht nur zwei oder drei, sondern vier, fünf, sechs, sieben, acht, neun oder zehn Autoren zeichnen für ein solches Produkt verantwortlich. Mit dieser Strategie lassen sich erhebliche Produktivitätssteigerungen erzielen, solange nicht nach Seiten- und Autorenzahl relativiert wird. In diesem Fall machen sich die Schattenseiten der Prämierung von Effizienz bemerkbar. Ein Regime der Effizienz nimmt keine Rücksicht auf die ganz unterschiedlichen Zeiterfordernisse wissenschaftlicher Disziplinen, Teilgebiete und Fragestellungen. Es prämiert die Salamitaktik der Stückelung größtmöglicher Datensätze in kleinstmögliche Publikationseinheiten (Frey 2008). So wird die Vielfalt von Forschungsprodukten auf die am effizientesten herstellbaren Produkte eingeschränkt.

Auf der Suche nach »objektiven«, leicht operationalisierbaren Maßstäben wird zunehmend auf die Häufigkeit zurückgegriffen, in der Publikationen zitiert werden. Man hat hier ein weiteres Maß der Sichtbarkeit zur Hand. Aber auch diese Kennziffer zerstört bei extensivem und unqualifiziertem Gebrauch die Vielfalt von Forschungsleistungen. Wird der Rezeptionserfolg von Publikationen in Gestalt von Zitationen zum dominanten Leistungskriterium, dann tritt an die Stelle der Honorierung von Qualität bzw. Originalität die Belohnung von Aufmerksamkeitserfolgen als Selbstzweck. Es ergibt sich eine Zielverschiebung des wissenschaftlichen Arbeitens. Für die Häufigkeit, in der ein Text zitiert wird, kann es sehr viele verschiedene Gründe geben, die nicht unmittelbar als Qualitätsbeweis gewertet werden können. So bestehen deutliche Differenzen zwischen den Teilgebieten eines Faches und der Größe eines Forschungsfeldes, ganz zu schweigen von Zitationskartellen. Theorie ist zum Beispiel in der Soziologie ein Feld mit vergleichsweise sehr niedrigen durchschnittlichen Zitationsraten. Die Zitationshäufigkeit wächst auch mit der Zahl und der Bekanntheit der Koautoren. Auch die institutionelle Herkunft des Autors, der Impact der Zeitschrift oder des Buchverlages und die Sprache spielen eine wichtige Rolle. Ein Text kann auch nur zufällig zur rechten Zeit eine Sache zur Sprache bringen, ohne dass dies in besonderer Qualität geschieht. Er kann auch deshalb viel zitiert werden, weil es zu einer Gewohnheit geworden ist, ohne dass dem Inhalt noch eine besondere Bedeutung beigemessen wird. Oder er wird zitiert, weil man sich davon absetzen will. Wird der Zitationsindex zum dominanten Gütekriterium, dann werden ganz unterschiedliche Erfolgsgründe, die nicht zwangsläufig in der Qualität eines Textes liegen, in einen Qualitätsbeweis umgemünzt. Die Vielfalt von Qualitätsanforderungen an unterschiedliche Arten von Texten in unterschiedlichen Teilgebieten eines Faches werden einer äußerlichen, leicht messbaren, die sachliche Qualitätsbeurteilung erübrigenden Kennziffer geopfert. Es entsteht eine Rangordnung, die von der genuinen Qualität der Forschungsleistungen absieht und ihr übergestülpt wird. Die weitere Folge sind Anreizeffekte, die auf Rezeptionserfolge um jeden Preis zielen und die Sache selbst in den Hintergrund drängen. Diese Zielverschiebung von der Erkenntnissuche weg und hin zur Suche nach Rezeptionserfolgen als Selbstzweck ist nicht zwangsläufiges Merkmal eines jeden Forschungsbetriebes, wie die kapitalistische Produktionsweise die Profitsteigerung zum Selbstzweck macht und von der Frage des Gebrauchswertes der Waren absieht. Die Zielverschiebung kann mehr oder weniger weit gehen. Die Institutionalisierung der Zitationshäufigkeit von Texten als dominanter Maßstab ihrer Bewertung hat sicherlich eine erhebliche Verschiebung des Zieles von der Erkenntnissuche weg und hin zur Suche nach Rezeptionserfolgen per se zur Folge. An die Stelle differenzierter, der jeweiligen Sache angemessener Qualitätsmaßstäbe tritt der Rezeptionserfolg als Einheitsmaß. Man könnte hier von einer Kolonisierung des Primärcodes »Wahrheit« durch den Sekundärcode »Rezeption« sprechen. Forschung mutiert unter diesen Anreiz- und Selektionsbedingungen zur konditionierten Fabrikation von Kennzahlen, unter deren Regime die Kreativität abstirbt, weil sie per definitionem quer zu aller Forschungsmetrik steht. Der authentische, innengesteuerte, seinem Erkenntnistrieb und seiner Neugierde folgende Forscher wird vom außengesteuerten Punktejäger verdrängt.

Ein Evaluationsverfahren kann sich indessen ausdrücklich darum bemühen, die Vielfalt von Forschungsleistungen nicht einseitig auf bestimmte Kennziffern zu reduzieren, und sich einer Hierarchisierung der Kriterien widersetzen. Je mehr es diesem Ziel folgt, umso weniger wird es jedoch zu eindeutigen Ergebnissen gelangen. Man wird dann allerdings fragen, wozu das Verfahren überhaupt durchgeführt wurde, wenn als Ergebnis eine unübersichtliche Vielfalt von Stärken und Schwächen bis hin zur Vielfalt der Kriterien und ihrer möglichen vielfältigen Interpretation herauskommt.

Man könnte gegen die Prognose einer flächendeckenden Transformation noch segmentär differenzierter Disziplinen in ein international stratifiziertes System das Theorem der Pfadabhängigkeit in Anschlag bringen. Unter der Obhut traditionsbewusster Prüfinstanzen haben demnach auch Paradigmen und methodische Vorgehensweisen eine Überlebenschance, die in den führenden amerikanischen Fachzeitschriften keinen Platz finden. Das ist für geraume Zeit möglich und wahrscheinlich. Im Kontext der wissenschaftlichen Weltkultur handelt es sich dabei allerdings um nicht mehr ganz legitime Formen der Existenz, die nur einer Art von Protektionismus zu verdanken sind, der an sich dem Prinzip der Konkurrenz auf dem offenen Weltmarkt der Wissenschaft widerspricht. Das heißt, dass idiosynkratische Denktraditionen zwar weiter bestehen mögen, aber nicht mehr als in sich berechtigt, sondern nur noch mit einem nicht mehr legitimen Status. Sie existieren nicht mehr neben anderen Denkweisen, sondern nur noch als eine Aktivitätsstruktur der wissenschaftlichen Praxis unterhalb der Formalstruktur der legitimen Ordnung der wissenschaftlichen Weltgesellschaft (Meyer und Rowan 1977).

2. Die soziale Konstruktion und Reproduktion von Statushierarchien

Die Fallanalyse verweist uns darauf, dass Evaluationsverfahren maßgeblich an der Konstruktion und Reproduktion von Statushierarchien beteiligt sind. Das geschieht durch die Wirksamkeit von sozialen Mechanismen, die es nun im Einzelnen zu identifizieren gilt (vgl. Hedström und Swedberg 1998; Mayntz 2009).

Soziale Mechanismen der Konstruktion von Statushierarchien

Die durchgeführte Fallstudie hat ein Beispiel dafür gegeben, wie Evaluationsverfahren nicht einfach vorhandene Leistungsunterschiede zwischen Fachbereichen »messen«, sondern vielmehr erst »konstruieren« und zu einer sozialen Tatsache (Durkheim 1961: 105-114) werden lassen. Zwei Instrumente der Evaluation schaffen dafür die technischen Voraussetzungen: (1) die Ausblendung von Größen-, Ausstattungs- und Lehrbelastungs-Effekten oder auch die besondere Prämierung von sichtbarer Produktivität mit hohem Impact und (2) die Reduktion der Vielfalt von Leistungen auf wenige Maßzahlen. Diese technisch erzeugten Unterschiede werden (3) durch Evaluationskommissionen in eine Rangordnung nach Leistungsdifferenzen gebracht und zu einer sozialen Tatsache gemacht:

(1) Der Sichtbarkeits-Effekt
Bei aller generellen Würdigung von Unterschieden der Größe, Ausstattung und Lehrbelastung zeigt sich in der konkreten Einschätzung der Forschungsleistungen ein dominant prägender Effekt der Sichtbarkeit eines Fachbereichs in der wissen-

schaftlichen Gemeinschaft, das heißt bei den Volkswirten insbesondere in der Publikationswelt der englischsprachigen Fachjournale. Diese Sichtbarkeit wird im Wesentlichen durch einzelne, aus dem Fachbereich herausragende, besonders produktive Forscher getragen, die durch ihre persönliche Sichtbarkeit den ganzen Fachbereich nach oben ziehen. Die Verbindung eines produktiven Forschers mit einem großen Fachbereich erzeugt dann eine große Einheit mit hoher Sichtbarkeit und Bedeutung. Ein ähnlich produktiver Forscher bringt einen kleineren Fachbereich nicht auf dasselbe hohe Niveau, weil es der ganzen Einheit an Gewicht fehlt. Dadurch verbinden sich Größeneffekte mit dem Charisma einzelner Personen zu hohem symbolischem Kapital eines Fachbereichs, angesichts dessen Relativierungen durch Größe, Ausstattung und Lehrbelastung in den Hintergrund treten. Man kann sogar Größe, Ausstattung und geringere Lehrbelastung als Zeichen von »Exzellenz« werten, weil es den Forschern anscheinend gelungen ist, durch ihre Leistungen eine große Forschungseinheit mit üppiger Ausstattung und geringer Lehrbelastung zu schaffen. Offensichtlich sind im akademischen Feld Maßstäbe der Effizienz nicht so relevant wie im Feld der Wirtschaft. Die Verfügung über umfangreiche Ressourcen kann sogar per se als Qualitätsbeweis gewertet werden. Wie die Prämierung von Größe hat aber auch die Belohnung von Produktivität ihre Schattenseite. Legen Evaluationskommissionen besonderen Wert auf die Produktivität im Sinne von Publikationsoutput pro Personaleinsatz, insbesondere in Gestalt von Fachzeitschriftenaufsätzen mit Peer Review, dann setzen sie Anreize für Publikationsstrategien, die auf die Produktion von Fließbandware nach festen Standards und die mehrfache Verwertung größerer Datensätze in der kleinstmöglichen Publikationseinheit zielen.

(2) Der Komplexitätsreduktions-Effekt

Die Bewertung von Forschungsleistungen ist nicht eindeutig möglich, wenn eine Vielzahl von Kriterien zugelassen wird. Sie kommt zu einem umso eindeutigeren Ergebnis, je geringer die Zahl der angewandten Kriterien ist und je eindeutiger die wenigen Kriterien hierarchisiert sind. Im Kontext der Rhetorik der Internationalisierung schält sich die Publikation in einer amerikanischen Fachzeitschrift mit hohem Impact-Faktor als das höchstrangige Kriterium heraus. In der Volkswirtschaftslehre ist das schon eine soziale Tatsache. Aus dem Nebeneinander von Forschungstraditionen und Fachbereichen wird so eine international uniforme Rangordnung gemacht. Qualitative Peer-Review-Verfahren können dem Zwang zur Reduktion von Komplexität nur begrenzt entgegenwirken. Je mehr von ihnen die Objektivierung ihrer Urteile verlangt wird, umso mehr müssen sie selbst auf messbare Kriterien, das heißt auf Kennziffern zurückgreifen. Unterstützt wird diese Tendenz durch den hohen Zeitaufwand, den nicht standardisierte Evaluation mit sich bringt. Je weiter man dabei geht, umso mehr tritt an die Stelle des kompetenten Expertenurteils die quantitative Kennziffernsteuerung.

(3) Der Konsekrations-Effekt

Evaluationskommissionen sind Konsekrationsinstanzen. Mit Bourdieu (1992: 14, 27 f., 142 f., 200 f.) sind darunter solche Instanzen zu verstehen, die einer Sache (Wissen, Bildung, Titel) eine sozial verbindliche Weihe verleihen und deren Träger in die Gesellschaft der »Geweihten« aufnehmen. Das ist zum Beispiel die Arbeit von akademischen Prüfungsausschüssen. Evaluationsverfahren versehen die von ihnen konstruierte Rangordnung mit einem Gütesiegel. Evaluationskommissionen handeln im Kontext der Weltkultur als Konsekrationsinstanzen zweiter Ordnung, das heißt als Agenten eines Prinzipals, der als »generalisierter Anderer« in den führenden amerikanischen Fachzeitschriften institutionell verkörpert ist (Meyer und Jepperson 2000). Die Internationalisierung des akademischen Feldes stellt nationale und lokale Evaluationskommissionen in den Kontext der Weltkultur. Das bedeutet, dass Indikatoren für »internationale Sichtbarkeit« in den Vordergrund treten. Sie signalisieren die Anerkennung von Forschung in der auf diesem Wege internationalisierten wissenschaftlichen Gemeinschaft. Wie soll diese Anerkennung aber ermittelt werden?

Um von der Vielfalt von Texten zu einer eindeutigen Rangordnung zu kommen, benötigen Gutachter Hilfsinstrumente. Literaturdatenbanken stellen solche Hilfsinstrumente in immer umfassenderer und leichter zugänglicher Form bereit. International hat das Institute for Scientific Information (ISI) mit dem Science Citation Index (SCI), dem Social Science Citation Index (SSCI) und dem Arts & Humanities Citation Index (A&HCI) inzwischen eine Vorrangstellung erlangt. Auch Google Scholar hilft Berufungs- und Evaluationskommissionen bei der Bewältigung von Unsicherheit. Statt sich mühsam mit den eingereichten Schriften auseinanderzusetzen, kann man zeitsparend mit einem Mausklick eine Rangordnung nach der Menge und Zitationshäufigkeit von Texten erzeugen. Das ist ein Weg der Bewältigung von Unsicherheit, der Rezeptionserfolge zum vorrangigen Qualitätskriterium der Forschung macht. Dieser Prozess beginnt zum Beispiel in der Volkswirtschaftslehre schon damit, dass die Betreuer von Dissertationen ihre eigene Beratungs- und Begutachtungskompetenz an das anonyme Begutachtungsverfahren von Fachzeitschriften abtreten. Die Doktoranden reichen dann drei in *peer reviewed journals* veröffentlichte Aufsätze als Dissertation ein. In letzter Konsequenz kann dann auch das Prädikat nach dem durchschnittlichen Impact-Faktor der entsprechenden Fachzeitschriften berechnet werden. Derselbe Prozess setzt sich mit der Abgabe der Beurteilungskompetenz von Berufungskommissionen an den Science Citation Index bzw. den Social Science Citation Index oder an Google Scholar fort und endet damit, dass die Evaluation von Fachbereichen vorrangig auf Publikationserfolge nach dem Impact-Faktor gestützt wird. Es lässt sich inzwischen genau errechnen, welche Punktzahl der Veröffentlichung von Aufsätzen in *peer reviewed journals* ein Volkswirt bis zur Erstberufung erreicht haben muss (Backes-Gellner und Schlinghoff 2006). Die Nachwuchswissenschaftler wissen, was zu tun ist. Die Berufungskommissionen können die Erstellung von Berufungslisten dem Computer überlassen. Der Preis dieser Vorhersagbarkeit von Karrieren und der Zeitersparnis von Berufungskommissionen ist allerdings die Verengung des Wissens auf hoch standardisierte Produkte.

Soziale Mechanismen der Reproduktion von Statushierarchien

Ist eine Statushierarchie erst einmal konstruiert, wird ihre Reproduktion und Verfestigung durch eine Reihe von Mechanismen gewährleistet, auf die wir nun eingehen müssen, um eine Prognose über die Folgen des exzessiven Einsatzes von Evaluationsverfahren abgeben zu können. Wir verlassen dabei das Fallbeispiel. Stattdessen greifen wir auf bekannte soziale Mechanismen zurück, um die Folgen prognostizieren zu können, die sich aus dem regelmäßigen Einsatz von Evaluationsverfahren ergeben, für die unser untersuchter Fall ein Beispiel bietet. Es lassen sich drei Mechanismen identifizieren, mit deren Hilfe die soziale Konstruktion einer Rangordnung durch Evaluationsverfahren in die kontinuierliche Reproduktion einer Statushierarchie überführt wird: (1) der Matthäus-Effekt,

(2) eine Art Potlatch-Geschenk-Austausch und (3) Prozesse der sozialen Schließung.

(1) Der Matthäus-Effekt

Seit der Publikation von Robert K. Mertons (1968a) Artikel über den Matthäus-Effekt in der Wissenschaft ist dieser Effekt in einer Vielzahl von Publikationen diskutiert und auch empirisch nachgewiesen worden (Zuckerman 2010). Er besagt, dass die Wahrscheinlichkeit weiterer Reputationsgewinne (Forschungsgelder, Veröffentlichungen in hochrangigen Publikationsorganen, Preise, Mitgliedschaften in renommierten Assoziationen, Beschäftigung in Eliteinstitutionen) mit jedem Reputationsgewinn im Verlauf einer s-förmigen Kurve wächst, bis ein Punkt der Sättigung erreicht ist und weitere Reputationsgewinne einen sinkenden Grenznutzen haben, sodass die Kurve auf einer jeweils erreichten Höhe abflacht und in eine Gerade übergeht. Empirisch wurde der Matthäus-Effekt zum Beispiel bei ungleichen Zitationssteigerungen von unterschiedlich reputierten Ko-Autoren nach einer gemeinsamen Publikation festgestellt. Ebenso zeigten sich überdurchschnittliche Zitationsgewinne nach dem Wechsel eines Wissenschaftlers an eine höherrangige Universität oder nach Ehrungen durch Preise (Cole 1970; Cole und Cole 1973; Zuckerman 1977; Goldstone 1979). Merton hat das Auftreten des Effekts mit dem Thomas-Theorem der realitätskonstruierenden Wirkung von Situationsdefinitionen (Merton 1995) und mit der sich selbst erfüllenden Wirkung von Voraussagen erklärt (Merton 1996, basierend auf Merton 1968b [1949]). Nach dem Thomas-Theorem werden gegenwärtige Forschungsleistungen im Lichte vergangener Forschungserfolge beurteilt. Vergangene Erfolge erhöhen die Aufmerksamkeit für gegenwärtige Leistungen. Letztere werden außerdem durch die Strahlkraft der älteren Spitzenleistungen aufgewertet. Nach dem Mechanismus der *self-fulfilling prophecy* helfen Erfolge, weitere Forschungsmittel an Land zu ziehen, die in einem kumulativen Prozess in weitere Erfolge umgesetzt werden.

Neuere szientometrische Studien zeigen den Effekt zum Beispiel beim unterschiedlich hohen Zitationsaufkommen von Ländern (Bonitz, Brückner und Scharnhorst 1997; Bonitz 2005) und von Fachzeitschriften (Bonitz und Scharnhorst 2001). Neidhardt (1988) hat festgestellt, dass die Reputation des Antragstellers bei der Bewilligung von kritisch beurteilten Forschungsanträgen von entscheidender Bedeutung ist. Nachgewiesen wurde auch der positive Effekt der Zugehörigkeit zu prestigereichen Universitäten auf die Zuweisung von Forschungsmitteln (Bazeley 1998; Viner, Powell und Green 2004). Diese empirischen Evidenzen bedeuten überhaupt nicht, dass sich der Matthäus-Effekt immer und überall nachweisen ließe, es gibt vielmehr auch Gegenevidenzen (Cole 1992, 2004; van Dalen und Henkens 2005; Bornmann und Daniel 2005, 2006). Dass der Effekt in bestimmten Kontexten nicht ermittelt wurde, kann allein schon daran liegen, dass in diesen Kontexten die notwendigen strukturellen Voraussetzungen nicht gegeben waren und Gegenkräfte den Effekt in Grenzen gehalten haben. Unterschiedliche Felder und Kontexte der Wissenschaft können mehr oder weniger stark vermachtet und stratifiziert sein, sodass auch der Matthäus-Effekt mehr oder weniger stark zum Tragen kommt.

(2) Der Potlatch-Effekt
Es lässt sich weiterhin ein Potlatch-Effekt identifizieren, den Marcel Mauss (1968) am Beispiel der Kwakiutl und anderer nordamerikanischer Indianerstämme beschrieben hat. Es handelt sich dabei um eine Form des Geschenkaustauschs unter ungleichen Bedingungen. Die reichen Familien laden die anderen Stammesmitglieder ein, um ein Fest zu feiern. Dabei

wird der eigene Reichtum durch den ganzen Prunk des Festes bis hin zur Zerstörung wertvoller Gegenstände demonstriert, und die Gäste werden reichlich beschenkt. Da Letztere die Geschenke nicht gleichwertig bei anderer Gelegenheit erwidern können, bleibt ihnen nur die Dankbarkeit und Ehrerbietung als Gegengabe. Auf das Forschungssystem übertragen bedeutet das, dass reiche Fachbereiche Forschungszentren bilden können, an die sie Gäste einladen, die dort ohne weitere Verpflichtungen ihrer Forschung nachgehen können. Postdoktoranden und Doktoranden können an diesen Zentren forschen und Kontakte knüpfen, die sie weiterbringen. Sie werden dieses Geschenk dem Forschungszentrum dadurch danken, dass sie es in aller Welt lobpreisen und die Publikationen des Zentrums regelmäßig zitieren.

(3) Der Schließungs-Effekt

Weiterhin ist ein Effekt der sozialen Schließung wirksam, der sich gut mit Max Weber (1976 [1922]: 534 ff.) beschreiben lässt, wie Val Burris (2004) anhand einer Analyse der Statuszuweisung an Departments der Soziologie, Politikwissenschaft und Geschichte in den USA gezeigt hat (vgl. auch Wagner 2007). Die prestigereichen Fachbereiche können nach Max Webers (1976 [1922]: 534 ff.) Theorie der Reproduktion von Statushierarchien ihr Prestige insbesondere dadurch bestätigen, dass sie (1) durch Größe, einzelne Stars, internationale Beiräte, Herausgeberschaften, Forschungszentren und die Anziehung von Gastwissenschaftlern eine hohe Sichtbarkeit im akademischen Feld erlangen. Sie repräsentieren dadurch den akademischen Lebensstil par excellence. Außerdem können sie ihren Status (2) dadurch gegen Abwertung schützen, dass sie ganz überwiegend mit Wissenschaftlern aus prestigereichen Institutionen im In- und Ausland kooperieren und nicht mit Wissenschaftlern aus weniger prestigereichen Institutionen.

Sie nutzen auf diese Weise die beiden von Weber identifizierten Mechanismen der sozialen Schließung. Gutachterkommissionen können sich dieser Statuspolitik nur unter großen Rechtfertigungsnöten entziehen, indem sie sich mit der profanen Berechnung von Produktivität pro Personaleinsatz beschäftigen. Angesichts der Präsentation von symbolträchtigen Erfolgen erscheint das Pochen auf Effizienz als kleinkariert. Die Reproduktion von Statushierarchien folgt nicht den Effizienzgesetzen des Marktes, sondern den Gesetzen der Exklusivität und Schließung (Mackert 2004; Münch 2006b), bei denen exorbitant hoher Ressourcenverbrauch im Verhältnis zur erbrachten Leistung zu keiner Abwertung führt, sondern gerade ein fundamentaler Bestandteil des Erlangens und der Sicherung eines hohen Status ist.

Im Anschluss an Bourdieus (1992, 2004) Feld- und Kapitaltheorie lässt sich der Vorgang als Kapitalakkumulation beschreiben, bei dem vorhandenes Kapital zur Generierung von weiterem Kapital eingesetzt wird (Bohn 1991; Müller 1992: 238-351; Krais 2001; Barlösius 2006). Ökonomisches Kapital in Gestalt von Grund- und Drittmittelausstattung, soziales Kapital in Gestalt der Mitgliedschaft in einflussreichen Forschungsnetzwerken und kulturelles Kapital in Gestalt einer traditionsreichen Geschichte können von einem Fachbereich in symbolisches Kapital im Sinne von Reputation und Definitionsmacht umgesetzt werden. Ein Fachbereich nimmt nach dem Umfang seines Kapitalbesitzes eine bestimmte Position in der Prestigehierarchie der Fachbereiche ein. Er übt in dem Sinne symbolische Macht aus, als sein symbolisches Kapital darüber bestimmt, wie weit die Art und die Ergebnisse der eigenen Forschung Maßstäbe im Feld einer Disziplin setzen, die dann in der Evaluationsarbeit Anwendung finden. Die Evaluation von Fachbereichen vollzieht sich im Bannstrahl der symbolischen Macht im Feld und trägt zu deren Reproduktion bei. Evaluationsverfahren werden *im* Feld einer Disziplin durchgeführt. Sie stehen nicht außerhalb des Feldes. Würden sie sich außerhalb des Feldes stellen, dann würde ihnen die symbolische Macht fehlen, mit der ihre Ergebnisse überhaupt nur Anerkennung *im* Feld erlangen können. Evaluationskommissionen beginnen ihre Arbeit im Zustand einer bestehenden Statusverteilung im Feld und fügen dieser Verteilung eine eigene, neue hinzu. Die neue wird die alte komplett reproduzieren, wenn die gegebene Statusverteilung tief in der Tradition einer Disziplin verwurzelt ist. Je weniger das der Fall ist, umso eher werden solche Kommissionen aktiv an der Konstruktion einer durch sie geweihten neuen Statushierarchie arbeiten. Das sind Perioden des Umbruchs. In Zeiten der Normalität ist der Spielraum für Veränderungen jedoch gering. Das heißt, dass Evaluationsverfahren unter »normalen« Bedingungen einen Beitrag zur Reproduktion der vorhandenen Verteilung von symbolischem Kapital leisten. Ein interessanter Sonderfall zwischen beiden Extremen ist die manifeste Akzentuierung einer latent schon angedeuteten Statushierarchie, die durch die Arbeit von Evaluationskommissionen eine Weihe erhält. Das ist der Fall, den wir gegenwärtig anhand des wachsenden Einsatzes von Evaluationsverfahren beobachten können (Hartmann 2006; Münch 2007).

Zusammenfassend können wir sagen, dass die Verteilungskämpfe um Positionen im Feld in dem Sinne zur Schließung neigen, dass vorhandene Ungleichheit des Besitzes an symbolischem Kapital in die weitere Akzentuierung der Ungleichheit umgesetzt wird. Veränderung der Verteilung von symbolischem Kapital ist in dem Maße möglich, in dem prestigereichen Fachbereichen Fehlinvestitionen unterlaufen oder in dem die Zufuhr von neuem ökonomischem Kapital bestimmten Fachbereichen die Möglichkeit an die Hand gibt, erfolgreiche Forscher zu rekrutieren und ihre Reputation auf die Institution zu übertragen. Das ist zum Beispiel der Fall, wenn Sponsoren oder staatliche Programme in großem Umfang Geld in das wissenschaftliche Feld fließen lassen.

Die Reproduktion von symbolischem Kapital folgt derart einem Akkumulationseffekt, dass schon vorhandenes symbolisches Kapital Wettbewerbsvorteile schafft. Es lassen sich damit Monopolrenten erzielen, das heißt, den Erzeugnissen besonders angesehener Institutionen kommt vorab schon größere Aufmerksamkeit zu als den Erzeugnissen konkurrierender Institutionen. Die Nutzung dieser Wettbewerbsvorteile erzeugt dann eine wachsende Ungleichheit der Verfügung über Forschungsressourcen, die dann wieder in die Akkumulation von Forschungserfolgen umgesetzt werden können. Es bildet sich ein stark stratifiziertes System, in dem die Reproduktion der Statushierarchie durch soziale Schließung und durch den exklusiven akademischen Lebensstil der Top-Departments gewährleistet wird. Diesen Zusammenhang hat Val Burris (2004) in seiner Studie zur Stratifikation der amerikanischen Departments in Soziologie, Geschichte und Politikwissenschaft nachgewiesen.

Die Wirkung der identifizierten Mechanismen muss allerdings auf den jeweiligen sozialen Kontext bezogen werden. So zeigt das britische Research Assessment Exercise, dass die Einführung nationenweiter Forschungsevaluation im Kontext einer forcierten Politik der Öffnung und Chancengleichheit zunächst dazu beitragen kann, historisch überkommene Statushierarchien abzubauen (RAE 2001, 2008). Die Vorrangstellung von Oxford und Cambridge wurde auf diese Weise ein wenig zurückgenommen. Bei der wiederholten Durchführung des Verfahrens werden indessen die identifizierten Mechanismen mit dem Effekt der erneuten Verfestigung der Statushierarchie und der Schließung des Zugangs zu den Spitzenpositionen wirksam (Johnes 1996; Curran 2000; Leišytė, de Boer und Enders 2006; Meier und Schimank 2009). Auch in Frankreich wird dieses Verfahren zunächst an der starken institutionellen Stratifikation rütteln, um dann erneut eine zunehmend verfestigte Statushierarchie hervorzubringen. In Deutschland ist die Ausgangsbasis eine ganz andere. Hier führt die wiederholte nationenweite Forschungsevaluation dazu, dass ein bis dahin institutionell wenig stratifiziertes System in die Richtung einer zunehmend verfestigten Statushierarchie verändert wird.

Welche Ergebnisse lassen sich verallgemeinern?

Wie weit lassen sich die Ergebnisse dieser Fallstudie verallgemeinern? Bei der Beantwortung dieser Frage geht es nicht darum, ob andere Verfahren zur Evaluation der Forschungsleistungen von Fachbereichen an anderen Orten und zu anderen Zeiten genauso ablaufen wie die Evaluation der Wirtschaftswissenschaften in Bayern im Jahre 1999. Generalisierbar ist nicht der Fall, generalisierbar sind nur die identifizierten Mechanismen, die als solche auch an anderem Ort und zu anderer Zeit, mehr oder weniger wirksam unterstützt oder gebremst durch gleichgerichtete oder entgegengesetzte Mechanismen, mehr oder weniger stark auftreten können. Eine auf Wettbewerb, Vielfalt, Kreativität und Offenheit der Wissensevolution setzende Forschungsförderung kann diesen Effekten nur durch die Stärkung von Gegenkräften begegnen (Neidhardt 2006). Folgen wir Merton (1996), ist eine dieser möglichen Gegenkräfte zum Beispiel die Dominanz besonders renommierter Forscher an herausgehobenen Standorten, durch die die Unabhängigkeit und das Innovationspotenzial von Nachwuchswissenschaftlern beeinträchtigt wird. Besonders prominente Wissenschaftler können das Geschehen an einem Standort so dominieren bzw. die Aufmerksamkeit so sehr auf sich ziehen, dass die Nachwuchskräfte dort entweder ganz in ihren Bannstrahl geraten oder eben nicht wahrgenommen werden, wenn sie etwas anderes machen. Das behindert die Erneuerung des Wissens an diesem Standort und verschafft konkurrierenden Standorten die Möglichkeit, mit solchen Innovationen hervorzutreten. Der Starkult an einem Standort trägt in diesem Sinn den Keim des Niedergangs in sich. Damit eine solche Erneuerung überhaupt möglich ist, muss es allerdings eine genügend große Zahl potenter, das heißt ausreichend ausgestatteter konkurrierender Standorte geben. Gegen die unangefochtene Spitzenstellung eines Standorts wirkt außerdem, dass sich potente Forscher bewusst von ihnen fernhalten, weil sie sich von den Platzhirschen am Ort eher behindert sehen und meinen, sich an anderen, kleineren Universitäten besser entfalten zu können, weil sie dort unangefochten die erste Geige spielen. Koordinationsprobleme an den Großstandorten und die leichtere Bündelung von Kräften an den kleineren sind weitere Kräfte, die einer Konzentration von Höchstleistungen entgegenwirken. Insgesamt würde eine gezielte Wettbewerbspolitik der Sicherung von Chancengleichheit unter einer größeren Anzahl von Forschern Kräfte gegen die festgestellten Akkumulationseffekte von Evaluationsverfahren mobilisieren. Das Herausheben von Eliteinstitutionen schwächt solche Kräfte jedoch und behindert dadurch die Erneuerung des Wissens.

Der flächendeckende Einsatz von Evaluation zur Optimierung von Leistungen in allen gesellschaftlichen Bereichen im Rahmen von NPM spricht dafür, dass sich die vorgefundenen Ergebnisse weit über die Forschung hinaus generalisieren lassen. Nicht nur die Forschung, sondern auch Bildungsprozesse in Kindergärten, Grundschulen, weiterführenden Schulen, Fachhochschulen und Universitäten, Sozialdienste, Pflegedienste, Seelsorge und vieles anderes mehr sollen mittels regelmäßiger Evaluation optimiert werden. Es kann vermutet werden, dass sich die identifizierten Mechanismen der Übersetzung von Leistungsvielfalt in eine Statushierarchie und deren Reproduktion mit der Folge der Engführung der Leistungen und einer entsprechenden Einschränkung der Chancengleichheit und des Wettbewerbs überall nachweisen lassen. Hier öffnet sich für die Soziologie ein breites Feld der Forschung von größter praktischer Relevanz und Kulturbedeutung.

Schlussbemerkungen

Die angesprochenen Probleme im Zusammenhang mit NPM werden auch in einem Thesenpapier der Forschergruppe Governance der Forschung unmissverständlich identifiziert. Dabei spiegeln die aufgestellten Forderungen die entsprechenden unerwünschten Effekte von NPM wider: Performanz solle mehrdimensional gemessen werden, die richtigen Indikatoren seien fachspezifisch, Evaluation gehöre in die Hände von *peers*, Fachgesellschaften müssten Verantwortung übernehmen, es dürfe keine Kennziffern-Bürokratie der Evaluation aufgebaut werden, Aufwand und Legitimität von Evaluationen seien im Blick zu behalten, Evaluationen seien keine Nebenregierungen, ausreichende Grundfinanzierung sei unabdingbar, Wettbewerbsfähigkeit setze Autonomie und verlässliche Rahmenbedingungen voraus, fachspezifische Förderkriterien seien zu beachten, nur Exzellenz zu fördern reiche nicht, mehr Wettbewerb bedürfe auch in der Forschung einer Wettbewerbsordnung, Innovationskoalitionen von Leitungsorganen und akademischer Profession seien zu schaffen, Universitätsleitungen müssten Fachbereichsinteressen ausbalancieren, die außeruniversitäre Forschung benötige ausgewogene Governance-Strukturen, die Versäulung der außeruniversitären Forschung sei aufzubrechen, eine lernfähige Reformpolitik zu etablieren (Forschergruppe Governance der Forschung 2007).

An diesem Forderungskatalog lässt sich in der Tat gut ablesen, welche unerwünschten Effekte der Einsatz von NPM in der Wissenschaft hat. An den Erläuterungen zu den Forderungen ist aber auch zu erkennen, wie schwer es ist, diesen unerwünschten Effekten im Rahmen des Paradigmas selbst entgegenzusteuern. Die entsprechenden Versuche bergen stets die Gefahr in sich, mit der Verfeinerung der Steuerungsinstrumente den Evaluationsaufwand und die damit einhergehende Überwachung zu erhöhen. Es werden dann noch mehr Ressourcen für die Kontrolle der Forschung verbraucht, die in der Forschung produktiver wirken würden, und es wird der Spielraum für die unkontrollierte, offene Evolution des Wissens nach wie vor, bei verfeinerter Steuerung möglicherweise sogar noch stärker, eingeengt.

Aus diesem Dilemma befreit die Ersetzung bzw. Kontrolle von Kennziffernsteuerung durch Peer Review – wie die Forschergruppe empfiehlt – nur ansatzweise, aber nicht grundsätzlich. Auch Peer Review bedarf letztlich standardisierter Kriterien, um sich vom Ruch der Willkür zu befreien und den Zeitaufwand in Grenzen zu halten. Genau deshalb soll das britische RAE-Verfahren vereinfacht werden und mehr als zuvor mit Kennziffern arbeiten. Innerhalb des Paradigmas von NPM wird man diesen unerwünschten Effekten nicht vollständig entkommen. Soziologische Aufklärung bzw. eine kritische Governance-Forschung muss einen Schritt aus dem Feld zurücktreten und herausarbeiten, wie es dazu gekommen ist, dass nach einer jahrhundertelangen Evolution des Wissens nun darauf gesetzt wird, mit NPM eine Steigerung der Wissensevolution zu erzielen. Und sie muss schonungslos darlegen, welche Folgen NPM für den Forschungsprozess und die Evolution des Wissens hat. Auf der Seite der Ursachenforschung spricht vieles für eine neoinstitutionalistische Erklärung: Nicht funktionale Notwendigkeit, sondern die globale Durchsetzung eines Rationalitätsmodells, der normative Druck der Governance-Forschung selbst, deren professionelle Interessen und die Verfügbarkeit bzw. Vermarktung der notwendigen Informationstechnologie durch die IT-Branche erzwingen die Einführung von NPM zur Governance von Forschung (Meyer und Rowan 1977; DiMaggio und Powell 1983; Meyer 2005). Die in diesem Aufsatz aufgezeigten kontraproduktiven Effekte der Erzeugung und Verfestigung einer Statushierarchie von Forschungseinrichtungen durch exzessive Evaluation auf Kosten der Offenheit der Wissensevolution legen diesen Schluss nahe. Eine aufklärende Soziologie muss es an sich bei dieser Feststellung belassen. Es ist nicht ihre Aufgabe, Empfehlungen zu geben, wie es besser gemacht werden kann, zumal sie sich dann selbst in das Feld begibt und ein Stück Reflexionsfreiheit verliert. Jede empfohlene Maßnahme hat unerwünschte Nebenfolgen, die es im Feld selbst gegen die erzielten Effekte abzuwägen gilt. Naheliegende Empfehlungen würden jedoch darauf hinauslaufen, Maßnahmen zu ergreifen, die verhindern, dass die Wissenschaft in der Reproduktion von Statushierarchien erstarrt.

Governance der Forschung durch umfangreiche, zentral organisierte Evaluationsverfahren hat offensichtlich nicht intendierte Effekte, die deren Nutzen für die Forschung erheblich beeinträchtigen. Zu diesem Ergebnis kommt auch Bruno Frey (2008). Nach seiner Analyse ergibt sich aus Evaluationsverfahren insbesondere bei gehäufter und regelmäßiger Anwendung eine Verzerrung von Anreizen: (1) Was nicht gemessen wird, zählt nicht mehr, das heißt, die Multidimensionalität von Leistungen (Multitasking) wird verfehlt. (2) Intrinsische Motivation wird durch extrinsische ersetzt, was Kreativität verringert. (3) Leistungen werden im Hinblick auf Kennziffern bis hin zum Betrug manipuliert. (4) Evaluatoren dehnen ihre Angebote zwecks Einkommensverbesserung aus, Evaluierte müssen sich auch dann unterwerfen, wenn die Evaluation unangemessen ist, weil sie sich sonst dem Verdacht aussetzen, etwas verbergen zu wollen. (5) Aus dem Ergebnis von Evaluationen lassen sich keine Schlussfolgerungen ziehen. Sollen die Schlechteren besser ausgestattet werden, um sich zu verbessern, die Besseren schlechter, um gleiche Chancen herzustellen, oder umgekehrt? (6) Welchen Grenzertrag eine Einheit zusätzlicher Ausstattung erbringt, lässt sich nicht verlässlich bestimmen. (7) Die Verfeinerung von Evaluationskriterien führt in einen unendlichen Regress und treibt den Aufwand auf der Seite der Evaluierenden und auf der Seite der Evaluierten weit über den daraus hervorgehenden Gewinns hinaus.

Frey plädiert deshalb für institutionelle Vorkehrungen, die Qualität ohne extensive Evaluationsverfahren sichern: (1) ausreichender Wettbewerb, (2) besonders große Sorgfalt bei der Personalauslese. Da kreative Forschung auf Freiräume angewiesen ist, die bei extensiver Evaluation über Gebühr eingeschränkt werden, müsse zugunsten der Förderung von Spitzenleistungen zwangsläufig in Kauf genommen werden, dass nicht alle Forscher ihren Freiraum in Spitzenleistungen umsetzen. Extensive Evaluation könne unterbinden, dass unterdurchschnittlich gearbeitet wird, sie verhindere aber auch überdurchschnittliche, auf Freiräume angewiesene Leistung.

Anstelle der Statushierarchien konstruierenden, reproduzierenden und verfestigenden vergleichenden Evaluation von Fachbereichen könnte zum Beispiel eine Beraterkommission des Wissenschaftsrates damit beauftragt werden, den Wettbewerb zu beobachten und Empfehlungen zu seiner Förderung zu geben. Eine solche Kommission wäre nicht Mitspieler, sondern Beobachter. Zu den Vorschlägen für eine Intensivierung des Wettbewerbs könnte zum Beispiel gehören: (1) der flächendeckende Abbau von Hierarchien, (2) die Ersetzung der Mitarbeiterstellen durch Juniorprofessuren, (3) die Wiedereingliederung der außeruniversitären Forschung in die Universitäten (Münch 2007: 400-403). Hubert Markl (2006), von 1986 bis 1991 Präsident der Deutschen Forschungsgemeinschaft und von 1996 bis 2002 Präsident der Max-Planck-Gesellschaft, hat angesichts der gegenwärtigen Welle der Evaluationen darauf aufmerksam gemacht, dass sich das wissenschaftliche Wissen nur entwickeln kann, wenn die begutachtend disziplinierende Wissenschaft und die disziplinlose Forschung in einem Gleichgewicht gehalten werden. Es gibt erhebliche Evidenzen dafür, dass der flächendeckende Einsatz von NPM die Forschung einem Vorrang der wissenschaftlichen Disziplinierung opfert (Albrecht 2007).

VI. Der Monopolmechanismus
in der Wissenschaft

Im Folgenden soll die These entfaltet und bekräftigt werden, dass die im Kontext der weltweiten Verbreitung von New Public Management (NPM) zu beobachtende Umwandlung von Universitäten in Unternehmen (Clark 1998; Maasen und Weingart 2008), die sich einen Wettbewerb um Wissenschaftler, Studierende und Forschungsgelder liefern, den Monopolmechanismus in der Wissenschaft befeuert (Macdonald und Kam 2007: 649; Meier und Schimank 2009: 56; Boni 2010: 304ff.). Es wächst die Ungleichheit im Einfluss auf die Wissensproduktion, wodurch zugleich die Erneuerung des Wissens behindert wird. Die Wirkungsweise des Monopolmechanismus soll zunächst anhand der zentralen Konsekrationsinstanz des wissenschaftlichen Wissens offengelegt werden: der begutachteten Fachzeitschrift und ihrer Bewertung durch den Impact-Faktor (Hirschauer 2004). Damit verbinden sich ungleiche Chancen im Zugang zu den begehrtesten Publikationsplätzen. Ganze Länder und einzelne Universitäten stehen im Wettbewerb um diese Chancen und den damit verbundenen Einfluss auf die Evolution des wissenschaftlichen Wissens. Dafür die erfolgversprechendsten Wissenschaftler zu gewinnen, wird zur entscheidenden Ressource für die Positionierung im zunehmend globalen akademischen Feld. Über den Erfolg entscheidet die Verfügung über materielles Kapital (Geld) und dessen Transformation in symbolisches Kapital (Prestige). Die Folge dieser Entwicklung ist die Kolonisierung des Wettbewerbs zwischen Forschern durch die Konkurrenz der Universitäten um die zirkuläre Akkumulation von Geld und Prestige. Die Forscher konkurrieren um die Anerkennung durch die wissenschaftliche Gemeinschaft für ihre Beiträge zum Kollektivgut des wissenschaftlichen Wissens, die Universitäten um Forscher, um ihre Forschungsleistungen in die Verbesserung ihrer Position im Kampf um Rangplätze umsetzen zu können. Dadurch werden die in einer vitalen wissenschaftlichen Gemeinschaft noch wirksamen Gegenkräfte gegen den Monopolmechanismus außer Kraft gesetzt. Die Entfaltung dieses Arguments stützt sich auf Mertons (1968a, 1995, 1996) Studien zum Matthäus-Effekt in der Wissenschaft (Zuckerman 2010). Sie werden jedoch aus ihrem funktionalistischen Hintergrund herausgelöst und in einen konflikttheoretischen Rahmen gestellt.

1. Die materielle Produktion von Marktmacht und die symbolische Konstruktion von Exklusivität

Grundlage der Überlegenheit im Wettbewerb ist stets irgendeine Art von Marktmacht. Das gilt für den Wettbewerb zwischen Fachzeitschriften um Rezipienten genauso wie für den zwischen Universitäten um Aufmerksamkeit in der Welt der Wissenschaft. Das soll zunächst am Beispiel von Fachzeitschriften in der Soziologie gezeigt werden.

Der *peer reviewed article* in einem sogenannten A-Journal mit hohem Impact kann als ein Statusgut verstanden werden, bei dem der symbolische Wert den materiellen Wert um ein Vielfaches überragt und sich verselbständigt. Solche Güter sind in erster Linie wegen ihres symbolischen Wertes begehrt. Ihr Status beruht auf Exklusivität. Diese wird durch die Schließung des Zugangs zu dem Gut sowie durch die demonstrative, klar erkennbare Absetzung von der Masse der Güter mit ähnlichem materiellem Wert erreicht (Weber 1976 [1922]: 534-539). Bei Konsumgütern sorgt ein hoher Preis dafür, dass nur wenige zahlungskräftige Menschen Zugang zu den Luxusgütern finden, die einen bestimmten Status in der Gesellschaft symbolisieren. Der verschwenderische Umgang mit edlen Materialien, der pure Luxus hilft, das Statusgut vom Massenkonsumartikel abzuheben. Das macht zum Beispiel den Unterschied zwischen einem Luxushotel und einem Hotel der Mittelklasse, zwischen einem Rolls Royce und einem Ford, einer Villa und einem normalen Reihenhaus aus. Innerhalb des Segments der Massenkonsumgüter setzt sich wiederum die »Premiumklasse« von der Standardklasse ab.

Wo die Absetzung von der Masse nicht durch Luxus möglich ist, muss Exklusivität von Anfang an durch symbolische Prozesse hergestellt werden. Eine wichtige Rolle spielen dabei Instanzen der Weihung (Konsekrationsinstanzen). Statusgüter können sich umso deutlicher von den Massengütern absetzen, je mehr der Konsekrationsprozess durch solche Instanzen monopolisiert wird. In der Kunst sind es zum Beispiel die dominanten Galerien in New York, die diese Rolle mit weltweiter Verbindlichkeit wahrnehmen. Für die internationale Anerkennung Andy Warhols, zum Beispiel, waren das die Galerien von Eleanor Ward, Leo Castelli und Sidney Janis (Zahner 2006: 188-200). Der endgültige Einzug in die Exklusivklasse der bildenden Kunst wird durch Ausstellungen in führenden Museen vollzogen, unter denen wiederum das Museum of Modern Art (MoMA) die Führung für die moderne Kunst innehat. Bei Warhol ist das erst 1987, also zwei Jahre nach seinem Tod, geschehen (Zahner 2006: 230ff.). Exklusive Kunst ist dann genau das, was im MoMA ausgestellt wird, was immer es sein mag. Die Kunstsammler orientieren sich an diesen Konsekrationsinstanzen und treiben mit erhöhter Nachfrage den Preis der entsprechenden Werke und in der Folge aller Werke des jeweiligen Künstlers in die Höhe. Es ergibt sich eine Spirale, die der symbolischen Konsekration eine Preissteigerung folgen lässt, aus der sich wiederum eine weitere Steigerung des symbolischen Werts ergibt, weil exorbitant hohe Preise die Begehrtheit von Kunstobjekten unterstreichen. Aus dieser Begehrtheit wird wieder auf einen hohen symbolischen Wert geschlossen. Diesem Prozess können sich die Galeristen schon aufgrund ihres Interesses an der materiellen Wertsteigerung der Objekte nicht entziehen, auch nicht die Museumsdirektoren, und zwar umso weniger, je mehr die erzielten Preise der gehandelten Kunstwerke die Aufmerksamkeit der gesamten Kunstszene beanspruchen. Die enge Kopplung zwischen Museum und Galerie hebt den Gegensatz zwischen Kunst und Kommerz auf. Ob der Kitsch von Jeff Koons noch als Kunst gelten kann oder nicht, ist dann gar keine Frage mehr. Die Aufregung, die eine Ausstellung seiner Werke in den ehrwürdigen Gemäuern von Versailles in Frankreich verursachte, ist dann lediglich ein Zeichen dafür, dass die französische Kunstszene den Anschluss an die globale Entwicklung verloren hat, wie im November 2007 ein in Paris lebender amerikanischer Journalist etwas süffisant im *Time Magazine* festgestellt hat (Morrison 2007).

Man muss hier erkennen, dass die Distinktionslogik der Kunst nicht inhärent ist, sondern ihr von außen durch die kommerziellen Interessen dominanter Galerien, die Distinktionsbedürfnisse reicher Sammler und die Konsekrationsakte von Museen übergestülpt wird. Ohne Wissen über den symbolischen und/oder materiellen Wert eines Kunstwerks können Betrachter von einer viel breiteren Palette an Werken ästhetisch berührt werden als unter den Bedingungen einer Stratifikation in eine Exklusivklasse und die Masse der restlichen Produkte. Man kann hier die Eigenart eines *winner takes all*-Marktes beobachten (Frank und Cook 1996).

In der Wissenschaft ist die Heraushebung einer Exklusivklasse aus der Masse von Publikationen als eine Überlagerung des Ringens um die Wahrheit durch eine von außen kommende Distinktionslogik zu interpretieren. Die führenden amerikanischen Fachzeitschriften spielen im Feld der Wissenschaft dieselbe Rolle wie die bedeutenden New Yorker Galerien sowie die Auktionshäuser Sotheby's und Christie's in London und New York im Feld der Kunst (Beckert und Rössel 2004; Zahner 2006; Thompson 2008). Ihre globale Dominanz beruht zunächst einmal darauf, dass sie in ihrem heimischen Markt in der Regel auf eine besonders lange Geschichte der Publikation wissenschaftlicher Aufsätze zurückblicken können und/oder als Hauptorgan der jeweiligen Fachgesellschaft dienen sowie dem Umstand, dass sie das gesamte Spektrum an Forschungsfeldern innerhalb eines Faches erfassen und nicht nur Spezialgebiete. Von entscheidender Bedeutung ist weiterhin, dass die Vereinigten Staaten über den weltweit größten integrierten Publikationsmarkt verfügen, der aufgrund der Tatsache, dass Englisch zur globalen *lingua franca* der Wissenschaft geworden ist, außerdem per se schon das Zentrum der Wissenschaftswelt bildet, ganz unabhängig von der Qualität der Publikationen. In der Soziologie wurde das *American Journal of Sociology* (AJS) schon im Jahre 1895 vom weltweit ältesten Soziologie-Department in Chicago gegründet. Die seit 1936 erscheinende *American Sociological Review* (ASR) ist das Publikationsorgan der American Sociological Association (ASA). Beide decken alle Forschungsfelder ab. Darunter gibt es mit deutlichem Abstand *Social Forces* (SF) sowie Fachzeitschriften der regionalen Fachgesellschaften, die per se einen untergeordneten Status innehaben, sowie Spezialzeitschriften, die alle ein viel kleineres Segment von Rezipienten ansprechen.

Bei einer nur dreieinhalbfach größeren Bevölkerungszahl übersteigt die Zahl der ASA-Mitglieder diejenige der DGS um das Achtfache. Dazu kommt, dass jeder Soziologe weltweit englische Publikationen liest, deutsche Publikationen aber außerhalb des deutschen Sprachraums nur sehr wenige, in absehbarer Zeit aller Wahrscheinlichkeit nach überhaupt niemand mehr. Die Chance, gelesen zu werden, ist deshalb für einen Aufsatz im AJS oder in der ASR rein statistisch gesehen viel höher als für einen Aufsatz in den führenden deutschen Fachzeitschriften, der *Kölner Zeitschrift für Soziologie und Sozialpsychologie* (KZSS), der *Zeitschrift für Soziologie* (ZfS), der *Sozialen Welt* (SW) und dem *Berliner Journal für Soziologie* (BJS). Die Auflagen von AJS und ASR liegen bei 6800 bzw. 13000, also etwa sechsmal bzw. zehnmal höher als bei der ZfS bzw. KZSS. Daraus resultiert unmittelbar eine vielfach höhere Zitationshäufigkeit und dementsprechend ein vielfach höherer Impact der amerikanischen gegenüber den deutschen Fachzeitschriften. Allein auf den heimischen Markt von 14000 Soziologen bezogen ist die Chance um das Achtfache höher. Das ist aber aufgrund der Verdichtung des weltweiten englischsprachigen Publikationsgeschehens in den USA und dort bei den beiden dominanten Fachzeitschriften noch weit von den realen Rezeptions- und Zitationschancen entfernt.

Nimmt man an, dass es in den 167 Ländern der Welt, denen die Mitglieder der International Sociological Association (ISA) entstammen, etwa 100000 forschende Soziologen bzw. Soziologinnen gibt, und geht man davon aus, dass sie alle Englisch lesen können, dann ergibt das für das AJS und die ASR jeweils 100000 Rezipienten. Lesen vier Prozent davon deutsch, dann können 4000 die KZSS und die ZfS rezipieren und zitieren. Die Zitationsquote von AJS und ASR muss deshalb schon rein statistisch gesehen um etwa das 25-Fache höher sein. Wird zum Beispiel ein Aufsatz aus der ZfS 25-mal zitiert, hat er dieselbe Zitationsquote erzielt wie ein Aufsatz in der ASR bei 625 Zitaten; 50 ZfS-Zitaten entsprechen schon 1250 ASR-Zitate, 100 nicht weniger als 2500. Tatsächlich stellen sich die Zitationsquoten im Social Science Citation Index (SSCI) in etwa so dar: Für das Jahr 2006 sind es 7927 bzw. 6730 bei ASR bzw. AJS und 288 bzw. 180 bei KZSS und ZfS, wie wir in Kapitel IV schon festgestellt haben. Die seit 1985 in englischer Sprache erscheinende *European Sociological Review* (ESR) konnte mit 266 Zitationen im Jahr 2006 keinen größeren Impact erreichen als die KZSS. Daran ist die Trägheit des Publikationsmarktes zu erkennen. Das bedeutet, dass AJS und ASR zusammen über eine Monopolstellung auf dem Weltmarkt soziologischer Publikationen verfügen. Diese Monopolstellung reproduziert sich von selbst, indem das Wissen um die Monopolstellung von AJS und ASR die Rezipienten veranlasst, die in diesen beiden Zeitschriften erschienenen Aufsätze eher wahrzunehmen und zu zitieren als andere, weil sie dadurch über das informiert werden, worüber alle informiert sind. Wenn sie genau das rezipieren und zitieren, können sie sich der größtmöglichen Rezeptionschancen der eigenen Publikationen sicher sein. Am größten sind diese Chancen, wenn sie selbst Beiträge in diesen Zeitschriften unterbringen, aber auch außerhalb davon steigern sie ihre eigenen Rezeptions- und Zitationschancen, wenn sie die AJS/ASR-Literatur zitieren. Die dadurch erzeugte Attraktivität der US-Journals steigert die Zahl der dort eingereichten Aufsätze so weit, dass deren Ablehnungsquote über 90 Prozent liegt und zum Zeichen ihrer Exklusivität geworden ist. Das garantiert eine gleichbleibend hohe Qualität, wenn auch nicht unbedingt Originalität der dort erscheinenden Aufsätze (Tab. 6.1).

Deutlich verstärkt wird dieser Monopolmechanismus durch den vom Institute for Scientific Information (ISI) in Philadelphia herausgegebenen Social Science Citation Index (SSCI). Das Institut hat selbst eine Monopolstellung in der Verbreitung von Informationen über das wissenschaftliche Geschehen inne. Dabei muss zwangsläufig höchst selektiv vorgegangen

Tab. 6.1: Journal-Impact 2006

Zeitschrift	Zitationen 2006	Impact-Faktor
AJS	6730	2,581
ASR	7927	3,205
BJS	48	0,220
ESR	266	0,607
KZSS	288	0,580
SF	2935	1,241
SW	108	0,268
ZfS	180	0,580

Quelle: *ISI Journal Citation Report* 2006

werden. Viele relevante Informationen über wissenschaftliche Leistungen werden ignoriert, weil sie nicht in das angewandte Raster fallen. Der SSCI erfasst direkt nur Fachzeitschriftenaufsätze, und zwar ganz überwiegend nur englischsprachige, und nur indirekt die weitere in diesen Aufsätzen zitierte Literatur. Rein statistisch betrachtet wird dadurch in der Soziologie die AJS/ASR-Literatur noch mehr ins Zentrum des Geschehens gerückt, als das durch ihre marktbeherrschende Position ohnehin schon der Fall ist. Der SSCI wirkt also wie eine materielle Aufladung des auf dem Publikationsmarkt ohnehin schon wirksamen Monopolmechanismus. Als weitere materielle Aufladung tritt die Veröffentlichung des Impact-Faktors der Fachzeitschriften hinzu, der inzwischen auf deren Homepage dokumentiert ist. Eine Zeitschrift, die mit einem hohen Impact-Faktor werben kann, zieht mehr Manuskripte und Zitationen an sich. Das Ranking von Fachzeitschriften nach dem Impact-Faktor verfestigt sich durch die Reaktionen der Rezipienten. Es erzeugt die von ihm dargestellte Realität auf diesem Wege mit (Espeland und Sauder 2007).

Die materielle Aufladung von Marktmacht wird zusätzlich durch symbolische Aufladung unterstützt, die sich dadurch ergibt, dass die statistisch erklärbaren Rezeptions- und Zitationserfolge in wissenschaftliche Qualität umgemünzt werden. Das ist als symbolische Konstruktion von Exklusivität zu bezeichnen. Eine Zeitschrift wird nach dieser Ummünzung nicht deshalb häufiger zitiert, weil sie einen größeren Markt bedient und eine marktbeherrschende Stellung innehat, sondern weil ihre Aufsätze eine höhere Qualität haben (Larivière und Gingras 2010). Differenzen im Impact-Faktor sind dann nicht einfach Ausdruck von Wettbewerbsvorteilen bzw. -nachteilen, sondern von Statusdifferenzen. Es wird in »besser« und »schlechter« unterteilt, was zunächst nur aufgrund von statistischen Effekten mehr oder weniger häufig zitiert wird. Legt man die reine Zitationshäufigkeit zugrunde, dann hätten AJS/ASR-Artikel einen dreiundzwanzig- bis 24-mal höheren Wert als KZSS/ZfS-Artikel. Man könnte auch sagen, dass die amerikanische Soziologie eine dementsprechend höhere Qualität hat als die deutsche. Etwas weniger krass stellt sich das Verhältnis nach dem relativierenden Impact-Faktor dar, nämlich 2,581 und 3,205 zu 0,580 und 0,580. Immerhin bleibt aber ein »Qualitätsunterschied« von 4,45 bzw. 5,5 zu 1.

Im Fahrwasser von ISI und der ersten Ummünzung von statistischer in qualitative Differenz, von Unterschieden in Ranglisten, von Information in Stratifikation, von Unterscheidungen in Statushierarchien ergeben sich weitere symbolische Aufladungen, indem die vom ISI erzeugte Hierarchie zum Maßstab der Evaluation von Forschern, Forschungseinheiten und ganzen Forschungseinrichtungen gemacht wird. Dadurch erfährt das ISI mitsamt seinen Literaturdatenbanken selbst eine Weihe von höherer Stelle. Dass sich Evaluationskommissionen nach dem ISI richten, ist an den Ergebnissen ihrer Bewertungstätigkeit zu erkennen. Die 2007 und 2008 veröffentlichten Ergebnisse der vom Wissenschaftsrat (2007, 2008) durchgeführten Pilotstudien zum Forschungsrating Chemie und Soziologie bestätigen das. Bei der Chemie waren die Werte des Science Citation Index (SCI) des ISI von entscheidender Bedeutung für die Bewertung, bei der Soziologie wurde zwar aufgrund der zu erwartenden Marktverzerrungen auf eine Zitationsanalyse verzichtet, der englischsprachige *peer reviewed article* hatte aber einen herausragenden Stellenwert, und es kann prognostiziert werden, dass in absehbarer Zukunft der Impact-Faktor der entsprechenden Zeitschriften genauso die Bewertungen anleiten wird, wie das in der Ökonomie längst der Fall ist (Münch und Baier 2009).

Der nächste Schritt der symbolischen Aufladung statistischer Effekte ist die Tätigkeit von Berufungskommissionen und die daraus folgende Rekrutierung von Wissenschaftlern durch Universitäten. Hier gehen wir über zur Erlangung von Marktmacht und ihrer symbolischen Aufladung durch Universitäten. Die Berufungskommissionen sehen sich umso mehr gezwungen, ihre Entscheidungen auf den Journal-Impact-Faktor der Bewerber zu gründen, je mehr dieser Faktor durch die beschriebenen Instanzen der materiellen und symbolischen Aufladung schon soziale Verbindlichkeit erlangt hat. Wenn die Position eines Fachbereichs im universitären Feld entscheidend durch diesen Faktor bestimmt wird, dann können Berufungskommissionen gar nicht anders handeln, wenn sie ihrem Fachbereich nicht schaden wollen. Ihre eigene Entscheidung in diesem Sinne ist dann die endgültige Weihung des Journal-Impact-Faktors als Kriterium für die Bewertung wissenschaftlicher Leistungen und der Ummünzung ursprünglich statistischer Effekte in Qualitätsdifferenzen und Statusunterschiede. Die Folge davon ist wiederum die Stratifizierung von Fachbereichen und im Aggregat von ganzen Universitäten nach dem Journal-Impact-Faktor. Ein aktueller Bericht über die Publikationspraxis in der deutschen Politikwissenschaft betrachtet das ohne jegliche Diskussion über die Güte dieses Kriteriums schon als allgemein verbindlich (Schneider

2009). In der Soziologie stellt sich das als noch nicht so selbstverständlich dar.

Sobald die beschriebene Praxis allen bewusst ist, kommt schließlich Geld ins Spiel. Die Universitäten stehen dann in einem Wettbewerb um die Berufung von Wissenschaftlern mit einem hohen Journal-Impact-Faktor. Das hat Folgen für die Preise, weil ja auf dem Publikationsmarkt Statusgüter gehandelt werden und der Markt eine Monopolstruktur hat. Es gibt nur wenige Wissenschaftler, denen es gelungen ist, sich einen sichtbaren Anteil an dem Exklusivgut eines *high impact journal* anzueignen. Sie zu gewinnen ist deshalb teuer. Um möglichst viele High-Impact-Wissenschaftler in den eigenen Reihen zu haben, muss eine Universität reich sein. An dieser Stelle ergibt sich die Kopplung der symbolischen Stratifikation mit der materiellen, die zu einer wechselseitigen Angleichung der Journal-Impact-Rangliste und der Geldrangliste der Universitäten führt. Der Reichtum einer Universität wird dann – wie in den USA schon zu sehen – unmittelbarer Ausdruck ihres akademischen Ranges. Die Umstellung des Hochschulsystems auf einen Markt wird das auf lange Sicht auch in Deutschland mit sich bringen. Gegenwärtig zeigt sich dieser Trend schon in dem Prestige, das große Drittmitteleinnahmen und daraus finanzierte Großforschungseinrichtungen per se einbringen (Raan 2008). Die damit einhergehende Konzentration von Kapital auf prestigereiche Standorte und Forschungseinrichtungen wird von einer relativen Verarmung der großen Masse der Einrichtungen begleitet.

Das Forschungsrating des Wissenschaftsrates (2007, 2008) hat für die Chemie und die Soziologie in Deutschland gezeigt, dass an 60 Prozent der universitären Standorte mindestens eine sehr gute bis exzellente Forschungseinheit mit internationaler Ausstrahlung tätig ist. Die breite Streuung herausragender Forschung in der Chemie zeigt sich auch darin, dass bei den Erstberufungen der Jahre 2001 bis 2005 unter den kapitalkräftigsten Standorten nicht dasselbe Maß der Rekrutierung neuer Professoren aus dem eigenen Kreis zu beobachten ist, wie das von Burris (2004) in den USA für die Soziologie, die Politikwissenschaft und die Geschichte festgestellt wurde. Die kapitalkräftigsten Standorte platzieren zwar aufgrund ihrer schieren Größe weitaus die meisten Nachwuchswissenschaftler auf Professorenstellen, sie berufen aber sogar überwiegend Nachwuchswissenschaftler von weniger kapitalkräftigen Standorten. Das beweist, dass es die vom DFG-Förder-Ranking und vom CHE-Forschungs-Ranking suggerierte und von der Exzellenzinitiative nachvollzogene Ausdifferenzierung einer kleinen Gruppe von »Eliteeinrichtungen« noch nicht gibt. Sie wird aber aus diesen Attributionen von Exzellenz durch Rankings langfristig hervorgehen (Baier und Münch 2010).

Die von der Exzellenzinitiative von Bund und Ländern zur Förderung von Wissenschaft und Forschung an den deutschen Hochschulen forcierte Konzentration der Mittel auf wenige herausgehobene Standorte wird auf mittlere Sicht die relativ breite Streuung herausragender Forschung verringern und die Tendenz zur Überausstattung der herausgehobenen Standorte auf Kosten der Unterausstattung vieler bisher noch konkurrenzfähiger Standorte erheblich verstärken. Die zu erwartende Folge ist die Einschränkung des Wettbewerbs, die Verringerung der Vielfalt von Forschungsprogrammen und die Engführung der Wissensevolution. Anders als in der Wirtschaft erbringen solche Konsolidierungsprozesse in der Wissenschaft keine Skalenerträge, weil hier die optimale Größe viel schneller erreicht ist und weil es viel mehr um Innovation als um Serienproduktion geht (vgl. Hicks und Skea 1998). Serienproduzenten sind aber auch in der Wirtschaft nicht die Quellen der Innovation (Nelson und Winter 1982; Metcalfe

1994a, 1994b; Saviotti 1996). In der Wissenschaft sind sie die Standbeine der Normalwissenschaft. Untersuchungen zu 290 Durchbrüchen in der Biomedizin und 20 Fallstudien zu besonders kreativen Wissenschaftlern in der Nanotechnologie und der Humangenetik haben gezeigt, dass kreative Leistungen von kleinen Forschergruppen mit sechs bis acht Personen erzielt werden. Sie arbeiten unter geringer externer Kontrolle in einem vielfältigen Umfeld und sind nicht auf die Einwerbung von Drittmitteln angewiesen (Hollingsworth 2006; Heinze et al. 2009). Auch diese Ergebnisse sprechen dafür, dass die Konzentration von Forschungsmitteln auf wenige Standorte keiner funktionalen Logik der Prämierung von Produktivität folgt, sondern der eher dysfunktionalen Logik des Monopolmechanismus.

Die Kopplung von symbolischem und materiellem Kapital macht die reichsten Universitäten am Ende zu den höchsten Konsekrationsinstanzen des Wissenschaftsbetriebes. Sie nehmen selbst eine Monopolstellung in der Bestimmung der Qualität wissenschaftlicher Leistungen ein. Alles, was aus dem Computer eines Harvard-Professors hervorgeht, hat dann per se eine Aura und höchste Qualität (Medoff 2006). Und alles, was im *Harvard Business Review* veröffentlicht wird, hat beste Chancen, in der Welt des Managements weltweit Beachtung zu finden. Diese Aura überträgt sich auch auf die weniger spektakulären Professorinnen und Professoren der Harvard University.

Man kann hier wieder eine Parallele zum Feld der Kunst ziehen. Es gibt viele über die Welt verstreute Museen. Was die moderne Kunst betrifft, hat aber das Museum of Modern Art in New York eine Sonderstellung. Was dort ausgestellt wird, steht an der Spitze. Um in diese Position zu gelangen, hat das Museum erfolgreich die spiralförmige Akkumulation von monetärem und symbolischem Kapital betrieben. Von der

Rockefeller-Foundation mehr als andere Museen mit dem nötigen Kapital ausgestattet, konnte es diejenigen Kunstwerke kaufen, die über die zentralen Galerien schon vorgeweiht und im Preis nach oben getrieben worden waren. Das dadurch gesteigerte symbolische Kapital erhöht die Aufmerksamkeit für temporäre Ausstellungen, die dadurch wieder zur Konsekrationsinstanz für aufstrebende Künstler und ihre Werke werden. Diese Rolle verschafft dem Museum zusätzliches symbolisches Kapital, das hilft, Sammler zu exklusiven Leihgaben teurer Werke zu bewegen, wodurch sich der symbolische Wert der permanenten oder temporären Ausstellungen abermals erhöht (Beckert und Rössel 2004; Zahner 2006: 125-127, 221-232). Bei Harvard & Co. ist der parallele Prozess das Fundraising, bei dem das schon akkumulierte symbolische Kapital der Universität Sponsoren veranlasst, Geld für Professuren, Labore oder Bibliotheken zur Verfügung zu stellen, die ihren Namen tragen. Das entsprechend vermehrte monetäre Kapital kann von der Universität wiederum in die Rekrutierung teurer Spitzenwissenschaftler investiert werden, die abermals das verfügbare symbolische Kapital erhöhen (vgl. Karabel 2005; Lenhardt 2005).

Schließlich wird die Umwandlung statistischer Effekte und materieller Wettbewerbsvorteile in die Stratifikation von Fachbereichen und ganzen Universitäten durch Rankings in der Öffentlichkeit bekräftigt. In den USA werden alljährlich derartige Rankings von *US News & World Report* veröffentlicht (Espeland und Sauder 2007; Sauder und Espeland 2009). Das Shanghai-Ranking erzeugt eine Stratifikation der 500 weltweit sichtbarsten Universitäten. Die 40 im Shanghai-Ranking gelisteten deutschen Universitäten unterscheiden sich von den anderen deutschen Hochschulen in erster Linie durch die größere Zahl der beschäftigten Wissenschaftler. So wird Größe in Exzellenz transformiert (SJTU 2010). In Deutschland führt das Centrum für Hochschulentwicklung (CHE) der Bertelsmann-Stiftung ein Hochschul- und Forschungs-Ranking durch (Münch 2007: 135-161). In den USA, in Deutschland und in der ganzen Welt wird über die Rankings geklagt; die methodische Qualität und überhaupt der Sinn und Zweck solcher Rankings werden heftig angezweifelt (Raan 2005). Trotzdem sind sie nicht mehr aus der Welt zu schaffen; und sie sind höchst einflussreich. Sie sind eine soziale Tatsache. Die Gewinner machen strategischen Gebrauch von den Rankings; die Verlierer können sich nicht entziehen, weil sie sich dann erst recht ins Abseits stellen. Dabei haben sie nahezu keine Chance, in den festgefügten Strukturen sichtbar aufzusteigen. Allein die schweizerischen Hochschulen sind aus dem CHE-Ranking mit der Begründung methodischer Unzuverlässigkeit ausgestiegen. In Deutschland erhält das CHE-Ranking jedoch durch die Kooperation mit der Hochschulrektorenkonferenz eine zusätzliche offizielle Weihe. Das bringt die Hochschulrektorenkonferenz in der Wahrnehmung ihrer öffentlichen Verantwortung in das Fahrwasser einer privaten Stiftung, die unverkennbar eine politisch einseitige, nämlich neoliberale Reformprogrammatik in das Universitätssystem hineinbringen will (Müller-Böling 2000). Man sieht hier, wie durch *public-private partnership* private Interessen ohne demokratische Legitimation direkt auf das Handeln öffentlicher Einrichtungen einwirken.

2. Der Monopolmechanismus

Die wechselseitige Verstärkung der materiellen Produktion von Marktmacht und der symbolischen Konstruktion von Exklusivität beinhaltet einen Monopolbildungsprozess, bei dem sich eine Reihe von Mechanismen wechselseitig verstärken (Hedström und Swedberg 1998; Mayntz 2009; Bunge 2010; Mackert 2010; Schmid 2010), die in der soziologischen Literatur wohlbekannt sind und sich hier in ihrer konzertierten Wirkung beobachten lassen (Mackert 2004). Norbert Elias (1976 [1939]) hat am Beispiel der Staatsbildung in Frankreich den Monopolmechanismus beschrieben, der darin besteht, dass in Ausscheidungskämpfen um die Herrschaft über ein Territorium nach und nach die Stärkeren die Schwächeren verdrängen und am Ende ein einziger Herrscher über das Gewaltmonopol verfügt. Unterstützt wird dieser Prozess durch die Errichtung einer berechenbaren Ordnung, die den Wirtschaftsverkehr erleichtert. Die Nachfrage nach Ordnungsleistungen der Rechtssetzung und Rechtsprechung befestigt das Gewaltmonopol und erhöht seine Legitimität. Max Weber (1976 [1922]: 534-539) hat zwei Prozesse der Monopolbildung im Kampf um Prestige identifiziert: die Distanzierung von der Masse durch einen gehobenen, luxuriösen Lebensstil und die soziale Abschließung in Gestalt der biologischen und sozialen Reproduktion aus den eigenen Reihen. Marcel Mauss (1968) hat am Beispiel des Potlatch der nordamerikanischen Kwakiutl-Indianer dargelegt, wie sich die reichsten Familien dadurch herausheben, dass sie bei ihren Festen ihren Reichtum durch Verschwendung bis hin zur Zerstörung wertvoller Güter demonstrieren und die Teilnehmer durch wertvolle Geschenke zur Dankesschuld zwingen, die sie angesichts ihrer bescheidenen materiellen Verhältnisse nur durch Unterwerfung abtragen können. Pierre Bourdieu (1992, 1993, 1998, 2004) begreift den sozialen Raum als eine Konfiguration sozialer Felder, auf denen Akteure eine mehr oder weniger über- oder untergeordnete Position einnehmen und vorhandenes materielles (ökonomisches, soziales, kulturelles) Kapital einsetzen, um ihre Position zu erhalten oder zu verbessern. Das aus dem materiellen Kapital gezogene symbolische Kapital benutzen sie, um in Legitimationskämpfen die Geltungsgrundlagen der Ordnung und die darin verwurzelten Spielregeln im Feld zu beeinflussen. Im Normalzustand wird die vorhandene Verteilung von Kapital im Feld reproduziert. Fehlinvestitionen im Feld und Veränderungen außerhalb eines Feldes können jedoch auch zu Veränderungen in der Kapitalstruktur und in der Position der Akteure führen.

Bourdieus Ansatz lenkt den soziologischen Blick auf die Seite der Macht, die in jedem sozialen Feld wirksam ist, so auch in jedem Leistungswettbewerb, speziell auch in der Konkurrenz um Positionen in der Wissenschaft. Die Position, die ein Akteur im Feld einnimmt, bestimmt sich immer aus der Relation zu anderen Akteuren und aus den ausgetragenen materiellen und symbolischen Kämpfen. Beispielsweise ergeben sich die Leistungen einer universitären Einrichtung nicht schlicht aus dem Leistungsvermögen und -willen ihrer Mitglieder unter Bedingungen gleicher Chancen, wie die *illusio* im Spiel nahelegt. Sie resultieren immer aus der relativen Kapitalausstattung und den Spielregeln. So kann die bessere Kapitalausstattung einer Einrichtung die Leistungsfähigkeit der schlechter ausgestatteten Einrichtungen beeinträchtigen. Ebenso sind die Spielregeln zum Vorteil der einen und zum Nachteil der anderen. Im Normalzustand werden die Kämpfe um materielle Positionen und Ausstattungen ausgetragen, im Ausnahmefall um die Spielregeln, insbesondere in anomischen Zeiten um beides zusammen. In Zeiten des Wandels wird die Doxa zur Orthodoxie und durch die Heterodoxie herausgefordert. Prozesse der Naturalisierung und Objektivierung verfestigen die Doxa, die Kapitalstruktur und das Positionsgefüge im Feld und verschaffen ihnen Legitimität.

Die von Elias, Weber und Mauss beschriebenen Mechanismen der Monopolbildung können in den generellen Ansatz von Bourdieus Kapital- und Feldtheorie inkorporiert werden und helfen, spezielle Prozesse der Reproduktion der Kapitalstruktur und des Positionengefüges besser zu verstehen. Aus der Wissenschaftssoziologie selbst lassen sich Mertons (1968a, 1995, 1996) in Kapitel V beschriebene Analysen zum Matthäus-Effekt heranziehen (vgl. Cole und Cole 1973; Zuckerman 1977, 2010; Goldstone 1979). Nach Merton verschaffen vergangene Erfolge in der Wissenschaft materielle Ressourcen und symbolische Prestigegewinne, die sich einerseits direkt in intensivere Forschung umsetzen lassen, andererseits die Wahrnehmung der weiteren Leistungen durch Beobachter positiv beeinflussen.

In Mertons funktionalistischer Perspektive resultiert der Matthäus-Effekt aus der Belohnung von Beiträgen zum Erkenntnisfortschritt, wodurch Anreize für die Steigerung solcher Leistungen gesetzt werden. Derartige Anreize erfüllen eine positive Funktion für die Beförderung des Erkenntnisfortschritts in der Wissenschaft. Der von Merton beschriebene Akkumulationseffekt beinhaltet aber auch Belohnungen über das Verdienst hinaus, verletzt demnach das meritokratische Prinzip der Belohnung nach Verdienst. Man könnte diese Abweichung vom Prinzip der Meritokratie immer noch dadurch rechtfertigen, dass sie am Ende zur Steigerung der Gesamtleistung zum Vorteil aller beiträgt (Strevens 2006). Außerdem könnte noch darauf verwiesen werden, dass die Akkumulation von Belohnungen bei herausragenden Forschern und Institutionen eine Orientierungsfunktion für die Wissenschaft erfüllt, sodass die wissenschaftlichen Aktivitäten nicht im Chaos der Beliebigkeit enden, sondern gezielt an der Entwicklung des vorhandenen Wissens arbeiten.

Man muss allerdings die Augen vor den dysfunktionalen Effekten des Matthäus-Effektes verschließen, wenn man ihn allein als gerechte Entlohnung von Leistungen zur Steigerung des Gesamtnutzens von Wissenschaft und Gesellschaft sehen will. Die dysfunktionale Seite des Effekts besteht insbesondere in der Behinderung der Erneuerung und damit des Erkenntnisfortschritts. Er schafft Erkenntnismonopole, gegen die es oppositionelle Kräfte, die neue Wege gehen wollen, schwer haben. Man muss hier berücksichtigen, dass Personen, Institutionen und ganze Länder von dem Effekt Vor- oder Nachteile haben und dabei die Chancen, sich im Ringen um die Wahrheit durchsetzen zu können, ungleich verteilt werden. Das widerspricht der idealen Sprechsituation als Voraussetzung für die offene Evolution des Wissens (Habermas 1971). Besonders schwer zu brechen sind institutionelle Monopole, weil sie anders als persönliche Vorrangstellungen über Generationen hinweg nahezu unveränderlich aufrechterhalten werden können. Die Wissensevolution wird nur in dem Maße offen sein, in dem Gegenkräfte wirksam sind, den Monopolmechanismus in Grenzen halten und für ein Gleichgewicht zwischen der Erzeugung von Ungleichheit durch die Belohnung von Forschungsleistungen und der Erhaltung von Waffengleichheit im Ringen um die Wahrheit sorgen.

Zusammenfassend können wir festhalten, dass der Monopolmechanismus durch das Zusammenwirken der folgenden Teilmechanismen befördert wird:

Materielle Produktion von Marktmacht:
- Bessere Kapitalausstattung verdrängt schlechtere Kapitalausstattung. Die Gewinner eignen sich das Kapital der Verlierer an, um weitere Gegner aus dem Feld zu räumen.
- Die Besetzung zentraler Positionen bei der Verteilung von Forschungsmitteln (Fördereinrichtungen) und von Publikationschancen (Herausgeberschaften) entscheidet über den Zugang zu Forschungsmitteln und Publikationschancen.

- Biologische und soziale Reproduktion aus den eigenen Reihen hält den Zugang zu den herausgehobenen Positionen geschlossen.

Symbolische Konstruktion von Exklusivität:
- Die symbolische Aufladung besserer Kapitalausstattung durch Konsekrationsinstanzen transformiert materielles in symbolisches Kapital, Macht in Prestige.
- Potlatch-Geschenke verwandeln die Mächtigen in Wohltäter für die ganze Gesellschaft.
- Die Umsetzung von Reichtum in einen exklusiven Lebensstil macht die Prestigereichen zu Repräsentanten eines Ideals, das sie nur selbst erreichen können.

Im Feld der Wissenschaft wirken diese materiellen und symbolischen Mechanismen zusammen und erzeugen auf dem Wege der globalen Integration des Feldes eine globale Stratifikation, die das alte Nebeneinander nationaler Wissenschaftssysteme und Fachkulturen ablöst. Wie die folgenden Abschnitte zeigen, wird diese Transformation der Wissenschaft maßgeblich von weltweit betriebenen Reformen nach den Leitlinien von New Public Management sowie durch neue Instrumente der Qualitätssicherung vorangetrieben.

Ein in der Öffentlichkeit sehr präsentes Instrument der Qualitätssicherung sind, ich habe bereits darauf hingewiesen, Rankings. Die Festsetzung solcher Rankings in der Öffentlichkeit speist sich aus mehreren Quellen. Zunächst scheint es nur im Interesse der Öffentlichkeit, der Steuerzahler, der Sponsoren, der Studierenden und ihrer Eltern zu sein, über Qualitätsunterschiede von Hochschulen informiert zu werden (Weingart 2001; Kehm und Lanzendorf 2006). Wer will schon sein Geld investieren, ohne zu wissen, ob es auch Erträge einbringt, für einen selbst oder für die Allgemeinheit insgesamt. Das gilt umso mehr, je stärker sich der Staat aus der Verantwortung für die Qualität von Forschung und Lehre an den Hochschulen zurückzieht und die Investitionen dem Wettbewerb zwischen den Hochschulen um öffentliche und private Finanzierung überlässt. Das geschieht weltweit im Sog der Umstellung nicht nur der bürokratischen Organisation, sondern auch der professionellen Treuhänderschaft auf Märkte oder Quasi-Märkte als Koordinationsinstrumente im Rahmen von New Public Management (Foucault 2006; LeGrand und Bartlett 1994; Rose 1999). Das neue Paradigma hat der alten staatlichen »Input-Steuerung« die Legitimation entzogen. Es setzt stattdessen auf »Output-Steuerung« (Lane 2000; Reichard 2002).

Das alte Steuerungsmodell hat den Hochschulen eine breite Grundfinanzierung zur Verfügung gestellt und nicht weiter danach gefragt, was mit den bereitgestellten Mitteln geschieht. Es wurde Forschung finanziert. Welche Erfolge damit erzielt wurden, blieb den Hochschulen und den einzelnen Wissenschaftlern überlassen. Der Wettbewerb wurde wissenschaftsintern zwischen Forschern in ihrem jeweiligen Feld der Spezialisierung um Priorität oder Qualität, Originalität oder Konformität ausgetragen. Die großen Forscher wurden für Durchbrüche mit großer Ehre belohnt, die kleinen Forscher mit kleiner Ehre für Qualitätsverbesserungen in Einzelfragen der Normalwissenschaft. Noch in engeren Grenzen gehaltene Ausstattungsunterschiede haben insbesondere in föderalen Ländern wie Deutschland und den USA dafür gesorgt, dass an vielen Standorten Durchbrüche erzielt oder Qualität verbessert werden konnten. Darauf wirkten auch die zwischen den Wissenschaftsministern der Länder vereinbarte Berufungssperre von drei Jahren nach einem angenommenen oder abgelehnten Ruf, die Deckelung der dabei erzielbaren Gehaltszulagen und die Erfüllung von Ausstattungswünschen nur im Rahmen des vorhandenen Budgets der jeweiligen Universität hin. Umso offener war der Wettbewerb zwischen den Forschern. Der Effekt dieses breit angelegten Wettbewerbs war in beiden Ländern eine Beschleunigung des wissenschaftlichen Fortschritts. In den USA haben allerdings die institutionellen Strukturen wesentlich bessere Bedingungen für die Beschleunigung des wissenschaftlichen Fortschritts, die breite Ausdifferenzierung und interdisziplinäre Vernetzung der Forschung als in Deutschland geschaffen. Dazu zählen die fortbestehende Integration von Forschung und Lehre im Graduiertenstudium, der Verzicht auf Hierarchien in großen Departments mit 30 bis 40 Professoren und der weitgehende Verbleib der Forschung in den Hochschulen. Dagegen finden wir in Deutschland eine zunehmende Trennung von Forschung und Lehre, eine Oligarchie der Lehrstuhlinhaber und die Investition von etwa 40 Prozent der Forschungsmittel in außeruniversitären Instituten. Zusammen mit den schon geschilderten Wettbewerbsvorteilen auf dem Publikationsmarkt hat dieser institutionelle Unterschied die USA davonziehen lassen (Ben-David 1971).

Jetzt will Deutschland dadurch aufholen, dass im Zuge der Einführung von NPM im Hochschulsektor von Input- auf Output-Steuerung umgestellt wird, wie das in den USA und in Großbritannien schon in den achtziger Jahren geschehen ist. Die 2006/2007 durchgeführte Exzellenzinitiative von Bund und Ländern zur Förderung von Wissenschaft und Forschung an den deutschen Hochschulen hat diesen Prozess in Deutschland mit großer Publicity-Wirkung forciert. In den USA wurde die Grundfinanzierung der staatlichen Universitäten zurückgefahren, dafür wurde die Finanzierung durch Drittmittel ausgebaut. Die Folge davon war, dass die staatlichen Universitäten in ihrem verfügbaren Budget immer weiter hinter die reicheren privaten Universitäten zurückgefallen sind (Slaughter und Leslie 1997; Slaughter und Rhoades 2004; Washburn 2005; Newfield 2008). Der beschriebene Monopolmechanismus konnte sich so ungebremster entfalten. Parallel zum Wachstum der Finanzmärkte sind die reichsten Privatuniversitäten noch reicher geworden und unerreichbar davongeeilt. Die globale Finanzkrise hat ihnen allerdings im Herbst 2008 empfindliche Verluste bereitet. Trotzdem sind ihr Vermögen und damit auch ihr jährliches Budget weit entfernt von dem, worüber staatliche Universitäten und erst recht Universitäten in anderen Ländern verfügen. Die Umstellung von der Input-Steuerung auf die Output-Steuerung hat dementsprechend den Monopolmechanismus eines unregulierten Marktes voll in Gang gesetzt. In Großbritannien haben die Reformen Margaret Thatchers zwar zunächst formale Gleichheit zwischen alten und neuen Hochschulen hergestellt, im Zuge des seit 1986 in den Naturwissenschaften alle vier Jahre, in den Geistes- und Sozialwissenschaften alle sechs Jahre durchgeführten Research Assessment Exercise (RAE) hat sich jedoch über die Jahre erwartungsgemäß der Monopolmechanismus als wirksam erwiesen. Die Folge ist eine sich in jeder neuen Runde des RAE reproduzierende und verfestigende Stratifikation der Hochschulen (Curran 2000; Leišytė, de Boer und Enders 2006). Damit einher geht eine zunehmende Trennung von Forschung und Lehre, weil Erfolge in der Forschung durch Befreiung von der Lehre belohnt und Misserfolge durch Erhöhung des Lehrdeputats bestraft werden. Zugleich wird die Lehre in diesem Prozess systematisch abgewertet. Die Forschung konzentriert sich auf wenige Großfachbereiche, vereinseitigt sich dadurch und kann nicht direkt in die Erneuerung der Lehre umgesetzt werden (Meier und Schimank 2009).

Es ist bemerkenswert, dass Großbritannien seit Einführung der performanzbasierten Verteilung von Forschungsmitteln im Output von Fachzeitschriftenaufsätzen, wie er vom Science Citation Index (SCI) und Social Science Citation Index (SSCI) des ISI in Philadelphia gemessen wird, gegenüber Deutschland an Boden verloren hat. Korrespondierend zum Aufstieg insbesondere Chinas ist der Anteil beider Länder wie auch derjenige der USA zurückgegangen, der britische jedoch stärker als der deutsche. Auf die Bevölkerung von rund 82 Millionen in Deutschland und rund 61 Millionen Menschen in Großbritannien umgerechnet, ergibt sich allerdings ein Vorteil für Großbritannien. Dasselbe gilt bei einer Umrechnung auf die Zahl der aktiven Forscher nach Vollzeitäquivalenten von rund 301 000 in Deutschland und 251 000 in Großbritannien. Die Zahl der Wissenschaftler pro 1000 Beschäftigte in Vollzeitäquivalenten liegt jedoch in Großbritannien etwas höher (8,1 vs. 7,2 in Deutschland, jeweils in 2006) (OECD 2010a, 2010b). Allerdings hat Großbritannien gegenüber Deutschland und Frankreich den großen Vorteil, dass sich das Englische als internationale Wissenschaftssprache durchgesetzt hat und englischsprachige Fachartikel das Web of Science beherrschen. Dazu kommen noch die besseren Kooperationsmöglichkeiten mit Wissenschaftlern in den USA und mit Wissenschaftlern in Ländern des Commonwealth. Diese Vorteile dürften schätzungsweise die Größenunterschiede zwischen Großbritannien und Deutschland aufwiegen, sodass es durchaus gerechtfertigt ist, die absoluten Zahlen und nicht die relativen pro Einwohner oder pro Wissenschaftler dem Vergleich zugrunde zu legen. Das Aufholen des deutschen Publikationsoutputs gegenüber Großbritannien muss indessen nicht heißen, dass in Deutschland im Beobachtungszeitraum insgesamt eine Steigerung stattgefunden hat. Der Anstieg in Deutschland dürfte nahezu vollständig darauf zurückzuführen sein, dass vor allem die Zahl englischsprachiger, im Web of Science sichtbarer Artikel, weniger je-

Tab. 6.2: Artikel-Output 1999-2005

	1995		2005		Durch-schnittliche Veränderung pro Jahr %
	Zahl	Anteil %	Zahl	Anteil %	
Welt	564 645	100	709 541	100	2,3
USA	193 337	34,2	205 320	28.9	0,6
Großbritannien	45 498	8,1	45 572	6.4	0,0
Deutschland	37 645	6,7	44 145	6.2	1,6
Frankreich	28 847	5,1	30 309	4.3	0,5
China	9 061	1,6	41 596	5.9	16,5

Quelle: National Science Board 2008

doch die Gesamtzahl aller Publikationen zugenommen hat (vgl. auch King 2004) (Tab. 6.2).

Die Universitäten in Cambridge, Oxford und London beherrschen in Großbritannien nach wie vor das Feld. In ganz Europa gilt unter dem einseitig die englischsprachige Wissenschaftswelt privilegierenden Regime des Shanghai-Ranking die University of Cambridge als leuchtendes Vorbild. Dabei wird immer ein Fehlschluss vom Erfolg einer einzelnen Spitzenuniversität auf das nationale Wissenschaftssystem oder gar die Wissenschaft insgesamt begangen. Nach der ökonomischen Wettbewerbstheorie ist jedoch ausreichender Wettbewerb im nationalen Kontext eine Voraussetzung für die gesteigerte internationale Wettbewerbsfähigkeit einer Volkswirtschaft (Porter 1998). Das gilt in der Wissenschaft erst recht. Die dominante Position einer Institution kann gerade die internationale Wettbewerbsfähigkeit fast aller anderen nationalen Forschungseinrichtungen und damit des nationalen Wissenschaftssystems erheblich beeinträchtigen und auch den internationalen Wettbewerb beherrschen und so die Offenheit der Wissensevolution einschränken.

Der Monopolmechanismus (wie auch der Matthäus-Effekt) in der Wissenschaft kann auf mehr oder weniger starke Gegenkräfte stoßen. Es überrascht deshalb überhaupt nicht, dass die empirische Forschung nicht überall und unter allen Bedingungen den Effekt nachweisen kann (Bonitz et al. 1997; Havemann et al. 2005; Geuna und Nesta 2006; Laudel 2006; Tol 2009; Rigney 2010). Der Effekt kann empirisch immer nur dann auftreten, wenn seine Anfangsbedingung gegeben ist und ihm keine ausreichenden Kräfte entgegenwirken. Die Anfangsbedingung dafür, dass der Monopolmechanismus (der Matthäus-Effekt) überhaupt in Gang kommt, ist ein Verteilungskampf um ein knappes Gut bzw. um knappe Güter (Anerkennung, Geld, Prestige). Wachsende Gütermengen mäßigen den Effekt. Die Akteure müssen außerdem motiviert sein, Vorteile zwecks Verbesserung ihres Einkommens auch zulasten von Konkurrenten zu nutzen. Und sie dürfen durch die Spielregeln nicht daran gehindert werden, von ihrem Vorteil Gebrauch zu machen. Die ungleiche Verteilung von Einkommen als Ergebnis des Wettbewerbs darf nicht durch Umverteilungsmaßnahmen korrigiert werden. In Deutschland und in den USA ist der Föderalismus im Hochschulsystem eine starke Gegenkraft gegen den Monopolmechanismus und die von ihm erzeugte Konzentration von Forschungsgeldern, erfolgreichen Forschern und qualifizierten Studierenden auf wenige Spitzenuniversitäten. Solange diese Kraft wirksam ist, gibt es eine größere Zahl von Konkurrenten im akademischen Feld. Die Forschungspolitik kann außerdem lernen und im Fall zu weit gegangener Konzentrationsprozesse gegensteuern.

Der Monopolmechanismus ist keine nur auf die jüngsten

Entwicklungen zutreffende Erscheinung der Wissenschaft. Beziehungen der Patronage und Netzwerke der Verwandtschaft und Loyalität haben immer schon die Offenheit des Wettbewerbs um Anerkennung eingeschränkt. Dementsprechend ist es auch keine Überraschung, solche Netzwerke auch in der Gegenwart vorzufinden. Das von Burris (2004: 247) für die Soziologie in den USA festgestellte hohe Maß der Rekrutierung von Professoren in den Top-Departments aus den eigenen Reihen und der Besetzung von Professorenstellen aller Departments, die ein Promotionsstudium anbieten, aus ihrem Kreis lässt sich allerdings in der Chemie an den deutschen Universitäten noch nicht im gleichen Maße beobachten (Baier 2010). Eine Untersuchung zu Berufungsnetzwerken in einem Teilgebiet der Chirurgie in Deutschland zeigt indessen eine erhebliche Prägung durch Patronagebeziehungen (Kovács 2010). Man sieht in diesem Fall, wie das alte Modell der Strukturierung des akademischen Feldes auch unter Bedingungen des Wettbewerbs um Forschungsmittel nach meritokratischen Prinzipien wirksam bleibt. Man kann in akademischen Verwandtschaftssystemen die Tiefenstruktur der jeweiligen wissenschaftlichen Felder erkennen, die maßgeblich die Verteilung von Loyalitäten und, daraus resultierend, die Verteilung von Prestige, Herausgeberschaften, Ausschussmitgliedschaften, Preisen, Ehrungen und Forschungsgeldern bestimmt. Da es sich dabei um eine über mehrere Generationen hinweg stabile Verwandtschaftsstruktur handelt, sind auch in den dadurch bestimmten Zuweisungen von Prestige, Ehrungen und Geldern über längere Zeiträume hinweg wenige Änderungen zu beobachten. Dementsprechend hat Burris (2004: 244) auch 1993 diejenigen Soziologie-Departments an der Spitze der Prestigeskala gefunden, die dort schon 1925 platziert waren (Keith und Babchuk 1994, 1998). Für das aktuelle Setzen auf Output-Steuerung bedeutet das, dass es realiter nur den zuvor erfolgten Input bekräftigt und somit sein Ziel nicht erreicht. Es sind die größeren Departments, die sich an der Spitze befinden, wobei ihre Größe zugleich zum Pferdefuß wird, wenn ihre Performanz auf den Personaleinsatz umgerechnet wird. Das zeigt sich zum Beispiel auch darin, dass der im Forschungsrating Soziologie des Wissenschaftsrats attestierte Impact einer Forschungseinrichtung hoch mit der Zahl der beschäftigten Wissenschaftler korreliert ist (R = ‚621), nicht jedoch deren Effizienz (R = ‚149) (Münch und Baier 2009: 313). Mit der Umstellung auf Output-Steuerung ergibt sich dann eine besonders stark wachsende Akkumulation von Wettbewerbsvorteilen bei den Top-Departments, was sie in eine kaum noch anfechtbare Oligopolstellung bringt. Dadurch wird das Ziel der Belebung des wissenschaftlichen Feldes durch intensiveren Wettbewerb verfehlt. Der Monopolmechanismus wird jetzt erst recht wirksam.

Die neue Steuerung an der Oberfläche des akademischen Feldes in Gestalt der »Leistungsorientierten Mittelverteilung« (LOM) wird von der Tiefenstruktur des Feldes aufgesogen. Die Exzellenzgelder fließen in die von der Tiefenstruktur angelegten Bahnen. Dabei dienen die Konsekrationsakte von Ausschüssen der Wissenschaftsorganisationen als entscheidende Vermittlungsinstanzen zwischen stabiler Tiefenstruktur und nur leicht variierender Oberflächenstruktur. Die in Abbildung 6.1 durchgezogenen Pfeile von unten nach oben bringen die über einen längeren Zeitraum hinweg stabile Kraft der Tiefenstruktur zum Ausdruck, die von oben nach unten verlaufenden gestrichelten Pfeile die nur kurzfristig und deshalb schwächer wirkende, die Tiefenstruktur nur wenig verändernde Kraft von Steuerungsmaßnahmen an der Oberfläche. Die Verteilung von frischem Geld an der Oberfläche ändert nichts an den Machtverhältnissen in der Tiefenstruktur.

Abb. 6.1: Der Monopolmechanismus im Kontext von Tiefen- und Oberflächenstruktur des akademischen Feldes

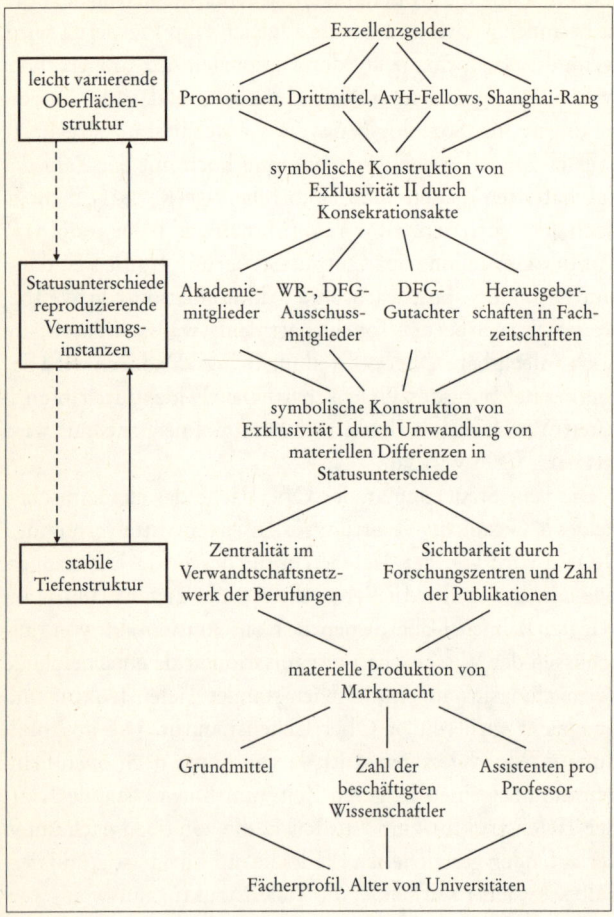

Tabelle 6.3 gibt die Kapitalstruktur des universitären Feldes in Deutschland wieder. Wie man sieht, besteht ein sehr enger Zusammenhang zwischen dem verfügbaren ökonomischen, sozialen und symbolischen Kapital, von dem die Publikationen pro eingesetztem Personal (Spalte Publikationen pro Professor pro Assistent) deutlich abweichen. Die Position im Shanghai-Ranking und die Verteilung der Exzellenzgelder lassen sich weitgehend durch die Kapitalstruktur, jedoch nicht durch die Publikationen pro Professor pro Assistent erklären. Der Monopolmechanismus zeigt sich im Vergleich zur Zuteilung von Exzellenzgeldern nach Publikationsproduktivität per Personaleinsatz als erheblich wirksamer.

Die Überlagerung des wissenschaftlichen Wettbewerbs von Forschern um Anerkennung durch die wissenschaftliche Gemeinschaft für ihre Beiträge zum Erkenntnisfortschritt als globales Kollektivgut durch die Konkurrenz zwischen unternehmerisch agierenden Universitäten um erfolgreiche Forscher, begabte Studierende und Forschungsgelder setzt die in einem autonomen Feld der Wissenschaft dem Monopolmechanismus entgegenwirkenden Faktoren außer Kraft. Merton (1996) hat als strukturelle Gegenkräfte gegen den Monopolmechanismus die Erschöpfung der von führenden Forschern geprägten Zentren durch Epigonentum und die Neigung von potenten Konkurrenten, sich lieber außerhalb der Domäne von Platzhirschen niederzulassen, identifiziert. Wenn aber durch die zirkuläre Akkumulation von materiellem und symbolischem Kapital die Ungleichheit zwischen den Standorten zunimmt, dann verringern sich zugleich die Chancen für die Forscher außerhalb der Zentren, überhaupt zum Erfolg zu kommen. Die von Merton genannten Gegenkräfte gegen den Monopolmechanismus werden dadurch geschwächt. Dasselbe gilt für die von Merton (1973 [1942]) identifizierten Leitideen der Wissenschaft: Universalismus in der Begründung

Tab. 6.3: Kapitalstruktur und Publikationsperformanz deutscher Universitäten

Universitäten	ökonomisches Kapital				soziales Kapital			symbolisches Kapital			Publikationen 2001-2003		
	Grundmittel 1999-2001	Drittmittel absolut 1999-2001	Drittmittel/Wissensch. 1999-2001	Exzellenzgelder 2006-2007	Wissenschaftler 1999-2001	Assistenten pro Prof. 1999-2001	Mitgl. Akademie Leopoldina 2007	DFG-Gutachter 1999-2001	AvH Gastwissensch. 1999-2001	Shanghai-Ranking	absolut	pro Prof.	pro Prof. pro Assist.
14 kleine Universitäten 87-1008 Wissenschaftler	115,7	18,9	26,7	4,8	652,4	3,0	2,1	38,1	15,4	7,8	42,4	12,53	3,32
10 kleine Technische Universitäten 625-1527 Wissenschaftler	154,6	42,1	42,7	0,34	1005,8	4,8	2,1	52,1	23,3	7,0	44,1	13,45	3,08
10 mittlere Universitäten 1394-2239 Wissenschaftler	278,1	62,8	33,26	7,6	1885,8	5,7	5,8	83,5	38,6	6,2	47,5	12,72	2,97
21 große Universitäten 2345-5129 Wissenschaftler	481,2	112,4	34,5	26,9	3149,0	5,7	22,8	191,9	98,3	3,2	69,8	14,23	2,96
8 große Technische Universitäten 1743-4100 Wissenschaftler	413,2	157,9	55,0	37,9	2813,9	7,6	13,9	150,5	88,5	4,0	71,3	14,22	2,47

Quellen: DFG 2003, 2006, 2009; Berghoff et al. 2005; Münch 2007: 147-149; SJTU 2010. Es wurden jeweils die Mittelwerte angegeben. Geldbeträge in Euro, absolut in Millionen, relativ in Tausend. Shanghai-Rang 1-100 = 1, 101-151 = 2, 152-200 = 3, 201-302 = 4, 303-401 = 5, 402-501 = 6, 502+ = 8.

von Wissen, Kommunismus in der Teilhabe am Wissen, organisierter Skeptizismus in der Haltung zum Wissen und Uneigennützigkeit in der Generierung von Wissen. Soweit diese Leitideen institutionalisiert sind, wirken sie dem Monopolmechanismus entgegen. Es gibt keine privilegierten Quellen von Wissen, das Wissen gehört allen gleichermaßen. Auch die renommiertesten Forscher müssen sich der Kritik stellen und haben vorab keine Vorteile bei der Einwerbung von Forschungsgeldern und der Platzierung von Publikationen. Und es gehört sich auch für die erfolgreichsten Wissenschaftler, von ihren Erfolgen keinen strategischen Gebrauch zu machen, andere Forscher gleichermaßen zu respektieren und zur Entfaltung kommen zu lassen.

Man kann die von den genannten Leitideen geprägte wissenschaftliche Tätigkeit mit Bourdieu (1975, 1998: 163-197) als einen der Reziprozitätsregel folgenden Gabentausch in der Generierung von Wissen als globalem Kollektivgut deuten (Mauss 1968). Für Bourdieu ist ganz entscheidend, dass das wissenschaftliche Feld seine eigenen Spielregeln besitzt, die über die Verteilung von Positionen und Kapital entscheiden. Je mehr das der Fall ist, umso mehr wird die Machtverteilung im sozialen Raum innerhalb des Feldes der Wissenschaft gebrochen. In diesem Fall bestimmt die Verfügung über feldspezifisches Kapital, nämlich wissenschaftliches Kapital in Gestalt anerkannter Beiträge zum Erkenntnisfortschritt, über die im Feld eingenommene Position. Zur Autonomie des wissenschaftlichen Feldes gehört insbesondere das Interesse an der Interessenlosigkeit. Die Praxis der Wissenschaft folgt dann nicht den Gesetzmäßigkeiten der Ökonomie als einem Tausch zwecks Nutzenmaximierung und einem von Gewinnstreben geleiteten Handeln, sondern den Regeln der Reziprozität im Gabentausch, wie er sich in reiner Form in einfachen Gesellschaften beobachten lässt. Es handelt sich dabei um eine Ökonomie der symbolischen Güter mit einer doppelten Wahrheit. Auf der einen Seite besteht das Gebot der uneigennützigen Gabe, das verlangt, dass ohne Absicht der Erwiderung geschenkt wird. Unmittelbare Erwiderung würde die Gabe zunichtemachen. Dementsprechend ist auch der Beschenkte gehalten, die Gabe nicht unmittelbar zu erwidern. Es muss ein ausreichender zeitlicher Abstand gewahrt bleiben, damit die Gegengabe nicht einfach als Entgelt für das zuvor Erhaltene erscheint. Zwischen der Gabe und deren Erwiderung wird ausdrücklich kein direkter und kein messbarer Zusammenhang hergestellt. Die Gabe hat für den Beschenkten einen Wert, aber keinen Preis, nach dem sich eine äquivalente Gegengabe berechnen ließe.

Diese Spielregeln gewährleisten, dass sich alle Mitglieder unabhängig von ihrer Leistungsfähigkeit der Anerkennung durch die Gemeinschaft sicher sein können und sich verpflichtet fühlen, die Anerkennung durch ihre eigenen Beiträge zum Wohlergehen der Gemeinschaft zu erwidern. Es geht bei dieser Ökonomie der symbolischen Güter nicht um Geld, sondern um Ehre. Das verlangt von den reicheren Teilnehmern an diesem Austausch stets auch die Anerkennung der weniger reichen, die Verpflichtung auf ihre Unterstützung als vollwertige Mitglieder der wissenschaftlichen Gemeinschaft. Das heißt, dass der Verdrängung von Konkurrenten Grenzen gesetzt sind und dass strategisches Handeln zur Steigerung von Anerkennung verallgemeinerbaren Gründen folgen muss. Es gilt dem Gemeinwohl aller, im Endeffekt dem Erkenntnisfortschritt zum Nutzen der gesamten Gemeinschaft zu dienen. Der kollektive Zwang zur Verklärung des Strebens nach symbolischen Gewinnen beschränkt den Handlungsspielraum und die verwendbaren Mittel und damit die Möglichkeiten der strategischen Akkumulation von Kapital auf Kosten der Mitbewerber um Anerkennung. Das trägt zur Aufrechterhaltung der *illusio* bei. Das ist die Bereitschaft aller Akteure, ihre Einsätze zu tätigen und ihren Beitrag zur Generierung des Kollektivgutes »Erkenntnisfortschritt« zu leisten. Wird die *illusio* zerstört und der strategische Kampf um Wettbewerbsvorteile zur offiziellen Spielregel, dann schrumpft das mobilisierbare Potenzial der Kreativität. Die Forscherinnen und Forscher verlieren ihre Unschuld und beginnen, strategisch nach Wettbewerbsvorteilen zu suchen. Das Mittel, die Erfolg versprechende Strategie, wird zum Zweck. Statt der intrinsischen dominiert die extrinsische Motivation mit erheblichen Effekten der Fehlsteuerung (Frey 2008: 128-129).

Die Umwandlung von Universitäten in Unternehmen verändert die Spielregeln des akademischen Feldes. Die Produktion wissenschaftlichen Wissens wird zu einer privat verwertbaren, in Patente umsetzbaren, wirtschaftliche Renditen versprechenden Ressource. Zusammen mit dem Rückgang der Grundausstattung und dem Ausbau der Drittmittelfinanzierung ist daraus diejenige neue Form der Produktion von wissenschaftlichem Wissen entstanden, die man als akademischen Kapitalismus bezeichnen kann (Slaughter und Leslie 1997; Slaughter und Rhoades 2004). Mit Parsons und Platt (1990: 195-201) könnte man diesen Wandel so interpretieren, dass damit das Gleichgewicht zwischen Ungleichheit aufgrund der differenziellen Belohnung von Forschungsleistungen mit der Zuweisung von Prestige an Universitäten und der prinzipiellen Gleichheit unter Wissenschaftlern als gleichermaßen respektierte Kollegen verloren geht. Es ergibt sich eine Tendenz zu größerer Ungleichheit und zu einer Schwächung des Prinzips der Kollegialität als eine Gleichheit verbürgende Gegenkraft. Für Parsons und Platt (1990: 155-157, 195-201) vermittelt das Department zwischen Stratifikation und Kollegialität. Die Universität als Akteur steht im Wettbewerb um Prestige, woraus eine Tendenz zur Akkumulation von Erfolgen und zur Stratifikation des Feldes resultiert. Am entgegengesetzten Pol steht die wissenschaftliche Gemeinschaft bzw. die Fachgesellschaft der Chemiker, Soziologen usw. für das Prinzip der Kollegialität. Im Ringen um die Wahrheit, im Austausch von Argumenten, im Zugang zu Konferenzen sind alle untereinander gleich. Das Department ist sowohl Teil der Universität und damit Träger von mehr oder weniger Prestige, als auch Teil der Fachgesellschaft und damit Träger des Prinzips der kollegialen Gleichheit. Diese doppelte Rolle des Departments zeigt sich auch innerhalb der eigenen Reihen. Einerseits erhalten die besonders erfolgreichen Mitglieder besondere Ehren und auch Belohnungen in Gestalt von Gehaltszulagen, der Unterrichtung von »honors classes« und von Forschungsmitteln, andererseits sind jedoch alle Mitglieder in der grundsätzlichen Anerkennung, Mitsprache und Teilhabe an Erfolgen nach dem Prinzip der Kollegialität untereinander gleich. Parsons und Platt (1990: 185-186) haben schon zu Beginn der siebziger Jahre Tendenzen im amerikanischen Hochschulsystem gesehen, die in die Richtung einer Machtverschiebung zugunsten des Universitätsmanagements weisen. Mit Bourdieu (1992: 139-149) könnte man von einer Verschiebung der symbolischen Macht vom wissenschaftlichen zum universitären Kapital, vom Pol der Autonomie der Wissenschaft zum Pol ihrer Nutzung für weltliche Interessen sprechen. Parsons und Platt wie auch Bourdieu meinen, dass dadurch die externen Kontrollen wachsen und Barrieren gegen Einschränkungen der akademischen Freiheit abgebaut werden. Solche Barrieren halten sie für erforderlich, um einen akademischen Schutzraum zu errichten, innerhalb dessen Forschung, Lehre und Hochschulbildung ohne direkten Einfluss instrumenteller Interessen gedeihen können (Parsons und Platt 1990: 150; Bourdieu und Wacquant 2006: 212-238). Innerhalb dieses Schutzraumes übernimmt die wissenschaftliche Gemeinschaft die treuhänderische Verantwortung für Forschung und Lehre (Parsons und Platt 1990: 168, 173, 178). Das bedeutet für Parsons und Platt (1990: 455-507) kein Plädoyer für die Abschließung der Universität gegen äußere Interessen, vielmehr kommt es darauf an, die kognitive Rationalität als Kern von Forschung und Lehre im Graduiertenstudium und in der Grundlagenforschung im Gleichgewicht zu halten mit Bedürfnissen der Bildung urteilsfähiger Bürger im Bachelor-Studium, der professionellen Dienstleistung in den Professional Schools und der Teilnahme am öffentlichen Diskurs durch Beiträge von Professoren in der Rolle von Intellektuellen und Experten.

Die unternehmerische Universität im Wettbewerb um Plätze in nationalen und internationalen Rankings verschiebt dieses Gleichgewicht nach der Seite der externen Instrumentalisierung des Bildungsprozesses und der Wissensproduktion, wobei das Unternehmen Universität selbst zum ersten extern motivierten Akteur im neuen Spiel der Wissenschaft wird, die auf diese Weise ihre Autonomie verliert. Mit Bourdieu (1975) kann man hier eine abnehmende Brechung der materiellen und symbolischen Macht im sozialen Raum außerhalb des wissenschaftlichen Feldes im Feld der Wissenschaft selbst feststellen. Die äußere Machtverteilung zwischen den Universitätsunternehmen schlägt dann auch auf die innere Machtverteilung in der Verfügung über wissenschaftliches Kapital durch. Das heißt, dass weltliche Macht zum entscheidenden Wettbewerbsvorteil im Ringen um die Wahrheit wird. Starke Hochschulleitungen und geschwächte Departments verschieben das Kräfteverhältnis nach der Seite externer Einflüsse.

Folgen wir der Studie von Parsons und Platt (1990), dann ist es das Ensemble von starken Hochschulleitungen, starken Departments und starken Fachgesellschaften, das für ein Gleichgewicht zwischen Stratifikation nach Prestige und kol-

Abb. 6.2: Forschung im Kampf um Ressourcen und Prestige

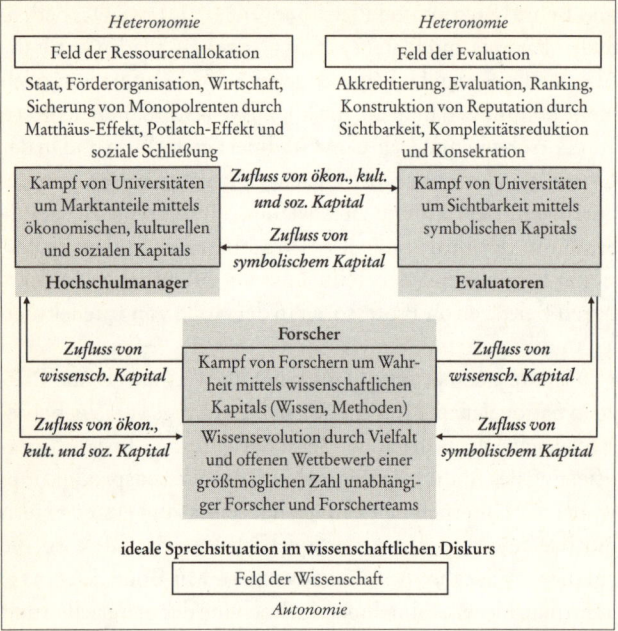

legialer Gleichheit sorgt. Der explizit gemachte Wettbewerb von Universitäten um Forschungsgelder lässt den Manager über den Forscher dominieren, die Konkurrenz um die vorderen Plätze im Ranking den Evaluator über den Forscher. Starke Hochschulleitungen beherrschen das Feld und unterwerfen die schwächer gewordenen Departments und die ebenfalls geschwächten Fachgesellschaften ihrem Spiel (Abb. 6.2).

Das neue Spiel erzwingt neben der Stratifikation nach Geld und Prestige auch die Konzentration der Universitäten auf ihre Stärken, das heißt ihre Profilierung. Als Volluniversitäten können in diesem Verdrängungswettbewerb nach dem Prinzip der größtmöglichen Sichtbarkeit nur die kapitalkräftigsten Universitäten überleben. Alle anderen werden zur internen Stratifikation von Departments nach Geld und Prestige oder zur Spezialisierung auf wenige Disziplinen gezwungen. Das bedeutet das Ende der Volluniversität als allgemein verbindliches Modell für den Ort der Forschung und Lehre. Es liegt auf der Hand, dass dadurch das Anregungspotenzial für Bildung und Forschung erheblich eingeschränkt wird und beide in sehr enge Bahnen gelenkt werden. Das Potenzial für Kreativität schrumpft, weil es nur noch an wenigen Standorten die dafür erforderliche Vielfalt an Disziplinen und die entsprechenden Möglichkeiten für interdisziplinäres Forschen und Lernen gibt. In der intern stratifizierten Universität behindern Rangdifferenzen zwischen Departments die interdisziplinäre Zusammenarbeit, in der spezialisierten Hochschule fehlen die Kooperationspartner dafür ganz und gar. Für Parsons und Platt (1990) ist deshalb das Festhalten am Modell der Volluniversität eine entscheidende Voraussetzung für die Förderung des Erkenntnisfortschritts, der sich maßgeblich in den Grenzbereichen zwischen den Disziplinen vollzieht. Das neue akademische Spiel entzieht diesem Modell den Boden.

Schlussbemerkungen

Die Befürworter der wissenschaftlichen Statushierarchie von A-,B- und C-Journals sowie von A-, B- und C-Universitäten sehen darin die natürliche Folge des Leistungswettbewerbs, so wie auch die Champions League des Europäischen Fußballverbandes von der jeweils in einer Saison besten Mannschaft gewonnen wird. Dabei verkennen sie jedoch, dass es sich in erster Linie um eine Statushierarchie der Normalwissenschaft handelt und dass dabei die Qualitätssicherung über die Originalitätsförderung dominiert, weil Originelles bei geringerer Statusdifferenzierung größere Chancen hat, zu entstehen und sich bemerkbar zu machen. Außerdem wird die strategische Nutzung von Statushierarchien zur Sicherung von Monopolrenten und zur Erhaltung privilegierter Positionen nicht gesehen. Man realisiert nicht, dass die Logik der Forschung und der innere wissenschaftliche Wettbewerb durch eine Logik der Kapitalakkumulation und der Distinktion kolonisiert werden. Der Kampf der Universitäten um Prestige überlagert den Wettbewerb der Forscher um Priorität oder Qualität von Forschungsleistungen. Und es wird zur Seite geschoben, dass dadurch der Monopolmechanismus befeuert wird, der auf die Schließung der Wissensevolution hinführt. Wie wir erkannt haben, unterstützt die global zur Dominanz gelangte Allianz von Marktparadigma und New Public Management paradoxerweise im Namen einer gestärkten Hochschulfreiheit einen starken Trend zur Beförderung des Monopolmechanismus und damit zur Schließung der Wissensevolution. Hier zeigt sich ein Widerspruch zwischen dem wissenschaftlichen Interesse an der Förderung des Erkenntnisfortschritts und dem politischen Interesse an Erfolgen im Kampf um die Sichtbarkeit besonders geförderter Universitäten in internationalen Rankings und die dadurch erleichterte Attrahierung von Spitzenforschern. Wissenschaft und Politik gehorchen unterschiedlichen Logiken. Die Überlagerung der Wissenschaft durch die Politik im Kontext von New Public Management untergräbt die Voraussetzungen einer offenen Wissensevolution. Diese Tendenzen lassen sich am ehesten durch die Pluralität von Instanzen der Qualitätssicherung, durch den Aufbau von Gegenmacht und durch Spielräume für methodologische Anarchie in Grenzen halten (Feyerabend 1976). Das verlangt eine »Realpolitik der Vernunft« (Bourdieu und Wacquant 2006: 212-238).

VII. Die Konstruktion von Eliteuniversitäten durch soziale Schließung

Aus der Sicht der beteiligten Akteure (Wissenschaftler, Repräsentanten von Fördereinrichtungen, Wissenschaftsorganisationen und Wissenschaftspolitiker) sollen Forschungsmittel nach dem Leistungsprinzip verteilt werden. Sie sollen dort investiert werden, wo damit der größtmögliche Effekt in Gestalt wissenschaftlichen Fortschritts erzielt wird. Eine derartige Verteilung der Forschungsmittel erscheint den Akteuren im Feld nicht nur als effizient und effektiv, sondern auch als gerecht. Nach der Doxa (der herrschenden Lehre) im Feld ist der Wettbewerb zwischen Forschern um Forschungsmittel das adäquate Instrument, um den Zustand einer leistungsgerechten Mittelverteilung zu erreichen. Dabei muss vorausgesetzt werden, dass der Wettbewerb offen gestaltet ist und unter Bedingungen der Chancengleichheit erfolgt. Die Forschungspolitik betrachtet diese Art der Forschungsförderung inzwischen als Königsweg zum Erkenntnisfortschritt, der als Umstellung von der »Input-Steuerung« auf die »Output-Steuerung« und als Abkehr vom »Gießkannenprinzip« verstanden wird. Die Forschungsförderung folgt damit den Prinzipien von New Public Management (NPM).

Ein soziologisch geschulter Blick auf die Verteilung von Forschungsmitteln, -input und -output kann die Doxa des Feldes allerdings nicht für bare Münze nehmen. Ihm darf nicht verborgen bleiben, dass es sich dabei um eine soziale Konstruktion handelt, bei dem nicht einfach die Mittel im effizientesten bzw. effektivsten Verfahren verteilt werden, um das vorgegebene Ziel so weit wie möglich mit dem kostengünstigsten Mitteleinsatz zu erreichen. Es kann auch nicht für bare Münze genommen werden, dass Forschungsmittel quasi auf einem

»Markt« in einem offenen Wettbewerb unter Bedingungen der Chancengleichheit verteilt werden. Was im Feld als Markt betrachtet wird, muss nicht zwangsläufig ein Markt sein. Es werden auch nicht einfach Mittel eingesetzt, um vorgegebene Ziele zu erreichen. An allen Stellen des Vorgangs sind Prozesse der sozialen Konstruktion von verbindlichem Wissen beteiligt. Es muss verbindlich definiert werden, was als erfolgreicher Output gilt, es muss Wissen über den Zusammenhang zwischen Input und Output sozial verbindlich konstruiert werden. Dabei müssen an vielen Stellen kollektiv verbindliche Entscheidungen getroffen werden, für die Definitions- und Entscheidungsmacht mobilisiert werden muss, anderenfalls kämen solche Entscheidungen nicht zustande. Das soll in diesem Kapitel anhand der Forschungsförderung der Deutschen Forschungsgemeinschaft, gipfelnd in der Exzellenzinitiative von Bund und Ländern, untersucht werden (vgl. Kaube 2009; Leibfried 2010).

1. Die *illusio* des Feldes: Verteilung von Forschungsmitteln nach dem Leistungsprinzip

Dem soziologischen Blick erscheint die im Feld herrschende Rede von »Markt«, »Wettbewerb« und »Output-Steuerung« als naiv, weil sie als Teil des Feldes selbst von der Verteilung von Definitions- und Entscheidungsmacht geprägt wird. Für einen solchen, nicht direkt in das Feld verstrickten Blick auf die Forschungsförderung eignet sich der feld- und kapitaltheoretische Ansatz von Pierre Bourdieu (1975, 1992, 2004) in besonderer Weise, zumal er von Bourdieu mit Erfolg am französischen akademischen Feld erprobt wurde. Das wissenschaftliche Feld lässt sich durch zwei sich überkreuzende Achsen bestimmen. Auf der horizontalen Achse stehen (reines) wissenschaftliches Kapital in Gestalt von Publikationen und Zitationen sowie institutionelles (wissenschaftliches) Kapital in Gestalt von Mitgliedschaften und Positionen in den Entscheidungsgremien der Wissenschaft einander diametral gegenüber. Wir können auch vereinfacht vom Gegensatz zwischen wissenschaftlichem und institutionellem Kapital sprechen. Die vertikale Achse wird durch die Distanz zwischen niedrigem und hohem Kapitalvolumen bestimmt. Auf der Seite des autonomen Pols stehen Forscherinnen und Forscher miteinander im Wettbewerb um Anerkennung, die sie von der Gemeinschaft der Wissenschaftler für ihre Beiträge zum Erkenntnisfortschritt erhalten. Auf der Seite des weltlichen Pols wird mithilfe institutionellen Kapitals um Positionen und die Verteilung von Forschungsmitteln gekämpft. Institutionelles Kapital kann sich auf ökonomisches Kapital im Sinne von Finanzmitteln, soziales Kapital im Sinne von Netzwerken und kulturelles Kapital im Sinne von mehr oder weniger weit in die Geschichte zurückreichenden Beiträgen zur Forschung stützen. Mit der Transformation von Universitäten in strategisch operierende Unternehmen wird der weltliche Pol von ihrem Kampf um Ressourcen, Positionen und Einfluss beherrscht, der zudem im gesamten Feld an Gewicht gewinnt und in der Tendenz den Wettbewerb zwischen Forscherinnen und Forschern überlagert. Die genannten Kapitalsorten können im Feld eingesetzt werden, um Positionen einzunehmen, aus denen heraus wiederum Kapital vermehrt wird. Das geschieht in materiellen Kämpfen. Die materiellen Kapitalsorten genießen außerdem mehr oder weniger Anerkennung und bringen infolgedessen mehr oder weniger Einfluss auf die Definition der Situation, die Interpretation und Gestaltung der Spielregeln im Feld mit sich. Materielles Kapital wird so in symbolisches Kapital transferiert, das in symbolischen Kämpfen um die Interpretation und Gestaltung der Spielregeln mit mehr oder weniger Wirkungskraft eingesetzt werden kann. Die Verteilung von Forschungsmitteln auf Forschungseinrichtungen findet in materiellen und symbolischen Kämpfen im Spannungsfeld zwischen dem autonomen und dem weltlichen Pol des wissenschaftlichen Feldes statt. Dieses Spiel läuft in dem Maße reibungslos ab, in dem die Spieler an die Spielregeln glauben und aufgrund dessen ihre Einsätze tätigen. In diesem Sinne prägt die *illusio* des Spiels ihr Handeln (Bourdieu 1998: 140 f.).

Die mit NPM intendierte »zielgenaue« Forschungsförderung wird durch die Verteilung von materiellem und symbolischem Kapital im akademischen Feld umgesetzt. Dabei werden in aller Regel Effekte der Akkumulation von materiellem und symbolischem Kapital wirksam, die sowohl die Definition von erfolgreichem Output als auch die Verteilung von Forschungsmitteln in einem Ausmaß Oligopolbildungsprozessen und damit die Wissensevolution einer Engführung unterwerfen, die der mit NPM verbundenen Zielsetzung entgegenläuft. Besonders eklatant wird dieser paradoxe Effekt, wenn sich der Input an Drittmitteln als Maß des »Outputs« an Forschungsleistungen durchsetzt. NPM erweist sich dann als ein Rationalitätsmythos, der von der weitgehenden Abkopplung der Aktivitätsstruktur der sozialen Praxis von der Formalstruktur öffentlicher Darstellungen lebt (Meyer und Rowan 1977). Der Einsatz des Instruments erklärt sich weniger durch den erzielten Erfolg als durch die Nachahmung eines global dominant gewordenen Steuerungsmodells. Es scheitert schon daran, dass der Erkenntnisfortschritt nur in einem kreativitätsförderlichen Freiraum gedeihen kann, der durch die gezielte Output-Steuerung gerade eingeschränkt wird.

In Deutschland repräsentieren das Förder-Ranking der

Deutschen Forschungsgemeinschaft (DFG 2003, 2006) und das Forschungs-Ranking des Centrums für Hochschulentwicklung (Berghoff et al. 2005, 2009) in einflussreicher Position die *illusio* des akademischen Feldes. Dabei tritt die DFG in einer Doppelrolle auf: einerseits als Förderorganisation, andererseits als Evaluator der Forschung und ihrer Förderung. Die DFG evaluiert sich mit dem Ranking selbst, und das mit nachhaltigen, Realität konstruierenden Konsequenzen. In der Öffentlichkeit entsteht ein Bild der Forschungsrealität, das mit der Verteilung von DFG-Mitteln identisch ist. Ergänzt wird diese Doppelrolle der DFG inzwischen durch das Institut für Forschungsinformation und Qualitätssicherung (iFQ) in Bonn, das im Auftrag der DFG die Forschungsförderung der Organisation, so auch die Exzellenzinitiative, evaluiert. Dadurch wird die Konstruktion der Forschungsrealität auch noch durch die DFG selbst legitimiert, die Realitätskonstruktion also dreifach abgesichert. Alternative Sichtweisen haben es schwer, gegen dieses Bollwerk anzukommen. Bei allem zweifellos gegebenen Bemühen der beteiligten Akteure um Objektivität und Neutralität handelt es sich dabei doch um ein Maß der institutionalisierten Interessenverflechtung, das eine distanzierte Evaluation der Forschungsförderung und ein offenes Verfahren der Definition von Originalität und Qualität behindert (Münch 2010: 143-146). Umso mehr Verantwortung liegt beim Beirat des iFQ, für genügend Distanz zur DFG zu sorgen.

Gewiss ist die DFG transparenter als andere Förderinstitutionen und als die Förderung durch das Bundesministerium für Bildung und Forschung (BMBF) oder die Landeswissenschaftsministerien. Die Verteilung von Fördermitteln erfolgt in einem offenen Verfahren. Das beweist zum Beispiel ein Vergleich der Verteilung von Graduiertenkollegs der DFG und des Bayerischen Elitenetzwerks auf Disziplinen und Standorte. Im Vergleich zur DFG hat der Freistaat die Verhältnisse zugunsten der Lebens-, Natur- und Ingenieurwissenschaften und des Standorts München umgekehrt. Zwischen den Lebens-, Natur- und Ingenieurwissenschaften auf der einen Seite und den Geistes- und Sozialwissenschaften auf der anderen Seite wurde das Verhältnis von 24 zu 13 in ein Verhältnis von 10 zu 2 umgewandelt, zwischen den Standorten außerhalb Münchens und München von 27 zu 10 in 5 zu 7 (Münch 2007: 50-52). In einem kleinen westeuropäischen Nachbarland hat man ermittelt, dass ohne Mitgliedschaft in einer Kommission der Förderorganisation 37 Prozent der Anträge auf Forschungsförderung von Erfolg gekrönt waren, bei einer Mitgliedschaft in der entsprechenden Kommission aber 74 Prozent (Moed 2005: 253). Auch davon unterscheidet sich die DFG durch größere Offenheit. Die DFG hat mit ihrem Förder-Ranking ein Zahlenwerk vorgelegt, das die Verteilung der Drittmittel durchschaubarer macht. Es wurde 2006 und nochmals 2009 gegenüber 2003 deutlich verbessert, da es jetzt nach dem Fächerprofil von Universitäten differenziert. Die DFG hat auf die Kritik der Evaluierung 1999 mit Maßnahmen reagiert, zum Beispiel mit der Einrichtung der Fachkollegien (Krull 1999). Das macht die Verteilung von Forschungsmitteln noch einmal offener.

Dennoch ist die DFG in Strukturen eingebettet, die zu einer zunehmenden Konzentration von Ausschusssitzen auf wenige Standorte geführt haben. Siebzehn Universitäten verfügen über nahezu 50 Prozent der Ausschusssitze und über nahezu 50 Prozent der DFG-Mittel (DFG 1998, 2002, 2003, 2006). Die Exzellenzinitiative hat diesen Trend verstärkt. Eine wesentliche Ursache für diese Entwicklung war die Verlagerung von den Grundmitteln zu den Drittmitteln nach den Prinzipien von NPM seit den achtziger Jahren. Dadurch wird ein größerer Teil der Forschungsmittel *zentral* über die DFG verteilt.

Das bedeutet eine Abkehr vom Föderalismus. Diese Entwicklung hat dazu geführt, dass die besser ausgestatteten süddeutschen Traditionsuniversitäten noch mehr Forschungsmittel an sich ziehen konnten. Das entstandene Nord-Süd-Gefälle ist als ein Beweis dafür gewertet worden, dass es in Deutschland schon Eliteuniversitäten gäbe, die sich von der Masse der Hochschulen deutlich abheben. Das DFG-Ranking hat diese Auffassung unterstützt, 2003 mehr als 2006 und 2009, insbesondere in der öffentlichen Rezeption (DFG 2003, 2006, 2009). Auch das CHE-Forschungs-Ranking hat an dieser Legende mitgestrickt (Berghoff et al. 2005, 2006, 2008, 2009). Sie konnte nur entstehen, weil absolute Zahlen und der Input an Forschungsmitteln das Bild in der wissenschaftlichen Öffentlichkeit beherrscht haben und nicht relative Zahlen (vgl. Teichler 2005), insbesondere der Output pro eingesetztem Personal, also die Effizienz, mit der Forschungsleistungen erbracht werden (vgl. Weingart 2004, 2005a). Achtet man auf die Effizienz im Output in Gestalt von Publikationen pro Personaleinsatz, dann zeigt sich ein anderes Bild. Danach gibt es nicht die behauptete Konzentration von Spitzenforschern auf wenige Standorte. Sie sind vielmehr sehr breit auf sehr viel mehr Standorte verstreut, als die auf Institutionen statt Personen fokussierte Exzellenzförderung den Eindruck vermittelt. Nicht weniger als 41 Universitäten teilten sich im CHE-Forschungs-Ranking 2005 die ersten zehn Plätze der Publikationen pro Professor in den sechs Fächern Physik, Chemie, Biologie, VWL, Soziologie und Geschichte (Berghoff et al. 2005). Dagegen konzentrierten sich die ersten zehn Plätze im absoluten Drittmittelaufkommen auf nur 20 Universitäten. Bei den ersten sechs Plätzen der Publikationen pro Professor in 13 Fächern sieht es nicht anders aus. Insgesamt 47 Universitäten teilten sich diese 78 Plätze, 38 Universitäten die insgesamt 60 ersten fünf Plätze. In neun von 13 Fächern bestand überhaupt keine signifikante Korrelation zwischen dem Drittmittelinput pro Wissenschaftler und dem Publikationsoutput pro Professor, in den restlichen vier Fächern ist die Streuung immer noch sehr groß. Rechnet man außerdem noch heraus, dass der Indikator »Publikationen pro Professor« zugunsten der besser mit Mitarbeitern ausgestatteten Professoren bzw. Fachbereiche verzerrt, dann wird der Zusammenhang zwischen dem Drittmittelinput pro Wissenschaftler und dem Publikationsoutput pro Professor, relativiert nach Mitarbeiterzahl, sogar signifikant negativ ($R^2 = 0{,}20$).* In der multiplen Regression, die eine Reihe weiterer relevanter Faktoren kontrolliert, zeigt sich kein signifikanter Zusammenhang. Durch die gerade von der Exzellenzinitiative forcierte Förderung von Institutionen statt Personen ist diese Fehlallokation von Forschungsmitteln nochmals erheblich verstärkt worden.

Das DFG-Förder-Ranking 2003 will nachweisen, dass sich die »bewilligungsstärkeren« Hochschulen auch durch einen höheren Output an Publikationen auszeichnen (DFG 2003: 117-125). Zu diesem Zweck wird auf eine bibliometrische Analyse des Centrums für Wissenschafts- und Technologiestudien (CEST) in Bern für ganze Hochschulen über alle Fächer hinweg und auf eine bibliometrische Studie des niederländischen Centre for Science and Technology Studies (CWTS) in Leiden zu Publikationen und Zitationen im Fachgebiet Medizin zurückgegriffen. Die Grundlage dafür ist die Datenbank des ISI in Philadelphia mit dem Science Citation Index,

---

* Das Assoziationsmaß R^2 drückt aus, wie viel Prozent der Variation einer als abhängig definierten Variablen (Publikationswerte eines Professors pro Mitarbeiter) durch die Assoziation mit einer als unabhängig definierten Variabeln (Drittmittel pro Wissenschaftler) erklärt werden. Im gegebenen Fall heißt das, dass 20 Prozent der *Verringerung* des Publikationswertes durch die *Erhöhung* der Drittmittel eine Erklärung finden; 80 Prozent bleiben unerklärt. Ein R^2 bei null bedeutet, dass 100 Prozent der Varianz im Publikationsoutput pro Professor *nicht* durch den Drittmittelinput pro Wissenschaftler zu erklären sind.

dem Social Science Citation Index und dem Arts & Humanities Citation Index. Der Bericht im Förder-Ranking weist selbst auf die extremen Verzerrungen der realen Publikationsleistungen dieser Datenbank hin: Sie ist auf die ausschließlich in den Natur- und Lebenswissenschaften üblich gewordenen englischsprachigen, insbesondere amerikanischen Fachzeitschriftenaufsätze der Grundlagenforschung fokussiert. Publikationen in deutscher Sprache, in Sammelbänden und in Monografien sowie zur angewandten Forschung sind überhaupt nicht bzw. nur sehr schwach erfasst. Um sich ein nach Fächerprofilen differenziertes, realitätsnahes Bild der Publikationstätigkeit an den deutschen Hochschulen zu verschaffen, sind diese Daten deshalb grundsätzlich nicht geeignet (vgl. Weingart 2004). Trotz dieser selbst eingestandenen Probleme will das Förder-Ranking 2003 darlegen, dass das CEST-Publikationsergebnis für alle Disziplinen (1994-1999) und das CWTS-Publikations- sowie Zitationsergebnis für die Medizin (1994-1998) absolut und relativ pro Professor bzw. pro Wissenschaftler der Differenzierung in Ranggruppen der Hochschulen nach der von ihnen eingeworbenen absoluten DFG-Bewilligungssumme im Jahr 2000 entspricht (DFG 2003: 120, Tab. 7.2; 123, Tab. 7.3) (Tab. 7.1 und 7.2).

Damit vollzieht das Ranking genau die im Text selbst beschriebene Verzerrung der Publikationsleistungen der einzelnen, im Fächerprofil zu differenzierenden Hochschulen. Das Ergebnis, dass die Ranggruppe 1 bis 20 auf 279 ISI-Publikationen pro 100 Wissenschaftler kommt, die Ranggruppe 21 bis 40 auf 266, die Ranggruppe 41 bis 60 auf 196 und die Ranggruppe 61 bis 79 auf 209, lässt sich vollständig durch den von der ersten zur vierten Ranggruppe abnehmenden Anteil der Natur- und Lebenswissenschaften am gesamten Personal der Hochschulen erklären. Der Unterschied zwischen der ersten und der zweiten Ranggruppe ist außerdem so gering, dass das Heraus-

Tab. 7.1: Publikationen in internationalen Fachzeitschriften 1994-1999 (CEST-Studie) je DFG-Bewilligungsranggruppe im Verhältnis zur Zahl der Professoren/Wissenschaftler insgesamt an Hochschulen (2000)

Ranggruppe DFG-Bewilligungen	Hoch-schulen	Publika-tionen	Professoren		Wissenschaftler insgesamt	
	N	N	N	Publ. je 100 Prof.	N	Publ. je 100 Wiss.
Rang 1-20	19	171 641	8 852	1939	61 579	279
Rang 21-40	16	80 567	4 584	1758	30 292	266
Rang 41-60	9	17 839	1 763	1012	9 120	196
Rang 61-79	3	5 947	633	939	2 850	209
insgesamt	47	275 994	15 832	1743	103 841	266

Quelle: DFG 2003: 120, Tab. 7.2

Tab. 7.2: Publikationen in internationalen medizinischen Fachzeitschriften 1994-1998 (CWTS-Studie) je DFG-Bewilligungsranggruppe im Fachgebiet Medizin im Verhältnis zur Zahl der in diesem Fachgebiet tätigen Professoren/Wissenschaftler insgesamt an Hochschulen (2000)

Ranggruppe DFG-Bewilligungen	Publikationen in med. Fachzeit-schriften		Professoren		Wissenschaftler insgesamt	
	N	%	N	Publ. je 100 Prof.	N	Publ. je 100 Wiss.
Rang 1-10	40 854	44,3	1189	3436	16 615	246
Rang 11-20	30 788	33,3	1109	2776	11 742	262
Rang 21-30	16 665	18,1	636	2620	8 152	204
Rang 31-35	3 976	4,3	375	1060	4 270	93
insgesamt	92 283	100,0	3309	2789	40 779	226

Quelle: DFG 2003: 123, Tab. 7.3

rechnen der Unterschiede im natur- und lebenswissenschaftlichen Anteil am gesamten Personal sogar zu einer Umkehrung der Publikationsproduktivität führen dürfte. Berücksichtigt man, dass in der dritten und vierten Ranggruppe der Anteil der Natur- und Lebenswissenschaften viel geringer ist bzw. sogar bei null liegt, dann ist der Abstand von 196 bzw. 209 zu 279 bzw. 266 ISI-Publikationen pro Wissenschaftler sogar als außerordentlich gering und als Hinweis darauf zu werten, dass sich in den ersten beiden Ranggruppen der Effekt sinkender Grenzerträge von investierten Forschungsmitteln in größerem Maße bemerkbar macht. Betrachten wir die Ergebnisse für die Medizin, dann zeigt sich bei der Ranggruppe 1 bis 10 ein Publikationsaufkommen von 246 pro 100 Wissenschaftler, bei der Ranggruppe 11 bis 20 ein Aufkommen von 262, bei der Ranggruppe 21 bis 30 eines von 204 und in der Gruppe 31 bis 35 eines von 93. Hier ist festzustellen, dass die zweite Ranggruppe besser abschneidet als die erste. Der auch nicht besonders große Abstand der dritten Gruppe ist in erster Linie durch die geringere Größe der Einheiten bzw. das Fehlen einer ausgebauten medizinischen Fakultät zu erklären. Die Daten berechtigen deshalb nicht zu der Aussage, die »bewilligungsstärkeren« medizinischen Forschungseinheiten würden sich von den »bewilligungsschwächeren« durch ein höheres ISI-Publikationsaufkommen abheben. Auch das Zitationsaufkommen weist mit den Werten 1,16, 1,05, 1,03 und 0,89 zwischen den Ranggruppen 1 und 4 Ergebnisse aus, die allein durch Größe, Ausdifferenzierung und Profil der Medizin an einer Hochschule zu erklären sind.

Die bibliometrische Analyse des Förder-Rankings 2003 kann nicht den Nachweis führen, dass die Stratifikation der Hochschulen nach eingeworbener DFG-Bewilligungssumme durch eine korrespondierende Stratifikation nach dem relativen Publikations- bzw. nach dem Zitationsaufkommen bestätigt wird. Die DFG-Förder-Rankings 2006 und 2009 haben wohl genau aus diesen Gründen ganz auf eine bibliometrische Analyse verzichtet (DFG 2006: 131). Gegenüber den CEST- und den CWST-Studien hat die CHE-Bibliometrie den Vorzug, dass sie ausschließlich fachbezogen arbeitet und auf einer viel breiteren Datenbasis aufbaut, die neben den ISI-Datenbanken auch die relevanten Datenbanken der deutschsprachigen Literatur auswertet. Dadurch ergibt sich ein viel differenzierteres, repräsentativeres, genaueres und fachspezifischeres Bild des Publikationsoutputs der Hochschulen, als dies von den CEST- und CWST-Studien ermöglicht wird. Wie alle Datensätze sind sicherlich auch die des CHE verbesserungsbedürftig. Sie bieten aber immerhin eine Grundlage für die fachspezifische Analyse des Publikationsaufkommens, außerdem kann mit guten Gründen angenommen werden, dass die weitere Verbesserung der Datengrundlage die festgestellten Ergebnisse nicht in ihr Gegenteil verkehren wird. Und diese Ergebnisse besagen, dass in der weit überwiegenden Mehrzahl von neun von 13 Fächern die relative Verteilung der Drittmittel pro Wissenschaftler nicht durch die Verteilung des relativen Publikationsoutputs pro Professor bestätigt wird und auch bei den restlichen vier Fächern die Streuung so groß ist, dass von einer zielgenauen Förderung nicht gesprochen werden kann. Dass nur die Publikationen erfasst wurden, in denen die Professoren als Autoren bzw. Mitautoren auftauchen, ist eine Einschränkung der Repräsentativität, die jedoch das Ergebnis nicht entscheidend infrage stellt. In den naturwissenschaftlichen Disziplinen enthalten die Publikationen eines Lehrstuhls bzw. Instituts in aller Regel den Namen des Lehrstuhlinhabers bzw. des Institutsdirektors. Das heißt, dass in der Regel alle Publikationen des Lehrstuhls bzw. des Instituts erfasst sind. In den Fächern, in denen das nicht geschieht, sollten die Professoren von eingeworbenen Drittmitteln auch durch die Steigerung ihrer eigenen Publikationstätigkeit profitieren, anderenfalls würden sie sich auf das Forschungsmanagement zurückziehen, was nicht Sinn und Zweck der Vergabe von Drittmitteln sein kann. Eine zweckmäßige Verteilung von Drittmitteln muss sich demgemäß immer auch in einer entsprechenden Verteilung der Publikationen auf die einwerbenden Professoren äußern. Mit der Zahl der Mitarbeiter müssten in aller Regel die Publikationschancen der Professoren zunehmen. Daraus ergibt sich sogar eine gewisse Verzerrung zugunsten der Professoren, die über eine größere Zahl von etatmäßigen und mit Drittmitteln finanzierten Mitarbeitern verfügen. Das gilt auf jeden Fall für die naturwissenschaftlichen Fächer, in denen die Koautorenschaft von Professoren und Mitarbeitern die Regel ist und bei denen im CHE-Forschungs-Ranking keine Gewichtung der Publikationen nach Autorenzahl vorgenommen wurde.

2. Mitgliedschaften und Forschung: Verteilungs- und Organisationsstrukturen

Forschung braucht die ideale Sprechsituation in einem umfassenden Sinn (Habermas 1971), um gedeihen zu können. Dafür benötigt sie die entsprechenden, Offenheit und Chancengleichheit unterstützenden Strukturen (1) der *Mitgliedschaft in den Wissenschaftsorganisationen*, (2) der *Verteilung von Forschungsmitteln auf Forschungsinstitute und der Platzierung von Forschungsprodukten (Publikationen) und wissenschaftlichem Nachwuchs* in der wissenschaftlichen Gemeinschaft und (3) der *institutionellen Organisation von Forschung*. Nur aus solchen Strukturen heraus kann sich das wissenschaftliche Wissen fortlaufend erneuern.

Es hat sich eine kartellartige Struktur von untereinander durch die Mitgliedschaft in den Akademien der Wissenschaft, in der DFG und im Wissenschaftsrat eng verbundenen Universitäten, einschließlich der Max-Planck-Gesellschaft, gebildet. Diese Institutionen verteilen einflussreiche Positionen, Preise und Forschungsmittel hauptsächlich untereinander. Es handelt sich um ein latentes Kartell, das ohne direkte Absprachen funktioniert, sondern in erster Linie durch das symbolische Kapital der allseits präsenten Mitgliedschaft in den Ausschüssen der Forschungsorganisation Deutschland zusammengehalten wird. Die Akademien, die DFG, der Wissenschaftsrat, die in diesen Organisationen maßgeblich vertretenen Universitäten und die Max-Planck-Gesellschaft sind die Eckpfeiler dieses Kartells. Die Akademien stellen die Mitglieder für Führungsaufgaben, der Wissenschaftsrat nimmt die Führungsverantwortung wahr, die DFG verteilt die Forschungsmittel, und die mitgliederstarken Universitäten ziehen den Großteil der Mittel an sich.

Präsenz in Gestalt von Mitgliedschaften in Kommissionen in den zentralen Institutionen der Forschungsorganisation wirkt derart als symbolisches Kapital, dass sie Definitionsmacht verleiht und in Entscheidungssituationen hilft, Vertrauenswürdigkeit zu signalisieren und die Unsicherheit der Entscheider zu verringern. Wo sich Mitgliedschaften, Gutachterpositionen und Drittmittel häufen, kann man nichts falsch machen, wenn man dorthin weitere Drittmittel fließen lässt. Dabei verselbständigt sich das durch repräsentative Mitgliedschaften akkumulierte symbolische Kapital von Universitäten gegenüber den individuellen Forschern. Die Zugehörigkeit zu einer Universität entscheidet dann eher über den

Drittmittelfluss an Forscher als die individuelle Forschungsleistung. Kartellstrukturen bilden sich leicht, wenn mehreren Leistungsanbietern nur ein Abnehmer gegenübersteht. Das ist etwa der Fall, wenn der Staat als Leistungsabnehmer Aufträge vergibt, zum Beispiel bei Bauaufträgen von Kommunen. Anbieter können sich dann zusammenschließen und die Angebote untereinander absprechen. Die DFG ist ein solcher zentraler Abnehmer von Forschungsleistungen. Dabei kommt als begünstigender Faktor für die Kartellbildung hinzu, dass die Anbieter auch auf der Seite des Leistungsabnehmers über die Vergabe der Mittel für Angebote entscheiden (Bewilligungsausschüsse, Fachkollegien, Gutachter). In den einzelnen Fachgebieten entsteht dadurch ein relativ geschlossenes Netzwerk von Anbietern, das durch Ausschussmitglieder und Fachgutachter eng mit dem Leistungsabnehmer verflochten ist. Jede Bewilligung, jede Gutachtertätigkeit und jede Tätigkeit in Ausschüssen bildet Vertrauen und Vertrauenswürdigkeit innerhalb des Netzwerks und Misstrauen gegenüber potenziellen Leistungsanbietern außerhalb.

Vertrauen kann nur innerhalb relativ geschlossener Netzwerke entstehen, in offenen Situationen eben gerade nicht. Da bei der Entscheidung über Förderanträge ein hohes Informations-, Delegations- und Beurteilungsrisiko besteht, ergibt sich ein besonders hoher Bedarf an Mechanismen der Unsicherheitsreduktion. Dieser Bedarf wird durch Vertrauen in relativ geschlossenen Netzwerken gedeckt. Die Folge dieser Netzwerkbildung um einen zentralen Leistungsabnehmer ist die Ausgrenzung von alternativen Anbietern, die Standardisierung und Routinisierung der Leistungen und die Verringerung von Vielfalt, die serielle Produktion des Immergleichen, die Behinderung des Erkenntnisfortschritts. Um dieser Tendenz entgegenzuwirken, müsst die Zahl potenter Leistungsabnehmer erhöht, die Mitgliedschaft in den

Ausschüssen breiter gestreut und häufiger gewechselt werden.

Gegen das Argument, um die DFG als zentralem Leistungsabnehmer habe sich ein Machtkartell gebildet, könnte man einwenden, die Ausschusssitze würden in einem Wahlverfahren besetzt und die Förderanträge in einem strengen Begutachtungsverfahren durch Peer Review beurteilt. Insbesondere das stufenweise Begutachtungsverfahren nach Einrichtung des neuen Fachkollegiensystems soll zu einer Objektivierung der Mittelvergabe führen. Im Herbst 2003 haben etwa 39 000 Wissenschaftlerinnen und Wissenschaftler 577 Fachkollegiatinnen und Fachkollegiaten aus einer Liste von 1329 Kandidatinnen und Kandidaten für die Wahlperiode 2004 bis 2007 gewählt (DFG 2006: 30). Im Zeitraum 2002 bis 2004 wurden über 24 419 Anträge der Einzelförderung 65 556 Begutachtungsvorgänge durchgeführt, an denen 10 883 Gutachterinnen und Gutachter beteiligt waren (DFG 2006: 31).

Wie soll sich unter diesen Bedingungen einer so großen Zahl beteiligter Personen ein Machtkartell bilden können, das zur Konzentration von etwa 50 Prozent der DFG-Ausschusssitze, der Gutachtertätigkeiten und DFG-Bewilligungen auf nur 17 Hochschulen bzw. 16 Hochschulen und die Max-Planck-Gesellschaft führt? Mehrere Faktoren tragen dazu bei. Zunächst ist zu beachten, dass schon vor der Exzellenzinitiative im Durchschnitt 58 Prozent, in einzelnen naturwissenschaftlichen Disziplinen bis zu drei Viertel der Forschungsmittel nicht in der Einzelförderung, sondern in den koordinierten Programmen vergeben wurden, nach der Exzellenzinitiative im Durchschnitt sogar 64,6 Prozent (DFG 2003: 58; 2006: 24; 2009: 19). Diese Förderanträge werden nicht durch schriftliche Einzelbegutachtung, sondern durch eine Gutachtergruppe im mündlichen Verfahren beurteilt. An diesem Verfahren waren im Berichtszeitraum 2002 bis 2004 insgesamt 2200

Gutachter beteiligt. Bei der Vergabe dieser Mittel spielt die an einer Hochschule vermutete kritische »Masse« eine erstrangige Rolle. Das heißt, dass Größe und in der Vergangenheit abgewickelte Großprojekte als entscheidende Indikatoren bei der Bewältigung des in diesem Programm besonders hohen Informations-, Delegations- und Beurteilungsrisikos durch die Gutachter dienen müssen, weil in anderer Weise überhaupt nicht entschieden werden könnte. Das heißt wiederum, dass die Vergabe von Großprojekten und mit ihnen des größten Teils der DFG-Mittel maßgeblich aufgrund des akkumulierten symbolischen Kapitals der Standorte entschieden werden muss. Daraus ergibt sich weiterhin ein Spillover-Effekt auf die Einzelförderung, die recht hoch mit der Vergabe von Mitteln in den koordinierten Programmen korreliert ist ($R^2 = 0{,}60$, eigene Berechnung nach DFG 2003). Die Einzelförderung kann deshalb nur sehr begrenzt als Korrektiv gegen die Konzentrationsprozesse der koordinierten Programme wirken (vgl. dazu die Kritik in Münch 2009d sowie in Jansen et al. 2009 an Auspurg et al. 2008).

Außerdem ist zu berücksichtigen, dass alle Anträge nach der Begutachtung schließlich erst durch die zuständigen zentralen Ausschüsse bewilligt oder abgelehnt werden. In diesen Ausschüssen ist aber die Dominanz der Natur-, Lebens- und Ingenieurwissenschaften sowie der Traditionsuniversitäten besonders ausgeprägt. Die Mitglieder dieser Ausschüsse (Bewilligungsausschüsse für die Allgemeine Forschungsförderung, für die Sonderforschungsbereiche und für die Graduiertenkollegs) werden vom Senat der DFG bestimmt, in dem die Traditionsuniversitäten dominieren. Der Senat wird von der Mitgliederversammlung (Vertreter der Hochschulen, anderer Forschungseinrichtungen, der Akademien und der wissenschaftlichen Verbände) gewählt. In dieser Mitgliederversammlung führen die Traditionsuniversitäten wie auch in den Akademien und im Wissenschaftsrat das Wort. Zusammen mit dem Ortsprinzip als maßgeblichem Instrument hat diese Konzentration von symbolischem Kapital auf wenige Standorte trotz über 10 000 beteiligter Gutachter ein hohes Maß der Konzentration der Forschungsmittel zur Folge. Dementsprechend kann es nicht ausbleiben, dass Gutachtergruppen bei Antragsverfahren der koordinierten Programme die Zusammensetzung der Bewilligungsausschüsse im Auge haben, wenn sie über vorliegende Anträge bzw. Antragskonzepte beraten.

Es ergibt sich somit ein zirkulärer Effekt. Vergangene Erfolge führen zu neuen Anträgen und neuen Erfolgen vor allem in der Einwerbung von Mitteln für Großprojekte, während Misserfolge im Verzicht auf weitere Anträge enden. Die einen lernen, wie man zum Erfolg kommt, die anderen gelangen schon gar nicht in die Erfolgsspur des kumulativen Lernens. Demzufolge ist schon in der institutionellen Herkunft der Anträge und weiter in den Gruppenbegutachtungsverfahren die Erwartung eingebaut, dass die Zusammensetzung der Bewilligungsausschüsse zugunsten von akkumuliertem symbolischem Kapital wirkt. Schon die institutionelle Herkunft der eingereichten Anträge spiegelt deshalb die Struktur der symbolischen Macht im Feld wider. Dasselbe ist auch bei der Wahl der Fachkollegiaten zu beobachten. Schon die Kandidatenlisten korrespondieren der institutionellen Herkunft der Kollegiaten. Die entsprechende Konzentration der Kandidatinnen und Kandidaten auf die dominanten Standorte ergibt sich aus deren Dominanz in den Fachgesellschaften, die sich wiederum aus Größe, Traditionsverhaftung, Kooptationsverfahren und konsekutiver Weitergabe von Mitgliedschaften innerhalb der eigenen Institution erklärt. Dass es sich dabei in erster Linie um die Wirksamkeit von symbolischer Macht im Feld und weniger um die Wirkung von Leistungsdifferenzen handelt, wird dadurch bewiesen, dass die Verteilung von Ausschusssitzen, Gutachtertätigkeiten und Drittmitteln auf Standorte durch die Verteilung der Publikationsproduktivität pro Personaleinsatz nicht bestätigt wird.

Die insgesamt in allen Ausschüssen am stärksten vertretenen ersten 13 Universitäten verfügten zusammen mit der Max-Planck-Gesellschaft mit 171 Sitzen schon über mehr als die Hälfte der 334 wissenschaftlichen Mitglieder in den zentralen Ausschüssen der DFG in den Jahren 1998, 2002 und 2005 (Präsidium, Senat, Bewilligungsausschüsse für die Sonderforschungsbereiche und die Graduiertenkollegs, Auswahlausschuss Heinz Maier-Leibnitz-Preis). Mit nur weiteren zehn Universitäten werden schon mehr als zwei Drittel der Sitze (224) erreicht. Es handelt sich dabei bis auf die TU Dresden und die Universität Bochum um Traditionsuniversitäten in Westdeutschland und Berlin mit sehr großem natur-, lebens- und/oder ingenieurwissenschaftlichem Personalbestand. Die eingeworbenen DFG-Bewilligungssummen korrespondieren dieser Konzentration der zentralen Ausschusssitze auf wenige Standorte. Die DFG-Mittel fließen zu 85 Prozent in die Natur-, Lebens- und Ingenieurwissenschaften (DFG 2006: 25). Dieser Verteilung der Forschungsmittel unter den Disziplinen korrespondiert auch die disziplinäre Zugehörigkeit der wissenschaftlichen Mitglieder in den zentralen Ausschüssen. Die Repräsentation der Disziplinen in den zentralen Ausschüssen und die Verteilung der Forschungsmittel auf die Disziplinen bekräftigen sich in einem zirkelhaften Prozess wechselseitig. Da inzwischen schon 64,6 Prozent, in den natur-, lebens- und ingenieurwissenschaftlichen Disziplinen bis zu 75 Prozent der DFG-Mittel durch die koordinierten Programme vergeben werden, die überwiegend nach dem Ortsprinzip lokal konzentriert sind (DFG 2003: 58; 2006: 24; 2009: 19), und die Einzelförderung recht hoch mit den koordinierten Programmen korreliert ist, ergibt sich ein Sog der Konzentration des Großteils der Ausschusssitze und der Forschungsmittel auf Traditionsstandorte mit natur-, lebens- und/oder ingenieurwissenschaftlichen Großforschungseinrichtungen, die zusätzlich durch am Ort befindliche große außeruniversitäre Forschungseinrichtungen der Max-Planck-Gesellschaft, der Helmholtz-Gemeinschaft, der Leibniz-Gemeinschaft oder der Fraunhofer-Gesellschaft unterstützt werden. Die Neugründungen der siebziger Jahre haben bei Weitem nicht den Personalstand wie die Traditionsuniversitäten erreicht, und schon gar nicht den Stand natur-, lebens- und ingenieurwissenschaftlicher Forschungszentren dieser Hochschulen. Dass sie in der DFG nur eine marginale Rolle spielen, liegt schon allein an ihrer geringeren Größe und den geringeren Investitionen von Grundmitteln in den Natur-, Lebens- und Ingenieurwissenschaften. Das ist auch daran zu erkennen, dass in den Geistes- und Sozialwissenschaften nicht das hohe Maß der Konzentration von Ausschusssitzen und DFG-Mitteln auf die Traditionsuniversitäten zu beobachten ist wie in den Natur-, Lebens- und Ingenieurwissenschaften, obwohl auch in diesen Disziplinen Größeneffekte wirksam sind und die besser ausgestatteten Hochschulen – auch hier eher die Traditionsuniversitäten – auf den vorderen Plätzen zu finden sind (DFG 2006: 70, 168-169). Nur Hochschulen, die ein sehr hohes Maß der Personalmittel in die Geistes- und/oder Sozialwissenschaften investiert haben, konnten in die Phalanx der Traditionsuniversitäten einbrechen. Forschung mit Drittmitteln, so auch mit DFG-Mitteln, ist umso umfangreicher, je mehr Grundmittel an einem Standort in eine Disziplin investiert wurden.

Wir haben es bei der Allokation von Drittmitteln insgesamt und von DFG-Bewilligungssummen im Besonderen auf Standorte ganz offensichtlich nahezu ausschließlich mit Effekten der Größe, des außeruniversitären Forschungsumfeldes und des Fächerprofils der Hochschulen zu tun. Das gilt sowohl für den absoluten Input an Forschungsmitteln als auch für den relativen Input pro Professor bzw. pro Wissenschaftler. Pro Professor liegt er bei den DFG-Bewilligungen in den Geistes- und Sozialwissenschaften durchschnittlich bei 54,6 Tausend Euro für 2002 bis 2004, in den Lebenswissenschaften bei 245,5 Tausend, in den Naturwissenschaften bei 204,1, in den Ingenieurwissenschaften bei 214,5. Pro Wissenschaftler erreicht der Input in den entsprechenden Disziplinen die Werte von 16,4, 24,8, 43,2 und 32,9 Tausend Euro (DFG 2006: 25). Selbstverständlich rangieren deshalb die Standorte mit dem größten Anteil des Personals in den Natur-, Lebens- und Ingenieurwissenschaften im DFG-Förder-Ranking in der Gesamtbetrachtung sowohl in den absoluten als auch in den relativen Bewilligungssummen im oberen Drittel der Tabelle (DFG 2003: 178; 2006: 154-155). Die Legitimität dieser allein durch Effekte von Größe und Fächerprofil zu erklärenden Verteilung der DFG-Mittel ist erst dadurch infrage gestellt worden, dass durch die Einführung des DFG-Förder-Rankings die Effekte von Größe und Fächerprofil de facto im öffentlichen Diskurs und in der herrschenden wissenschaftsöffentlichen Meinung in »Leistungsdifferenzen« umgemünzt wurden. Materielle Marktmacht wurde dadurch symbolisch aufgeladen und in »Forschungsexzellenz« transformiert. Unterstützt wurde diese Transformation von Größen- und Fächereffekten in Leistungsdifferenzen noch vom CHE-Forschungs-Ranking (Berghoff et al. 2005, 2006), das nach derselben Größen- und Fächer-Logik elf bzw. acht »Forschungsuniversitäten« aus der übrigen Masse der Hochschulen herausgehoben hat. Auch die Alexander von Humboldt-Stiftung hat sich dieser Transformation von Größen- und Fächereffekten mittels Exzellenzrhetorik in Leistungsdifferenzen angeschlossen (AvH 2006). Man kann hier beobachten, wie die Mediengesellschaft nun auch der Wissenschaft ihre Gesetzmäßigkeiten der Aufmerksamkeitserzeugung aufherrscht (Münch 1991, Weingart 2005b).

Schließlich hat die Exzellenzinitiative durch die Transformation von Größen- und Fächereffekten in Leistungsdifferenzen dazu geführt, dass sich ausgewählte preisgekrönte Universitäten und Fachbereiche mit einem per Antragsverfahren verbrieften Elitestatus vom Rest der Hochschulen absondern dürfen. Bei den gekürten Universitäten und Fachbereichen handelt es sich ausnahmslos um die insgesamt bzw. in einem bestimmten Fach nach DFG-Ausschusssitzen und DFG-Mitteln kapitalkräftigsten Universitäten.

Die Verteilung von Forschungsmitteln auf Forschungseinrichtungen

In Bezug auf die Verteilung von Forschungsmitteln und die daraus folgende Platzierung von Forschungsprodukten (Publikationen) und Nachwuchs in der wissenschaftlichen Gemeinschaft haben sich oligopolartige Strukturen gebildet. Um ein Oligopol handelt es sich in dem Sinn, dass eine kleine Gruppe von Universitäten den größten Teil der Mittel vereinnahmt und den größten Teil der Produkte sowie des wissenschaftlichen Nachwuchses auf dem Markt platziert, gleichwohl aber untereinander um Marktmacht konkurriert. Da diese kleine Gruppe von Universitäten jedoch durch Mitgliedschaften in der DFG, im Wissenschaftsrat und in den Akademien, durch den Austausch von Nachwuchswissenschaftlern und durch Forschungskooperationen enge Beziehungen untereinander unterhält, bildet sie gegenüber den mittleren und kleineren Universitäten einen Block und verfügt annähernd über ein gemeinsam verwaltetes Monopol. In diesem annähernden Sinn kann auch von einem Monopol gesprochen werden. Forschungsoligopole bedeuten, dass ein relativ geschlossener Kreis von Institutionen in einem solchen Maß Mittel auf sich konzentriert, dass potenziellen Konkurrenten die Mittel fehlen, um ähnlich umfangreiche und sichtbare Leistungen zu erbringen. Die Oligopolisten können durch ihre Ausstattung in einem Fachgebiet den größten Teil der Aufmerksamkeit der wissenschaftlichen Gemeinschaft auf sich ziehen. Sie besetzen die Plätze in den Ausschüssen der Forschungsorganisationen und den Herausgeberschaften der führenden Fachzeitschriften, richten Forschungszentren ein, die potenzielle Konkurrenten in die Peripherie verbannen, laden renommierte Gäste ein und bilden in großer Zahl den Nachwuchs für ein ganzes Fachgebiet aus. Die Oligopolisten sind Anbieter von Forschungsleistungen, denen eine Vielzahl von Abnehmern in Gestalt von Forschern in der ganzen Welt gegenübersteht.

Kartell und Oligopol sind zwei Seiten einer Medaille. Bei der Frage der Kartellbildung geht es um die Erklärung, wie durch eine zentrale Förderinstitution die Bildung relativ geschlossener Netzwerke des Vertrauens mit dem Effekt der Unsicherheitsreduktion bei der Förderung von Forschung begünstigt wird und dadurch potenziell Konkurrenten von Forschungsmitteln ferngehalten werden. Bei der Oligopolbildung richtet sich der Blick darauf, wie durch die Konzentration von Forschungsmitteln auf bestimmte Zentren Konkurrenz verringert wird und die vielen einzelnen Abnehmer von Forschungsleistungen ganz überwiegend die Produkte des Zentrums (Publikationen, Nachwuchs) abnehmen müssen, weil sie schon in der Zahl und der damit verbundenen Sichtbarkeit und Weihe konkurrierende Produkte an den Rand drängen. Kartellbildung um eine zentrale Förderinstitution schließt potenzielle Konkurrenten von Forschungsmitteln aus. Oligopolbildung verdrängt konkurrierende Forschungs-produkte vom Wissenschaftsmarkt.

Die Verfügung über ein Monopol oder die Mitgliedschaft in einem Oligopol in Gestalt der herausgehobenen, potenzielle Konkurrenten verdrängenden Stellung einer Forschungsein-richtung ist ein dauerhafter Wettbewerbsvorteil, der sich in Monopolrenten ummünzen lässt. Monopolrenten sind Ein-nahmen, die dem Inhaber einer Monopolposition allein auf-grund seiner Sonderstellung ohne weiteres Zutun zufließen. Solche Renten sind vorteilhaft für den Monopolinhaber, aber nachteilig für die Verbraucher, da sie dessen Produkte man-gels Alternativen kaufen müssen, wie sie sind. Für die Pro-duktentwicklung sind sie ebenso nachteilig, weil sie mangels Alternativen stagniert. In der Wissenschaft äußern sich Mo-nopolrenten in einem Mehr an Einfluss und einem Mehr an Zitationen, den die geballte Macht der Publikationen großer Forschungszentren unabhängig von ihrer Qualität im Ver-gleich zu den mangels Umfang und symbolischem Kapital we-niger sichtbaren Publikationen erreichen kann.

Die Verteilung außerordentlicher Forschungsgelder unter Universitäten, um »Exzellenz« in der wissenschaftlichen For-schung zu fördern, hat die Konzentration der Mittel auf gro-ße Forschungsverbünde weiter forciert. Die Ergebnisse des Wettbewerbs um Exzellenzgelder können weitgehend durch die Verteilung von symbolischem Kapital in Gestalt von Mitgliedschaften in DFG-Ausschüssen, jedoch nicht durch Publikationsproduktivität im Sinne von Publikationen pro Personaleinsatz erklärt werden. Dieser Befund bestätigt die Hypothese, dass symbolisches Kapital einen größeren Teil der Varianz in zugeschriebener Exzellenz als die Publika-tionsproduktivität erklärt. Der Effekt dieser Schaffung neuer Exzellenzzentren wird die weiter verstärkte Überinvestition in große Forschungseinrichtungen mit weiter abnehmendem

Grenznutzen bei gleichzeitiger Unterinvestition unterhalb des optimalen Punktes der Produktivität bei der großen Mehrheit der Einrichtungen sein. Die Gelder, die in den zwei Runden der Exzellenzinitiative 2006/2007 an die Universitäten verteilt wurden, beinhalten im Durchschnitt fünf Millionen Euro für jede der 39 Graduiertenschulen und 32,5 Millionen Euro für jedes der 37 Exzellenzcluster über fünf Jahre. Das ergibt 1.397.500.000 Euro. Der Rest der insgesamt 1,9 Milliarden Euro, nämlich 502 500 Millionen Euro, wurde unter neun Universitäten verteilt, um ihre Zukunftskonzepte zu fördern. Das bedeutet im Durchschnitt 55,83 Millionen Euro für jede der neun Universitäten. Die Universitäten in Berlin (FU und HU), Bonn und Köln sowie München (LMU und TU) teilen sich einige Graduiertenschulen oder Exzellenzcluster. In der im Anhang in den Tabellen A-1.1 bis A-1.6 wiedergegebenen Mittelverteilung wurden diese gemeinsamen Einheiten je zur Hälfte den beiden beteiligten Universitäten zugerechnet, zum Beispiel 16,25 Millionen für ein Exzellenzcluster für je eine von zwei Universitäten (DFG 2008). Im Falle kleinerer Kooperationen zwischen benachbarten Universitäten (zum Beispiel LMU München und Universität Augsburg) wurden die Exzellenzgelder vollständig der federführenden Universität zugerechnet. Die Exzellenzgelder wurden den Universitäten für die gesamte Förderperiode von fünf Jahren zugeordnet, und zwar im durchschnittlichen Umfang von fünf Millionen Euro für Graduiertenschulen, 32,5 Millionen Euro für Exzellenzcluster und 55,83 Millionen Euro für Zukunftskonzepte, obwohl es in dieser Hinsicht leichte Variationen gab. Solche Abweichungen vom Durchschnittsmaß ändern jedoch nicht das Hauptmuster der Allokation von Forschungsmitteln an Universitäten bzw. Fachbereiche (Tab. 7.3).

Wir sehen, dass der Exzellenzwettbewerb mit einer Stärkung der Position derjenigen Universitäten endete, die bereits

Tab. 7.3: Gewinner und Verlierer der Exzellenzinitiative 2006/2007; Kapitalausstattung, Shanghai-Rang und Publikations-Output

Universitäten	soziales Kapital	symbol. Kapital	ökonom. Kapital	Exzellenz-gelder	Publik. absol. a)	Publik. pro Prof. b)	Publik. pro Prof./ Mitarbeiter c)	Mitarbeiter pro Prof.	Shang-hai-Rang
erste zehn Gewinner	27,60	61,70	94,49	118,73	75,34	14,47	2,83	6,66	2,90
weitere 27/25 Gewinner	12,26	40,26	61,76	26,40	62,65	14,14	2,91	5,78	4,52
weitere 36/29 Universitäten	2,97	12,31	17,00	0,00	40,73	12,71	3,19	4,12	7,31
beste 15 der weiteren Universitäten	2,00	11,73	18,66	0,00	44,96	13,96	3,77	3,43	7,20
gesamt 80/64 Universitäten	8,91 0-103	27,63 0-88	40,37 0,5-130,8	23,75 0-158,3	55,41 27,70-108,44	13,54 8,96-19,89	3,02 1,77-6,02	5,17 1,7-10,0	5,18 1-8

Quelle: DFG 2003, 2009; Münch 2007: 63–6; Shanghai-Rangwerte: 1-100 = 1, 101-151 = 2, 152-200 = 3, 201-302 = 4, 303-401 = 5, 402-501 = 6, 502+ = 8.

im Shanghai-Ranking der 500 sichtbarsten Universitäten der Welt gelistet sind. Vier der ersten zehn bestgeförderten Universitäten im Exzellenzwettbewerb finden sich unter den ersten 100 des Shanghai-Rankings, zwei in den Rängen 101 bis 152, zwei in den Rängen 201 bis 302, eine zwischen 303 und 401, eine jenseits der 501 gelisteten. Letztere gehört jedoch zu den 100 Universitäten der *arts and humanities*-Liste. Demgemäß wurde sie schwerpunktmäßig in den Geisteswissenschaften gefördert. Von den weiteren 27 Gewinnern sind 23 im Shanghai-Ranking gelistet, eine unter den ersten 100, vier zwischen den Rängen 101 und 151, drei zwischen 152 und 200, fünf zwischen 201 und 302, acht zwischen 303 und 401, zwei zwischen 402 und 501. Vier tauchen in der Liste nicht auf. Von den weiteren 36 Universitäten, die im DFG-Förder-Ranking geführt werden, aber keine Exzellenzgelder erhalten haben, sind nur acht im Shanghai-Ranking notiert, drei davon zwischen 201 und 302, drei zwischen 303 und 401 und zwei zwischen 402 und 501. Der einfachste Weg, die Exzellenzgelder zu verteilen, hätte darin bestanden, den Shanghai-Rang als Maßstab zu verwenden. Das Ergebnis wäre nahezu dasselbe gewesen wie dasjenige der Exzellenzinitiative mit ihrem enorm zeitaufwendigen Verfahren. Das Verfahren hat die Universitäten Monate der Vorbereitung von Anträgen gekostet und eine enorme Zahl von Gutachtern aus dem In- und Ausland in einem dreistufigen Auswahlverfahren involviert. Es hat so eine große Menge an Arbeitskraft der Forschung entzogen. Einfach das Shanghai-Ranking als Maß der Verteilung der Exzellenzgelder zu nehmen, hätte jedoch die *illusio* im Feld zerstört, die voraussetzt, dass in diesem Wettbewerb jede Universität eine Chance hat und dass das Ergebnis unter der Bedingung gleicher Chancen für alle zustande kommt. Anderenfalls hätten sich viele Forscher und Gutachter dagegen gewehrt, Zeit und Energie in dieses Verfahren zu investieren.

Die enge Korrelation zwischen der Allokation von Exzellenzgeldern und dem Shanghai-Rang der Universitäten legt die Vermutung nahe, dass diese Investitionen darauf zielen, das Prestige (das symbolische Kapital) bereits prestigereicher Universitäten zu erhöhen, die auf eine lange während Geschichte von Erfolgen insbesondere in den Natur-, Lebens- und Ingenieurwissenschaften zurückblicken können. Das Shanghai-Ranking prämiert große Universitäten mit einem Profil in den Natur-, Lebens- und Ingenieurwissenschaften, einem Alter von mindestens 110 Jahren und einer Lokalisierung im englischen Sprachraum. Größe, disziplinäres Profil, Alter, vergangene Erfolge bis zurück in das Jahr 1901 – der ersten Vergabe von Nobelpreisen – und die englische Muttersprache herrschen über die Performanz pro Personaleinsatz und über Leistungen in der Gegenwart sowie außerhalb des besonders belohnten Fächerspektrums. Es ist deshalb keine Überraschung, dass die Exzellenzinitiative vor allem die privilegierte Gruppe der älteren und großen deutschen Universitäten mit umfangreichen Natur-, Lebens- und/oder Ingenieurwissenschaften ausgezeichnet hat. Ein weiterer Faktor war zudem die touristische Attraktivität von Metropolen wie Berlin und München für ausländische Gastwissenschaftler sowie die Nähe zu außeruniversitären Forschungseinrichtungen, insbesondere Max-Planck-Instituten, die als Kooperationspartner gewonnen werden konnten. Die Produktivität pro Personaleinsatz spielte dabei genauso wenig eine Rolle wie im Shanghai-Ranking, wo dieser Faktor gerade einmal ein Gewicht von zehn Prozent hat. Man sieht daran, dass dieser Wettbewerb, anders als vom zugrunde liegenden Paradigma des New Public Management intendiert, nicht von der Logik der Effizienz bestimmt wird, sondern von einer Logik der Distinktion, die Exklusivität, Luxus und Sichtbarkeit, aber nicht Produktivität prämiert. Das macht Spitzenforschung aus rein symbolischen Gründen der Konzentration von akademischem Luxus auf »Leuchttürme« extrem teuer, weshalb bei nicht beliebig vermehrbaren Ressourcen die breite Masse der Universitäten im Verhältnis zu den reichsten Einrichtungen verarmen muss. In der weiteren Folge verlangt der Zugang zu den prestigereichsten Universitäten von den Studierenden immer umfangreichere Investitionen ihres Elternhauses in die Entwicklung ihres kulturellen Kapitals. Wie weit sie in ihrem Leben kommen, wird in diesem stratifizierten System noch mehr als bisher von der Geburt in einem kulturell privilegierten Elternhaus determiniert (Hartmann 2006, 2010).

Wir erkennen an diesem Beispiel, dass der Wettbewerb zwischen unternehmerischen Universitäten um Positionen im transnationalisierten akademischen Feld unter dem Regime internationaler Rankings mehr durch die Verfügung über materielles und symbolisches Kapital entschieden wird, das in einem langen historischen Prozess generiert wurde, und weniger durch gegenwärtige Performanz pro Personaleinsatz. Solche Rankings haben deshalb einen konservativen Effekt auf das Feld der Wissenschaft. Sie bewerten mehr vergangene Erfolge und weniger gegenwärtige Performanz, implizieren eine Schließung des Wettbewerbs und hindern Forscher und Forscherinnen an weniger privilegierten Standorten, die angemessene Anerkennung für ihre Leistungen zu erhalten. In diesem Sinne verlangsamen Rankings den Erkenntnisfortschritt. Sie leiten die Forschungspolitik in die Sackgasse der weiteren Investition in vergangene Erfolge und der Überinvestition an privilegierten Standorten bei gleichzeitiger Unterinvestition in der breiten Mehrheit der Universitäten, anstatt den Wettbewerb offenzuhalten, um Diversität als entscheidende Quelle neuer Entdeckungen und des Erkenntnisfortschritts zu fördern.

Tabelle 7.4 zeigt, dass die Exzellenzinitiative zu größerer

Ungleichheit in der Verteilung der DFG-Mittel auf Universitäten geführt hat. Dementsprechend polarisiert ist die Einschätzung der Exzellenzinitiative in der Professorenschaft: »Unter der Professorenschaft hält – wie iFQ-Erhebungen zeigen – nur etwa ein Viertel das Format eines Exzellenzwettbewerbs für die Forschung oder die Lehre für eine geeignete Maßnahme, den Wissenschaftsstandort Deutschland zu stärken, wohingegen von den aus Exzellenzmitteln rekrutierten Professoren etwa zwei Drittel einen Exzellenzwettbewerb im Bereich der Forschung (und fast die Hälfte auch für die Lehre) für eine Standortstärkung für geeignet halten.« (Hornbostel et al. 2010)

Insbesondere die ersten zehn Gewinner haben ihre Position beträchtlich verbessert. Wie wir erkennen, hat die Ungleichheit in der gesamten Allokation von Forschungsmitteln über alle Disziplinen hinweg im Allgemeinen zugenommen. Die Ungleichheit ist von Ranggruppe zu Ranggruppe zunehmend gestiegen, mit jedem Schritt von der zweiten zur dritten, vierten, fünften, sechsten und siebten bis zur achten Zehnergruppe hinunter. So akquirierten die ersten Zehn zwischen 1999 und 2001 insgesamt 4,25-mal mehr Gelder als die fünften Zehn, zwischen 2005 und 2007 jedoch 6,37-mal mehr. Besonders auffällig sind die Zahlen für die Geistes- und Sozialwissenschaften. Die Ungleichheit der Mittelverteilung in diesen Disziplinen übertrifft diejenige in allen anderen Disziplinen bei Weitem. Sie ist sogar größer als in den Ingenieurwissenschaften und den Lebenswissenschaften, wo man das eher vermuten würde. Sie war schon in 1999-2001 größer, wurde jedoch durch die Gelder der Exzellenzinitiative in 2005-2007 nochmals enorm gesteigert. In der letztgenannten Förderperiode erhielten die ersten zehn von den 82 im DFG-Förder-Ranking gelisteten Universitäten nicht weniger als 51 Prozent der Gelder. Sie akquirierten 2,61-mal mehr Gelder als die zweiten Zehn, 3,67-mal mehr als die dritten Zehn, 6,30-mal mehr als die vierten Zehn, 13,41-mal mehr als die fünften Zehn und 23,80-mal mehr als die sechsten Zehn. Am krassesten stellt sich die Ungleichheit in den Geisteswissenschaften dar. Schon in der Förderperiode 2002-2004 nahmen die ersten zehn Universitäten 13,78-mal mehr Forschungsgelder ein als die fünften zehn, in 2005-2007 ist der Quotient auf den 24,3-fachen Wert gestiegen. Es wird sich kaum ein Argument finden lassen, mit dem man diese Ungleichheit und ihre Steigerung durch die Exzellenzinitiative als funktional notwendig begründen könnte, weder in Bezug auf den Erkenntnisfortschritt in diesen Disziplinen im Allgemeinen noch in Bezug auf die internationale Wettbewerbsfähigkeit der deutschen Geisteswissenschaften im Besonderen. Sie dürfte in erster Linie ein Effekt der Überstülpung der natur-, lebens- und ingenieurwissenschaftlichen Förderformate der DFG auf die Geisteswissenschaften sein. Während jedoch die bei der DFG weniger erfolgreichen Standorte der Natur-, Lebens- und Ingenieurwissenschaften ihre Nachteile durch andere Fördergelder zumindest teilweise ausgleichen können, fehlen den Geisteswissenschaften solche Ausgleichsmechanismen. Umso mehr schlägt der stratifizierende Effekt der Dominanz koordinierter Programme der DFG durch (Zukunftskonzepte, Exzellenzcluster, Graduiertenschulen, Forschungszentren, Sonderforschungsbereiche, Graduiertenkollegs, Forschergruppen) (Tab. 7.4).

Das deutsche Hochschulsystem nähert sich auf diesem Weg dem hoch stratifizierten System der USA an. Zu dessen Funktionsweise hat Val Burris (2004) eine aufschlussreiche Studie vorgelegt. Die im *American Sociological Review* veröffentlichte Untersuchung hat die Oligopolstruktur der amerikanischen Soziologie-Departments wie auch der Departments der Politikwissenschaft und Geschichte nachgewiesen. Demnach

Tab. 7.4: Zuteilung von DFG-Mitteln an Universitäten vor und nach der Exzellenzinitiative 1999-2003 (2002-2004) und 2005-2007

	Summe	Quotient	Summe	Quotient
	1999-2001		2005-2007	
alle Disziplinen				
total	3095,0		5076,7	
Q1	1002,8	4,25	1905,6	6,37
Q5	235,9		299,0	
Geistes- und Sozialwissenschaften				
total	495,0		769.4	
Q1	202,0	7,62	390,3	13,41
Q5	26,5		29,1	
	2002-2004		2005-2007	
Geisteswissenschaften				
total	286,9		473,9	
Q1	133,7	13,78	273,9	24,3
Q5	9,7		11,4	
Sozialwissenschaften				
total	203,1		295,6	
Q1	78,0	5,53	132,5	9,01
Q5	14,1		14,7	

Quelle: DFG 2003: 166-167; 2006: 152-153; 2009: 158-159. Beträge in Tausend Euro. Es wurden jeweils die ersten 50 Universitäten in Quintile unterteilt. Q1 = Universitäten von Platz 1 bis 10, Q5 = Universitäten von Platz 41 bis 50 nach Fördersummen.

tauschen die nach einem Reputations-Ranking des National Research Council (NRC) ermittelten Top-20-Departments 88 Prozent ihrer Doktoranden allein unter sich aus. Ihre Absolventen stellen darüber hinaus 69 Prozent der Professoren aller 94 Departments. Es zeigt sich jedoch, dass 84 Prozent der Varianz der in der jeweiligen Umfrage einem Department von den befragten Professoren zugeschriebenen Reputation allein durch die Zentralität im Netzwerk des Doktoranden-

Austausches (soziales Kapital) erklärt werden, während einge-
worbene Drittmittel, Publikationen, Zitationen, Publikationen in den sieben Top-Fachzeitschriften und Besprechungen
von Büchern in der zentralen Besprechungszeitschrift pro Fa-
kultätsmitglied die erklärte Varianz lediglich um vier Prozent
erhöhen. Genauso viel wie die Zentralität im Netzwerk erklärt auch die Größe der Departments. Die Zentralität eines
Departments ergibt sich aus der Zahl seiner Promovierten,
die in einem bestimmten Zeitraum auf Professorenstellen an
anderen Universitäten berufen worden sind. Die statistische
Wahrscheinlichkeit, Promovierte an anderen Universitäten
zu platzieren, wächst zwangsläufig mit der Größe eines Departments. In den USA ist diese oligopolartige Struktur in
erster Linie durch die höchst ungleiche Allokation von Finanzmitteln erzeugt worden. Die Schließung des Zugangs
zu den Elitepositionen hat dort überdies einen Mangel an
Nachwuchswissenschaftlern zur Folge, der dadurch ausgeglichen werden muss, dass in großem Umfang Doktoranden
und Postdoktoranden aus dem Ausland rekrutiert werden.
Im Benchmarking wird das sogar als Erfolg in der Internationalisierung der Hochschulbildung gewertet. Es kann prognostiziert werden, dass die Konstruktion von Eliteuniversitäten in Deutschland ebenso den Mangel an Nachwuchswissenschaftlern aus dem eigenen Land steigern wird. Weil die
Bachelor-Absolventen aus den in die Zweitklassigkeit ver-
bannten Hochschulen nicht das nötige Prestige mitbringen,
müssen an ihrer Stelle vermehrt Doktoranden und Postdoktoranden aus dem Ausland gewonnen werden.

Auch in den USA resultiert aus der Stratifikation des akademischen Feldes eine Engführung der Wissensevolution.
Für die Soziologie kann man sagen, dass die weitere Stärkung
der Hegemonialstellung der amerikanischen Soziologie im
Zuge der wachsenden Internationalisierung das Spektrum

des soziologischen Wissens auf einen sehr engen Horizont einschränkt und damit ein globaler Wissensverlust einhergeht. In der Ökonomie hat diese soziale Tatsache zur uneingeschränkten globalen Dominanz des neoliberalen Paradigmas geführt. Für die Wissensevolution bedeutet die verfestigte Stratifikation des akademischen Feldes den Verlust an Alternativen, und wir können annehmen, dass das auch in den Lebens- Natur- und Ingenieurwissenschaften nicht völlig anders sein wird.

Das durch die umstandslose Transformation von Größen- und Fächereffekten in Leistungsdifferenzen entstandene Legitimationsdefizit der Exzellenzinitiative verschärft sich erst recht, wenn die Produktivität der Standorte im Publikations- oder Patentoutput pro eingesetztem Personal in den Blick genommen wird. Das CHE-Forschungs-Ranking 2005 bietet die Möglichkeit, das für 13 Disziplinen zu tun (Berghoff et al. 2005; vgl. weiter 2006, 2009). Das überraschende Ergebnis dieses Tests ist die festgestellte große Diskrepanz zwischen Drittmittelinput und Publikationsoutput. Zu erklären ist diese Diskrepanz wieder in erster Linie durch Größeneffekte. Sie äußern sich darin, dass jenseits einer mittleren Größenordnung des Personaleinsatzes insgesamt wie auch der Mitarbeiterstellen pro Professor das Gesetz des abnehmenden Grenznutzens wirksam wird und mit jeder weiteren Investition der Publikations- bzw. Patentertrag pro eingesetztem Personal kontinuierlich abnimmt. Die Großforschungszentren erweisen sich nachweislich als weniger leistungsfähig als Standorte mittlerer Größe. Das zeigen statistische Analysen zu Universitäten und Fachbereichen in Chemie, Physik, Biologie und Geschichte im Wettbewerb um Forschungsmittel (siehe Anhang).

Selbst dann, wenn ein von quantitativen Aspekten absehender qualitativer Vergleich zeigt, dass Großstandorte in absoluten Zahlen mehr herausragende Wissenschaftler beherbergen als mittlere und kleinere Standorte und sich das auch in der Qualität von deren Publikationen spiegelt, dann ist auch dieses Ergebnis als ein Größeneffekt zu interpretieren. Die Wahrscheinlichkeit, in einem Fachbereich mit 60 Wissenschaftlern vier herausragende zu finden, ist genau so groß wie die Wahrscheinlichkeit, in einem Fachbereich mit 30 Wissenschaftlern nur zwei zu identifizieren. Sind an dem größeren Fachbereich die Lehrstühle mit zahlreicheren Mitarbeiterstellen ausgestattet als an dem kleineren Fachbereich, dann hat der größere Fachbereich außerdem noch bessere Chancen, produktivere Professoren anzuziehen, die zudem noch in ihrer Produktivität von der besseren Ausstattung profitieren. Diese reinen Größeneffekte in »Leistungsdifferenzen« von ganzen Fachbereichen umzumünzen, ist der entscheidende Schritt. Er belohnt Fachbereiche allein für ihre Größe und nicht für individuelle Leistungen. Wird daraus noch abgeleitet, die größeren Fachbereiche noch größer zu machen, dann wird die vorher schon bestehende Chancenungleichheit weiter ausgebaut. Statt den Wettbewerb durch Chancengleichheit zu gewährleisten, indem für genügend kritische Masse an einer größeren Zahl von Standorten gesorgt wird, untergräbt eine solche Forschungspolitik erst recht den Wettbewerb. Auch dann, wenn dadurch die absolute Zahl besonders produktiver Wissenschaftler an einem Standort nochmals erhöht wird und sich dies auch in den Publikationen niederschlägt, baut eine solche Politik Oligopolstrukturen auf, die zu einer Schließung der Wissensevolution auf Kosten von Vielfalt, Kreativität und Innovation führen. Die geschaffenen Forschungszentren verdrängen potenzielle Konkurrenten in die Peripherie. Die breit über das Land gestreuten Spitzenforscher werden durch schlechtere Arbeitsbedingungen und den Verlust an symbolischem Kapital behindert. Auch ein Oligopol der »Besten« ist ein Oligopol mit kontraproduktiven Effekten auf den Erkenntnisfortschritt.

Um dieser Tendenz der Engführung der Wissensevolution entgegenzuwirken, könnte sich der Wissenschaftsrat systematisch mit der Frage beschäftigen, wie viel kritische Masse an wie vielen Standorten eines Fachgebiets erforderlich ist, um genügend Wettbewerb sicherzustellen, und wo schon zu viele Forschungsmittel konzentriert sind, sodass der Wettbewerb zu weitgehend eingeschränkt wird. Den Anfang könnte eine Kommission machen, die Empfehlungen für die Gewährleistung des Wettbewerbs im nationalen und internationalen Kontext erarbeitet. Auch dabei sind die breitere Streuung der Ämter auf Standorte und kürzere Amtszeiten der Schlüssel zum Erfolg.

Strukturen der Forschungsorganisation

Die Konzentration der Forschungsmittel auf wenige Universitäten fördert den weiteren Ausbau der oligarchischen Strukturen der Forschung in Deutschland. Hier geht es um die Frage, wie, das heißt in welchen organisatorischen Formen, Forschung praktiziert wird. Nur 17 Prozent des wissenschaftlichen Personals an den deutschen Universitäten sind Professoren, dagegen 83 Prozent Mitarbeiter in abhängiger Stellung (DFG 2006: 18). In den USA hatten 2006 jedoch 72 Prozent des wissenschaftlichen Personals Fakultätsstatus. Die restlichen 28 Prozent verteilten sich auf Post-doc-Stellen und Part-Time-Beschäftigte (National Science Board 2008). Die seit den achtziger Jahren erfolgte Verlagerung von Personalmitteln von den Grundmitteln zu den Drittmitteln hat ein akademisches Proletariat ohne jegliche Aussicht auf eine akademische Karriere geschaffen. Dieses Proletariat forscht unter Anleitung der zu Managern großer Apparate gewordenen Professoren ohne eigenen Entfaltungsraum. Deshalb dominiert Routineforschung ohne Innovationspotenzial. Innovationen können nur von neuen Generationen kommen. Junge, kreative Wissenschaftler auf lange Jahre zum weitaus größten Teil in abhängiger Stellung zu halten, verringert das Innovationspotenzial. Diese Oligarchie ist zugleich die wesentliche strukturelle Grundlage für das uneingeschränkt herrschende Patriarchat in der Forschung. In diesem System konkurrieren schon reichhaltig mit Mitarbeitern ausgestattete Lehrstuhlinhaber um Gelder, mit denen sie weitere Mitarbeiter beschäftigen können. Aus diesem Milieu können keine zukünftigen Nobelpreisträger hervorgehen. Sie müssen in die USA auswandern, um dort als junge Professoren ihren eigenen Weg in der Forschung gehen zu können, ohne Aufsicht durch einen Lehrstuhlinhaber bzw. Institutsdirektor. Trotz der immer noch ganz anderen Situation wird allerdings inzwischen auch in den USA über eine ähnliche Tendenz geklagt. Immerhin hatten in den frühen siebziger Jahren noch 88 Prozent des wissenschaftlichen Personals an den Universitäten Fakultätsstatus. Mit Ausnahme der geringen Zahl an *instructors* handelt es sich dabei um Professoren (National Science Board 2008).

Durch die von der Exzellenzinitiative forcierte Konzentration von Forschungsmitteln in Großforschungseinrichtungen wird die Forschung in Deutschland in Zukunft noch mehr als bisher unter dem ökonomischen Gesetz abnehmender Grenzerträge jenseits des optimalen Niveaus an Forschungspersonal in einer Einheit leiden (vgl. Jansen et al. 2007). Es wächst der Managementaufwand über die Grenze der Vereinbarkeit mit eigener Forschungstätigkeit hinaus, und die Zahl abhängiger Mitarbeiter nimmt zu, die alle an demselben Forschungsprogramm arbeiten. Programme werden dadurch überdehnt, ohne dass weitere Erkenntnisse geliefert würden. Es fehlt infolgedessen Personal an anderer Stelle, das in selbständiger

Forschungsarbeit alternative, konkurrierende Forschungsprogramme entwickelt. Dadurch sinken die Kreativität und die Erneuerungsrate in der Wissensentwicklung.

Die DFG hat dieses System vor allem durch den Ausbau der koordinierten Programme, insbesondere der Sonderforschungsbereiche, an die auch ein Großteil der Einzelförderung angegliedert ist, maßgeblich unterstützt. Das für den Großteil dieser Programme geltende Ortsprinzip hat die Provinzialität lokaler Kooperative anstelle der globalen Vernetzung der einzelnen, wirklich aktiven Forscher gefördert, ein akademisches Proletariat ohne Zukunftsaussichten geschaffen und mit den verstärkten oligarchischen Strukturen die Innovationskraft der Forschung in Deutschland geschwächt. Die Exzellenzinitiative setzt diesem System noch die Krone auf. Von den bis Frühjahr 2009 mit Mitteln der Exzellenzinitiative besetzten 4057 Stellen entfielen 326, das heißt nur acht Prozent, auf Professoren, jedoch 3731, das heißt 92 Prozent, auf Doktoranden und Postdoktoranden, die weitaus meisten Stellen davon auf Doktoranden (Hornbostel und Sondermann 2009). Die Exzellenzinitiative ändert nichts daran, dass die akademische Laufbahn in Deutschland junge Wissenschaftler länger in abhängiger Stellung hält als in den USA (vgl. Janson, Schomburg und Teichler 2007).

Makro-, Meso- und Mikroprozesse der Konstruktion
wissenschaftlicher Exzellenz

An dem dargestellten Zusammenhang zwischen kartellartigen Strukturen der Verteilung von Mitgliedschaften und der Vergabe von Forschungsmitteln an Forschungseinrichtungen, der oligopolistischen Aneignung von Mitteln und der Platzierung von Forschungsprodukten und Nachwuchs in der wissenschaftlichen Gemeinschaft, oligarchischen Strukturen der Forschungspraxis und dem Missverhältnis zwischen der Aneignung von Forschungsmitteln und der in Publikationen pro Wissenschaftler dokumentierten Forschungsproduktivität auf der Makroebene sind Strukturen und Prozesse auf der Meso- und Mikroebene beteiligt, die im Folgenden identifiziert werden sollen, um das Argument weiter zu untermauern.

Der Ausgangspunkt auf der Makroebene ist die Ungleichheit in der Verteilung von ökonomischem, sozialem und kulturellem Kapital zwischen Universitäten bzw. Fachbereichen in Gestalt von Grundausstattung, Drittmitteln, Personal, Promotionen, Habilitationen und Gastwissenschaftlern, die zu einer kartellartigen Allokation von symbolischem Kapital in Gestalt von Prestige und Definitionsmacht, indiziert durch Ausschussmitgliedschaften und Gutachterpositionen bei der Deutschen Forschungsgemeinschaft (DFG), führt. Dieser Kausalzusammenhang wird auf der Mesoebene unterstützt durch Prozesse der sozialen Schließung im Sinne der Rekrutierung von Professoren an den führenden Universitäten bzw. Fachbereichen aus dem eigenen Kreis und durch die Demonstration eines exklusiven akademischen Lebensstils in Gestalt von reichhaltiger Ausstattung, besten Betreuungsrelationen zwischen Lehrenden und Studierenden und niedrigem Lehrdeputat der Professoren. Dadurch wird Exzellenz bewiesen, die es ermöglicht, mehr Ausschussmitglieder und mehr Gutachter bei der DFG zu stellen als gewöhnliche Forschungseinrichtungen.

Die kartellartige Allokation symbolischen Kapitals impliziert auf der Makroebene die Konstruktion von Exzellenz durch die oligopolistische Aneignung von Forschungsgeldern durch die führenden Universitäten bzw. Fachbereiche. Dieser Makrozusammenhang wird auf der Mikroebene dadurch unterstützt, dass die kartellartige Verteilung symbolischen Kapitals bei der Begutachtung von Forschungsanträgen die Definition der Situation beeinflusst, im Sinne einer *self-fulfilling prophecy* vergangene Zuweisungen von Forschungsgeldern zukünftige Zuweisungen erleichtern und reiche Standorte über zahlreiche Alumni und Gastwissenschaftler verfügen, die ihnen im Sinne des Potlatch-Geschenkaustauschs durch besonderen Respekt ihre Dankbarkeit erweisen. Diese Strukturierung der Situation erleichtert im Begutachtungsprozess für die Gutachter die Bewältigung der Informationsasymmetrie im Peer Review. Sie steuert das *signalling* der Antragsteller und das *screening* der Gutachter und reduziert für beide Seiten die Ungewissheit. Das gilt in besonderem Maße für die Zuteilung von Forschungsgeldern in den koordinierten Forschungsprogrammen der DFG (Forschergruppen, Graduiertenkollegs, Sonderforschungsbereiche, Graduiertenschulen, Exzellenzcluster), die mit der Exzellenzinitiative inzwischen im Durchschnitt 64,6 Prozent, in einzelnen Fachgebieten bis zu 75 Prozent der Fördergelder in Anspruch nehmen (DFG 2003: 58, 2006: 24, 2009: 19). Die Umstellung von der Input-Steuerung auf die Output-Steuerung im Sinne von New Public Management (NPM) und die Ausweitung der koordinierten Programme zur Förderung von Forschungsverbünden sowie die wachsende Bedeutung der Konstruktion von Exzellenz in der öffentlichen Kommunikation lenken auf der Mesoebene der Entscheidung über Forschungsgelder in Begutachtungsverfahren der DFG die Bewältigung von Informationsasymmetrien verstärkt in die Richtung der oligopolistischen Aneignung von Forschungsgeldern.

Aus dieser Struktur resultiert ein Missverhältnis zwischen der Investition von Forschungsgeldern und ihrem Ertrag in Gestalt von Publikationen pro Wissenschaftler und der Erneuerungsrate des Wissens auf der Makroebene. Auf der Mesoebene wird dieser Kausalzusammenhang dadurch unterstützt, dass eine sinkende Nachfrage und ein korrespondierend sinkendes Angebot an neuen Erkenntnissen und Ideen die Erneuerungsrate des Wissens senken. Die Überinvestition von Ressourcen an wenigen Standorten und die Unterinvestition an vielen Standorten führen dazu, dass viele Standorte unterhalb der optimalen Ausstattung liegen. Aufgrund des kurvilinearen, umgekehrt u-förmigen Zusammenhangs zwischen Investition und Ertrag erreichen nur Standorte in der mittleren Position das Optimum (Jansen et al. 2007). An den reichhaltig ausgestatteten Universitäten bzw. Fachbereichen drückt das Gesetz des abnehmenden Grenznutzens jenseits der optimalen Ausstattung die Produktivität pro Wissenschaftler. Aufgrund ihres Reichtums können sie zwar eine größere Zahl besonders aktiver und angesehener Forscher an sich binden und dadurch recht hohe Zitationswerte erreichen, trotzdem impliziert ihre Überausstattung bei gleichzeitiger Unterausstattung vieler anderer Standorte eine geringere Produktivität im System, als bei einer optimalen Verteilung der Ressourcen erzielt werden könnte. Hinzu kommt noch, dass eine geringere Zahl wettbewerbsfähiger Standorte eine niedrigere Erneuerungsrate des Wissens zur Folge hat als eine größere Zahl. Weiterhin unterstützt die Überausstattung an den reicheren Standorten die oligarchischen Strukturen der Forschung in Deutschland, weil die Lehrstuhlinhaber und Institutsdirektoren über sehr große Mitarbeiterstäbe verfügen. Infolgedessen arbeitet der größere Teil aller Wissenschaftler unter der Anleitung von Vorgesetzten. Dadurch dominiert Routineforschung auf Kosten der Kreativität (Abb. 7.1).

Abb. 7.1: Makro-, Meso- und Mikroebenenprozesse der Konstruktion wissenschaftlicher Exzellenz

Makroebene	ungleiche und homogene vs. pluralistische Verteilung von ökonomischem, sozialem und kulturellem Kapital	kartellartige vs. offene und pluralistische Allokation von symbolischem Kapital	Konstruktion von Exzellenz durch oligopolistische vs. offene und pluralistische Aneignung von Forschungsgeldern	Diskrepanz zwischen vs. Kongruenz der Aneignung von Forschungsmitteln und Wissensproduktivität in Publikationen
Mesoebene	• soziale Schließung • exklusive akademische Lebensweise zur Definition und Präsentation von Exzellenz	Wahl von • Ausschussmitgliedern • Gutachtern	• New Public Management zentralisierte vs. dezentralisierte Allokation von Forschungsmitteln • Rhetorik der Exzellenz Cluster vs. Wissenschaftler	• sinkende Nachfrage nach und Bereitstellung von neuem Wissen • Überinvestition von Ressourcen • oligarchische Organisation der Forschung
Mikroebene	• Definition der Situation durch symbolisches Kapital • Self-fulfilling prophecy • Potlatch-Geschenkaustausch		Bewältigung von Informationsasymmetrie im Peer Review durch screening and signalling. Symbolisches Kapital als Mittel zur Reduzierung von Unsicherheit für Gutachter und Bewerber	

• sinkende Innovationsrate des Wissens • abnehmende Grenznutzen bei Investitionen • autoritativ geführte und routinisierte Forschung mit geringer Kreativität und Innovationsrate

Lehrstühle und Institute vs. Fachbereiche und flexible Forschergruppen

- - -> Makroebene: kausale Ausrichtung

→ Inhärenter Prozess: Makro-Meso-Meso-Makro-Mikro-Mikro-Makro-Meso-Meso-Makro

Schlussbemerkungen

Die Befürworter der Exzellenzinitiative postulieren, Deutschland brauche Eliteuniversitäten, um international mit Harvard, Princeton, Yale und Co. mithalten zu können. Man ist sogar bereit, dafür den Aufbau von Oligopol- bzw. Monopolstrukturen in einem Land in Kauf zu nehmen, das über eine lange Tradition des föderalen Pluralismus verfügt. Es stellt sich deshalb die Frage, ob es dem Land und der Wissenschaft insgesamt einen Vorteil bringt, wenn auch hierzulande Eliteuniversitäten geschaffen werden, die zwar im Lande dem Wettbewerb entzogen sind, dafür aber international »sichtbarer« und damit »konkurrenzfähiger« werden. Es werden dabei Universitäten mit privatwirtschaftlichen Unternehmen bzw. Banken gleichgesetzt, für die es darauf ankommt, eine ähnliche Größenordnung zu erreichen wie andere Konkurrenten auf dem internationalen Markt, um sich überhaupt behaupten und nicht von den Konkurrenten geschluckt zu werden. Auf dem internationalen Markt der Unternehmenskontrolle ist das Geschäft der Fusion und Akquisition, der freundlichen und feindlichen Übernahmen in vollem Gange. Die Kartellaufsicht sieht sich dabei unter dem Druck, angesichts schon vorhandener Riesen weitere Riesen zuzulassen, nur damit Letztere nicht ganz von Ersteren aufgefressen werden. Der Weltmarkt wird demnach in einzelnen Produktbereichen von globalen Giganten beherrscht, die unter sich aufteilen, was noch vom Markt übrig geblieben ist. Auch in der Wirtschaft bedeutet das die Engführung der Produktentwicklung auf Kosten der verfügbaren Alternativen. Ein Beispiel dafür ist etwa die weitreichende Beherrschung des Saatgutmarktes durch den amerikanischen Monsanto-Konzern mit dessen ausschließlicher Konzentration auf gentechnisch erzeugtes

Saatgut. Die treibende Logik dieser Entwicklung ist die Positionierung von Großkonzernen auf dem Weltmarkt, die sich durch die Ausnahmestellung in bestimmten Produktbereichen Monopolrenten sichern wollen. Die Kartellbehörden können diesem Monopoly-Spiel nur sehr begrenzt entgegenwirken. Die Nutznießer dieser Oligopol-/Monopolbildungsprozesse sind die Großunternehmen, die Monopolrenten erzielen können, den Verbrauchern hingegen stehen nun weniger Alternativen zur Verfügung.

Die Übertragung dieses Modells auf die Wissenschaft verkennt, dass die Träger des wissenschaftlichen Fortschritts anders als bei der Produktentwicklung in der Wirtschaft nicht die Universitäten als Unternehmen sind, sondern einzelne Forscher und Forschergruppen, deren Zusammenarbeit an keine institutionellen Grenzen gebunden ist. Das zeigt sich schon daran, dass Koautorenschaften bei wissenschaftlichen Publikationen oft über mehrere Universitäten gestreut sind, zumindest in den Sozialwissenschaften ist es sogar die Regel. Anders als Wirtschaftsunternehmen sind Universitäten nach ihrem klassischen Verständnis *keine Verrechnungseinheiten* von Investitionen und Erträgen. Die für wissenschaftliche Publikationen verwendeten Ressourcen werden weit mehr durch das als Kollektivgut global verfügbare publizierte Wissen als durch die Arbeitsplätze einer jeweiligen Universität bestimmt (Merton 1973 [1942]). Man könnte ohne Weiteres von einem Verhältnis von 999 zu 1 sprechen. Ebenso werden die Ergebnisse der wissenschaftlichen Forschung publiziert und dadurch zu einem global verfügbaren Kollektivgut. Nicht die Universitäten eignen sich nach bisherigem Verständnis die Erträge der Forschung an, sondern die internationale wissenschaftliche Gemeinschaft. Hochschulen haben nach diesem Verständnis nicht die Stellung auf dem Wissenschaftsmarkt wie Unternehmen auf dem Wirtschaftsmarkt. Während Unternehmen Ressourcen einkaufen und verarbeiten und damit Erträge ausschließlich für sich selbst erwirtschaften, verfügen Universitäten nach bisherigem Verständnis weder exklusiv über die zur wissenschaftlichen Forschung erforderlichen Ressourcen noch können sie sich die Erträge der in ihren Mauern durchgeführten Forschung exklusiv aneignen.

Der gesamte Forschungsprozess geht demnach an den Universitäten als Institutionen in ihrem klassischen Verständnis vorbei. Er ist ganz und gar in den Händen der einzelnen, mehr oder weniger teamartig arbeitenden Forscher. Um auf dem Weltmarkt der Wissenschaft konkurrieren zu können, benötigt ein Land deshalb überhaupt keine besonders herausgehobenen Institutionen, sondern einen möglichst großen Freiraum für eine Vielzahl individueller Forscherinnen und Forscher, Vielfalt, Wettbewerb und Chancengleichheit. Auf dem Weltmarkt der Forschung können sich nur individuelle Wissenschaftler und Wissenschaftlerinnen und spontan, oft weltweit vernetzte Teams behaupten, nicht Universitäten als leere Hülsen. Alles was Universitäten bieten können, sind gute Arbeitsbedingungen für Forscher. Diese nur ausgewählten Institutionen zu gewähren, verschlechtert jedoch die Voraussetzungen für eine Vielzahl potenter aktueller und zukünftiger Wissenschaftler. Dem Ruhm einer Institution als einer leeren Hülse wird das Forschungspotenzial einer Vielzahl realer Forscher geopfert. Genau das ergibt sich jedoch aus der Transformation von Universitäten in Unternehmen im akademischen Kapitalismus (Slaughter und Leslie 1997; Slaughter und Rhoades 2004).

Frankreich verfügt seit über 200 Jahren über Elitehochschulen. Das hat dem Land im internationalen Vergleich weder wissenschaftlich noch wirtschaftlich und schon gar nicht für die Gesellschaft als Ganze irgendeinen nachweisbaren Nutzen verschafft (Bourdieu 1992, 2004). Auch Oxford und Cambridge haben Großbritannien lediglich die Erhaltung elitärer Strukturen ohne gesamtgesellschaftlichen Nutzen gebracht. Die Vereinigten Staaten sind wissenschaftlich nicht *wegen* Harvard, Princeton, Yale, und Co., sondern *trotz* deren herausgehobener Stellung aufgrund der noch ausreichenden Zahl von Konkurrenten und der insgesamt wettbewerblich ausgerichteten Struktur des Feldes erfolgreich (Lenhardt 2005). Gesellschaftlich sind Harvard, Princeton, Yale, und Co. aber auch mitverantwortlich für eine Gesellschaftsstruktur, die von großer Ungleichheit und gravierenden Desintegrationserscheinungen geprägt ist (Karabel 2005; Douglas 2007; Soares 2007). Aus dieser Sicht stellt sich das Programm der Exzellenzinitiative als Fahrt in eine Zukunft dar, die weder der Wissenschaft noch der Gesellschaft einen Nutzen bringt. Dem gewonnenen Prestige weniger Institutionen samt ihrer Präsidenten steht der Verlust an Kreativität, Vielfalt und wissenschaftlicher Innovationskraft wie auch an gesellschaftlicher Integration gegenüber (Hartmann 2006).

Die von der Exzellenzinitiative vollzogene Erzeugung von »Eliteuniversitäten« im Antragsverfahren verkennt, dass sich ein solcher Status nur in jahrzehntelangen Prozessen der Akkumulation symbolischen Kapitals durch soziale Schließung erarbeiten lässt. Auch davon haben allerdings nur die Mitglieder, insbesondere die Präsidenten dieser Institutionen in Gestalt von Prestigegewinnen etwas, nicht die Wissenschaft und nicht die Gesellschaft. Die Ergebnisse wissenschaftlicher Forschung werden nach klassischem Verständnis stets veröffentlicht und sind deshalb global verfügbare, jedermann zugängliche Kollektivgüter. Der Nutzen aus den Erkenntnissen kann überall in gleicher Weise gezogen werden. Es ist deshalb völlig gleichgültig, ob sie in Cambridge, New Haven, Madison, München, Berlin, Trier oder Dortmund produziert werden. Für die Vielfalt, Kreativität und Offenheit der Wissensevolution ist es umso besser, je breiter die Standorte der Wissensproduktion gestreut sind und je mehr Chancengleichheit zwischen den Forscherinnen und Forschern im Sinne einer idealen Sprechsituation herrscht.

Die neue Innovationspolitik setzt Wissenschaft mit unmittelbar anwendungsbezogener industrieller Forschung gleich. Ihr geht es darum, durch exklusives, möglichst lange geheim gehaltenes Wissen und durch Patente für ein Unternehmen Wettbewerbsvorteile zu schaffen. Das heißt, sie ist ausdrücklich auf die Aushebelung des Wettbewerbs ausgerichtet. Für die Wissenschaft selbst ist diese Strategie fatal, weil sie die für ihre Entwicklung unabdingbare Offenheit und Chancengleichheit im Diskurs beseitigt. Letztlich leidet auch die industrielle Forschung unter wissenschaftlichen Schließungsprozessen, weil dadurch die Quelle des Wissens versiegt, aus der sie sich speisen muss. Die vollständige Kurzschließung von Wissenschaft und Industrie (Gibbons et al. 1994; Etzkowitz 2003; Rhoades und Slaughter 2005) ist deshalb kein erkenntnisförderndes Programm. Zu erklären ist diese Transformation der Wissenschaft aus der neuen Koalition einer global ausgerichteten naturwissenschaftlich-technischen Wissenselite mit der global ausgerichteten Wirtschaftselite. Sie hat dazu geführt, dass Denkmuster der Industrie – Wettbewerbsvorteile und Monopolrenten durch Clusterbildung zu erzeugen – ohne Wissen um die kontraproduktiven Konsequenzen auf die Wissenschaft übertragen werden. Auch die Clusterbildung unterliegt Prozessen der Verfestigung, die dazu führen, dass jenseits einer mittleren Größenordnung die Grenzerträge sinken und Monopole oder Oligopole den Wettbewerb einschränken, wenn es in einem bestimmten Forschungsgebiet nicht an mehreren Orten konkurrierende Cluster gibt. Die Verfestigung der Cluster zu dauerhaft bestehenden Strukturen wirkt schließlich auf den wissenschaftlichen Fortschritt lähmend, weil dadurch die Wissensevolution langfristig in eine bestimmte Richtung gelenkt wird und die notwendige Vielfalt fehlt, um Neues zu schaffen und auf neue Herausforderungen schnell zu reagieren.

Die Exzellenzinitiative fördert Institutionen statt individueller Forscherinnen und Forscher. Die Förderung von Institutionen läuft weit mehr Gefahr, die natürlich gegebenen Tendenzen zur Kartell-, Oligopol- und Oligarchiebildung zu unterstützen als die Förderung von Individuen. Sie bedarf mehr als die Förderung von Individuen der zentralen Vergabe von Forschungsmitteln und legt die Verteilung von Forschungsmitteln sowie das Angebot von Forschungsprodukten auf längere Sicht fest. Sie begünstigt darüber hinaus die Oligarchiebildung, weil Forschungsmittel in der Regel Institutsdirektoren und Lehrstuhlinhabern zur Beschäftigung von Mitarbeitern zur Verfügung gestellt werden. Bei der Förderung von Institutionen muss in hohem Maße über die große Ungleichheit der individuellen Forschungsleistungen innerhalb von Fachbereichen hinweggesehen werden. Standardisierte Verfahren der Leistungsbewertung reduzieren die Vielfalt der Forschungsleistungen auf wenige Kennziffern. Sie ersetzen die intrinsische Motivation der Forscher durch die extrinsische Motivation der Erfüllung von Kennziffern und zerstören den kreativen Prozess der Forschung. Die Förderung des individuellen Forschers kann jedoch viel zielgenauer und vollkommen dezentralisiert erfolgen. Man benötigt dafür kein aufwendiges Evaluationsverfahren, keine totale Überwachungsmaschinerie. Sie kann sich darauf konzentrieren, bei der Personalrekrutierung Forschern mit hohem Leistungspotenzial den Vorzug zu geben. Durch die weitere Beurteilung der Forschungsleistungen, etwa im *tenure-track*-Verfahren von Juniorprofessuren, kann man sich ein viel genaueres Bild der erbrachten Leistungen machen. Die Umstellung von der umfangreichen Verteilung von Drittmitteln an Forschungsmanager auf die Einrichtung von Juniorprofessuren würde genau diese individuelle Förderung ermöglichen.

Die Förderung von Kreativität, Innovation und offener Wissensevolution ist nur durch die konsequente Realisierung von Wettbewerb unter einzelnen Forschern statt Institutionen möglich, und zwar spätestens nach der Promotion. Für die DFG würde das bedeuten:

- breitere Streuung der Ausschussmitgliedschaften auf Universitäten;
- kürzere Amtszeiten in DFG-Positionen;
- Abbau der koordinierten Programme, Ausbau der Einzelförderung.

Für die Forschungsorganisation in Deutschland wären notwendig:

- eine bessere Verzahnung der außeruniversitären Institute mit den Universitäten;
- der Abbau der oligarchischen Strukturen in den Universitäten;
- der Aufbau von Juniorprofessuren durch Verlagerung von Drittmitteln in die Universitäten.

Die Konkurrenz findet dann zwischen individuellen jüngeren und älteren Forschern um Publikations- und Karrierechancen und weniger zwischen Lehrstuhlinhabern um Personalmittel zur Beschäftigung von Mitarbeitern statt. Alle Institutionen der Wissenschaft benötigen eine schnellere Erneuerungsrate durch breiter gestreute Mitgliedschaften, kürzere Amtszeiten und schnellere Rotation. In einem solchen System können verantwortliche Positionen (zum Beispiel Gutachterrollen) auf mehr Schultern verteilt werden und lassen deshalb allen Zeit zur Forschung. Forscher würden nicht länger in reine

Funktionärskarrieren abdriften. Ein solches System der Konkurrenz benötigt auch keine Überwachung durch zentralisierte, ebenfalls Kreativität vernichtende Evaluationsverfahren, weil es sich selbst kontrolliert. Es folgt dem Prinzip der marktförmigen Steuerung, weil gerade in der Wissenschaft niemand im Voraus weiß, wie und wo Entdeckungen zu machen sind. Wenn irgendwo, dann hat Friedrich von Hayeks (1969) Lob des Marktes statt der zentralen Steuerung als Entdeckungsverfahren in der Wissenschaft seinen Platz. Auch Paul Feyerabends (1976) Plädoyer für methodologischen Pluralismus hat hier seine Berechtigung.

Es stellt sich schließlich die Frage, wie es möglich sein konnte, dass sich ein Land mit einer tief verwurzelten Tradition des föderalen Pluralismus von einem Modell der Forschungsorganisation verabschiedet, das ihm in der Vergangenheit eine größere Vielfalt, Kreativität und Offenheit der Wissensevolution beschert hat als jenen Ländern, deren Forschung von Elitehochschulen beherrscht wird. Warum unterwirft sich das Land einem globalen Trend, der nachweislich Vielfalt, Kreativität und Offenheit der Wissensevolution einschränken und nicht befördern wird? Zu erklären ist diese Transformation des akademischen Feldes ohne Nutzen für die Wissenschaft und die Gesellschaft durch die globale Machtverschiebung von der national verwurzelten, in den siebziger Jahren gebildeten Koalition von Bildungs- und Gewerkschaftselite (repräsentiert durch die GEW) zur globalen Koalition von naturwissenschaftlich-technisch orientierter Wissens- und profitorientierter Wirtschaftselite. Diese Machtverschiebung unterstützt die Expansion der global herrschenden Modelle der Forschungsorganisation völlig unabhängig davon, ob diese Modelle der Welt oder der eigenen Gesellschaft einen Nutzen bringen (Meyer 2005; Drori et al. 2003). Man braucht ein Klein-Harvard an der Isar allein deshalb, weil Harvard, Yale und Co. die Wissenschaftswelt beherrschen. Gäbe es jedoch keine Universitäten wie Harvard, Yale und Co., so würden größere Vielfalt und Kreativität herrschen und die Offenheit der Wissensevolution wäre eher gewährleistet. Es gäbe genauso viele Nobelpreisträger wie bislang, sie würden sich nur gleichmäßiger über die Welt verteilen – zum Nutzen der Wissenschaft und lediglich auf Kosten des Prestigeverlustes der Präsidenten der sogenannten Eliteuniversitäten.

Reiht sich eine kleine Gruppe deutscher Universitäten auf Antrag bei der Deutschen Forschungsgemeinschaft in dieses globale Netzwerk ein, dann bringt das nur diesen Institutionen und ihren Präsidenten einen Prestigegewinn – falls die Welt der Wissenschaft den antragsgemäß beurkundeten Elitestatus überhaupt anerkennt –, der Wissenschaft aber einen Verlust an Kreativitäts- und Erkenntnispotenzial, weil ein weiterer Schritt zur Schaffung globaler Oligopolstrukturen getan ist. Der Weg dorthin scheint evolutionär unvermeidlich zu sein. Einem Gesetz des globalen Erkenntniswachstums und der globalen Nutzensteigerung folgt er jedoch nicht. Der deutsche Weg in die globale Wissensgesellschaft ist durch die hybridartige Verbindung der traditionellen Oligarchie mit der postmodernen Schaffung privilegierter Eliteinstitutionen gekennzeichnet. Diese Form einer halbierten Postmoderne erweist sich als eine besonders fatale Allianz zweier innovationsfeindlicher Strukturen. Zu erklären ist diese Allianz aus der eigenartigen Koalition einer an alten Privilegien festhaltenden Professorenschaft mit der globalen Wirtschaftselite. Diese hybridartige Struktur ergibt sich aus der Doppelstruktur von nationalem und transnationalem Feld der Forschung. Während im nationalen Feld noch die alte Ordnung und die alte Koalition von Bildungs- und Gewerkschaftselite der siebziger Jahre die dominierende Position einnimmt, stellen sich im zunehmend über das nationale Feld der

Abb. 7.2: Die Doppelstruktur des akademischen Feldes im nationalen und transnationalen Raum

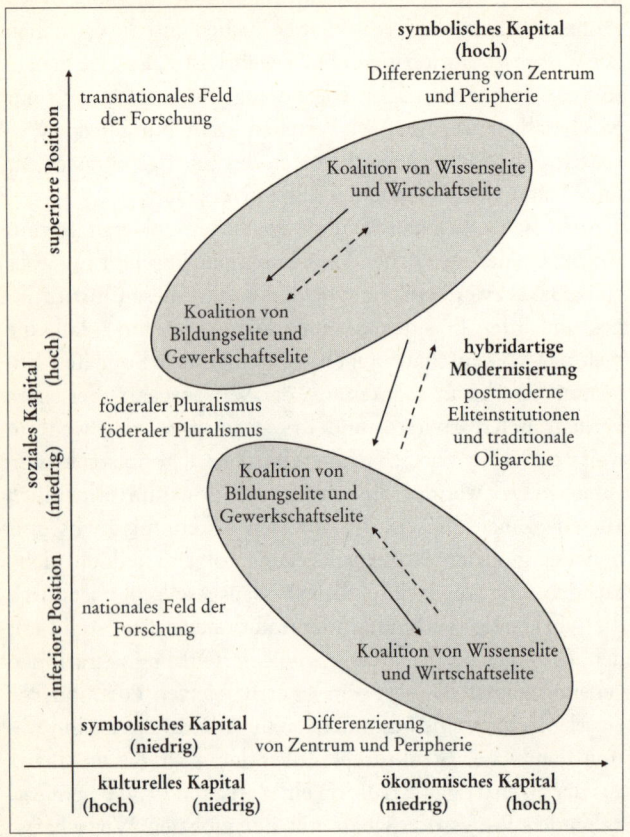

Forschung dominierenden transnationalen Feld die Verhältnisse umgekehrt dar. Die Koalition von Wissens- und Wirtschaftselite und die neue Ordnung der Differenzierung in Zentrum und Peripherie haben die Oberhand. Dieses umgekehrte Verhältnis der Dominanz zwischen den entscheidenden Akteursgruppen in den beiden übereinander gelagerten Feldern sorgt für das hartnäckige Festhalten an den alten oligarchischen Strukturen bei gleichzeitigem Umschwenken auf die postmoderne Struktur der globalen Differenzierung in Zentrum und Peripherie (Abb. 7.2). Es handelt sich dabei um eine fatale Form pfadabhängiger Entwicklung (vgl. Beyer 2006).

VIII. Mit dem Bologna-Express in die europäische Wissensgesellschaft: Vom Berufsmonopol zum globalen Kampf um Bildungsprestige

Der Bologna-Express befindet sich in voller Fahrt, obwohl allseits über die Flurschäden geklagt wird, die er hinterlässt (Maeße 2010). Es sind jedoch nicht nur diese Flurschäden festzustellen. Zu beobachten ist vielmehr ein grundlegender gesellschaftlicher Wandel, der mehr umfasst, als von den Protagonisten und den Gegnern des Prozesses erkannt wird. Es geht um nicht weniger als die Ablösung des berufsständischen Modells der Vermittlung zwischen Bildung und Beschäftigung durch das Marktmodell. In Deutschland ist das eine Kulturrevolution, wie sich im Folgenden zeigen wird.

Für die deutsche Tradition der Vermittlung zwischen Bildung und Beschäftigung verstärkt der Bologna-Prozess einen sich schon länger anbahnenden Wandel. Die Vermittlung zwischen Bildung und Beschäftigung durch ein *differenziertes Berufssystem* vom Facharbeiter*beruf* der dualen Ausbildung bis zum diplomierten Ingenieur oder zum staatsexaminierten Oberstudienrat wird durch einen offenen Arbeitsmarkt abgelöst. Dieser Wandel erzeugt neue Unsicherheiten in der Allokation von Bildung und Beschäftigung, die in der Tendenz dadurch bewältigt werden, dass Fachwissen durch persönliches Profil ergänzt wird und der Prestigewert eines Bildungstitels über den Sachwert dominiert. Insgesamt bedeutet das eine Umstellung der treuhänderischen Koordination von Bildung und Beschäftigung von Berufsverbänden in öffentlicher Verantwortung auf die Koordination durch Märkte. Die so erfolgende Öffnung der Vermittlung zwischen Bildung und Beschäftigung mündet allerdings in eine neue Schließung durch die Marktmacht exklusiver Bildungseinrichtungen und durch

Prozesse der Distinktion mittels Akkumulation von Humankapital.

1. Markt vs. Beruf

Die klassische Aufgabe der deutschen Universitäten war neben der Forschung die Ausbildung der Staatsdiener. Das Staatsexamen für die Juristen im höheren Verwaltungsdienst, für die Lehrer in den höheren Schulen und für die Mediziner in den öffentlich finanzierten Krankenhäusern war der Bildungstitel, der eine Beamtenlaufbahn garantierte. Zwischen Bildung und Beschäftigung bestand die engstmögliche Kopplung. Eine immer noch recht enge Kopplung bedeutete die Ergänzung der Staatsexamina durch Diplome. Das klassische Modell dafür ist der Diplomingenieur, wie er zunächst an den Technischen Hochschulen eingerichtet wurde. Er wurde durch die recht späte Umwandlung der Technischen Hochschulen in Technische Universitäten zusätzlich geadelt. Alle Naturwissenschaften, weiterhin die Wirtschafts-, Sozial- und Verhaltenswissenschaften und zuletzt sogar die Geisteswissenschaften haben Diplome als Qualitätssiegel für die Ausübung bestimmter Berufe eingerichtet, jedoch nicht in allen Disziplinen mit dem vollständigen Erfolg der Schaffung monopolisierter Berufe. Die Verberuflichung der Bildung war der Königsweg der engen Kopplung von Bildung und Beschäftigung und der entsprechenden Umwandlung von Bildungskapital in ökonomisches Kapital.

Diplomstudiengänge haben eine gesellschaftlich anerkannte berufliche Identität vermittelt, ein Monopol über eine spezifische Kompetenz. Das hat für die Anbieter und die Nachfrager solcher Kompetenzen ein hohes Maß der Sicherheit geschaffen. Beide Seiten wussten, was sie erwarten konnten. Der Diplomingenieur, Diplomchemiker, Diplomvolkswirt oder Diplompsychologe hatte jeweils einen Bildungstitel mit einem festen Wert in der Hand, der wie ein Fels in der Brandung den Turbulenzen des Marktes trotzte (vgl. Beck und Brater 1978).

Die enge Kopplung von Ausbildung und Beschäftigung durch den Berufstitel und den damit verbundenen legitimen Anspruch auf ein in öffentlicher Verantwortung ausgeübtes Wissensmonopol hat weit über die Berufe der Bildungsbürger in Schule und Hochschule hinaus – vom Facharbeiterberuf bis zum Diplomingenieur – den Arbeitsmarkt reguliert. Folgt man dem Ansatz der »varieties of capitalism« von Hall und Soskice (2001), dann hat diese berufliche Strukturierung des Arbeitsmarktes einen wesentlichen Beitrag zur Fähigkeit der deutschen koordinierten Marktwirtschaft geleistet, sich durch die inkrementale Innovation der ständigen Perfektionierung von Prozessen und Produkten im internationalen Wettbewerb zu behaupten. In anderen Worten war diese Kopplung von Bildung und Beschäftigung eine Grundlage der diversifizierten Qualitätsproduktion des korporatistisch organisierten deutschen Kapitalismus (Streeck 1992). Die Marktkräfte wurden durch Berufsmonopole gezähmt, deren Kontrolle darin bestand, dass sie durch staatliche Lizenzierung auf die Förderung des nationalen Gemeinwohls verpflichtet wurden.

In dem dargelegten Sinn war die deutsche Hochschulbildung vor Bologna keineswegs praxisfern, vielmehr hat sie erfolgreich mit wissenschaftlichen Mitteln definiert, was als legitime berufliche Praxis zu gelten hat. Die Besonderheit war, dass die Berufsverbände ein Monopol der Vermittlung zwischen Bildung und Beschäftigung innehatten. Das bedeutete, dass sie in starker Anlehnung an die Wissenschaft selbst definieren konnten, was ein Ingenieur oder ein Lehrer in der Praxis wissen musste. Dieses Monopol ging weit über das Bildungsbürgertum hinaus. Nicht nur der Hochschulverband der Professoren und der Philologenverband der Gymnasiallehrer haben dieses Privileg innegehabt, sondern auch die Fachgesellschaften und Berufsverbände jenseits der Domäne der Geisteswissenschaften, das heißt die Verbände der Ingenieure, der Naturwissenschaftler, der Mediziner oder der Juristen. Im Konflikt um den Bologna-Prozess stehen sich deshalb nicht mehr das Bildungsbürgertum und die Repräsentanten der aufsteigenden Schichten gegenüber (Schimank 2009), weil diese Schichten längst aufgestiegen sind, sondern die national verwurzelten Repräsentanten beruflicher Monopole aller Couleur und die globalen Wirtschafts- und Wissenseliten als Repräsentanten eines Wandels, der die Ordnung der Berufe durch die Ordnung des Markts ersetzt.

Die ersten Studiengänge, die sich aus der engen Kopplung von Ausbildung und Beschäftigung herausgelöst haben, waren die Magisterstudiengänge in den Geistes- und Sozialwissenschaften. Sie waren ein Zwitter aus alter humboldtscher Bildung als Selbstbewusstwerdung und der Vermittlung marktgängiger Kompetenzen. Die im Allgemeinen großen Freiräume konnte man in der Bibliothek, zunehmend aber auch in einer endlosen Kette von Praktika nutzen. Bis Ende der sechziger Jahre waren Praktika unüblich, im Lauf der Zeit haben sie aber immer mehr Zeit in Anspruch genommen. Die Zwittergestalt des Magisters ergab sich aus der Fiktion, eine humboldtsche Selbstbewusstwerdung bringe zugleich Kompetenzen hervor, die sich auf einem freien, nicht beruflich strukturierten Markt verwerten lassen. Das konnte für eine kleine privilegierte Elite noch einigermaßen gut gehen, aber nicht für eine wachsende Masse von Magisterstudenten. Diese haben die unsichere ökonomische Verwertbarkeit ihrer Titel durch die sozialen Kompetenzen und das soziale Kapital kompensiert, das sie in den Praktika erwerben konnten. Viele von ihnen sind dort hängen geblieben und gar nicht mehr zu einem Studienabschluss gekommen. Dementsprechend stieg die Quote der Studienabbrecher je nach Fach auf 40, 50 oder gar 60 Prozent, was allerdings in vielen Fällen einfach einen Wechsel zu einem anderen Studienfach bedeutete.

Bachelor und Master bringen in Deutschland nun die bemerkenswerte Entwicklung mit sich, dass die enge Kopplung zwischen Ausbildung und Beruf für alle Studiengänge, auch für diejenigen, die darin besonders erfolgreich waren, aufgehoben wird und unter der neoliberalen Regie der Umstellung aller gesellschaftlichen Verhältnisse auf Märkte nur noch der Arbeitsmarkt mit all seinen Unvorhersagbarkeiten zwischen Ausbildung und Beschäftigung vermittelt, ein Arrangement, das in einer liberalen Gesellschaft wie den USA schon immer gegeben war. Die Bachelor/Master-Reformen sind also im Wesentlichen als eine Durchsetzung des Prinzips offener Märkte gegen das Prinzip der Strukturierung von Märkten durch Berufe zu interpretieren. Es wird damit in der Gestaltung der Hochschulabschlüsse eine Entwicklung zu Ende geführt, die schon länger im Gange ist und die von den Facharbeiterberufen bis zu den akademischen Professionen reicht (vgl. Baethge und Baethge-Kinski 1998; Baethge 2001; Blossfeld 2001; Deutschmann 2002; Koppetsch 2006: 35-60; Busemeyer 2009).

Persönliches Profil vs. Fachwissen, Prestigewert
vs. Sachwert von Bildungstiteln

Das Neue an Bachelor und Master ist die Preisgabe der beruflichen Strukturierung von Studiengängen durch Fachgesellschaften und Berufsverbände. An ihre Stelle tritt die beliebigere Zusammenstellung von Wissensmodulen, jeweils unter dem Gesichtspunkt ihrer Verwertung auf einem offenen, nicht mehr beruflich strukturierten Arbeitsmarkt. Dementsprechend tritt die alte »Fachbildung« in den Hintergrund. Weil aber die Nachfrage auf dem Markt nie durch eine entsprechende Modulwahl antizipiert werden kann, wächst der Bedarf an sekundären Sicherheiten: Gut verwertbare Extrapunkte (Auslandsaufenthalte), Kompetenzen der Selbstvermarktung (Praktika), soziales Kapital und jede Menge Selbstdarstellungskompetenz sollen den Wertverlust des Bildungstitels kompensieren und die Chancen auf dem Arbeitsmarkt verbessern. Die Studierenden müssen in ihr persönliches Profil »investieren«, um daraus später eine »Rendite« erzielen zu können. Dementsprechend wächst die Einkommensungleichheit innerhalb der einzelnen Berufskategorien bzw. besser gesagt: Tätigkeitsfelder. Entscheidend wirkt nun das Prestige der Hochschule, an der man den Titel erwirbt. Das wird am Ende des Reformprozesses stehen. Anstelle des Berufstitels wird das Prestige des erworbenen Zertifikats helfen, die Dynamik der Marktkräfte zu bändigen. Das Ergebnis wird also eine klar identifizierbare Stratifikation der Hochschulen sein. Dabei ist zu sehen, dass der Prestigewert eines Bildungstitels und nicht mehr dessen Sachwert zum entscheidenden Faktor wird, der die Kopplung von Bildung und Beschäftigung steuert. Es kommt nicht mehr darauf an, was man weiß, sondern darauf, wo man das Wissen erworben hat. Damit wird aber der Erwerb und die Verwertung von Wissen und Kompetenzen ganz der Logik der Distinktion unterworfen. An die Stelle der fachlichen Schließung des Marktes tritt dessen Schließung durch die Stratifikation der Hochschulen nach Prestige.

Die Hochschulen stehen jetzt in einem Überbietungswettbewerb, der darauf zielt, Exklusivität zu erreichen, um solche

Studierende anziehen zu können, die schon viel Humankapital mitbringen. Das steigert den exklusiven Wert der Hochschule und ihrer Zertifikate und gewährleistet, dass sich ihre Absolventen, zumal mit dem zusätzlichen Prestigewert ihres Bildungstitels versehen, auf dem Arbeitsmarkt erfolgreich durchsetzen. Ihr beruflicher Erfolg erhöht wiederum den Prestigewert der Bildungstitel, die eine Hochschule vergibt. All das funktioniert, ohne dass auch nur ein Deut umfangreicheren und tieferen Fachwissens garantiert ist.

Ein Bachelor von Harvard weiß letztlich nicht mehr als einer von der Penn State, er hat allerdings ein höheres vermarktbares Prestige, das sich ganz einfach an den zu bezahlenden Studiengebühren in Höhe von rund 50 000 US-Dollar pro Studienjahr im Unterschied zu »nur« 15 000 Dollar ablesen lässt. Um dorthin zu gelangen, muss die Karriere frühzeitig geplant werden. Man braucht ein Elternhaus, das von Geburt an umfangreich in die Karriere des Sprösslings investiert. Kindergarten, Primarschule, Sekundarschule und College müssen richtig gewählt werden. Das ist teuer. Deswegen läuft die Entwicklung darauf hinaus, dass die Rangliste der Bildungsabschlüsse weitgehend einer Geldrangliste der Haushalte entspricht. In den USA ist das anschaulich zu betrachten. Die ganzen umfangreichen Stipendienprogramme haben das in 100 Jahren nicht ändern können (Karabel 2005; Douglas 2007; Soares 2007). Wer also auf die Herstellung von Chancengleichheit durch Stipendienprogramme setzt, muss die Augen vor den Realitäten verschließen. Der Kampf um Distinktion wird durch das in einer Familie vorhandene Humankapital entschieden, das ökonomisches, kulturelles und soziales Kapital in sich vereinigt. Schließung durch Distinktion reproduziert sich selbst, indem sie eine Elite hervorbringt, die sich von der Masse durch Überlegenheitsbewusstsein, einen exklusiven Lebensstil und Reproduktion aus den eigenen

Kreisen heraus distanziert (Weber 1976 [1922], S. 534-539; Bourdieu 1982; Hartmann 2002, 2007).

Verteidigung der Berufsmonopole: Modernisierung in traditionellen Strukturen

Der Bologna-Prozess ist Teil einer Umgestaltung der Gesellschaft, wobei der Markt den Beruf als Mechanismus der Kopplung von Bildung und Beschäftigung verdrängt. Die Selbstvermarktung durch Selbstdarstellung tritt an die Stelle der Bewährung durch Fachwissen, der Prestigewert eines Bildungstitels an die Stelle seines Sachwertes. Es ist ein Vorgang der Kolonisierung des Fachwissens und seiner beruflichen Anwendung durch die Logik der Distinktion mittels Akkumulation von Humankapital, dessen Wert nicht im Wissen, sondern im Prestige liegt.

In Deutschland führt die Überlagerung der traditionellen Berufswelt durch die Welt der allgegenwärtigen Vermarktung von Humankapital zu einer Hybridbildung, die im aktuellen Leiden am Bologna-Prozess zum Ausdruck kommt. Sie ist das Ergebnis einer fatalen Allianz globaler Eliten, die weltweit die Homogenisierung von Wissen und Kompetenzen in der sogenannten Wissensgesellschaft vorantreiben, und lokalen Autoritäten, die von den alten Traditionen retten wollen, was noch zu retten ist (Münch 2009a). Die globalen Eliten sind die Macher des Bologna-Prozesses, zum Beispiel Ökonomen, die sich von einem europäischen Bildungsmarkt ökonomische Wachstumsschübe versprechen. Dazu gehören aber auch Bildungsforscher, die mit immer umfassenderen Testverfahren für sich selbst einen Markt erschaffen, und Politiker, die von einem mittelalterlichen Zug der Scholaren durch die europäischen Universitäten träumen. Die lokalen Eliten sind Professoren und ihr Hochschulverband, die Berufsverbände, die wissenschaftlichen Fachgesellschaften, die Lehrer und die Lehrerverbände, allen voran der Philologenverband.

Das Ergebnis dieser fatalen Allianz ist die Überfrachtung der Studiengänge, in denen sowohl die neuen Selbstvermarktungskompetenzen als auch das alte Fachwissen vermittelt werden sollen. So erklärt sich der viel beklagte Prüfungsstress. Das Abprüfen von kleinen Wissenshäppchen wird zum Selbstzweck. Am Ende gibt es nur Verlierer: Die Studierenden werden in einer Prüfungsmaschinerie zermalmt, die Professoren und die Berufsverbände sind nicht mehr die Herren über das vermittelte Wissen, und die Arbeitgeber bekommen Absolventen geliefert, die weniger wissen als ihre Vorgänger mit Diplom, ohne dass es dafür aber schon den funktionierenden Ersatz an Selbstvermarktungskompetenzen und Distinktion gäbe.

In dem Versuch, möglichst viel von dem wissenschaftlichen Niveau der Diplomstudiengänge in das Bachelor-Studium hinüberzuretten, zeigt sich die aktuelle, vielleicht letzte Form einer spannungsreichen hybridartigen Modernisierung innerhalb der traditionellen Strukturen des Bildungssystems. In allen Phasen dieser Modernisierung wurde der Zugang zur höheren Bildung erweitert, jedoch ohne etwas an der Dreigliedrigkeit der Sekundarstufe, an dem Vorrang der Universitäten vor den Fachhochschulen und an dem wissenschaftlichen Anspruch des Universitätsstudiums zu ändern. Die Gymnasien haben immer mehr Schülerinnen und Schüler aufgenommen, trotzdem gelten sie nach wie vor als zu selektiv, um im OECD-Vergleich der Sekundarschulabschlüsse mit Hochschulzugangsberechtigung und im Hinblick auf Chancengleichheit für alle sozialen Schichten zu bestehen.

Dasselbe gilt für die Universitäten. Ihr massiver Ausbau in den siebziger Jahren hat zwar die Studierendenzahlen wachsen lassen, aber nicht in demselben Maße wie in den in dieser

Hinsicht führenden OECD-Ländern. Sie nehmen 70 Prozent der Studierenden auf, die Fachhochschulen nur 30 Prozent. Trotzdem ist die Chancengleichheit seit den achtziger Jahren sogar gesunken. Die Folge dieser Kanalisierung des sozialen Aufstiegs in die universitären Ausbildungsgänge war die hohe Quote von Studienabbrechern in den einzelnen Fächern. Durch diesen Selektionsprozess ist es den Fachgesellschaften und Berufsverbänden gelungen, den wissenschaftlichen und symbolischen Wert ihrer Diplome auf höchstem Niveau zu halten, allerdings mit der Folge wachsender Kritik an der deutschen Hochschulpolitik im Lichte des OECD-Benchmarking, das nicht auf die »Qualität« der Hochschulabschlüsse, sondern allein auf deren Zahl setzt. Dass viele amerikanische Bachelor bei McDonald's und in ähnlichen Dienstleistungstätigkeiten vom Monatseinkommen eines deutschen Facharbeiters ohne Bachelor, aber mit qualifizierter betrieblich/schulischer Berufsausbildung nur träumen können, interessiert bei solchen Vergleichen zur »sozialen Selektivität« von Bildungssystemen überhaupt nicht.

Dennoch indiziert eine so hohe Abbrecherquote, wie sie in den Diplom- und Magisterstudiengängen deutscher Universitäten erreicht wurde, eine bildungspolitische Fehlsteuerung. Die Politik der Öffnung des Zugangs zu den Universitäten wurde von der Schließungspolitik der Fachgesellschaften und Berufsverbände unterlaufen. So war es für die Inhaber der Diplomtitel möglich, ein Monopol über die Berufe mit hohem Status und hohen Einkommen zu erhalten.

Der aktuelle Angriff auf die Monopolstellung der Fachgesellschaften und Berufsverbände durch den Bologna-Prozess ist vorläufig an deren Widerstand in Gestalt der wissenschaftlichen Überfrachtung der Bachelor-Studiengänge gescheitert. Insbesondere in den »harten« Studiengängen der Ingenieure und Naturwissenschaftler ist die Studienabbrecherquote nach wie vor sehr hoch. Sie ist zum Teil sogar noch gestiegen. Dementsprechend hart ist jetzt die Kritik an den Bachelor-Reformen. Nach aller Wahrscheinlichkeit handelt es sich dabei um ein Zwischenspiel, an dessen Ende die tatsächliche Schleifung des Monopols der Fachgesellschaften und Berufsverbände stehen wird. Die Weichen dafür sind gestellt, und zwar dadurch, dass allseits zum Wettbewerb der Hochschulen um Studierende aufgerufen wird, und dadurch, dass die Fachgesellschaften die Definitionsmacht über die Studiengänge an Akkreditierungsagenturen abtreten mussten.

Die alten Diplomstudiengänge wurden bundesweit durch Rahmenprüfungsordnungen geregelt, deren Ausarbeitung in der Hand der Fachgesellschaften lag. Ihre Gestalt wurde durch das Kriterium der *Wissenschaftlichkeit* geprägt. Entscheidend war, was ein Absolvent wissen musste, um die jeweilige Wissenschaft in Forschung und praktischer Anwendung betreiben zu können, ganz unabhängig davon, was wirklich in der Praxis gebraucht wurde und wie lange man dafür studieren musste. Im Gegenteil, die Prüfungsordnungen haben gebieterisch festgelegt, was in der Praxis gewusst werden musste. Über die Bachelor- und Master-Studiengänge entscheiden Akkreditierungsagenturen und ein nun weiter geöffneter Markt für solche Studiengänge. Dabei wird vieles auf den Markt geworfen, was sich am Ende als Flop herausstellt. Es fehlt schließlich die Definitionsmacht von Fachgesellschaften und Berufsverbänden über den Arbeitsmarkt, also muss man wie sonst auf offenen Märkten zulassen, dass auch Angebote gemacht werden, die sich auf dem Markt am Ende nicht durchsetzen können, zum Schaden der Absolventen, die dann einen marktuntauglichen Bachelor in der Tasche haben.

Die Akkreditierungsagenturen können die »Weisheit« des Marktes nur sehr unzureichend simulieren, weil sich nicht gut voraussagen lässt, wie sich dynamische Märkte entwickeln. Ihr Augenmerk gilt in erster Linie der *Studierbarkeit* eines Studiengangs in formaler Hinsicht. Das heißt, sie achten darauf, dass durchschnittlich begabte Studierende mit der üblichen *workload* den angebotenen Studiengang in drei Jahren absolvieren können. Dabei wird damit gerechnet, dass die Studierenden für jeden Punkt des European Credit Transfer System (ECTS) dreißig Stunden Lernen investieren. Das ergibt in Bezug auf die 180 ECTS-Punkte eines Bachelors in drei Jahren insgesamt 5400 Stunden. Die Optimisten feiern das als inhaltliche Gestaltungsfreiheit für die Anbieter der Studiengänge und als eine Befreiung von ministerieller Bevormundung. Dabei wird allerdings übersehen, dass die alte ministerielle Kontrolle die wissenschaftliche Definitionsmacht der Fachgesellschaften unangetastet gelassen hat und auch am jeweils festgesetzten Umfang des Studiums keine Abstriche gemacht wurden. Sie hat somit über Jahrzehnte die Verteidigung der Berufsmonopole gegen Verwässerung durch die Expansion der Zulassungszahlen unterstützt. Die von den Studierenden bekämpfte Einführung von Regelstudienzeiten hat an diesem Monopol nichts geändert, vielmehr hat sie die Abbrecherquoten sogar weiter erhöht. Die *Studierbarkeitskontrolle* der Bachelor-/Master-Studiengänge durch die Akkreditierungsagenturen ist jedoch genau das Instrument, das die Berufsmonopole schleifen wird. Sie wird zu einer Verschlankung der Studiengänge auf ein studierbares Maß führen und damit die Universitäten tatsächlich zu Massenlehranstalten machen.

Entwertung des Hochschulstudiums: Der Bachelor als Allerweltsabschluss

Die flächendeckende Durchsetzung von in sechs Semestern erreichbaren Bachelor-Abschlüssen setzt an die Stelle einer Vielzahl qualifizierter Berufstitel mit einem relativ hohen, in hohe Einkommen transferierbaren Bildungswert einen Allerweltsabschluss, der weltweit die ganze Masse von Hochschulabsolventen mit erstem Hochschulabschluss einander gleichstellt, ihnen nicht mehr als erste allgemein verwertbare Grundkompetenzen vermittelt, die ihnen lediglich eine erste Beschäftigbarkeit attestieren. Für viele von ihnen folgen daraus eher geringere Einkommen als dasjenige, das ein qualifizierter Facharbeiter in Deutschland bislang erreichen konnte. Denkt man hinzu, dass nach internationalem Maßstab der Bachelor-Abschluss für etwa 80 Prozent der höchste Abschluss bleiben wird, dann geht mit der Steigerung der Absolventenzahlen im Vergleich zu den alten Diplomen und Staatsexamina eine erhebliche Entwertung der Bildungstitel einher. Es tritt jetzt in voller Wucht ein, was schon Parsons und Platt (1990) und Bourdieu (1992) als eine strukturelle Ursache für die Studentenbewegung in der zweiten Hälfte der sechziger Jahre identifiziert haben. Wie in den USA schon seit den siebziger Jahren sollen auch in Deutschland in absehbarer Zeit 40 Prozent einer Alterskohorte einen Hochschulabschluss erreichen. Dessen sachlicher und symbolischer Wert wird aber deutlich unter den alten Diplom-, Staatsexamens- und auch Magistertiteln liegen. Es handelt sich dabei um nicht mehr als die Einstiegsberechtigung in einen breit ausdifferenzierten Arbeitsmarkt, der bei der unteren Mittelschicht beginnt und ohne

Zusatzqualifikationen nicht über die mittlere Mittelschicht hinausführt (McNamee und Miller 2004; Brown 2010).

Wer mehr erreichen will, muss einen Master-Abschluss vorweisen. Die Statuskämpfe um den Zugang zur oberen Mittelschicht entscheiden sich in der Zulassung zum Master-Studium, die deshalb in absehbarer Zeit selektiver sein wird, als es gegenwärtig noch aussieht. Der größere Teil der Master-Studiengänge wird allerdings nicht an den Wissenschaftlichkeitskriterien einer Disziplin ausgerichtet sein, sondern an der Nachfrage von Studierwilligen, die nach ihrem Bachelor-Studium – vielfach auch nach einer ersten Berufstätigkeit – eine Zusatzqualifikation für bestimmte Tätigkeitsfelder erwerben wollen, zum Beispiel in Logistik, Marketing, Public Relations, Kulturmanagement, Touristik und dergleichen. Die Fachgesellschaften werden sich demnach wie in den USA schon längst auf die neuen Promotionsstudiengänge zurückziehen müssen, die nur noch für eine Tätigkeit in der Forschung und/oder Lehre vorbereiten, innerhalb und außerhalb der Universitäten. Maximal fünf Prozent werden Zugang zu diesen Studiengängen finden. Dementsprechend wird die Zahl der Standorte und der Professoren schrumpfen, die sich der Heranbildung des wissenschaftlichen Nachwuchses einer Disziplin widmen. Sie werden dann die Definitionsmacht über das disziplinäre Wissen nur noch für einen eingeschränkten Teil der Beschäftigung ausüben.

Der Bachelor wird ein mittleres Bildungszertifikat sein, etwas oberhalb des technischen Assistenten mit Fachschulbildung. Der Master wird sich als spezialisierte Zusatzqualifikation für bestimmte Tätigkeitsbereiche über dem mittleren Niveau an Prestige und Einkommen verbreiten, aber nicht als vollständiger Ersatz für die alten umfassenden Diplome. Bachelor/Master als konsekutive Nachbildung der alten Diplomstudiengänge ist der Versuch, das alte Wissensmonopol der Berufe in die Welt offener Arbeitsmärkte hinüberzuretten. Der Anspruch der alten Diplomstudiengänge, eine vollständige wissenschaftliche Bildung zu vermitteln, wird sich jedoch auf die Promotionsstudiengänge zurückziehen.

Aus dem Bologna-Express wird sich kein europäisches Land ausklinken können. Es wird sonst abgehängt und auf ein Abstellgleis im Niemandsland gestellt. Möglich ist nur die Bearbeitung der Folgen. An der Ablösung der Berufe durch vermarktbare Kompetenzen mit ihrer Verdrängung von Fachwissen durch persönliches Profil und Sachwerten durch Prestigewerte wird sich auch nichts mehr ändern lassen. Möglich ist demnach nur ein realistischer Umgang mit dem sich vollziehenden Wandel vom Regime des Fachwissens zum Regime des Humankapitals. Das heißt letztlich, dass der Versuch, die alte Berufsidee im neuen Gewand weiterzuführen, zum Scheitern verurteilt ist. Man wird realisieren müssen, dass dreijährige Bachelor-Abschlüsse an Universitäten letztlich dasselbe sind wie dreijährige Fachhochschulabschlüsse. Weniger Praxisanteile und mehr Theorie sind für diejenigen, die sich auf dem Arbeitsmarkt behaupten müssen und keine Karriere in der Forschung anstreben, in Zukunft eher nachteilig. Das wird letztlich nur schlecht verwertbares Halbwissen sein.

Berücksichtigt man außerdem, dass es in absehbarer Zeit nur noch eine achtjährige Sekundarbildung geben wird – von einem Abitur kann dann nicht mehr gesprochen werden –, dann wird der Bachelor zur Hälfte die alte gymnasiale Oberstufe und zur anderen Hälfte das Vordiplom der alten Diplomstudiengänge bzw. die Zwischenprüfung der Magisterstudiengänge in sich aufnehmen. Mehr ist das nicht. Daran wird auch die Erhöhung der Regelstudienzeit des Bachelors auf acht Semester nichts mehr ändern. Damit folgt man nur konsequent dem Modell der USA.

Es ist keine Überraschung, dass die deutschen Personalchefs die neuen Bachelor-Abschlüsse nicht richtig einschätzen können (Forschung und Lehre 2010). Die Bachelor-Absolventen können über nicht mehr als gewisse Grundkompetenzen verfügen und werden dann wie in den USA »on the job« für eine gewisse Zeit der Ausübung dieser Tätigkeit weiterqualifiziert, bis sie sich in einem anderen Job erneut neue Qualifikationen aneignen. Die dominant gewordene Rhetorik des lebenslangen Lernens und jede Menge Weiterbildungsangebote – die meist teuer bezahlt werden müssen – werden sie dabei begleiten und die alte berufliche Identität und Sicherheit ersetzen. Dazu gehört auch, dass die herkömmlichen Facharbeiterberufe immer weniger werden und auch kaum noch qualifizierte Kräfte dafür zur Verfügung stehen. An ihre Stelle treten überwiegend Dienstleistungsjobs mit relativ geringen fachlichen Anforderungen, aber umso höheren Anforderungen in den sozialen Kompetenzen und im persönlichen Auftreten. Die Rezeption in den Hotels, in denen die globale Elite verkehrt, verlangt eine Dienstklasse mit guten sprachlichen Fähigkeiten und sicherem Auftreten, aber kein umfassendes Fachwissen.

Auf diese Art von Tätigkeit werden insbesondere die »geisteswissenschaftlichen« Studiengänge – wenn man sie überhaupt noch so nennen darf – in Zukunft vorbereiten. Selbst in der Lehrerausbildung wird man hinnehmen müssen, dass ein guter Sekundarschullehrer weit weniger von seinem Fach wissen muss, als das bisher verlangt wurde, dafür aber umso besser für den Umgang mit Jugendlichen geeignet sein muss, eine Kompetenz, die sich weniger durch Psychologie und eher durch viel praktische Erfahrung erwerben lässt. Ein Praktikum im Jugendcamp hat dafür einen größeren Wert als ein Semester in Psychologie oder auch Soziologie.

Die Bemühungen der Europäischen Union, mit dem Europäischen Qualifikationsrahmen (EQR) eine europaweit geltende Kompetenzordnung zu schaffen, und deren nationale Umsetzung, so zum Beispiel in den deutschen Qualifikationsrahmen (DQR), führen den Prozess der Individualisierung und Differenzierung von Kompetenzen zu seinem logischen Ende. An die Stelle der Herrschaft der Berufsorganisationen über Bildungsprozesse und -zertifikate tritt ein vertikal und horizontal ausdifferenziertes Schema von Kompetenzen, das einerseits die Spielräume für individuelle Variationen erweitert, andererseits aber auch neue Spielräume für soziale Differenzierung, sowohl horizontal als auch vertikal, schafft (Höhne 2010). Es wächst dementsprechend die Ungleichheit der mit den erworbenen Kompetenzen erzielten Einkommen. Und weil es weniger auf nachgewiesenen Wissenserwerb und mehr um formell wie informell gewonnene Kompetenzen geht, kommt der individuellen Fähigkeit zur Profilierung und Selbstdarstellung eine nie dagewesene Bedeutung zu. Die Kämpfe um Einkommen und Status werden sich verschärfen. Man kann darin das Ende der allumfassenden Mittelstandsgesellschaft sehen (Brown et al. 2010).

Entwertung des Hochschullehrerberufs

Das Einlassen auf diese Realitäten bedeutet eine flächendeckende Abwertung von Berufen. Mit der schrumpfenden fachlichen Kompetenz der Absolventen geht die Abwertung des Lehrerberufs in der Sekundarschule und des Professorenberufs in den Hochschulen einher. Die Masse der Universitätsprofessoren wird sich von den Fachhochschulprofessoren nicht unterscheiden. Sie werden mittels methodischer Standardisierung zu austauschbaren Hochschuldidaktikern gemacht. Ihre Identität als Gelehrte werden sie im Bachelor-Studiengang nur noch wenig pflegen können. Der entsprechende Kampf gegen den Statusverlust steckt hinter ihrer Politik der Überfrachtung der Bachelor-Studiengänge. Der Wettbewerb um Studierende wird sie allerdings zu Abstrichen zwingen. Die bescheidene W-Besoldung ist die passende Umstellung der Besoldungsstruktur. Auch hier setzt nun ein Kampf um Distinktion ein, der nur noch über den Weg besonders erfolgreicher Forschung und ihrer Vermarktung zu gewinnen ist, sowohl von den einzelnen Professoren als auch von den Hochschulen.

Die Karriere zum Forschungsprofessor führt lange, lange Zeit an Lehrverpflichtungen vorbei, nämlich mithilfe von inzwischen reichhaltig gewährten Promotions- und Postdoktorandenstipendien und der Tätigkeit in außeruniversitären Forschungseinrichtungen, am besten an Max-Planck-Instituten. Die Folge dieser Entwicklung ist die zunehmende Trennung zwischen Lehre und Forschung, Lehr- und Forschungspersonal. Die Nachwuchsförderung außerhalb des Lehrbetriebs bringt Professoren hervor, die gar nicht mehr fähig sind, ein Lehrdeputat von neun Semesterwochenstunden zu erfüllen, aus Gründen der Überspezialisierung und aus Gründen mangelnder Einübung in die Koordination von Lehre und Forschung.

Aus den entsprechenden Distinktionskämpfen werden Fachbereiche hervorgehen, die ein Promotionsstudium anbieten. Ihre Professoren können dann mit den Doktorandinnen und Doktoranden jenen fachlichen Vertiefungen nachgehen, die im Bachelor-(und meist auch Master-)Studium nicht mehr möglich sind. Wie in den USA werden sie an ihrem Fachbereich auch nebenbei noch einen Bachelor- und Master-Studiengang betreiben, allerdings mehr als lästige Pflichtübung und weniger als wirkliches Anliegen. Nur einen Bachelor-Kurs pro Semester zu unterrichten, lässt ihnen genug Spielraum für die Verfolgung ihrer Forschungsinteressen mit den Doktorandinnen und Doktoranden im Promotionsstudium.

Ist die Entwicklung an diesem Punkt angelangt, dann passt alles wieder zusammen. Der schmerzvolle Hybrid ist beseitigt, die alte Welt der Berufsordnungen hat man endgültig hinter sich gelassen, um sich genau in derselben nach Prestige stratifizierten, von der Logik der Distinktion beherrschten Welt der Humankapitalbildung und -verwertung wie in den USA wiederzufinden. Das ist die neue Welt des Humankapitalismus. Ob das eine zwangsläufige Entwicklung ist, lässt sich nicht mit letzter Gewissheit beantworten. Der Bologna-Express fährt allerdings auf dieses Ziel zu, und die Rhetorik des Wettbewerbs und des Marktes als universelle Problemlösungsinstrumente hat den Zug fest auf Kurs in Richtung dieses Zieles gesetzt. Sehr wahrscheinlich kommen die von der globalen Finanzkrise erzeugten Zweifel an den nur segensreichen Wirkungen der Umstellung aller gesellschaftlichen Verhältnisse auf Märkte zu spät.

2. Bildung als öffentliches Gut vs. Bildung als Statusgut

Alle Urteile über die Zwangsläufigkeit des sich vollziehenden Wandels, die Befreiung von Berufsmonopolen, den Nutzen, der daraus gezogen wird, und die Fortschritte, die dabei erzielt werden, gehen von der Prämisse aus, dass der ökonomische Blick auf die Realitäten der einzig mögliche ist. Und es muss darauf vertraut werden, dass die Beseitigung der Berufsmonopole nicht zu anderen, aus der Ausübung von Marktmacht resultierenden Monopolen oder Oligopolen führt. Die Richtigkeit beider Annahmen ist äußerst zweifelhaft.

Nur aus einer rein ökonomischen Perspektive ist die Bestimmung von Bildungstiteln und die Definition von legitimer beruflicher Praxis in der Hand von Fachgesellschaften und Berufsverbänden ein Monopol, das den »Kunden« eine Dienstleistung aufzwingt, die sie durch ihre Nachfrage nicht beeinflussen können. Dasselbe gilt aber auch für das Staatsmonopol auf Gesetzgebung, weshalb liberales Denken dem Staat auch so wenig Gesetzgebungskompetenz wie möglich überlassen will (Foucault 2006). Aus einer republikanischen Perspektive überlässt eine solche liberale Ordnung die fast nur noch als Wirtschaftsbürger (*bourgeois*) und kaum noch als Staatsbürger (*citoyen*) zu verstehenden Menschen der zu egoistischen Zwecken der individuellen Nutzenmaximierung ausgeübten Marktmacht der Starken. Diese naturwüchsige Vermachtung der Gesellschaft lässt sich im liberalen Sinn nur durch die Gewährleistung von Chancengleichheit und durch Gegenmacht zu jeder vorhandenen Macht vermeiden, im republikanischen Sinn nur durch ausreichende Gesetzgebungskompetenzen des Staats unter breiter Ausübung der demokratischen Rechte der Staatsbürger. In dieser Perspektive sind Märkte und Wettbewerb zur Herstellung und Allokation von Individualgütern geeignet, aber nicht zur Schaffung von Kollektivgütern (Münch 2008, 2009c).

Treuhänderschaft vs. Monopol in
der Definition von Bildung

Was als Individualgut und was als Kollektivgut zu gelten hat, versteht sich allerdings nicht von selbst. Diese Frage ist selbst Gegenstand politischer Auseinandersetzungen und letztlich der Entscheidung durch Gesetz, das heißt durch ein Kollektivgut höherer Ordnung, unterworfen. Liberale sehen kein Problem darin, Bildung als Individualgut komplett durch den Markt zu organisieren, für Republikaner ist das eine der wichtigsten öffentlichen Aufgaben, das heißt ein Kollektivgut, das ganz in der Hand des Staates und der demokratischen Gesetzgebung bleiben muss. Wissensmonopole von Fachgesellschaften und Berufsverbänden sind als eine dritte Form der Herstellung und Allokation von Gütern jenseits von Hierarchie (Staat) und Markt zu verstehen (Parsons 1968; Abbott 1988). Man kann sie als Vertrauensgüter bezeichnen. Dabei gilt es allerdings zu beachten, dass auch der Begriff »Vertrauensgut« zur Sprache der Ökonomie gehört und deshalb nur unzureichend erfasst, was unter der Entwicklung und Anwendung von Wissen in der Hand einer Fachgesellschaft oder eines Berufsverbandes zu verstehen ist. Bleiben wir aber bei diesem Begriff. Bei einem Vertrauensgut liegt die Fähigkeit zur Beurteilung der Qualität des Gutes auf der Seite des »Produzenten« bzw. »Vertrauensnehmers«. Der »Konsument« bzw. »Vertrauensgeber« muss sich auf den Produzenten verlassen. Im Extremfall kann der Vertrauensgeber überhaupt nicht zwischen verschiedenen Angeboten wählen, weil er die dafür erforderliche Urteilsfähigkeit nicht besitzt. Sie fehlt ihm sogar, um allein entscheiden zu können, ob er das Produkt überhaupt benötigt. So zwingt der Staat zum Beispiel Kinder mithilfe der allgemeinen Schulpflicht zum Schulbesuch. Er nimmt die Rolle eines Treuhänders für den Lebensweg der Menschen wahr und überträgt die inhaltliche Ausübung der Treuhänderschaft auf Schulen und Lehrer (Flannigan 1989). Eine besondere Bedeutung in der inhaltlichen Gestaltung dieser Treuhänderschaft kommt den Lehrerverbänden zu, die im Auftrag des Staates die Lehrpläne bestimmen. Für das Universitätsstudium haben bisher die Fachgesellschaften – etwa der Maschinenbauingenieure, der Chemiker oder der Soziologen – diese Treuhänderschaft übernommen.

Die Treuhänderschaft für Studiengänge wird gegenüber der

gesamten Öffentlichkeit ausgeübt, die in konkreten Fällen von den Wissenschaftsministerien repräsentiert wird. Soweit das Vertrauen in die Treuhänder da ist, lassen sich die Ministerien von den Fachgesellschaften sagen, was in eine Diplomprüfungsordnung hineingehört und was ein Diplomingenieur wissen muss, um selbst wiederum in der beruflichen Praxis die treuhänderische Rolle gegenüber seinen Auftraggebern bzw. Vertrauensgebern spielen zu können. Das beinhaltet immer, dass der Treuhänder weiß, was sein Auftraggeber zu wollen hat. Dementsprechend entscheiden nicht die Schüler oder Studenten darüber, was sie zu lernen haben, sondern die Lehrer und die Professoren. Sie sind in erster Linie gegenüber ihrer Fachgesellschaft verantwortlich, gegenüber ihren Schülern oder Studierenden nur nach Maßgabe der von ihrer Fachgesellschaft bestimmten Anforderungen. Ein gewisses Maß von dieser Treuhänderschaft steckt auch noch im Verhältnis zwischen den Fachgesellschaften und den privatwirtschaftlichen Unternehmen, die Absolventen mit Diplom einstellen. Was ihre Beschäftigten wissen müssen, wird vorrangig von den Fachgesellschaften und nicht von den Arbeitgebern bestimmt. Letztere können natürlich darauf drängen, an der Ausarbeitung von Lehrplänen beteiligt zu werden. Auf dem Niveau der dualen betrieblich/schulischen Ausbildung von Facharbeitern versteht sich das von selbst, aber nicht so sehr auf dem Niveau universitärer Studiengänge. Auf diesem Niveau haben die Fachgesellschaften das Heft in der Hand.

Das Besondere an dieser Art der Treuhänderschaft ist ihre Ausrichtung auf das Gemeinwohl, dem auch das Interesse der Klienten der professionellen Experten untergeordnet wird. Das Interesse des Studierenden könnte sein, mit geringstem Aufwand das bestmögliche Zertifikat zu erhalten. Im Interesse des Gemeinwohls ist das jedoch nicht. Ein auf diese Weise schlecht ausgebildeter Arzt oder Ingenieur könnte erheblichen Schaden anrichten. Deswegen ist es im Interesse der Gesamtgesellschaft, dass die Definition über das zum Erwerb eines Bildungstitels notwendige Wissen in der Hand der professionellen Experten bleibt. Die Kontrolle darüber, ob das im Einzelfall auch tatsächlich geschieht, kann wiederum nur bei denjenigen liegen, die das auch beurteilen können, also bei den professionellen Experten selbst. Dass daraus keine Willkür Einzelner entsteht, wird durch ihre Organisation in Fachgesellschaften gewährleistet, die kollektiv verbindliche Standards guter Praxis festlegen. Das ist Kontrolle durch Peer Review.

Gibt es einen Verdacht der Abweichung von den Standards, dann wird durch Peer Review geklärt, ob der Verdacht begründet ist. Das Handwerk und die klassischen Professionen der Ärzte und Anwälte sind in Kammern organisiert, die genau diese öffentliche Aufgabe der Standardsetzung und Selbstkontrolle wahrnehmen. Diese Selbstorganisation und Selbstkontrolle im öffentlichen Auftrag hat in Deutschland in besonders ausgeprägter Form handwerkliche und professionelle Dienstleistungen dem Denken in ökonomischen Kategorien von Tausch, Wettbewerb und Markt entzogen. Die Ausübung der entsprechenden Tätigkeiten wurde deshalb strengen Zugangsberechtigungen unterworfen. Bei den Handwerkern konnte lange Zeit nur ein Meister einen Betrieb aufmachen und Lehrlinge ausbilden. Die Ärzte benötigen die Approbation, die Anwälte die Zulassung durch die Anwaltskammer. Als Begründung für diese strengen Zugangsbedingungen galten immer die hohe Gemeinwohlverpflichtung und das entsprechend erforderliche Wissen und gerade auch das Ethos. Die Handwerkerehre, der hippokratische Eid der Ärzte und das Anwaltsethos bringen diese ethische Fundierung der professionellen Tätigkeit und die damit verbundene Treuhänderschaft für das Gemeinwohl zum Ausdruck.

Das immer gegebene Erwerbsinteresse wird durch diese treuhänderische Deutung und Organisation der handwerklichen und professionellen Tätigkeit in engen Grenzen gehalten. Es wird bei den Ärzten und Anwälten deshalb nicht nach Preisen, sondern nach einer Gebührenordnung abgerechnet.

Dieses Modell der Treuhänderschaft ist allerdings in den vergangenen 35 Jahren zunehmend unter Beschuss geraten. Dabei haben sich zwei Entwicklungen gegenseitig unterstützt. Die Vergrößerung der Zahl professioneller Experten hat deren Tätigkeit in gewissem Maße profanisiert und dadurch aus der Treuhänderschaft heraus- und in die Erwerbstätigkeit hineingezogen. Die Zahl der Verletzungen von Standards ist mit der Zahl der Experten und der Zahl von Dienstleistungen zwangsläufig gewachsen. Infolgedessen mussten staatliche Gerichte beispielsweise häufiger den Rechten von Patienten zur Geltung verhelfen, nachdem dies von den Kammergerichten der Ärzte nicht mehr lückenlos gewährleistet wurde. Parallel dazu hat mit der weltweiten Wende hin zu neoliberalem Ordnungsdenken seit den achtziger Jahren und der massiven Expansion von Unternehmensberatungen sowie ihrem Eindringen in alle Funktionsbereiche der Gesellschaft ökonomisches Denken in Kategorien von Effizienz, Wettbewerb und Märkten an Bedeutung gewonnen.

Im Zuge des Ineinandergreifens von Profanisierung und Ökonomisierung wurde auch die professionelle Dienstleistung mehr als zuvor als eine Erwerbstätigkeit betrachtet, die ein Individualgut bereitstellt, für dessen Qualität der Wettbewerb auf Märkten am besten sorgen kann. Für diesen Zweck benötigt man aufgeklärte und informierte Kunden. Das sollen Evaluationen und Rankings leisten. Und die Kunden müssen Rechte haben, um sich gegen schlechte Dienste wehren zu können. Diesen Zweck erfüllen Kundenbewertungen, vom schnell ausgefüllten Zettel zum Zimmerservice im

Hotel über die Bewertung der Betreuung durch den Meister beim Automobilkundendienst bis hin zur Lehrevaluation an den Hochschulen. Für dieses Denken in ökonomischen Kategorien liegt es deshalb nahe, dass über die Gestaltung von Studiengängen nicht mehr ausschließlich die Fachgesellschaften entscheiden, sondern die Studierenden als primäre und die Arbeitgeber als sekundäre Kunden. Am besten lässt man in dieser Perspektive einen Bildungsmarkt über die Allokation von Angebot und Nachfrage entscheiden.

Für den ökonomischen Blick auf die Welt sind Treuhänderschaften nichts anderes als Monopole, die es im Interesse einer passgenauen Allokation von Angebot und Nachfrage aufzulösen gilt. Das ist im rein ökonomischen Sinn richtig, in einer weiteren Perspektive jedoch einseitig, weil wesentliche Elemente der Treuhänderschaft nicht beachtet werden. Dazu gehört insbesondere die Tatsache, dass professionelle Dienstleistungen nicht per se handelbare Individualgüter sind, sondern nur dann, wenn ihre Gemeinwohlverpflichtung ausgeblendet wird. Außerdem muss ignoriert werden, dass der Handel von Individualgütern auf einem Markt aus sich heraus kein Gemeinwohl hervorbringen kann. Weiterhin muss man übersehen, dass Treuhänderschaft eine Form der Institutionalisierung der ethischen Bindung an das Gemeinwohl darstellt, zu der das Monopol über die Dienstleistung zwangsläufig genauso gehören muss, um überhaupt wirksam werden zu können, wie das Gewaltmonopol zum Staat zwecks Ausübung seiner Gesetzgebungskompetenz.

Bevor wir auf dieser Linie die ökonomische Kritik am Monopol der Treuhänderschaft als unangemessen zurückweisen, muss allerdings konstatiert werden, dass auch das treuhänderische Monopol wie alle Monopole Angebotsbeschränkungen beinhaltet, die weder dem öffentlichen Interesse noch dem privaten Interesse der Klienten dienen. Bei unserem Untersuchungsgegenstand ist es die Vielfalt von Studienangeboten, die unter dem Monopol der Fachgesellschaften leidet. Das gilt umso mehr, je weniger die Fachgesellschaften intern differenziert sind. Neues Wissen aus der Peripherie hat es schwer, ins Zentrum der Prüfungsordnungen vorzustoßen. Man denke nur an die lange Zeit erfolgreiche Abwehr psychosomatischer Erkenntnisse durch die Schulmedizin. Die Fachgesellschaften sind die besonders strengen Hüter der Dogmen einer Disziplin. Im Vergleich zu den USA sticht die deutsche Universitätsausbildung durch eine besonders strenge und am dogmatischen Kern von Disziplinen hängende Ausrichtung der Studiengänge hervor. Das hat insbesondere die Entwicklung interdisziplinärer Studien behindert und ist zu einem handfesten Nachteil bei der Ausdifferenzierung feingliedrig vernetzter Fächer geworden. Die Kehrseite der stolzen Tradition von Diplomen ist die Konservierung des disziplinären Wissens und die Behinderung von inter- und transdisziplinärem Denken. Der deutsche Diplomingenieur ist perfekt in der Perfektionierung seines Wissens, aber schlecht vorbereitet auf die Erweiterung seines Wissens in den Grenzbereichen zwischen den Disziplinen. Neuschöpfungen wie der Diplom-Wirtschaftsingenieur sind lange Zeit solitäre Studiengänge ohne größere Ausbreitung geblieben. Das sind die richtigen Voraussetzungen für inkrementale Innovationen in herkömmlichen Technologien, aber die falschen für radikale Innovationen in Spitzentechnologien (Hall und Soskice 2001; Münch 2009c).

Der Tendenz zum Dogmatismus entgegenzuwirken verlangt eine offene, pluralistische und wettbewerbsintensive Gestaltung der Fachgesellschaften mit Untergliederungen nach einer Vielzahl von Fachgebieten mit Überschneidungen in den Grenzbereichen zwischen den Disziplinen. Die Kooperation der Fachdisziplinen in gemeinsamen Forschungsprojekten und Studiengängen unterstützt diese Politik gegen die dogmatische Erstarrung des Wissens in den Zwangsjacken der Disziplinen und ihrer Fachgesellschaften. Gleichwohl gehen mit der Pluralisierung der Studiengänge zwangsläufig eine Entberuflichung der Erwerbstätigkeiten und eine Vermarktlichung der Allokation von Bildung und Beschäftigung einher. An die Stelle des verberuflichten Arbeitnehmers der Fordistischen Ära mit seinem Beschäftigungssicherheit gewährleistenden Wissensmonopol tritt der Arbeitskraftunternehmer des Postfordismus, dessen Asset weniger ein Monopol über Wissen und mehr die Kompetenz zur Selbstvermarktung ist. Der Arbeitskraftunternehmer zeichnet sich durch Selbstkontrolle über seine Tätigkeit, Ökonomisierung seines Verhaltens und Verbetrieblichung seiner Lebensführung aus (Voß und Pongratz 1998; Pongratz und Voß 2003; Pongratz 2008). Auf diesen neuen Typus treffen alle von Richard Sennett (1998) beschriebenen Unstetigkeiten des Driftens in der Lebensführung zu. Mit der Unsicherheit in der Lebensplanung wächst auch die Fragilität der Gesellschaft (Deutschmann 2008; Münch 2009b, 2009c).

Der Kampf um Prestige im akademischen Kapitalismus

Die Frage ist nun, welche Ordnung die Akkreditierungsagenturen auf dem neuen Markt der Studiengänge und nach dem Ende der Wissens- und Berufsmonopole der Fachgesellschaften und Berufsverbände gewährleisten können. Vielfach werden die Akkreditierungsagenturen als Ersatz für die ministerielle, überwiegend juristisch gestaltete Kontrolle über die Studiengänge und deshalb als Autonomiegewinn für die Universitäten und die wissenschaftlichen Disziplinen gesehen. Das ist allerdings nicht richtig. Federführend für die ministerielle Kontrolle waren in Wirklichkeit die Fachgesellschaften durch ihre Gestaltung der Rahmenprüfungsordnungen im staatlichen Auftrag. Die ministerielle Kontrolle hat die universitären Studiengänge per Gesetz vor fachfremden Erwartungen aus der Praxis der Erwerbstätigkeit geschützt. Die Grundlage dafür hat Humboldts Organisationsmodell für die 1810 gegründete Berliner Universität und in ihrer Nachfolge für alle deutschen Universitäten gelegt. Dieser ministerielle Schutz gegen die Praxisanforderungen aus der Erwerbstätigkeit in Wirtschaft und Verwaltung hat nahezu 200 Jahre gehalten. Die Übergabe der Kontrolle an die Akkreditierungsagenturen ist der entscheidende Schritt in der Beseitigung dieses Schutzes der universitären Bildung vor den Erwerbsinteressen der Praxis. Ohne ministeriellen Schutz sind die Universitäten zum ersten Mal offen der Nachfrage auf dem Bildungsmarkt ausgesetzt.

Eine entscheidende Frage ist nun, ob es den Fachgesellschaften gelingt, die Akkreditierungsagenturen genauso für die eigenen Interessen zu gewinnen, wie es ihnen bei den Ministerien gelungen ist. Vordergründig könnte man das vermuten, weil die Akkreditierung von Studiengängen im Peer-Review-Verfahren durchgeführt wird. Die Fachgesellschaften sind demnach durch Kollegen in den Akkreditierungskommissionen vertreten. Deren Verbindung zu den Fachgesellschaften ist jedoch von einer viel loseren Art, als dies früher bei den Kommissionen zur Ausarbeitung der Rahmenprüfungsordnungen der Fall war. Letztere wurden in der Regel von den Fachgesellschaften beschickt. Die viel zahlreicheren Akkreditierungskommissionen werden jedoch eigenständig von den Agenturen besetzt, sodass keine direkte Loyalität zur Fachgesellschaft gegeben ist. Noch entscheidender ist jedoch ihr Fokus auf die Studierbarkeit und die Nachfrageausrichtung der Studiengänge. Dieser Fokus setzt der einseitigen Fixierung auf Wissenschaftlichkeit unmissverständlich ein Ende.

Die Logik der Akkreditierung ist die Optimierung von Angeboten im Hinblick auf die primäre Nachfrage durch Studierende und die sekundäre Nachfrage durch Arbeitgeber. Das Gewicht wird erheblich zur Nachfrageseite verschoben. Das heißt auch, dass sich Studiengänge und Bildungstitel vom Charakter eines gemeinwohlverpflichteten Kollektivguts entfernen und sich dem Charakter eines allein individuellen Nutzenerwägungen von Anbietern und Nachfragern primärer und sekundärer Art folgenden, auf einem Markt gehandelten Individualguts nähern. Bildung wird dann zu einer Ware, über deren Qualität allein unter Gesichtspunkten der Nutzensteigerung von Anbietern und Nachfragern entschieden werden kann. Bildung ist dann das, was den Anbietern Studiengebühren zahlungskräftiger Studierender einbringt bzw. das, was den Nachfragern in Geld transferierbare Marktchancen eröffnet. Die daraus folgende Kommerzialisierung der Bildung bringt jede Menge Neuschöpfungen hervor, von denen die einen halten, was sie versprechen, die anderen aber nicht. Um sich auf dem Markt behaupten zu können, müssen die Studiengänge bis hin zum umfangreichen Jobvermittlungsservice strategisch vermarktet werden (Donoghue 2008; Newfield 2008). Das heißt, dass Werbung und Public Relations ein Ausmaß annehmen, hinter dem die Inhalte des Studiums verschwinden. Was inhaltlich gleich ist, das ist in der Aufmachung doch ganz verschieden und unterscheidet sich mit der Aufmachung im dafür zu zahlenden Preis. Um die Platzierungserfolge bei der Vermittlung von Absolventen für das unausbleibliche Ranking auch nachweisen zu können, muss an der Universität eine neue Abteilung eingerichtet werden, die darüber Buch führt. Nichts bleibt im totalen Überwachungssystem ohne Kontrolle. Auch dafür muss gezahlt werden.

Inhaltlich lassen sich nur sehr schwer wirkliche Differenzen schaffen, zumal Wissen als globales Kollektivgut überall weitgehend gleich verfügbar ist und der gewöhnliche Dozent, der sich um seine Studenten kümmert, mehr Wissen vermitteln kann als der vielbeschäftigte Nobelpreisträger. Deshalb müssen gewinnmaximierende Universitätsunternehmen viel in die Aufmachung und äußere Gestaltung ihrer Studienangebote und in Serviceeinrichtungen stecken, um höhere Gebühren verlangen zu können. Das geht nur durch üppige Investitionen in die Infrastruktur, von der Gerätschaft über die Bibliothek bis zum Personal. Auf diese Weise differenziert sich ein Premiumsegment extrem teurer Studiengänge von der Massenware im mittleren und der Billigware im unteren Preissegment. In den USA gibt es dementsprechend BA-Zertifikate von reichen Privatuniversitäten im Premiumsegment, von State Universities im mittleren und von Community Colleges im untersten. Hat man die Bildung zu einer auf einem Markt gehandelten Ware gemacht, dann entscheidet in erster Linie der gebotene Luxus über den Prestigewert eines Bildungstitels und dieser wiederum über den damit zu erzielenden Geldwert. Bildung mutiert auf diesem Wege von einem treuhänderisch vermittelten Kollektivgut zu einem Vertrauensgut und schließlich zu einem Prestigegut, über dessen Wert die erreichte Exklusivität entscheidet (Marginson 1997a, 1997b; Brown 2000; Altbach und Levy 2005; Aspers 2008).

Die Exklusivität eines Bildungstitels ergibt sich aus der Selektivität im Zugang zum entsprechenden Studiengang. Je mehr die Bewerberzahl die Zahl der Zugelassenen übersteigt, umso selektiver ist ein Studiengang und umso höher ist sein Prestigewert einzuschätzen. Unternehmerisch agierende Universitäten auf dem Bildungsmarkt müssen alles tun, um möglichst viele Bewerber anziehen und zugleich abweisen zu können. Auch eine hohe Quote der Annahme von Studienplatzzusagen ist in diesem Kampf um Prestige entscheidend. Diese

Quote kann durch die Bindung der Zusage von Studienplätzen an die Annahme innerhalb einer kurzen Frist erhöht werden, weil dann die Studienplatzbewerber nicht abwarten können, bis ihnen die Ergebnisse weiterer Bewerbungen vorliegen. Ohne Wissen darüber müssen sie das frühe Angebot annehmen (Espeland und Sauder 2007). In diesem Spiel wird Bildung zu einer entscheidenden Ressource der Kapitalakkumulation im Wettbewerb zwischen unternehmerisch agierenden Universitäten. Bildung wird zu Humankapital, in das investiert wird, um Renditen zu erzielen.

Als Wachstumsmarkt zieht Bildung zunehmend Investitionen auf sich. Die Besonderheit dieses Wachstumsmarkts besteht darin, dass der Prestigewert der Bildungstitel mangels Differenzierungsvermögen ihres Sachwertes über die Investitionen und Renditen entscheidet. Das hat einen Überbietungswettbewerb in der Erzielung von Exklusivität zur Folge. Solche Exklusivität lässt sich nur dadurch erreichen, dass man die Konkurrenten durch akademischen Luxus überbietet, das heißt durch teure Forschungsanlagen, reichhaltige Bibliotheken, beste Betreuungsquoten der Studierenden und preisgekrönte Wissenschaftsstars, nicht zuletzt durch üppige Freizeitanlagen, vom Erlebnisbad bis zur Konzerthalle, und natürlich einen beeindruckenden Campus. Schon der Campus macht den unaufholbaren Vorsprung der akademischen Luxuseinrichtungen in den USA vor den unweigerlich an sozialistischen Plattenbau erinnernden deutschen Universitäten aus. Der Prestigekampf im neuen akademischen Kapitalismus lässt sich nur mit Geld gewinnen. Das gilt für Großinvestoren (Staat, Wirtschaft) und Kleininvestoren (Studierende) auf der Suche nach »Exzellenz«, das heißt in Wahrheit »Prestige«, gleichermaßen.

Es liegt auf der Hand, dass der akademische Kapitalismus neue Oligopole hervorbringt. Sie treten an die Stelle der Wissensmonopole der Fachgesellschaften und der Berufsmonopole der Berufsverbände. Es handelt sich dabei um die Elite der Anbieter von teuren und damit prestigereichen Bildungstiteln im Premiumsegment. Ihre Titel verschaffen Zugang zu den Spitzenpositionen in Wirtschaft, Politik und Verwaltung. Der Markt wird auf diese neue Weise genauso geschlossen wie in Deutschland bislang durch die Monopole der Fachgesellschaften und Berufsverbände. Während jedoch die Monopole der Fachgesellschaften und Berufsverbände im föderal-pluralistischen Hochschulsystem Deutschlands national gebunden waren und mit einer relativ gleich verteilten Grundausstattung und ohne Studiengebühren ausgekommen sind, sieht das bei den Oligopolen des akademischen Kapitalismus ganz anders aus. Sie müssen sich durch Reichtum von der Masse der Hochschulen im mittleren Segment unterscheiden. Ihre Zielgruppe sind junge Menschen, die zur globalen Elite gehören wollen (Kanter 1995; Gladwell 2002; Florida 2005; Boschma und Fritsch 2009; Brown und Tannock 2009).

Im globalen Kampf um akademisches Prestige müssen nicht aus sachlichen, sondern aus symbolischen Gründen immer größere Kapitalsummen in die prestigereichsten Universitäten im Premiumsegment investiert werden. Weil sich die Masse der Universitäten im mittleren Segment an den Vorbildern im Premiumsegment orientieren, müssen auch sie ihre Investitionen steigern, um nicht noch weiter abzufallen. So ergibt sich ein ruinöser Überbietungswettbewerb, der mit exorbitant wachsender Verschuldung bezahlt werden muss. Die Kosten für einen Studienplatz an der Harvard University übersteigen – vorsichtig geschätzt – die Kosten für einen Studienplatz an der LMU München gut um das Zehnfache, ohne dass daraus Absolventen mit besserem Wissen hervorgingen. Harvard zwingt aber als Vorreiter des internationalen Überbietungswettbewerbs zur Aufrüstung, sodass für identische

Sachwerte von Bildungstiteln immer höhere Investitionen getätigt werden müssen. Das entsprechende Kapital lässt sich in einem Land mit niedriger Steuerlast natürlich leichter mobilisieren als in Ländern mit höheren Abgaben, in denen der Staat noch eine größere Verantwortung für die Gestaltung der Gesellschaft innehat und nicht so viel dem freien Spiel der Kräfte überlassen bleibt (vgl. Cerny 1997, 2005).

Schlussbemerkungen

Die extrem hohe Verschuldung der US-Haushalte und die Auslandsverschuldung des ganzen Landes hat hier eine wesentliche Ursache. Die meisten Amerikaner verschulden sich nämlich nicht wegen an sich verzichtbarer Urlaubsreisen, sondern wegen des Studiums ihrer Kinder, das von 100 000 bis 350 000 Dollar kosten kann. Nachdem das Platzen der Immobilienblase und die ihr folgende globale Finanz- und Wirtschaftskrise weltweit Zweifel an der Nachhaltigkeit dieser Art des auf Überbietungswettbewerb beruhenden Kapitalismus hat aufkommen lassen, gibt es auch Anlass, über die Nachhaltigkeit eines Bildungssystems nachzudenken, das sich ganz dem Überbietungskampf des akademischen Kapitalismus verdingt hat. Erst recht gilt das für dessen späte Nachahmung mit ohnehin zu geringen Investitionsmitteln in Deutschland.

Schlussbetrachtung: Die Universität im Spannungsfeld zwischen innerer Freiheit und äußerer Zweckbestimmung

Die Wissenschaft findet in der Gegenwart zunehmend als Kampf um die besten Zahlen zwecks Positionierung in einem akademischen Feld statt, das durch »Qualitätssicherung«, »Benchmarking« und »Rankings« bestimmt wird. Abschließend soll die veränderte Rolle der Universität im Kontext des neuen Regimes der Wissenschaft in ihren Effekten auf die Evolution des Wissens betrachtet werden. Zunächst wird die (1) Position der Universität im Spannungsfeld zwischen innerer akademischer Freiheit und äußerer gesellschaftlicher Zwecksetzung bestimmt. Danach werden drei Eckpunkte des neuen Regimes resümiert: (2) die Audit-Universität, (3) die unternehmerische Universität und (4) der akademische Kapitalismus.

Forschung und Lehre vollziehen sich im Spannungsfeld zwischen innerer akademischer Freiheit und äußerer gesellschaftlicher Zweckbestimmung. Die Universität steht mitten in diesem Spannungsfeld und muss in jeder neuen historischen Epoche unter jeweils veränderten Bedingungen die richtige Balance zwischen diesen beiden Polen finden, wenn sie dem Erkenntnisfortschritt und dem Gemeinwohl der Gesellschaft zugleich dienen will. Aus zwei so konträren Forschungsansätzen wie der konflikttheoretischen Studie Pierre Bourdieus (1992) zum akademischen Feld (Elitehochschulen, Universitäten und Centre de la Recherche Scientifique) in Frankreich und der funktionalistischen Studie von Talcott Parsons und Gerald Platt (1990) über die amerikanische Universität lässt sich diese Lehre ziehen. Bourdieus Studie zeichnet ein Bild der Wissenschaft im Spannungsverhältnis zwischen wissenschaftlicher Autonomie und weltlicher Macht. In Frankreich teilen sich drei Institutionen die Wissenschaft und die tertiäre Bildung: die Elitehochschulen, die Universitäten und das Centre National de la Recherche Scientifique (CNRS). In den USA ist alles im Wesentlichen in der Hand der Universitäten. In Parsons' und Platts Studie stehen die Universitäten im Spannungsverhältnis zwischen vier Funktionen, die sie in sich bündeln: die Bildung von Persönlichkeiten und Staatsbürgern im Undergraduate-Studium, die Nachwuchsförderung und Wissensvermehrung in den Graduiertenschulen und Forschungszentren, wo Forschung und Lehre aufs Engste miteinander verknüpft sind, praktische Dienstleistungen für die Gesellschaft in den Professional Schools und die intellektuelle Kritik als Beitrag zur Verständigung der Gesellschaft über sich selbst (vgl. Parsons 1978c, 1978d).

Für Parsons und Platt (1990) bildet die Integration von Graduiertenbildung und Forschung den Kernbereich der Universität, der die Treuhänderschaft für die kognitive Rationalität innehat. Für Bourdieu ist der autonome Pol der Wissenschaft der Kernbereich der akademischen Freiheit, die es gegen die von außen eindringenden Interessen zu verteidigen gilt. Sowohl Parsons und Platt als auch Bourdieu sehen in der inneren Stratifikation des akademischen Systems bzw. Feldes und in dessen Instrumentalisierung durch äußere Interessen die größte Gefahr für die akademische Freiheit und die Entfaltung ihres Potenzials für die Wissensevolution.

Beide Studien beschäftigen sich mit dem Wandel des akademischen Systems Ende der sechziger Jahre im Kontext der Studentenbewegung. Beide erkennen in der Entwertung der Bildungstitel eine Ursache für die Proteste. Parsons und Platt beschreiben dabei die Mechanismen, durch die es dem amerikanischen Universitätssystem bis dahin gelungen war, die Treuhänderschaft für die kognitive Rationalität gegen die inneren Tendenzen zur verfestigten Stratifikation und die äußeren Tendenzen zur Instrumentalisierung für wissenschaftsfremde Interessen aufrechtzuerhalten. Und sie interessieren sich dafür, wie die innere Chancengleichheit und die äußere Balance angesichts drohender Gefahren von innen und außen aufrechterhalten werden kann. Für Bourdieu ist dagegen das akademische Feld intern stratifiziert und von außen durch politisch-administrative Eingriffe, Statuspolitik und wirtschaftliche Interessen überlagert. In gewissem Maß spiegeln diese unterschiedlichen Einschätzungen die bei aller Stratifikation und äußerer Instrumentalisierung trotzdem offeneren Verhältnisse des akademischen Feldes in den USA im Vergleich zu Frankreich in den sechziger Jahren wider. Es ist in den USA naheliegender, das akademische System für offener und ausbalancierter zu halten als in Frankreich. Parsons' und Platts Funktionalismus und Bourdieus Konflikttheorie hängen unmittelbar mit der Gesellschaft zusammen, auf die sie sich beziehen. Beide eint jedoch ein sehr ähnliches Verständnis der Voraussetzungen einer offenen Wissensevolution und ihrer gesellschaftlichen Nutzung im Spannungsverhältnis zwischen innerer Chancengleichheit und Stratifikation sowie zwischen akademischer Freiheit und Instrumentalisierung für Interessen im Außenverhältnis. Die innere Chancengleichheit im Sinne einer habermasschen idealen Sprechsituation braucht die Wissenschaft, um sich vor Dogmatisierung, Verkrustung und einer Erstarrung des Denkens zu schützen (Habermas 1971); die äußere Ausbalancierung benötigt sie, um die Gesellschaft fortwährend mit neuem Wissen gegen die in ihren anderen Funktionsbereichen herrschenden Denkmuster und Traditionen zu versorgen.

Im Folgenden soll gezeigt werden, dass die Umwandlung von Universitäten in Unternehmen sowohl die innere Freiheit als auch die äußere Balance der Wissenschaft bedroht. Im Innenverhältnis erstickt das von der unternehmerischen Universität praktizierte Qualitätsmanagement die Originalität und Vielfalt der Forschungsleistungen unter einem wuchernden Kontrollapparat. Im Außenverhältnis unterwirft ein nur durch wachsende Kapitalakkumulation zu gewinnender Verdrängungswettbewerb zwischen Universitäten die Konkurrenz zwischen Forschern zunehmend ungleicheren Bedingungen.

Die Audit-Universität

Der sich gegenwärtig vollziehende Wandel der Universität steht unter dem Zeichen der globalen Verbreitung von New Public Management (NPM) und dessen Eindringen in alle Funktionsbereiche der öffentlichen Verwaltung. New Public Management ist nicht nur ein Instrument der Verwaltungsmodernisierung, sondern Teil eines breiter angelegten gesellschaftlichen Wandels, in dem Hierarchien durch Märkte, Quasi-Märkte und Pseudomärkte ersetzt werden. Die Ursachen, Erscheinungsformen und Folgen dieses Wandels muss man in Distanz zu den Verlautbarungen der NPM-Bewegung untersuchen. NPM zieht einen wesentlichen Teil seiner Begründung aus der Institutionenökonomik. Deswegen darf man die Institutionenökonomik noch nicht generell unter Ideologieverdacht stellen. Indem sie aber eine verengte ökonomische Sicht auf Institutionen vertritt und im Rahmen von NPM zur Rechtfertigung der Ersetzung von Professionen durch Märkte als Mechanismen der Gestaltung von Erkenntnis- und Bildungsprozessen herangezogen wird, gerät sie in die Rolle eines Ideologielieferanten. Eine Reform bekommt eine wissenschaftliche Legitimation, die sich bei genauerer Prüfung nicht halten lässt. Das kann sogar gegen die ursprünglichen Intentionen geschehen. So hat die Theorie der Firma und die darauf aufbauende Transaktionskostenökonomik einmal nachgewiesen, dass Hierarchien Leistungen bieten, die Märkte nicht zu erbringen vermögen (Jensen und Meckling 1976). Bei Oliver Williamson (1981) wird auch genau gesagt, dass nur unspezifische und leicht messbare Güter auf Märkten produziert werden können, während spezifische, schwer messbare Güter besser innerhalb der Hierarchie erstellt werden. In der Managementbewegung des Outsourcing ist die Transaktionskostenökonomik jedoch benutzt worden, um in der Regel die *buy*-Entscheidung der *make*-Entscheidung, das heißt den Einkauf einer Leistung auf dem Markt ihrer Eigenproduktion innerhalb einer Organisation vorzuziehen.

Darüber hinaus kennt die Transaktionskostenökonomik wie die gesamte Institutionenökonomik nur das Kriterium der ökonomischen Effizienz und hat deshalb per se einen verengten Blick auf die Realität. Eine sehr weitgehende Einschränkung der Vielfalt sozialer Formen ist auch die alleinige Fokussierung auf Märkte, Hierarchien und Netzwerke als Koordinationsformen des menschlichen Handelns. Völlig unverstanden ist professionelle Treuhänderschaft, zum Beispiel für die Bildung oder die Forschung. Diese Blickverengung macht die Institutionenökonomik anfällig für Ideologieproduktion, sobald sie außerhalb des rein Ökonomischen die gesellschaftliche Praxis anleitet. Das ist die Lektion, die sich die Ökonomie von der Soziologie eines Talcott Parsons gerade heute wieder erteilen lassen könnte. Parsons hat den ökonomistischen Fundamentalismus von Milton Friedman, Gary Becker und ihren Mitstreitern wörtlich als »the triumph of economic ideology« bezeichnet (Parsons 1979: 31). Er meinte damit den Anspruch, alles Gesellschaftliche mithilfe der Kosten-Nutzen-Analyse erklären zu können. Die Soziologie ist diejenige Disziplin, die dieser Engführung des Denkens entgegentreten kann.

Unter dem neuen Regime von New Public Management bzw. des Totalen Qualitätsmanagements (TQM) wird die Forschung und Lehre von Professoren nach bestem Wissen und Gewissen durch externe Kontrolle verdrängt. Das Vertrauen in die professionelle Selbstregulierung und die Autonomie der Forscher, Fachbereiche und Hochschulen werden durch das Misstrauen der Prinzipale in ihre Agenten und die externe Kontrolle nach den Prinzipien von Zielvereinbarung, vollständiger Transparenz und Erfolgskontrolle durch Kennziffern abgelöst. Die akademische, selbst organisierte Universität, die nur lose an Staat, Wirtschaft und Gesellschaft gekoppelt ist, wird durch die Audit-Universität ersetzt. Enge Kopplung tritt an die Stelle von loser Kopplung, und zwar von Regierung und Hochschule, Gesellschaft und Hochschule, Wirtschaft und Hochschule, Hochschulleitung und Forscher/Lehrer (Power 1997).

Was in den vielversprechenden Begriff des Qualitätsmanagements gepackt wird, stellt sich als eine neue Form der *Bürokratisierung* dar: Zweckprogramme (Zielvereinbarungen, Kennziffernsteuerung) beherrschen Forschung und Lehre. Die Leistungsorientierte Mittelverteilung (LOM) dient als neues Steuerungsinstrument. Zu diesem Zweck müssen immer umfassendere und detailliertere Systeme der Berichterstattung und Kontrolle entwickelt werden. Ressourcen, die sonst der Forschung und Lehre zur Verfügung stünden, werden in eine wuchernde Kontrollapparatur gesteckt.

Um Vergleichbarkeit und formale Gerechtigkeit zu gewährleisten, muss alles über einen Kamm geschert werden: Forschung und Lehre werden einer flächendeckenden *Standardisierung* und *Metrisierung* unterzogen. Es verschwindet die Vielfalt von Lehr- und Forschungsleistungen zugunsten einheitlicher Standardmaße. Es besteht kaum noch Spielraum für Originalität und Kreativität.

Zwischen den Forschern, Fachbereichen und Hochschulen breitet sich ein Konformitätswettbewerb um die Erfüllung von Kennziffern aus, der zur Spezialisierung zwingt und vorher Unvergleichliches in eine Rangordnung bringt. Die Hochschullandschaft wird einem Prozess der *horizontalen Differenzierung nach Profilen* und der *vertikalen Differenzierung nach Rang* unterworfen. Spezialisierung und Stratifikation reproduzieren sich in einem sich selbst verstärkenden Prozess. Die Stratifikation des Feldes bedeutet wachsende Ungleichheit in der Teilhabe am wissenschaftlichen Diskurs und der Einflussnahme auf diesen Diskurs.

Kennziffernsteuerung verlangt nach Rankings. Rankings schaffen selbst die Realität, die sie zu messen vorgeben, nicht nur zugunsten besserer Leistungen: Sie erzeugen Reaktivität. Es entsteht eine Herrschaft der Zahlen, eine Numerokratie (Angermüller 2009, 2010). Die Betroffenen, deren Leistungen gemessen werden, und die Nutzer der Rankings orientieren sich an den Ergebnissen der Leistungsmessung und verstärken beide die Fokussierung auf die verwendeten Indikatoren. Dadurch wird die an sich vielfältige Realität auf das reduziert, was gemessen wird. Und das ist immer weniger, als an sich wünschenswert wäre (Espeland und Sauder 2007).

Rankings wirken wie sich selbst erfüllende Prophezeiungen (*self-fulfilling prophecies*). Sie belohnen die Gewinner und bestrafen die Verlierer. Selbst kleine Differenzen beeinflussen zum Beispiel die Nachfrage nach Studienplätzen (Zahl und Qualität der Bewerber). Frühere Rankings determinieren das Urteil in aktuellen Rankings. Rankings entscheiden über die Verteilung von Ressourcen und bestimmen dadurch die Wettbewerbsfähigkeit von Institutionen. Ressourcen werden zwecks Positionierung im Ranking auf die verschiedenen Aufgaben verteilt. Zu den beliebten Strategien gehören etwa der Erlass von Studiengebühren für Studenten mit Bestnoten und die Erhöhung der Gebühren für den Rest der Studenten sowie die Steigerung der Ausgaben für Marketing. Im Spektrum der Aufgaben bekommt der Karriereservice eine herausragende Stellung. Es wird *gaming the system* betrieben. Das bedeutet zum Beispiel die Manipulation von Zahlen, etwa die nur vorübergehende Vermehrung des Lehrpersonals zur Verbesserung der Lehrer-Schüler-Quote zum Zeitpunkt der Erhebung der Zahlen oder die Trennung des Lehrpersonals vom Forschungspersonal, wenn sich damit bessere Leistungswerte erzielen lassen.

Mit der Ausbreitung von Rankings ist die Einwerbung von Drittmitteln zum verselbständigten Leistungsindikator geworden. Deshalb drängen Hochschulleitungen die Forscher, ihre Arbeit drittmittelkonform zu gestalten. Großprogramme wie etwa Sonderforschungsbereiche (SFBs) werden zum Selbstzweck, weil sie auf einen Schlag viel Geld einbringen. Die besten Forscher verschleißen sich dann im Management von Forschungsverbünden, während viele Wissenschaftler als Mitläufer dabei sind, die sonst keine Drittmittel bekämen. Solche Großverbünde sind für weite Teile der Forschung in den Geistes- und Sozialwissenschaften eher ein Hemmnis als eine förderliche Einrichtung.

Auch die zur Norm gewordene Prämierung der begutachteten Fachzeitschriftenaufsätze hat kontraproduktive Effekte: Forscher werden darauf konditioniert, Datensätze mehrfach zu verwerten und in kleinen Teilen zu publizieren, um aus ein und derselben Arbeit möglichst viel Kapital zu schlagen. Das ist die Salamitaktik der kleinstmöglichen publizierbaren Einheit (Frey 2008). Fachzeitschriftenaufsätze sind meist Ergebnisse der Normalwissenschaft. So wird durch deren besondere Belohnung die Normalisierung der Wissenschaft befördert. Besonders gravierend wirkt sich diese Normalisierung durch das Ranking nach Impact in A-, B- und C-Journals (wie zum Beispiel in der Volkswirtschaftslehre) aus. Die Forschung wird einer Art Panoptikum der totalen Kontrolle unterworfen, wie Sauder und Espeland (2009) im Anschluss an Foucault (1977) feststellen.

Bibliometrische Rankings vernachlässigen bzw. ignorieren Publikationen in anderen Sprachen als dem Englischen, Monografien, Forschungsberichte als Transfer in die Praxis und Veröffentlichungen für ein breiteres Publikum. In der Soziologie wird die professionelle Soziologie für Soziologen prämiert, die kaum gesellschaftliche Relevanz besitzt. Dagegen werden die *policy*-orientierte Soziologie, die öffentliche Soziologie und die grundlagentheoretische Soziologie verdrängt (Burawoy 2005). Die Soziologie ist eine vielfältige Disziplin, angesiedelt im Spannungsfeld zwischen Hermeneutik und Kausalwissenschaft. Dementsprechend vielfältig stellt sich das Publikationsverhalten in der Soziologie dar. Wie in den Naturwissenschaften und der ihnen nacheifernden Ökonomie gibt es eine professionalisierte Soziologie in den begutachteten Fachzeitschriften, die sich mit analytisch eng begrenzten, methodisch exakt zu bearbeitenden Fragestellungen beschäftigt, jedoch oft auf Kosten der gesellschaftlichen Relevanz und der Erfassung größerer und komplexerer Zusammenhänge. Wie in der Geschichtswissenschaft findet sich aber auch noch die Monografie, die Soziologie als Wirklichkeitswissenschaft betreibt und einen historischen Vorgang deutend zu verstehen und in seinen Ursachen und Konsequenzen zu erklären versucht. Auch die Beschäftigung mit den begrifflichen, theoretischen und methodologischen Grundlagen des Faches erfolgt noch vorrangig in der Gestalt von Monografien. Weiterhin haben wir die *policy*-orientierte Soziologie, die sich dem Wissenstransfer in die Praxis widmet. Das geschieht überwiegend in Gestalt von Sammelbänden, Forschungsberichten und Gutachten. Auch umfangreichere Drittmittelforschung, oft in kooperativen interdisziplinären Kontexten, mündet meist in Forschungsberichte und Sammelbände. Eine Vielzahl Spezieller Soziologien ist im Grenzbereich zu anderen Disziplinen angesiedelt und pflegt auch deshalb die Publikationspraxis des Sammelbandes. Schließlich ist die öffentliche Soziologie als eine eigene Kategorie zu betrachten. Sie zeigt sich einerseits in zeitdiagnostischen Monografien, andererseits in Beiträgen zur Tages- und Wochenpresse, für Rundfunk und Fernsehen sowie in öffentlichen Vortrags- und Diskussionsveranstaltungen. In dem Maße, in dem die Evaluation nach standardisierten, messbaren Kriterien verfährt, droht die Gefahr einer Engführung der soziologischen Forschung und einer Verarmung des Wissens. Selbst ein so aufwendiges Verfahren wie das vom Wissenschaftsrat durchgeführte Forschungsrating Soziologie konnte sich diesem Normalisierungszwang nicht entziehen. Die im begutachteten Fachzeitschriftenaufsatz praktizierte professionelle Soziologie hat eindeutig über die anderen Varianten der Soziologie dominiert (Münch und Baier 2009).

Die unternehmerische Universität

Im Kampf um Sichtbarkeit wird die Umgestaltung der Universitäten in Unternehmen forciert (Clark 1998). Die Universität wird zum Akteur (Meier 2009). In die »Autonomie« einer unternehmerischen Universität entlassen zu werden, bedeutet: von der staatlichen Kontrolle durch das Wissenschaftsministerium befreit zu sein. Die Bindung der Universität an das politisch repräsentierte und vom Wissenschaftsministerium administrativ umgesetzte Gemeinwohl wird jetzt durch die direkte Bindung an die Gesellschaft – verkörpert im Hochschulrat – ersetzt. Inzwischen sind bis auf Bremen in allen Bundesländern Hochschulräte (bzw. Kuratorien, Aufsichtsräte, Stiftungsräte oder Universitätsräte) im Landes-hochschulrecht verankert. In die Hochschulräte sollen Per-sönlichkeiten gewählt werden, denen aufgrund ihrer Kom-petenz und ihres Ansehens eine Vermittlung zwischen Hoch-schule und Gesellschaft zum beiderseitigen Wohle zugetraut wird.

Die Universität kann sich in der neuen Freiheit nur behaup-ten, indem sie erfolgreich Gelder einwirbt. Mit der Durchset-zung der unternehmerischen Universität verändern sich die Koordinaten der Wissensproduktion grundlegend. Um das zu begreifen, müssen wir uns anschauen, nach welchen Regeln der Wettbewerb von Forschern um Reputation abläuft und nach welchen Regeln sich der zunehmend den Forscherwett-bewerb überlagernde Wettbewerb zwischen unternehmeri-schen Universitäten um Kapitalakkumulation richtet.

Zwischen Forschern und Forschergruppen findet immer schon ein Wettbewerb um Reputation in Form der Rezeption von Publikationen statt: (a) ein Prioritätswettbewerb durch Innovation, das heißt durch Abweichung von herrschendem Wissen und herrschenden Methoden, also von der Norm, und (b) ein Qualitätswettbewerb durch Bestätigung des herr-schenden Wissens mittels herrschender Methoden, das heißt Konformität zu Normen.

Ganz anders stellt sich der Wettbewerb zwischen Univer-sitäten um Forscher dar. Er kann unter Bedingungen der Chancengleichheit in der Ausstattung und in der Vergütung von Forschungsleistungen ausgetragen werden. Das beinhal-tet einen offenen Wettbewerb mit der Konsequenz, dass sich Forscher frei entscheiden können, wo, mit wem und worüber sie forschen wollen. Es gibt nur eine begrenzte Spreizung zwi-schen Spitzengehältern/Spitzenausstattung und Grundgehäl-tern/Grundausstattung mit der Konsequenz der breiten För-derung einer größeren Zahl von gut situierten Forschern mit dem notwendigen akademischen Freiraum für riskante, in ihrem Erfolg nicht planbare Forschung.

Der Wettbewerb der Universitäten um Forscher kann aber auch unter Bedingungen der Ungleichheit in der Ausstattung und in der Vergütung von Forschungsleistungen stattfinden. Daraus folgt eine wachsende Spreizung in exorbitant hohe Spitzengehälter und üppige Ausstattung für Stars und niedrige Gehälter sowie ärmliche Ausstattung für die breite Masse der Forscher. Die Konsequenz ist dabei oft eine Überausstattung über das effizient und effektiv nutzbare Maß hinaus in der Spitze und eine Unterausstattung unterhalb der kritischen Masse in der Breite, in welcher der notwendige akademische Freiraum für riskante Forschung fehlt. Es schrumpft das Innovationspotenzial, das oft aus der Peripherie und eher seltener aus dem Zentrum kommt, weil dort das schon etablierte und zur Norm gewordene Wissen sitzt.

Universitäten variieren zwischen den beiden Polen von Förderern der Forschung auf der einen Seite und Parasiten der Forschung auf der anderen Seite. Als Förderer der Forschung bieten sie Forschern Freiräume und überlassen ihnen deren Erträge in Gestalt von Reputation zur freien Verwendung. Als Folge ergibt sich eine breite und vielfältige Entwicklung des Wissens. Als Parasiten der Forschung treffen Universitäten mit Wissenschaftlern Zielvereinbarungen (Drittmitteleinnahmen, Publikationen in begutachteten Fachzeitschriften) und beanspruchen die Nutzung der Erträge (ökonomisches und symbolisches Kapital) für die Institution in Gestalt institutionell gebundener Forschungsverbünde. Das ist die Handlungsmaxime der neuen unternehmerischen Universität.

Unter dem Regime der unternehmerischen Universität entscheiden nicht mehr Forscher zwecks Steigerung ihrer eigenen Reputation über die Investition von Forschungskapital, sondern Universitäten zwecks zirkulärer Akkumulation von materiellem und symbolischem Kapital. Die Folge der parasitären Ausbeutung der Forschung durch Universitäten ist ihre gezielte Lenkung in Forschungszweige, die sich als gewinnträchtig darstellen: kapitalintensive Verbundforschung als Selbstzweck, Forschung im sicheren Mainstream, Forschung im Modetrend, angewandte Forschung.

Wirtschaft und Wissenschaft greifen in der unternehmerischen Universität so ineinander, dass beide Seiten nahezu ununterscheidbar werden. Während Wirtschaftsunternehmen Wissen nutzen, um es in ökonomisches Kapital umzuwandeln, investieren Universitätsunternehmen ökonomisches Kapital, um jenes Wissen zu generieren, das wieder in die Akkumulation von ökonomischem Kapital eingespeist werden kann. Um sich Wettbewerbsvorteile in der Generierung von ökonomischem Kapital zu verschaffen, verlangen unternehmerische Universitäten von ihren Forschern, dass sie ihre neuen Erkenntnisse und Erfindungen zuerst vor der Nutzung durch Konkurrenten sichern, bevor sie für die breitere wissenschaftliche Gemeinschaft zugänglich gemacht werden. Dabei muss die unternehmerische Universität darauf bestehen, dass sie als Institution und nicht der Forscher als Person das Verfügungsrecht über die Erkenntnisse und Patente erhält. Nur so ist schließlich gesichert, dass sie in die institutionelle und nicht in die persönliche Akkumulation von Kapital investiert werden können. In der Hand unternehmerischer Universitäten gelangt die Wissensproduktion direkt vor Ort in einen ökonomischen Verwertungskreislauf. Der klassische Kreislauf der reinen Wissensproduktion verliert so seine Vorrangstellung (Slaughter und Leslie 1997; Slaughter und Rhoades 2004). Für die unternehmerische Universität gelten die Gesetzmäßigkeiten der Behauptung gegen Konkurrenten, indem sie sich exklusive Wettbewerbsvorteile verschafft, zu denen die Konkurrenten keinen Zugang haben, sodass Monopolrenten erzielt werden können. Der größte Vorteil ist Reichtum an ökonomischem Kapital, das in Reputationsgewinne durch die Rekrutierung schon renommierter und besonders aussichtsreicher Forscher, das heißt in symbolisches Kapital umgemünzt werden kann. Das symbolische Kapital hilft, Allianzen zu schmieden, Geldgeber zu finden und die Studiengebühren nach oben zu treiben.

Der erzielte akademische Reichtum ist nicht erforderlich, um besser forschen zu können, sondern um weiteres symbolisches Kapital zu akkumulieren und um die kapitalkräftigsten Forscher von anderen Universitäten abzuziehen und bei sich selbst zu halten. Konsequenterweise wird in Deutschland hartnäckig daran gearbeitet, die Besoldungsordnung für Professoren außer Kraft zu setzen. Die von den reichsten Universitäten rekrutierten Forscher haben allerdings in aller Regel an weniger reichen Universitäten dieselben Leistungen erbracht. Um den Erkenntnisfortschritt zu fördern, ist offensichtlich die Konzentration von Reichtum auf wenige Universitäten gar nicht notwendig. Erklärt werden kann dieser Konzentrationsprozess deshalb nicht durch den daraus resultierenden Nutzen für die Forschung, sondern allein durch die Anziehungskraft reicher Institutionen, die ihren Reichtum zur parasitären Nutzung der rekrutierten Forscher für die weitere Akkumulation ökonomischen und symbolischen Kapitals verwenden. Der Matthäus-Effekt der Akkumulation von Wettbewerbsvorteilen kommt ungebremst zur Entfaltung (Merton 1968a).

Akademischer Kapitalismus

Investitionen in die Forschung werden im Kontext des entstehenden akademischen Kapitalismus nach dem Maßstab kurzfristiger Nutzenerwartungen getätigt. Die Konsequenz dieser Politik ist die Überinvestition in aktuell gewinnträchtige Forschung, die Überforschung von im Trend liegenden Themen und die Unterinvestition in risikoreiche Forschung außerhalb großer Verbünde, außerhalb des Mainstream, gegen Modetrends und abseits der angewandten Forschung. Damit schrumpft das Innovationspotenzial der Wissenschaft. Eine weitere Konsequenz ist die wachsende Ungleichheit zwischen Universitäten in der Verfügung über Forschungsmittel. Je weniger Gegenkräfte es gegen diesen Trend gibt, umso mehr führt der Akkumulationsprozess zur Überinvestition an wenigen reichen Standorten und zur Unterinvestition an vielen armen Standorten. In Deutschland verschärft die Konzentration von Forschungsressourcen an wenigen reichen Standorten das Problem, dass die Mittel überwiegend in die Vergrößerung der im internationalen Vergleich so schon sehr großen Doktoranden- und Mitarbeiterstäbe und nicht in Professuren investiert werden. Dadurch kommen auf einen Professor noch mehr Mitarbeiter als bisher. Im Durchschnitt standen an den deutschen Universitäten vor der Exzellenzinitiative 83 Prozent Mitarbeiter 17 Prozent Professoren gegenüber. Fasst man Doktoranden und Mitarbeiter in einer Kategorie zusammen, dann hat sich der Anteil der abhängig tätigen Forscher in der Folge der Exzellenzinitiative noch erhöht, da der weitaus größte Teil der gut 4000 neu geschaffenen Stellen auf Doktoranden entfällt (Hornbostel und Sondermann 2009). Forschung wird noch mehr als zuvor in oligarchischen Strukturen betrieben.

Mit der Konzentration der Forschung auf wenige reiche Standorte werden der Wettbewerb von Universitäten um Forscher und die Konkurrenz zwischen Forschern und Forschergruppen um Reputation eingeschränkt. Die reichen Universitäten (bzw. Forscher und Forschergruppen) sind in der Lage, Monopolrenten zu erzielen. Die Forschung wird in ihrer Entwicklung durch Monopol- oder Oligopolstrukturen gehemmt. Die reichen Standorte schließen sich zu Allianzen zusammen: die neue Gruppe der »Exzellenzuniversitäten« in Deutschland. Durch solche Allianzen zirkulieren Ressourcen und Personal in einem geschlossenen Kreis. Es bildet sich ein Forschungskartell, das potenzielle Konkurrenten von Forschungsressourcen und wichtigen Positionen (Mitgliedschaften in Akademien, Deutsche Forschungsgemeinschaft, Wissenschaftsrat) fernhält. Mangels Wettbewerb schrumpft das Potenzial für Erneuerung in der Forschung. Es zeigt sich dann, dass nicht höhere Produktivität in Publikationen pro Personaleinsatz die Platzierung eines Standorts in den oberen Rängen erklärt, sondern die Mitgliedschaft in einem geschlossenen Netzwerk der dominierenden, letztlich kapitalkräftigeren und personalstärkeren Universitäten (Burris 2004; Münch und Baier 2009).

Es ist die *illusio* des Feldes der Forschungsförderung, dass Forschungsmittel in einem Leistungswettbewerb unter Bedingungen der Chancengleichheit verteilt werden. Für den Soziologen wäre es allerdings eine Überraschung, wenn im Wettbewerb um Forschungsmittel keine Macht im Spiel wäre. Das ist erst recht der Fall, wenn die Forschungsmittel zum Großteil von einer zentralen Institution wie in Deutschland von der Deutschen Forschungsgemeinschaft verteilt werden. Das öffnet der Kartellbildung und Wettbewerbsbeschränkung Tür und Tor. Soziologisch betrachtet ist das der Normalfall. Im Feld der Soziologie würde man sich mit einer bloßen Affirmation der *illusio* des Feldes den Vorwurf der Naivität einhandeln. Es gibt eine ganze Reihe von Evidenzen, die es rechtfertigen, die Steuerung der Forschung durch Kennziffern, Drittmittel und absolute Zahlen als ein verdecktes Dispositiv der Macht zu bezeichnen, von kartellartigen Strukturen der Mittelverteilung zu sprechen und in der Exzellenzinitiative die Schaffung von Forschungsoligopolen zu erkennen. Das zu bezweifeln ist etwa dasselbe, wie wenn man behaupten würde, Eintracht Frankfurt habe dieselben Chancen auf den Gewinn der Champions League wie Manchester United, wenn die Spieler nur fleißig genug trainieren. Dass dieses Spiel mit Geld zwecks Einkauf der besten Spieler auf dem Weltmarkt entschieden wird, wissen alle. Das Neue ist jetzt, dass auch die Wissenschaft von der ökonomischen Logik der Kapitalakkumulation und einer Art von akademischem Kapitalismus beherrscht wird (Slaughter und Rhoades 2004).

Die *illusio* sagt natürlich immer noch, Harvard bringe so viele Nobelpreisträger hervor, weil auf dem Campus dieser Universität der wissenschaftliche Geist zum Höhenflug gebracht werde und dies ein *Verdienst* der größeren geistigen Anstrengungen sei. In Wirklichkeit ist es aber so, dass Harvard über das nötige symbolische und materielle Kapital verfügt, um aus der ganzen Welt ein Ensemble von Forschern zusammenstellen zu können, das genau so sicher die höchsten wissenschaftlichen Lorbeeren erntet wie die Fußballer von Manchester United, Chelsea, Madrid oder Barcelona die Finalspiele der Champions League bestreiten. Und die TU München mag zwar aufgrund ihres Kapitals ähnlich wie Bayern München die nationale Liga des Centrums für Hochschulentwicklung (CHE) beherrschen, verfügt aber dennoch wie Bayern München in der Champions League über zu wenig Kapital, um im internationalen Wettbewerb konstant in der absoluten Spitze mitspielen zu können.

Das Interessante an der Kolonisierung des Fußballs und der Wissenschaft durch die Ökonomie ist die Tatsache, dass zwar nach wie vor Fußball gespielt und Wissenschaft betrieben wird, dass ein Fußballspiel nach wie vor gewinnt, wer mehr Tore geschossen hat, und dass in der Wissenschaft vorne steht, wer mehr zum Erkenntnisfortschritt beigetragen hat als andere. Auf den ersten Blick sieht es also so aus, als ob die Ökonomisierung des Fußballsports und der Wissenschaft ihrer funktionalen Ausdifferenzierung und der Bewahrung ihrer Codes (Tor/Nicht-Tor, wahr/nicht wahr), dem Sportsgeist und der akademischen Freiheit nichts anhaben könnte. Man könnte sagen, dass Fußball und Wissenschaft ihre Autonomie behalten, solange weder Spiele noch Wahrheit gekauft werden können und Verstöße dagegen geahndet werden. Das ist aber zu einfach gedacht. Es wird dabei nicht genügend beachtet, dass ein Feld (System) institutionell abgesicherte Autonomie benötigt, um seinem eigenen Code und seiner eigenen Operationsweise folgen zu können. In der Hand der Ökonomie wird der Fußball so organisiert und gespielt, dass er den größtmöglichen Gewinn abwirft. Er wird zur reinen Unterhaltungsbranche. Die Wissenschaft wird in der Hand der Ökonomie in die Richtung der Produktion kurzfristig erkennbarer materieller Gewinne gelenkt. Die Folge ist eine empfindliche Engführung der Wissensevolution. Die Wissenschaft mag dann noch autonom über die Wahrheit von Aussagen entscheiden, aber nicht mehr über die Fragen, die gestellt werden. Das ist jedoch ein entscheidender Autonomieverlust. Und wie die Unterhaltung durch Fußball verschlingt auch die Wissenschaft immer horrendere Summen, weil der sachliche Wettbewerb in einen Prestigekampf der Institutionen überführt wird. Es entsteht ein Überbietungswettbewerb, der immer umfangreichere Investitionen in symbolträchtige Forschungs- und Bildungszentren verlangt. Bildung und Forschung werden extrem teuer, wobei ein wachsender Teil des Geldes nicht für die sachliche Leistungssteigerung, sondern für die symbolische Aufwertung eines Standorts benötigt wird.

Wissen entwickelt sich zwischen den zwei Polen der vollständigen Offenheit, Chancengleichheit und Heterogenität (Vielfalt) auf der einen Seite und der vollkommenen Geschlossenheit, Stratifikation und Homogenität auf der anderen: Paul Feyerabend (1976) versus Thomas von Aquin. Driftet die Wissensevolution zu weit zur Seite der Offenheit, ergibt sich kein Erkenntnisfortschritt, weil alles und nichts gilt. Driftet sie zu weit zur Seite der Geschlossenheit, dann ergibt sich kein Erkenntnisfortschritt, weil jede Neuerung durch die herrschenden Dogmen unterdrückt wird. Die Forschung steuert gegenwärtig auf den Pol der fortlaufenden Konstruktion und Reproduktion einer geschlossenen, Ungleichheit fortschreibenden und Wissen homogenisierenden Statushierarchie zu. Der wissenschaftsinterne Wettbewerb um Priorität bzw. Qualität wird durch den wissenschaftsexternen Kampf um Sichtbarkeit durch Evaluations- und Akkumulationserfolge kolonisiert.

Auf der Suche nach wissenschaftlicher Exzellenz im globalen Wettbewerb prägt das Doppelgebilde der Audit-Universität und der unternehmerischen Universität die neue akademische Welt unter dem Regime neoliberaler Gouvernementalität (Foucault 2006). Diese Welt ist durch die Kolonisierung des Wettbewerbs der Forscher um die Wahrheit durch den Kampf der Universitäten um Sichtbarkeit gekennzeichnet. Der wissenschaftliche Kampf um die Wahrheit wird in die Bahnen des ökonomischen Wettbewerbs um die Kapitalakkumulation universitärer oder außeruniversitärer Unternehmen gelenkt, der unkontrolliert zur Errichtung von Oligopolstrukturen führt. Universitäten wandeln sich in diesem System des akademischen Kapitalismus von Förderern zu Parasiten der Forschung zwecks Kapitalakkumulation. Die Logik dieses akademischen Kapitalismus ist ohne ausdrückliche Wettbewerbspolitik – die sich global kaum verwirklichen lässt – ein Verdrängungswettbewerb nach den Regeln des Potlatch-Geschenkaustausches (Mauss 1968). Standorte überbieten sich dann gegenseitig durch den gesteigerten akademischen Luxus riesiger Forschungszentren, durch Millionengagen für Stars und Freiräume für Fellows aus aller Welt. Nur wenige Standorte können in diesem Überbietungswettbewerb mithalten, sie sind dann in die Lage, Monopolrenten zu erzielen. Den gleichzeitig verarmenden Standorten der breiten Masse bleibt nichts anderes übrig, als sich der Herrschaft der Elitestandorte zu unterwerfen, indem sie die dort produzierten Publikationen pflichtschuldig rezipieren und zitieren. Die Erzeugung weniger Leuchttürme muss mit der Austrocknung und Verwüstung des gesamten Umfeldes bezahlt werden. Die Folge davon ist die Verlangsamung und Engführung der Wissensevolution.

Anhang: Statistische Analysen zum akademischen Leistungswettbewerb

1. Der Leistungswettbewerb zwischen Universitäten

Ein wesentliches Ergebnis der hier durchgeführten Studien zur Transformation des akademischen Feldes ist die festgestellte Überlagerung des Wettbewerbs zwischen Forscherinnen und Forschern um die Anerkennung ihrer Beiträge zum Erkenntnisfortschritt durch die wissenschaftliche Gemeinschaft durch den Wettbewerb zwischen unternehmerisch operierenden Universitäten um Forschungsmittel und Prestige sowie um die dafür benötigten Forscher, Lehrer und Studierenden. Während der Wettbewerb der Forscherinnen und Forscher um Anerkennung keine Sieger und Besiegten kennt, weil es letztlich um die gemeinsame Produktion eines Kollektivgutes geht, befinden sich die Universitäten in einem Verdrängungswettbewerb um die private Aneignung von nicht beliebig vermehrbaren Positionsgütern. Dieser Wettbewerb wird durch die Erzeugung von Exklusivität nach einer Logik der Distinktion entschieden. Die gegenwärtigen Hochschulreformen nach dem Muster des New Public Management wollen Input-Steuerung durch eine an Performanz orientierte Output-Steuerung ersetzen und damit Forschungsmittel an denjenigen Standorten investieren, wo das bestmögliche Verhältnis von Investitionen und Forschungserträgen erzielt wird. Die entsprechende Logik der Effizienz wird jedoch von der Logik der Distinktion im Kampf der Universitäten um die zirkuläre Akkumulation von materiellem und symbolischem Kapital absorbiert. Das heißt, dass Sichtbarkeit und nicht Effizienz über die Allokation von Forschungsmitteln und Prestige entscheidet. Output-Steuerung läuft dann darauf hinaus, die durch früheren Input gegebene Ungleichheit zwischen den Universitäten zu erhöhen. New Public Management gerät infolgedessen in die Falle des kurvilinearen, umgekehrt u-förmigen Zusammenhangs zwischen Investitionen und Ertrag. Es ergibt sich eine wachsende Überinvestition an wenigen privilegierten Standorten bei gleichzeitiger Unterinvestition bei der breiten Masse. Allein schon die deskriptive Statistik zum Leistungswettbewerb der Universitäten macht deutlich, dass über die Zuweisung von Forschungsgeldern im Allgemeinen und Exzellenzgeldern im Besonderen sowie über

Tab. A.1.1: Kleinere Universitäten mit dem Schwerpunkt Geistes- und Sozialwissenschaften (87–1008 Wissenschaftler)

	ökonomisches Kapital				soziales Kapital			symbolisches Kapital			Publikationsperformanz		
	Grund-mittel	Dritt-mittel	Dritt-mittel pro Wiss.	Exzel-lenzgel-der	Wissen-schaft-ler	Mit-arb. pro Prof.	Mitgl. Akad. Leo-pold.	DFG-Gut-achter	AvH-Gast-wiss.	Shang-hai-Rang	Pu-blik. ge-samt	Pu-blik. pro Prof.	Publik. pro Prof. pro Mit-arb.
Augsburg	102,3	19,2	29,6	1,3	650	3,5	2	37	29	–	51	15,82	3,96
Bamberg	68,3	5,3	13,6	–	392	2,1	1	29	10	–	32	13,47	4,35
Eichstätt	54,6	6,7	21,1	–	315	1,7	–	10	(4)	–	43	11,90	4,40
Erfurt	26,4	1,0	12,0	–	87	1,8	3	13	6	–	57	16,58	6,02
Kassel	194,9	33,4	35,4	–	943	2,5	–	49	10	–	30	8,96	2,56
Konstanz	152,0	36,4	40,5	61,6	898	5,2	11	86	54	303–401	59	12,31	2,62
Mannheim	117,1	15,3	21,5	3,3	712	5,2	8	55	10	–	67	16,33	3,47
Oldenburg	163,3	23,5	30,4	–	773	3,3	–	35	(4)	–	33	9,54	2,51
Osnabrück	104,8	19,1	27,9	–	683	2,9	–	38	17	–	34	11,88	3,49
Passau	63,0	8,0	22,9	–	347	2,4	–	15	(4)	–	28	13,95	4,10
Potsdam	154,5	22,8	22,6	1,0	1008	4,0	4	43	39	–	46	12,76	3,19
Siegen	149,6	21,3	30,2	–	706	2,1	–	38	(4)	–	35	9,17	2,96
Trier	106,2	25,5	37,8	–	673	3,5	–	45	8	–	44	13,33	3,33
Wuppertal	162,4	27,1	28,6	–	946	2,3	–	40	17	–	35	9,13	2,77
Summe	1619,4	264,6	374,1	67,2	9133	42,5	30	533	216	109	504	175,4	46,54
Durchschn.	115,7	18,9	26,7	4,8	652,4	3,0	2,1	38,1	15,4	7,8	42,4	12,53	3,32

Quellen: Grundmittel, Drittmittel, Drittmittel pro Wissenschaftler 1999 und 2000 in Mio. Euro, Wissenschaftler, Mitarbeiter pro Professor, DFG-Gutachter laut DFG 2005; Exzellenzgelder 2006 und 2007 in Mio. Euro laut DFG 2009; AvH-Gastwissenschaftler laut DFG 2006; Shanghai-Rang 2010 laut SJTU 2010; Publikationsperformanz laut Münch 2007: 147–149, basierend auf Berghoff et al. 2005; Mitglieder Akademie Leopoldina laut Münch 2007: 330–335, basierend auf Mitgliederliste der Akademie. Zahlen in Klammern geschätzt nach Werten in vorausgehendem Zeitraum oder nach Anzahl der Wissenschaftler. Shanghai-Rangwerte: 1–100 = 1, 101–151 = 2, 152–200 = 3, 201–302 = 4, 303–401 = 5, 402–501 = 6, 502+ = 8.

Tab. A.1.2: Kleinere Universitäten mit dem Schwerpunkt Natur-, Lebens- und Ingenieurwissenschaften (625–1527 Wissenschaftler)

	ökonomisches Kapital				soziales Kapital			symbolisches Kapital			Publikationsperformanz		
	Grund-mittel	Dritt-mittel	Dritt-mittel pro Wiss.	Exzel-lenz-gelder	Wissen-schaftler	Mitarb. pro Prof.	Mitgl. Akad. Leopold.	DFG-Gut-achter	AvH-Gast-wiss.	Shang-hai-Rang	Publik. gesamt	Publik. pro Prof.	Publik. pro Prof. pro Mit-arb.
Bayreuth	128,8	42,2	45,2	3,4	934	4,3	2	73	71	303-401	46	16,62	3,87
Braunschweig	208,8	72,4	47,4	–	1 527	5,6	3	104	25	303-401	40	12,38	2,69
Chemnitz	140,0	34,6	38,6	–	898	4,6	1	35	13	–	32	11,18	2,73
Dortmund	263,2	56,2	36,9	–	1 523	4,0	5	86	25	402-501	50	14,11	3,53
Freiberg	98,2	38,8	61,3	–	633	4,7	2	30	11	–	55	11,90	2,83
Greifswald	157,2	21,7	18,2	–	1189	4,4	4	31	(7)	402-501	29	9,90	2,25
Hohenheim	141,1	36,1	45,8	–	788	6,5	(2)	42	22	–	57	18,33	3,33
Ilmenau	100,2	19,0	30,4	–	625	5,7	1	15	7	–	56	13,87	2,95
Kaiserslautern	135,0	55,0	57,7	–	953	5,6	1	62	34	–	40	13,33	2,90
Paderborn	173,4	44,7	45,3	–	988	2,5	–	43	18	–	36	12,90	3,69
Summe	1545,9	420,7	426,8	3,4	10058	47,9	21	521	233	70	441	134,5	30,8
Durchschn.	154,6.	42,1	42,7	0,34	1 005,8	4,8	2,1	52,1	23,3	7,0	44,1	13,45	3,08

Quellen: siehe Tab. A.1.1

Tab. A.1.3: Mittelgroße Universitäten (1394–2239 Wissenschaftler)

	ökonomisches Kapital				soziales Kapital			symbolisches Kapital			Publikationsperformanz		
	Grund-mittel	Dritt-mittel	Dritt-mittel pro Wiss.	Exzel-lenz-gelder	Wissen-schaftler	Mit-arb. pro Prof.	Mitgl. Akad. Leo-pold.	DFG-Gut-achter	AvH-Gast-wiss.	Shang-hai-Rang	Publik. gesamt	Publik. pro Prof.	Publik. pro Prof. pro Mit-arb.
Bielefeld	214,5	42,6	30,6	23,4	1 394	4,9	5	92	55	303-401	55	12,19	2,77
Bremen	234,2	91,1	53,2	9,2	1 713	4,0	2	73	20	303-401	52	12,10	3,03
Düsseldorf	370,2	68,3	32,3	–	2 115	7,9	10	117	31	201-302	45	14,44	2,45
Gießen	373,7	60,8	27,1	13,0	2 239	5,1	9	125	54	303-401	58	16,75	3,64
Hannover	252,8	97,8	44,3	15,4	2 207	5,4	(5)	103	41	402-501	54	11,11	2,27
Magdeburg	214,4	47,3	30,7	0,1	1 541	7,0	3	63	17	–	29	10,12	2,33
Marburg	336,5	68,4	31,5	–	2 175	5,3	9	148	63	201-302	63	14,57	3,04
Regensburg	273,7	58,1	32,5	–	1 788	5,9	5	105	52	303-401	43	14,78	3,02
Rostock	219,7	37,6	21,3	–	1 769	5,0	2	56	14	–	32	9,38	2,08
Saarbrücken	291,7	55,7	29,1	14,8	1 917	6,2	8	101	39	–	44	11,74	2,26
Summe	2781,4	627,7	332,6	75,9	18 858	56,7	58	835	386	62	475	127,2	29,66
Durchschn.	278,1	62,8	33,26	7,6	1885,8	5,7	5,8	83,5	38,6	6,2	47,5	12,72	2,97

Quellen: siehe Tab. A.1.1

Tab. A.1.4: Größere Universitäten mit einem breiteren Fächerspektrum (2354-5129 Wissenschaftler)

	ökonomisches Kapital				soziales Kapital			symbolisches Kapital			Publikationsperformanz		
	Grund-mittel	Dritt-mittel	Dritt-mittel pro Wiss.	Exzel-lenz-gelder	Wis-sen-schaft-ler	Mit-arb. pro Prof.	Mitgl. Akad. Leo-pold.	DFG-Gutach-ter	AvH-Gast-wiss.	Shang-hai-Rang	Pu-blik. gesamt	Pu-blik. pro Prof.	Publik. pro Prof. pro Mitarb.
Berlin FU	612,4	125,5	39,6	67,9	3 169	4,2	(24)	215	172	–	90	15,27	3,64
Berlin HU	704,0	154,8	34,5	27,3	4 484	7,0	(24)	218	164	–	88	15,60	2,84
Bochum	436,2	96,3	40,9	3,9	2 354	4,9	5	209	90	201-302	63	13,85	3,15
Bonn	531,4	108,1	34,5	20,6	3 133	5,5	35	233	133	98	78	12,96	2,59
Duisburg-Essen	483,7	91,0	32,8	–	2 777	3,9	3	155	50	303-401	110	13,39	3,31
Erlangen-Nürnberg	463,7	151,6	45,4	27,8	3 340	6,1	14	211	112	201-302	68	16,75	3,28
Frankfurt/M.	440,8	99,7	37,8	38,9	2 636	4,6	19	169	104	101-151	70	12,88	3,14
Freiburg	370,7	119,1	36,9	61,3	3 222	7,6	28	243	98	101-151	70	15,21	2,72
Göttingen	551,8	96,7	32,5	41,3	2 975	6,0	(27)	215	118	90	63	13,80	2,76
Halle-Wittenberg	343,8	54,5	21,9	–	2 488	5,3	38	100	25	201-302	40	10,09	2,10
Hamburg	573,7	115,4	32,7	14,6	3 533	3,6	16	215	85	151-200	84	10,74	2,98
Heidelberg	505,7	128,3	37,8	85,1	3 396	7,3	43	221	154	63	58	13,00	2,24
Jena	340,1	58,8	23,4	2,4	2 517	6,2	19	104	32	303-401	54	14,70	2,83

	ökonomisches Kapital				soziales Kapital			symbolisches Kapital			Publikationsperformanz		
	Grundmittel	Drittmittel	Drittmittel pro Wiss.	Exzellenzgelder	Wissenschaftler	Mitarb. pro Prof.	Mitgl. Akad. Leopold.	DFG-Gutachter	AvH-Gastwiss.	Shanghai-Rang	Publik. gesamt	Publik. pro Prof.	Publik. pro Prof. pro Mitarb.
Kiel	366,6	82,3	34,8	23,5	2 364	4,9	13	135	52	152-200	29	10,12	2,30
Köln	559,5	109,8	34,4	23,1	3 195	4,7	15	203	110	152-200	71	13,77	3,28
Leipzig	432,7	60,5	23,1	2,6	2 613	5,0	24	91	39	201-302	52	13,40	2,98
Mainz	434,5	101,3	32,6	2,7	3 105	6,2	14	158	60	101-151	56	12,86	2,47
München	567,5	269,7	41,5	82,3	5 129	6,2	(55)	309	202	55	106	17,87	3,44
Münster	573,8	95,2	25,7	21,8	3 699	5,6	13	209	84	101-151	86	14,74	3,20
Tübingen	435,7	138,0	39,7	14,8	3 478	7,6	19	242	112	101-151	58	17,95	3,20
Würzburg	376,7	104,2	41,3	3,4	2 523	6,4	30	174	68	101-151	72	19,89	3,68
Summe	10 105,0	2360,8	723,8	565,3	66 130	118,8	478	4029	2064	67	1466	298,80	62,10
Durchschn.	481,2	112,4	34,5	26,9	3149,0	5,7	22,8	191,9	98,3	3,2	69,8	14,23	2,96

Quellen: siehe Tab. A.1.1

Tab. A.1.5: Größere Universitäten mit dem Schwerpunkt auf Natur-, Lebens- und Ingenieurwissenschaften (1743-4100 Wissenschaftler)

	ökonomisches Kapital				soziales Kapital			symbolisches Kapital			Publikationsperformanz		
	Grund-mittel	Dritt-mittel	Drittmittel pro Wiss.	Exzellenzgelder	Wissenschaftler	Mitarb. pro Prof.	Mitgl. Akad. Leopold.	DFG-Gutachter	AvH-Gastwiss.	Shanghai-Rang	Publik. gesamt	Publik. pro Prof.	Publik. pro Prof. pro Mitarb.
Aachen	647,8	248,1	63,1	101,2	3 930	9,1	5	201	84	201-302	56	12,25	1,86
Berlin TU	472,0	124,8	52,0	11,2	2402	5,1	(15)	143	87	201-302	62	12,88	2,80
Darmstadt	270,2	86,8	49,8	24,5	1 743	5,3	2	121	77	303-401	47	12,73	2,65
Dresden	459,3	142,9	39,0	5,1	3 669	5,8	16	139	58	303-401	71	15,08	3,14
Karlsruhe	293,6	129,7	60,8	52,2	2 134	7,0	10	138	77	201-302	74	14,20	2,58
München TU	567,5	269,7	65,8	82,3	4 100	9,4	(48)	242	172	57	108	17,87	2,59
Stuttgart	372,6	191,3	71,5	23,4	2677	10,0	(10)	127	91	201-302	80	12,37	1,77
Ulm	222,6	69,9	37,7	3,4	1 856	9,4	5	93	62	303-401	72	16,38	2,37
Summe	3305,6	1263,2	439,7	303,3	22 511	61,1	111	1204	708	32	570	113,80	19,76
Durchschn.	413,2	157,9	55,0	37,9	2813,9	7,6	13,9	150,5	88,5	4	71,3	14,22	2,47

Quellen: siehe Tab. A.1.1

Tab. A.1.6: Ostdeutsche Universitäten (ohne HU Berlin)

	ökonomisches Kapital				soziales Kapital			symbolisches Kapital			Publikationsperformanz		
	Grund-mittel	Dritt-mittel	Dritt-mittel pro Wiss.	Exzel-lenz-gelder	Wissen-schaftler	Mit-arb. pro Prof.	Mitgl. Akad. Leo-pold.	DFG-Gut-achter	AvH-Gast-wiss.	Shang-hai-Rang	Publik. gesamt	Publik. pro Prof.	Publik. pro Prof. pro Mitarb.
Halle-Wittenberg	343,8	54,5	21,9	–	2 488	5,3	38	100	25	201-302	40	10,09	2,10
Jena	340,1	58,8	23,4	2,4	2 517	6,2	19	104	32	303-401	54	14,70	2,83
Leipzig	432,7	60,5	23,1	2,6	2 613	5,0	24	91	39	201-302	52	13,40	2,98
Chemnitz	140,0	34,6	38,6	–	898	4,6	1	35	13	-	32	11,18	2,73
Erfurt	26,4	1,0	12,0	–	87	1,8	3	13	6	-	57	16,85	6,02
Greifswald	157,2	21,7	18,2	–	1 189	4,4	4	31	(7)	402-501	29	9,90	2,25
Ilmenau	100,2	19,0	30,4	–	625	5,7	1	15	7	-	56	13,87	2,95
Potsdam	154,6	22,8	22,6	1,0	1 008	4,0	4	43	39	-	46	12,76	3,19
Rostock	219,7	37,6	21,3	–	1 769	5,0	2	56	14	-	32	9,38	2,08
Dresden	459,3	142,9	39,0	5,1	3 669	5,8	16	139	58	303-401	71	12,37	2,37
Summe	2373,9	453,4	250,5	11,1	16 863	47,8	112	627	240	64	469	124,5	29,50
Durchschn.	237,39	45,34	25,1	1,11	1686,3	4,8	11,2	62,7	24	6.4	46,9	12,45	2,95

Quellen: siehe Tab. A.1.1

Tab. A.1.7: Abhängige Variable: Drittmittel (normalverteilt)

	I	II	III	IV	V	VI	VII	VIII	IX
– Anzahl an Publikationen pro Professor pro Assistent	$-0.90{***}$	$-1.31{***}$	$-1.06{***}$		$-0.72{***}$	$-0.55{***}$	$-0.66{***}$	$-0.85{***}$	$-0.82{***}$
– Anzahl an Publikationen pro Professor		$0.25{***}$	$0.18{***}$		$0.05{*}$	$0.04{+}$	$0.07{***}$	$0.07{*}$	$0.09{**}$
– Drittmittel pro Wissenschaftler			$0.02{***}$		$0.02{***}$	$0.02{***}$	$0.02{***}$	$0.02{***}$	$0.03{***}$
– DFG-Gutachter				$0.01{***}$	$0.01{***}$				
– Zahl der Wissenschaftler						$0.00{***}$			
– Grundmittel							$0.00{***}$		
– AvH-Gastwissenschaftler								$0.01{***}$	
– Anzahl der Mitglieder in der Akademie Leopoldina									$0.03{***}$
Konstante	$6.60{***}$	$4.55{***}$	$4.13{***}$	$2.70{***}$	$4.15{***}$	$3.48{***}$	$3.46{***}$	$4.53{***}$	$4.14{***}$
Beobachtungen	73	73	73	73	73	73	73	73	73
R^2	0.410	0.659	0.752	0.619	0.915	0.937	0.937	0.863	0.818
korrigiertes R^2	**0.402**	**0.649**	**0.741**	**0.614**	**0.910**	**0.934**	**0.933**	**0.855**	**0.808**

Quellen: DFG 2003; 2006 für AvH-Gastwissenschaftler; 2009 für Exzellenzgelder; Münch 2007: 147–149 für Publikationsperformanz.

$+ p < 0.10$, $* p < 0.05$, $** p < 0.01$, $*** p < 0.001$

die Platzierung im Shanghai-Ranking weniger die relative Performanz in Publikationen pro Personaleinsatz als die Verfügung über materielles und symbolisches Kapital entscheidet (Tab. A.1.1–A.1.6). Multiple Regressionsanalysen bestätigen diesen Eindruck. Am besten lässt sich das bei der abhängigen Variablen »Drittmittel« feststellen. Dabei ergibt sich bei der logarithmierten abhängigen Variablen (normalverteilt) ein eindeutigeres, die theoretische Annahme unterstützendes Bild als bei der tatsächlich gegebenen Verteilung ihrer Werte (nicht normalverteilt). Für die Prüfung der theoretisch postulierten Effekte soll hier so verfahren werden (Tab. A.1.7). Noch weiter von einer Normalverteilung sind die abhängigen Variablen »Exzellenzgelder« und »Shanghai-Rang« entfernt. Eine dafür geeignete Tobit-Regression zeigt zwar annäherungsweise das erwartete Muster, aber bei einer wesentlich geringeren erklärten Varianz von nur drei bis 16 Prozent, während die erklärte Varianz bei den weniger extrem ungleich verteilten Drittmitteln normalverteilt bei 40 bis 93 Prozent, nicht normalverteilt bei neun bis 89 Prozent liegt. Dass Universitäten auf einem hohen Aggregationsniveau von Daten verglichen werden, ist insofern gerechtfertigt, als das neue Paradigma des Wettbewerbs unternehmerischer Universitäten um Positionierung im akademischen Feld genau diesen Vergleich herstellt und durch Rankings wie das DFG-Förderranking, das CHE-Forschungsranking und das Shanghai-Ranking unterstützt wird.

2. Der Leistungswettbewerb zwischen Fachbereichen

Chemie, Physik und Biologie

Wir können im Anschluss an Bourdieu (1975, 1992) das akademische Feld so verstehen, dass es durch zwei sich kreuzende Achsen bestimmt wird. Die horizontale Achse wird durch den Gegensatz zwischen dem autonomen Pol und dem weltlichen Pol geprägt, die vertikale Achse durch die Distanz zwischen niedrigem und hohem Kapitalvolumen. Auf der Seite des autonomen Pols streben die Wissenschaftler nach Anerkennung durch die wissenschaftliche Gemeinschaft für ihre Beiträge zum Erkenntnisfortschritt. Mit der Anerkennung wächst ihr reines wissenschaftliches Kapital. Vereinfacht sprechen wir von wissenschaftlichem Kapital, das man anhand der Publikationen oder Patente sowie der Zitationen ermitteln kann. Im Bezugsrahmen der wissenschaftlichen Gemeinschaft wird am autonomen Pol die individuelle Leistung anerkannt, nicht der bloße

Größeneffekt von Forschungseinrichtungen. Deshalb liegt es nahe, bei der Messung von wissenschaftlichem Kapital bei Forschungseinrichtungen mit relativen Maßen zu arbeiten. Um Verzerrungen durch die unterschiedliche Zahl von Mitarbeitern, die den leitenden Wissenschaftlern zur Verfügung stehen, zu vermeiden, sollen hier die Publikationen, Patente und Zitationen auf die verfügbaren Drittmittelsummen relativiert werden.

Auf der Seite des weltlichen Pols im wissenschaftlichen Feld kämpfen Forschungseinrichtungen mittels verfügbarem institutionellem wissenschaftlichen Kapital um Positionen, die sie in die Lage versetzen, mehr Forschungsgelder sowie qualifiziertere Forschende, Lehrende und Studierende zu rekrutieren. Vereinfacht können wir von institutionellem Kapital sprechen. Als materielles Kapital steht ihnen das ökonomische Kapital von Drittmittelsummen und das soziale Kapital von Partizipationen in koordinierten DFG-Programmen, Gastwissenschaftlern der Alexander von Humboldt-Stiftung (AvH) und Promovierten pro Professor zur Verfügung, als symbolisches Kapital die Zahl von DFG-Gutachtern aus ihren Reihen. Die Partizipation in koordinierten DFG-Programmen meint Forschergruppen, Sonderforschungsbereiche, Graduiertenkollegs und Forschungszentren. Die größere Zahl davon beschränkt sich auf die eigene Einrichtung, einige davon beinhalten jedoch überlokale Kooperationen. Sowohl lokale als auch überlokale Verbundforschung erhöht die Chancen der Netzwerkbildung, weshalb wir hier von sozialem Kapital sprechen, obwohl auch der ökonomische Aspekt einer größeren Summe von Drittmitteln damit verbunden ist (Abb. A.1).

Die Position einer Universität oder eines Fachbereichs auf der Seite des weltlichen Pols bestimmt zugleich ihre Stellung im sozialen Raum bzw. im übergreifenden Feld der Macht. An das institutionelle Kapital ist die Verfügung über kulturelles, ökonomisches und soziales Kapital geknüpft. Diese Kapitalsorten entscheiden über die Stellung im sozialen Raum. Umgekehrt bedeutet eine von außen kommende Vermehrung von kulturellem, ökonomischem oder sozialem Kapital, zum Beispiel durch Erfolge bei der Verteilung von Exzellenzgeldern, auch eine Vermehrung von institutionellem Kapital im akademischen Feld, das wiederum mehr oder weniger direkt in wissenschaftliches Kapital transformiert werden kann.

Eine Universität, die auf eine lange Tradition zurückblicken kann, über ein großes Budget an Forschungsgeldern und über weit verzweigte soziale Beziehungen zu anderen Hochschulen, zu den Akademien, den Organisationen der Forschungsförderung und den nationalen und internationalen Organisationen der Forschungs- und Bildungspolitik verfügt, kann diesen Vorteil nach außen in Prestige und gesellschaftlichen Einfluss (symbolisches Kapital) und nach innen in umfangreiches institutionelles Kapi-

Abb. A.1: Wissenschaftliches und institutionelles Kapital im wissenschaftlichen Feld

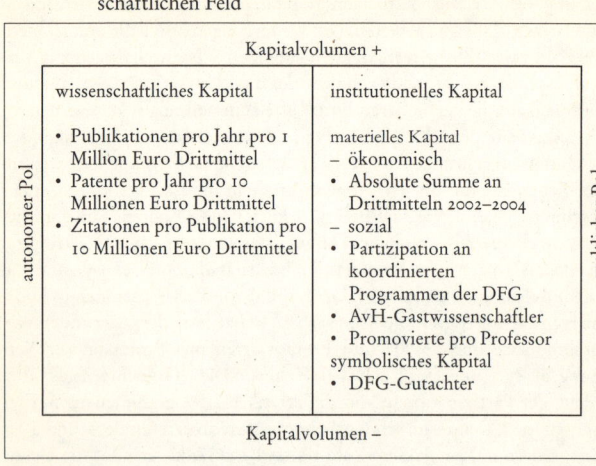

tal ummünzen. Das geschieht auf der Seite des weltlichen Pols des akademischen Feldes, dem gegenüber der autonome Pol durch den Wettbewerb der Forscher und Forscherinnen um Anerkennung durch die wissenschaftliche Gemeinschaft und die daraus resultierende Verteilung von wissenschaftlichem Kapital bestimmt wird.

Zwischen dem autonomen und dem weltlichen Pol besteht ein grundlegendes Spannungsverhältnis. In Zeiten der Stabilität bleibt dieses Spannungsverhältnis latent, die Verteilung von wissenschaftlichem und von institutionellem Kapital fällt in eins zusammen. In Zeiten des Wandels tritt dieses Spannungsverhältnis jedoch in den Vordergrund. Dann werden die Karten von der Seite des weltlichen Pols oder von der Seite des autonomen Pols oder von beiden Seiten zugleich neu gemischt. Die Europäisierung des Hochschulraums und deren Einbettung in die Herausbildung eines globalen Hochschulraums, ausgedrückt etwa im Shanghai-Ranking der 500 sichtbarsten Universitäten der Welt, bedeuten eine Umverteilung von kulturellem, ökonomischem und sozialem Kapital in der Grenzzone des weltlichen Pols des akademischen Feldes. Dadurch wird die alte Ordnung und Harmonie zwischen autonomem Pol und weltlichem Pol aufgebrochen. Daraus resultieren wiederum materielle und symbolische Kämpfe, aus denen eine neue, noch längere Zeit umstrittene Ordnung hervorgeht.

Für den relationalen Forschungsansatz Bourdieus ist es naheliegend, eine Korrespondenzanalyse durchzuführen. Für das Fach Chemie in Deutschland in den Jahren 2001 bis 2005 zeigt sich bei einer solchen Analyse deutlich eine dreipolige Verteilungsstruktur. Auf der Seite des autonomen Pols findet man die Verbindung von mäßiger wissenschaftlicher Produktivität pro leitendem Wissenschaftler mit geringem institutionellem Kapital und niedrigem Impact, auf der Seite des weltlichen Pols geringe wissenschaftliche Produktivität pro leitendem Wissenschaftler, viel institutionelles Kapital und hohen Impact. Dazwischen liegt die Kombination von hoher wissenschaftlicher Produktivität mit mittlerem Volumen an institutionellem Kapital und mittlerem Impact (Baier und Münch 2010). Man sieht daran, dass Überinvestition an großen und einflussreichen Standorten die Produktivität pro leitendem Wissenschaftler sinken lässt, während zu kleine Standorte nicht den kritischen Punkt optimaler Ausstattung erreichen. Dagegen heben sich mittlere Standorte durch hohe Produktivität hervor. Sie werden dafür allerdings nicht mit umfangreichem institutionellem Kapital, hoher Reputation und hohem Impact belohnt.

Im Folgenden soll jedoch keine Korrespondenzanalyse durchgeführt werden. Vielmehr soll mittels einer Regressionsanalyse ermittelt werden, welche Wirkungen Kapitalinvestitionen auf die wissenschaftliche Produktivität haben und in welchem Maße wissenschaftliche Produktivität oder die Verfügung über mehr oder weniger Kapital durch die Zuweisung von Reputation und Forschungsmitteln absolut honoriert werden. Als Fallbeispiele dienen die Chemie, die Physik und die Biologie in Deutschland in den Jahren zwischen 2000 und 2005.

Statistische Analysen für diese drei Fächer bestätigen den in Kapitel V beschriebenen Monopolmechanismus in der Wissenschaft. Die Verfügung über materielles und symbolisches Kapital ist bei der Zuweisung von Reputation und Forschungsmitteln wirksamer als die Publikationsproduktivität pro Wissenschaftler. Das lässt sich anhand von Daten des Förder-Rankings der Deutschen Forschungsgemeinschaft (DFG 2006) und des Centrums für Hochschulentwicklung der Bertelsmann-Stiftung darlegen (Berghoff et al. 2005, 2006, 2008, vgl. auch 2009).

Anhand einfacher Streudiagramme sehen wir einen positiven Zusammenhang zwischen Drittmitteln pro Jahr und den absoluten Publikationswerten (Abb. A.2 bis A.4), in der Biologie auch zwischen Drittmitteln pro Jahr und relativen Publikationswerten pro Wissenschaftler, in der Chemie nur ganz schwach, jedoch nicht in der Physik (Abb. A.5 bis A.7). Der Zusammenhang zwischen Drittmitteln und Publikationswerten pro Wissenschaftler ist jedoch immer noch zugunsten der besser ausgestatteten Fachbereiche verzerrt, weil nur leitende Wissenschaftler als Zurechnungs-

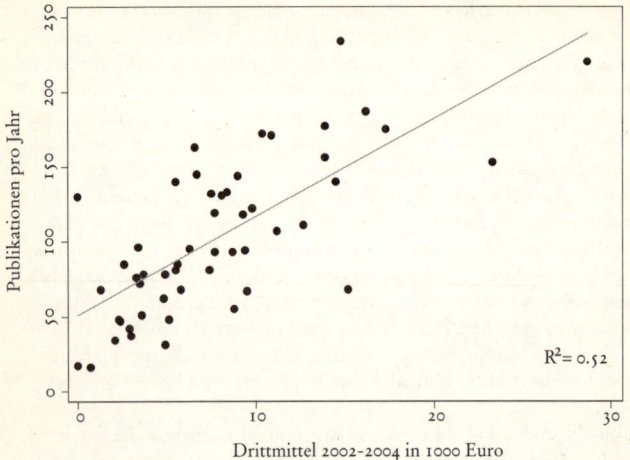

Abb. A.2: Chemie (2002–2004)

Drittmittel 2002-2004 in 1000 Euro

einheit fungieren, die ihnen zur Verfügung stehenden, mehr oder weniger zahlreichen Mitarbeiter jedoch gar nicht relativierend in Betracht gezogen werden. Um diese Verzerrung zu vermeiden, können wir die Publikationswerte nach der Summe der verfügbaren Drittmittel eines Fachbereichs relativieren. In diesem Fall zeigt sich in allen Fächern sogar ein negativer Zusammenhang (Abb. A.8 bis A.10).

Multiple Regressionen bringen weitere Aufklärung. Dabei kann auf Daten des DFG-Förder- und des CHE-Forschungs-Rankings zurückgegriffen werden (Berghoff et al. 2005, 2006; DFG 2006). Die Fallzahl liegt bei 52 Fachbereichen in Chemie, 58 in Physik und 46 in Biologie. Die deskriptive Statistik zeigt, dass Ausreißer, ungleiche Verteilungen der Werte und Interkorrelationen die Robustheit der Ergebnisse beeinträchtigen können. Die hoch miteinander korrelierten Variablen für ökonomisches Kapital (Forschungsgelder), soziales Kapital (Partizipation in koordinierten Programmen der DFG, AvH-Gastwissenschaftler, DAAD-Gastwissenschaftler) und symbolisches Kapital (DFG-Gutachter) werden deswegen alternativ als unabhängige Variablen eingesetzt. Bei den Regressionen mit Forschungsgeldern absolut wird geprüft, wie sich das Ergebnis bei Herausnahme der Ausreißer ändert. Auf eine Logarithmisierung der abhängigen Variablen wurde verzichtet, um näher an den tatsächlichen Verhältnissen zu bleiben. Es soll nicht um die punktgenaue Bestimmung der

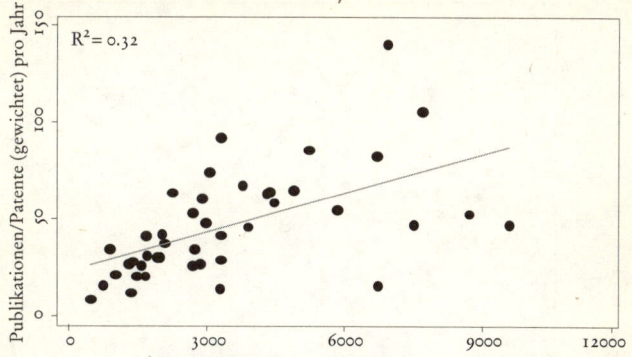

Abb. A.3: Physik (1999-2001)

Eigene Berechnungen. Forschungsgelder: Uni Bremen 2001;
Uni Halle-Wittenberg und Uni Heidelberg 2000/2001;
Publikationen: Uni Heidelberg ohne ZMBH.

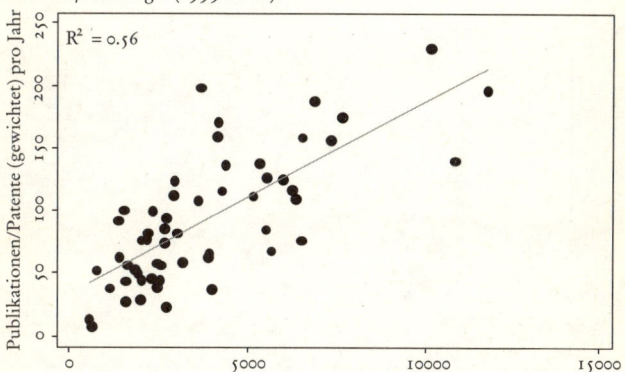

Abb. A.4: Biologie (1999-2001)

Eigene Berechnungen. Forschungsgelder: Uni Heidelberg 2000/2001;
Uni Göttingen 1999/2000; FU Berlin 2002; Uni Augsburg 2000/2001.

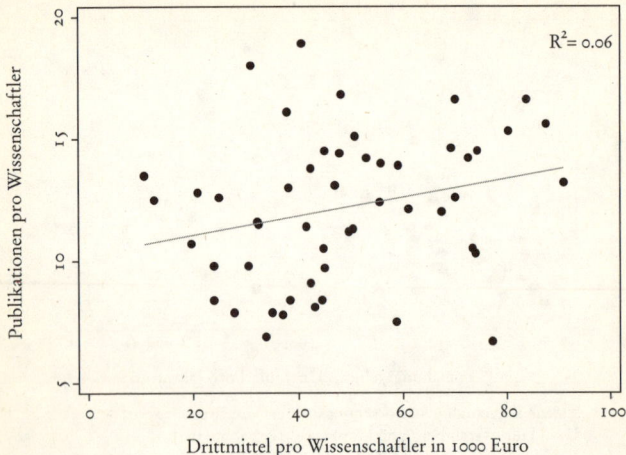

Abb. A.5: Chemie (2002-2004)

Publikationen pro Wissenschaftler

$R^2 = 0.06$

Drittmittel pro Wissenschaftler in 1000 Euro

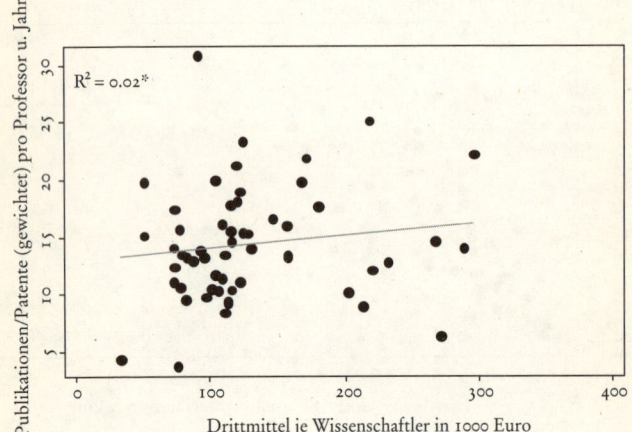

Abb. A.6: Physik (1999-2001)

Publikationen/Patente (gewichtet) pro Professor u. Jahr

$R^2 = 0.02^*$

Drittmittel je Wissenschaftler in 1000 Euro

Eigene Berechnungen. Drittmittel: Uni Heidelberg und
Uni Augsburg 2000/2001; Uni Göttingen 1999/2000; FU Berlin 2002;
*Unsignifikant

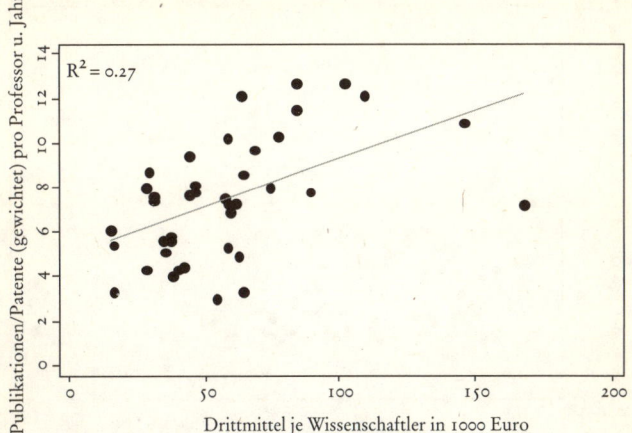

Abb. A.7: Biologie (1999-2001)

Eigene Berechnungen. Drittmittel: Uni Bremen 2001;
Uni Halle-Wittenberg und Uni Heidelberg 2000/2001;
Publikationen: Uni Heidelberg ohne ZMBH.

Abb. A.8: Chemie (2002-2004)

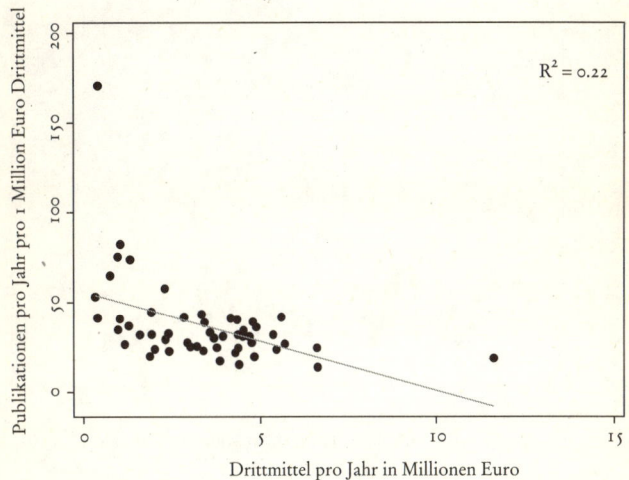

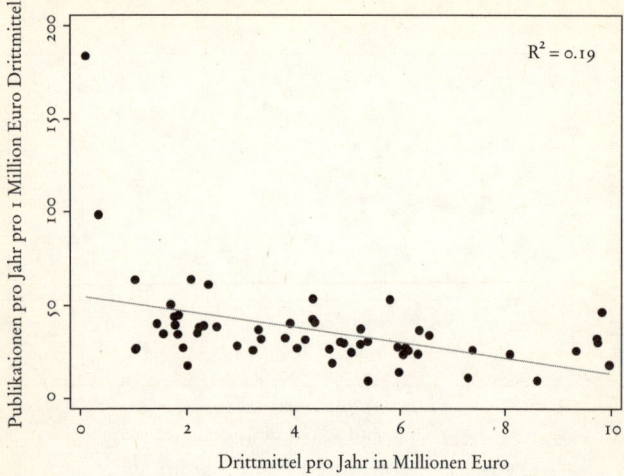

Abb. A.9: Physik (2002-2004)

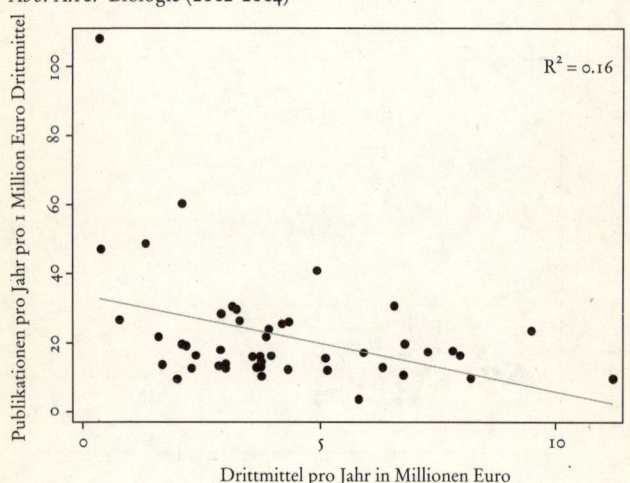

Abb. A.10: Biologie (2002-2004)

theoretisch angenommenen kausalen Effekte gehen, sondern um die Erschließung eines Kausalitätsmusters. Dafür liefern die Regressionsanalysen durchaus brauchbare Ergebnisse (Tab. A.2 bis A.4).

Als abhängige Variable wurde zunächst die Publikationsproduktivität pro leitendem Wissenschaftler eingesetzt (Tab. A.5 bis A.7). Es sollte ermittelt werden, welchen Effekt die als unabhängig gesetzten Variablen für ökonomisches Kapital (Forschungsgelder), soziales Kapital (Partizipation in koordinierten Programmen der DFG, AvH-Gastwissenschaftler) und symbolisches Kapital (DFG-Gutachter) auf die Publikationen pro leitendem Wissenschaftler haben. Dabei ist allein bei der Partizipation in koordinierten DFG-Programmen in der Physik ein signifikant positiver Effekt festzustellen. Eine mögliche Erklärung für letzteren Befund liegt darin, dass koordinierte DFG-Programme die Zahl der verfügbaren Mitarbeiter für die leitenden Wissenschaftler erhöhen, die jedoch nicht relativierend bei der Ermittlung der Publikationswerte pro leitendem Wissenschaftler berücksichtigt werden.

Ein kurvilinearer, umgekehrt u-förmiger Zusammenhang zwischen Investitionen von Kapital und Ertrag in Publikationswerten (absolut und relativ pro leitendem Wissenschaftler) sowie Zitationen lässt sich ermitteln, indem neben der einfachen Summe von Forschungsgeldern auch die quadrierte Summe in ihrem Effekt auf Publikationen (absolut und relativ) sowie Zitationen betrachtet werden. Die Regressionsanalyse deutet in den drei Fächern einen solchen kurvilinearen Zusammenhang an, allerdings nicht durchgehend (Tab. A.8 bis A.10).

Weiterhin soll erfasst werden, wie weit Reputation und die Zuweisung von Forschungsmitteln in ihrer absoluten Summe durch Produktivität in Publikationen, Patenten oder Zitationen pro eingesetzten Drittmitteln bzw. durch Variablen für ökonomisches, soziales oder symbolisches Kapital erklärt werden. Aufgrund der Konzentration der Reputationswerte auf wenige führende Standorte wurde bei der Reputation als abhängiger Variable eine dafür angemessene Tobit-Regression durchgeführt, bei der Gesamtsumme der Forschungsmittel eine OLS-Regression. Beide Analysen lassen ein bestimmtes Kausalitätsmuster erkennen. Die Produktivitätsvariablen üben im Fach Chemie auf dem Ein-Prozent-Signifikanzniveau nur in einem Modell sowie in zwei weiteren Modellen nur auf dem Zehn-Prozent-Niveau bei der Reputation einen signifikant positiven Effekt aus. Im Fach Physik ist das nur bei den Patenten pro Jahr pro zehn Millionen Euro bei der Erklärung der Gesamtsumme der Forschungsgelder der Fall, im Fach Biologie nur bei den Patenten pro Jahr pro zehn Millionen Euro in zwei von neun Modellen. Im Übrigen sind die Produktivitätsvariablen in allen drei Fächern mehrfach negativ signifikant, die Variablen für verfüg-

Tab. A.2: Deskriptive Statistik: Chemie

	Durchschnitt	Standardabweichung	Minimum	Maximum	Zahl d. Beobacht.
Publikationen pro Jahr [a]	102,81	51,64	16	234	52
Publikationen pro Wissensch. [a]	12,16	3,02	6,7	18,9	52
Zitationen pro Publikation [a]	5,85	1,78	2,2	10,3	52
Reputation [a]	4,12	9,63	0	46,5	52
Forschungsmittel pro Jahr in Tausend Euro [a]	3361,56	2045,75	320	11 622	52
Forschungsmittel 2001–2003 gesamt in Millionen Euro [b]	7,9	5,70	0	28,7	52
Partizipation an koordinierten DFG-Programmen [b]	2,23	1,73	0	6	52
AvH-Gastwissenschaftler [b]	12,31	11,66	0	66	52
DAAD-Gastwissenschaftler [b]	4,17	3,58	0	16	52
DFG-Gutachter 2002–2004 [b]	8,28	4,35	0	22,8	52
Traditionsuniversitäten in Westdeutschland und Berlin [c]	0,41	0,50	0	1	52
Doktoranden pro Professor [a]	29,58	19,35	1	94	52
Forschungsmittel 2002–2004 gesamt quadriert in Millionen Euro [b,c]	94,30	143,03	0	823,69	52
Forschungsmittel pro Professor quadriert in Tausend Euro [a,c]	2740,94	2066,63	112,36	8262,81	52

	Durch-schnitt	Standard-abweichung	Minimum	Maximum	Zahl d. Beobacht.
Publikationen pro Jahr pro eine Million Euro Forschungsmittel [a, c]	37,25	23,89	13,99	170,43	52
Patente pro Jahr pro 10 Millionen Euro Forschungsmittel [a, c]	17,70	16,16	0,45	92,00	52
Zitationen pro Publikation pro 10 Millionen Euro Forschungsmittel [a, c]	190,17	128,41	69,09	790,16	52

Datenquellen: [a] = CHE-Forschungsranking 2007; [b] = DFG-Forschungsgelder-Ranking 2006; [c] = eigene Berechnungen.

Tab. A.3: Deskriptive Statistik: Physik

	Durch-schnitt	Standard-abweichung	Minimum	Maximum	Zahl d. Beobacht.
Publikationen pro Jahr	133,33	81,85	18	457	58
Publikationen pro Wissenschaftler	12,19	3,6	4,9	27	58
Zitationen pro Publikation	6,02	2,14	2,4	14,1	58
Reputation	3,71	9,48	0	50	58
Forschungsmittel pro Jahr in 1000 Euro	4411,22	2607,57	98	9959	58
Forschungsmittel 2001-2003 gesamt in Millionen Euro	11,18	7,53	0,03	45,3	58
Partizipation an koordinierten DFG-Programmen	3,12	2,21	0	10	58
AvH-Gastwissenschaftler	11,19	9,41	0	42	58
DAAD-Gastwissenschaftler	3,36	3,43	0	13	58
DFG-Gutachter 2002-2004	9,48	5,53	0,3	22,4	58
Traditionsuniversitäten in Westdeutschland und Berlin	0,36	0,49	0	1	58
Doktoranden pro Professor	1,1	0,40	0,2	2,1	57
Forschungsmittel 2002-2004 gesamt quadriert in Millionen Euro	180,67	292,02	0	2052,09	58
Forschungsmittel pro Professor quadriert in Tausend Euro	24 273,37	22 680,49	148,84	1 311 116,4	58

	Durch-schnitt	Standard-abweichung	Minimum	Maximum	Zahl d. Beobacht.
Publikationen pro Jahr pro eine Million Euro Forschungsmittel	36,53	24,58	9,28	183,67	58
Patente pro Jahr pro 10 Millionen Euro Forschungsmittel	3,01	8,06	0	55,10	58
Zitationen pro Publikation pro 10 Millionen Euro Forschungsmittel	410,87	204,8	153,50	1244,9	58

Datenquellen: siehe Tab. A.2.

Tab. A.4: Deskriptive Statistik: Biologie

	Durch-schnitt	Standard-abweichung	Minimum	Maximum	Zahl d. Beobacht.
Publikationen pro Jahr	76,77	48,40	18	223	47
Publikationen pro Wissenschaftler	6,51	1,89	2,6	11,8	47
Zitationen pro Publikation	8,12	2,16	4	13,8	47
Reputation	3,92	8,81	0	37,1	47
Forschungsmittel pro Jahr in Tausend Euro	4163,51	2377,17	361	11 209	47
Forschungsmittel 2001-2003 gesamt in Millionen Euro	10,44	6,71	,6	31,5	47
Partizipation an koordinierten DFG-Programmen	6,02	5,13	0	22	47
AvH-Gastwissenschaftler	4,93	4,44	0	18	47
DAAD-Gastwissenschaftler	5,85	4,53	0	18	47
DFG-Gutachter 2002-2004	13,43	8,61	2,4	40,1	47
Traditionsuniversitäten in Westdeutschland und Berlin	,43	,50	0	1	47
Doktoranden pro Professor	1,74	,87	,7	5,6	46
Forschungsmittel 2002-2004 gesamt quadriert in Millionen €	153,1	192,45	,36	992,25	47
Forschungsmittel pro Professor quadriert in Tausend Euro	5531,26	4578,79	176,89	20 967,04	47

	Durch-schnitt	Standard-abweichung	Minimum	Maximum	Zahl d. Beobacht.
Publikationen pro Jahr pro eine Million Euro Forschungsmittel	22,16	16,90	3,61	108,03	47
Patente pro Jahr pro 10 Millionen Euro Forschungsmittel	5,90	6,21	0	28,85	46
Zitationen pro Publikation pro 10 Millionen Euro Forschungsmittel	201,25	102,27	98,77	637,12	47

Datenquellen: Siehe Tab. A.2.

405

Tab. A.5: Publikationen pro Wissenschaftler: Chemie

OLS (robust)		
	(1) Publikationen pro Wissenschaftler	(2) Publikationen pro Wissenschaftler
Forschungsmittel pro Jahr in Tausend Euro	0.0002 (0.0003)	-.0005 (.0004)
Forschungsmittel gesamt 2001-2003 in Millionen Euro	.1135 (.1118)	-.0040 (.1213)
Partizipation an koordinierten DFG-Programmen		.1226 (.2748)
AvH-Gastwissenschaftler		.0100 (.0600)
DFG-Gutachter 2002-2004		.1965 (.1924)
konstant	10.7537	10.3345
Anzahl Beobachtungen	52	52
Ber. R-Quadrat	.053	.097

Sternchen (*/**/***) bedeuten Signifikanz bei 10 %, 5 % bzw. 1 % Signifikanzniveau; Standardfehler in Klammern.

bares Kapital jedoch positiv signifikant (Modelle 1 und 2). Das symbolische Kapital der DFG-Gutachter erklärt jeweils für sich allein einen Teil der Varianz: in der Chemie 20 Prozent bei der Reputation und 71 bei der absoluten Summe der Forschungsgelder, in der Physik 13 Prozent bei der Reputation und 49 bei der absoluten Summe der Forschungsgelder, in der Biologie 22 Prozent bei der Reputation und 39 bei der absoluten Summe der Forschungsgelder (Modell 3). Die Hinzufügung der Produktivitätsvariablen steigert die erklärte Varianz jeweils um ein, zwei bzw. null (Reputation) und fünf, 16 bzw. neun Prozent (absolute Summe der Forschungsgelder) (Modell 4). Die Ersetzung des symbolischen Kapitals der DFG-Gutachter durch Indikatoren für ökonomisches oder soziales Kapital führt in allen drei Fächern zu ähnlichen Ergebnissen (Modelle 5 bis 8 bzw. 9). Insgesamt ist zu erkennen, dass die Verfügung über Kapital bei der Zuweisung von Reputation oder Forschungsgeldern wichtiger ist als die Produktivität pro eingesetzten Forschungsgeldern (Tab. A.11 bis A.16).

Tab. A.6: Publikationen pro Wissenschaftler: Physik

OLS (robust)		
	(1) Publikationen pro Wissenschaftler	(2) Publikationen pro Wissenschaftler
Forschungsmittel pro Jahr in Tausend Euro	.0002 (.0003)	.0000 (.0003)
Forschungsmittel gesamt 2001-2003 in Millionen Euro	.0962 (.1049)	-.0446 (.0992)
Partizipation an koordinierten DFG-Programmen		.8630*** (.2370)
AvH-Gastwissenschaftler		.0192 (.0685)
DFG-Gutachter 2002-2004		.0921 (.1239)
konstant	10.3258	9.0100
Anzahl Beobachtungen	58	58
Ber. R-Quadrat	.0669	.273

Sternchen (*/**/***) bedeuten Signifikanz bei 10 %, 5 % bzw. 1 % Signifikanzniveau; Standardfehler in Klammern.

Geschichte

Zwischen dem Input an Forschungsmitteln und dem Output an Publikationen besteht ein fachspezifisch variierender kurvilinearer, umgekehrt u-förmiger Zusammenhang (Jansen et al. 2007; Münch 2009a: 249). Die Gesamtleistung im System ist dementsprechend umso höher, je mehr Fachbereiche bzw. Universitäten über eine mittlere Ausstattung nahe am Scheitelpunkt der Kurve verfügen. Die überoptimale Ausstattung weniger Eliteeinrichtungen bei gleichzeitig suboptimaler Ausstattung der breiten Masse lokalisiert jedoch wenige Einrichtungen rechts des Scheitelpunktes und viele links davon, alle weit entfernt von der optimalen Ausstattung. An der Verteilung der DFG-Mittel 2005-2007 im Fach Geschichte in Millionen Euro ist beispielhaft ein Muster mit vielen Fachbereichen unter dem optimalen Punkt und einigen über dem optimalen Punkt zu erkennen.

Tab. A.7: Publikationen pro Wissenschaftler: Biologie

OLS (robust)		
	(1) Publikationen pro Wissenschaftler	(2) Publikationen pro Wissenschaftler
Forschungsmittel pro Jahr in Tausend Euro	.0003 (.0002)	.0002 (.0002)
Forschungsmittel gesamt 2001-2003 in Millionen Euro	.0073 (.0601)	.0319 (.0687)
Partizipation an koordinierten DFG-Programmen		-.0979 (.0782)
AvH-Gastwissenschaftler		.0931 (.1042)
DFG-Gutachter 2002-2004		.0119 (.0662)
konstant	5.3668	5.4824
Anzahl Beobachtungen	47	47
Ber. R-Quadrat	.077	.095

Sternchen (*/**/***) bedeuten Signifikanz bei 10 %, 5 % bzw. 1 % Signifikanzniveau; Standardfehler in Klammern.

Die ersten acht von insgesamt 72 im DFG-Förder-Ranking aufgelisteten Fachbereichen vereinigen mit 42,1 Millionen Euro schon die Hälfte der an diese Einrichtungen verteilten Fördergelder auf sich (DFG 2009: 160f.). Sie erreichen im Durchschnitt aber nur einen Publikationswert von 10,24 pro promoviertem Wissenschaftler, das heißt einen Wert in der oberen Mitte im CHE-Forschungsranking (Berghoff et al. 2009: 17f.). Dabei verzerrt der Indikator »Publikationen pro promoviertem Wissenschaftler« die Publikationsleistungen noch zugunsten der besser mit Grund- und darauf aufbauend mit Drittmitteln ausgestatteten Fachbereiche, weil die nicht promovierten Mitarbeiter direkt oder indirekt an den Publikationen mitwirken. Die Punktwerte der Publikationen errechnen sich nach Länge und Autorenzahl. Um die zuletzt erhöhte Ungleichheit in der Verteilung der Forschungsmittel zu erfassen, wurden bei dieser Berechnung die Daten des DFG-Förder-Rankings 2005-2007 verwendet. Dabei musste in Kauf genommen werden, dass die bibliometrischen Daten des CHE erst

Tab. A.8: Einfache und quadrierte Summe der Investitionen: Chemie

OLS (robust)	(1) Publikationen pro Jahr	(2) Publikationen pro Jahr	(3) Publikationen pro Wissenschaftler	(4) Publikationen pro Wissenschaftler	(5) Zitationen pro Publikation	(6) Zitationen pro Publikation
Gesamtsumme Forschungsmittel	5.5885*** (1.0319)	8.4913** (3.8198)	0.1186* (0.0664)	0.3041 (0.2541)	0.0598 (0.0367)	-0.0035 (0.1402)
Forschungsmittel pro Wissenschaftler in Tausend Euro	0.6194** (0.2751)	0.0638 (1.6121)	0.0232 (0.0229)	-0.1215 (0.0967)	0.0106 (0.0116)	-0.1032 (0.0690)
(Gesamtsumme Forschungsmittel)^2		-0.1152 (0.1178)		-0.0064 (0.0077)		0.0037 (0.0047)
(Forschungsmittel pro Wissenschaftler in Tausend Euro)^2		0.0047 (0.0143)		0.0013 (0.0008)		0.0011* (0.0006)
konstant	28.5745** (11.0050)	30.7400 (26.0415)	10.0957*** (1.0542)	12.5880*** (1.6985)	4.8642*** (0.8226)	7.5312*** (1.6875)
Beobachtungen	52	52	52	52	52	52
Ber. R-Quadrat	0.55	0.54	0.07	0.06	0.03	

Tab. A.9: Einfache und quadrierte Summe der Investitionen: Physik

OLS (robust)	(1) Publikationen pro Jahr	(2) Publikationen pro Jahr	(3) Publikationen pro Wissenschaftler	(4) Publikationen pro Wissenschaftler	(5) Zitationen pro Publikation	(6) Zitationen pro Publikation
Gesamtsumme Forschungsmittel	8.8917***	5.4918*	0.1309*	0.3480*	0.1446***	0.2865**
	(0.7526)	(2.8269)	(0.0716)	(0.1834)	(0.0536)	(0.1205)
Forschungsmittel pro Wissenschaftler in Tausend Euro	-0.1708	1.0530**	0.0040	0.0416*	-0.0064	0.0024
	(0.1312)	(0.4944)	(0.0072)	(0.0221)	(0.0043)	(0.0156)
(Gesamtsumme Forschungsmittel)^2		0.0568		-0.0067*		-0.0039*
		(0.0511)		(0.0035)		(0.0021)
(Forschungsmittel pro Wissenschaftler in Tausend Euro)^2		-0.0032**		-0.0001**		-0.0000
		(0.0013)		(0.0001)		(0.0000)
konstant	58.3483***	-11.6372	10.1583***	6.4565***	5.3242***	4.0164***
	(15.0300)	(24.4578)	(1.0789)	(1.4847)	(0.5802)	(1.0585)
Beobachtungen	58	58	58	58	58	58
Ber. R-Quadrat	0.57	0.61	0.06	0.15	0.17	0.21

Robuste Standardfehler in Klammern.
* signifikant bei 10%; ** signifikant bei 5%; *** signifikant bei 1%

Tab. A.10: Einfache und quadrierte Summe der Investitionen, Biologie

OLS (robust)	(1) Publikationen pro Jahr	(2) Publikationen pro Jahr	(3) Publikationen pro Wissenschaftler	(4) Publikationen pro Wissenschaftler	(5) Zitationen pro Publikation	(6) Zitationen pro Publikation
Gesamtsumme Forschungsmittel	3.4477**	10.2985***	0.0235	0.1941	0.1976***	0.0240
	(1.3035)	(2.4943)	(0.0451)	(0.1449)	(0.0410)	(0.1062)
Forschungsmittel pro Wissenschaftler in Tausend Euro	0.3614	-1.7755*	0.0228	-0.0348	0.0075	0.0296
	(0.3655)	(1.0116)	(0.0141)	(0.0583)	(0.0074)	(0.0296)
(Gesamtsumme Forschungsmittel)^2		-0.2472***		-0.0061		0.0064**
		(0.0866)		(0.0049)		(0.0030)
(Forschungsmittel pro Wissenschaftler in Tausend Euro)^2		0.0138*		0.0004		-0.0001
		(0.0078)		(0.0004)		(0.0002)
konstant	15.9198	52.7300**	4.6943***	5.7551**	5.5438***	5.6668***
	(15.8543)	(23.1544)	(0.9635)	(2.6145)	(0.4669)	(0.8127)
Beobachtungen	47	47	47	47	47	47
Ber. R-Quadrat	0.36	0.47	0.12	0.14	0.43	0.43

Robuste Standardfehler in Klammern.
* signifikant bei 10%; ** signifikant bei 5%; *** signifikant bei 1%

411

Tab. A.11: Reputation: Chemie (Tobit-Schätzung mit robusten Standardfehlern)

Modell	(1) Reputation	(2) Reputation	(3) Reputation	(4) Reputation	(5) Reputation	(6) Reputation	(7) Reputation	(8) Reputation	(9) Reputation
Publikationen pro Wissenschaftler	4.1469**	2.0207*	–	0.9466	1.9653	0.7721	1.1993	1.2871	1.5063
	(1.6301)	(1.0639)		(1.0796)	(1.1261)	(0.7299)	(1.1660)	(1.0700)	(1.2316)
Zitationen pro Publikation	7.6321**	6.4352***	–	4.5754*	6.6166***	3.6507**	7.1909***	5.0143**	4.5585**
	(3.0229)	(2.1841)		(2.4343)	(3.4577)	(1.5333)	(2.3711)	(2.1190)	(1.8262)
Patente pro 10 Wissenschaftler	6.3952	6.7577	–	3.5101	7.6500	3.3767	8.2626	10.1994	5.9425
	(10.1263)	(8.8520)		(7.1330)	(9.2417)	(6.8055)	(9.0448)	(9.4446)	(7.4422)
Forschungsgelder pro Wissenschaftler in Tausend Euro	–	0.2192	–	0.062	0.1961	0.0494	0.1724	0.1297	0.1903
		(0.1560)		(0.1782)	(0.1700)	(0.1417)	(0.1616)	(0.1744)	(0.1638)
Doktoranden pro Professor	–	0.6620***	–	0.2636	0.6451***	0.2817*	0.7116***	0.5468***	0.3291
		(0.1563)		(0.1791)	(0.1482)	(0.1617)	(0.1513)	(0.1078)	(0.2254)
DFG-Gutachter 2002-2004	–	–	4.8819***	2.7618**	–	–	–	–	–
			(0.8569)	(1.2601)					
Gesamtsumme Forschungsgelder 2002-2004	–	–	–	–	–	–	–	–	1.2576
									(1.0399)
DFG-Forschungsgelder gesamt 2002-2004	–	–	–	–	–	–	–	2.4643**	–
								(1.0690)	
DAAD-Gastwissenschaftler	–	–	–	–	–	–	1.3728**	–	–

Modell	(1) Reputation	(2) Reputation	(3) Reputation	(4) Reputation	(5) Reputation	(6) Reputation	(7) Reputation	(8) Reputation	(9) Reputation
AvH-Gastwissenschaftler	–	–	–	–	–	0.7359** (0.2990)	(0.5976)	–	–
Partizipationen an koordinierten DFG-Programmen	–	–	–	–	1.3885 (1.4982)	–	–	–	–
konstant	-120.087*** (34.8252)	-114.191*** (22.9353)	-56.8215*** (11.9472)	-90.3108*** (21.9285)	-117.725*** (22.6866)	-63.942*** (16.8277)	-116.196*** (22.8669)	-102.698*** (17.3507)	-93.217** (26.1971)
Pseudo R2	0.09	0.21	0.20	0.23	0.22	0.24	0.22	0.24	0.23
Prob > F	0.02	0.00	0.00	0.00	0.00	0.00	0.00	0.00	0.00
Bemerkungen	52	52	52	52	52	52	52	52	52

Robuste Standardfehler in Klammern.
* signifikant bei 10%; ** signifikant bei 5%; *** signifikant bei 1%
Es handelt sich um ein zweifach zensiertes Tobit. Die Reputationswerte auf der linken Seite können nicht kleiner als null sein. Auf der rechten Seite beträgt der theoretisch erreichbare Maximalwert 100.

Tab. A.12: Reputation: Physik (Tobit -Schätzung mit robusten Standardfehlern)

Modell	(1) Reputation	(2) Reputation	(3) Reputation	(4) Reputation	(5) Reputation	(6) Reputation	(7) Reputation	(8) Reputation	(9) Reputation
Publikationen pro Jahr pro eine Million Euro Forschungsgelder	0.1668 (0.4484)	-0.1285 (0.3540)	–	0.1279 (0.3640)	0.0154 (0.2173)	0.5368* (0.2890)	0.7092* (0.4017)	-0.0240 (0.3133)	-0.3695 (0.3763)
Patente pro Jahr pro 10 Millionen Euro Forschungsgelder	-10.1754* (5.4189)	-2.2046 (2.8596)	–	-3.0168 (2.9861)	-1.8270 (2.5397)	-4.3759 (2.7905)	-6.5579* (3.9139)	-2.8975 (3.1623)	-2.1141 (3.2528)
Zitationen pro Publikation pro 10 Millionen Euro Forschungsgelder	–	-0.1249** (0.0601)	–	-0.0407 (0.0614)	-0.1269*** (0.0376)	-0.0021 (0.0473)	-0.1552*** (0.0531)	-0.0537 (0.0501)	-0.1014* (0.0586)
DFG-Gutachter 2002-2004	–	–	3.2364*** (0.8738)	2.2394** (1.0686)	–	–	–	–	–
Partizipationen an koordinierten DFG-Programmen	–	–	–	–	–	–	–	–	3.5033 (2.2366)
AvH-Gastwissenschaftler	–	–	–	–	–	–	–	1.1047* (0.6180)	–
Forschungsgelder pro Wissenschaftler in Tausend Euro	–	–	–	–	–	–	0.2762**	–	–

414

Modell	(1) Reputation	(2) Reputation	(3) Reputation	(4) Reputation	(5) Reputation	(6) Reputation	(7) Reputation	(8) Reputation	(9) Reputation
Forschungsgelder gesamt 2002–2004	–	–	–	–	–	0.0069*** (0.0022)	(0.1087)	–	–
Doktoranden pro Professor	–	–	–	–	39.3649*** (9.6662)	–	–	–	–
konstant	-10.7202 (14.8474)	35.7957** (15.5772)	-48.7109*** (13.6758)	-23.9303 (31.0776)	-13.5935 (15.5132)	-57.7747* (31.5967)	-21.8597 (29.5537)	-4.3668 (22.5495)	22.3300 (18.1889)
Pseudo R2	0.05	0.12	0.13	0.15	0.29	0.19	0.18	0.15	0.14
Prob > F	0.17	0.05	0.00	0.01	0.00	0.00	0.01	0.01	0.01
Beobachtungen	58	58	58	58	57	58	58	58	58

Robuste Standardfehler in Klammern.
* signifikant bei 10%; ** signifikant bei 5%; *** signifikant bei 1%
Es handelt sich hier um eine doppelt geprüfte Tobit-Schätzung. Die Werte für Reputation auf der linken Seite können nicht kleiner als null sein. Auf der rechten Seite liegt der theoretisch erreichbare Maximalwert bei 100.

Tab. A.13: Reputation: Biologie (Tobit-Schätzung mit robusten Standardfehlern)

Modell	(1) Reputation	(2) Reputation	(3) Reputation	(4) Reputation	(5) Reputation	(6) Reputation	(7) Reputation	(8) Reputation	(9) Reputation
Publikationen pro Jahr pro eine Million Euro Forschungsgelder	-0.0078 (0.4066)	0.4404 (0.5633)	–	-0.1788 (0.3463)	0.1258 (0.3899)	1.2016** (0.5600)	1.4670*** (0.5345)	-0.4099 (0.4344)	0.3739 (0.4200)
Patente pro Jahr pro 10 Millionen Euro Forschungsgelder	-0.0437 (0.9195)	0.1118 (0.5040)	–	0.3778 (0.3398)	-0.4521 (0.4048)	0.6318* (0.3715)	0.6824** (0.2933)	-0.2624 (0.2579)	-1.0503** (0.4609)
Zitationen pro Publikation pro 10 Millionen Euro Forschungsgelder	–	-0.3059*** (0.1097)	–	-0.0261 (0.0546)	-0.3178*** (0.1158)	-0.1569* (0.0866)	-0.4485*** (0.1407)	-0.0829 (0.0580)	-0.1686 (0.1025)
DFG-Gutachter 2002-2004	–	–	2.1987*** (0.3831)	2.3865*** (0.0596)	–	–	–	–	–
Partizipationen an koordinierten DFG-Programmen	–	–	–	–	–	–	–	–	2.6297** (1.0811)
AvH-Gastwissenschaftler	–	–	–	–	–	–	–	4.0527*** (0.9476)	–
Forschungsgelder pro Wissenschaftler in Tausend Euro	–	–	–	–	–	–	0.7111***	–	–

Modell	(1) Reputation	(2) Reputation	(3) Reputation	(4) Reputation	(5) Reputation	(6) Reputation	(7) Reputation	(8) Reputation	(9) Reputation
Forschungsgelder gesamt 2002-2004	–	–	–	–	–	0.0091*** (0.0023)	(0.1568)	–	–
Doktoranden pro Professor	–	–	–	–	15.4007*** (2.8999)	–	–	–	–
konstant	-22.1863* (11.5705)	23.4589 (22.5083)	-45.7151*** (10.6058)	-51.9604*** (18.6997)	9.5551 (16.5902)	-62.1227*** (18.0321)	-30.2930* (16.5650)	-13.8914 (17.0926)	-8.5947 (23.8081)
Pseudo R2	0.00	0.08	0.22	0.22	0.22	0.29	0.35	0.24	0.14
Prob > F	0.99	0.02	0.00	0.00	0.00	0.01	0.00	0.00	0.00
Beobachtungen	46	46	47	46	45	46	46	46	46

Robuste Standardfehler in Klammern.

* signifikant bei 10%; ** signifikant bei 5%; *** signifikant bei 1%

Es handelt sich hier um eine doppelt geprüfte Tobit-Schätzung. Die Werte für Reputation auf der linken Seite können nicht kleiner als null sein. Auf der rechten Seite liegt der theoretisch erreichbare Maximalwert bei 100.

Tab. A.14: Gesamtsumme Forschungsgelder: Chemie (OLS-Schätzung mit robusten Standardfehlern)

Modell	(1) Gesamtsumme Forschungsgelder 2002-2004 in Tausend Euro	(2) Gesamtsumme Forschungsgelder 2002-2004 in Tausend Euro	(3) Gesamtsumme Forschungsgelder 2002-2004 in Tausend Euro	(4) Gesamtsumme Forschungsgelder 2002-2004 in Tausend Euro	(5) Gesamtsumme Forschungsgelder 2002-2004 in Tausend Euro	(6) Gesamtsumme Forschungsgelder 2002-2004 in Tausend Euro	(7) Gesamtsumme Forschungsgelder 2002-2004 in Tausend Euro
Publikationen pro Jahr pro 1 Million Euro Forschungsgelder	-30.4001*** (8.9792)	-23.8306*** (7.0377)	–	-16.0528** (6.9579)	-19.9809** (7.4997)	-21.7360*** (7.4165)	-22.7796*** (7.3320)
Patente pro Jahr pro 10 Millionen Euro Forschungsgelder	-46.0978*** (10.1478)	-33.1119*** (9.2908)	–	-14.1014 (11.9574)	-20.6521** (8.1387)	-19.3733** (8.3786)	-28.2075*** (9.7085)
Zitationen pro Publikation pro 10 Millionen Euro Forschungsgelder	–	-7.2999*** (1.6580)	–	-2.0603 (1.3511)	-2.6253** (1.1883)	-4.4022*** (1.1165)	-6.2809*** (1.8263)
DFG-Gutachter 2002-2004	–	–	396.5919*** (47.1016)	310.6531*** (75.5455)	–	–	–
Partizipationen an koordinierten DFG-Programmen	–	–	–	–	–	–	205.2543 (132.5784)
AvH-Gastwissenschaftler	–	–	–	–	–	103.6168*** (17.5384)	–
Doktoranden pro Professor	–	–	–	–	60.3174*** (18.3518)	–	–
konstant	5,309.90*** (503.9201)	6,223.55*** (535.1901)	79.76 (359.1499)	2,030.27** (895.2957)	3,186.63*** (823.6820)	4,076.00*** (462.6297)	5,445.92*** (874.4323)
Ber. R-Quadrat	0.31	0.50	0.71	0.76	0.71	0.80	0.51

Modell	(1) Gesamtsumme Forschungsgel-der 2002-2004 in Tausend Euro	(2) Gesamtsumme Forschungsgel-der 2002-2004 in Tausend Euro	(3) Gesamtsumme Forschungsgel-der 2002-2004 in Tausend Euro	(4) Gesamtsumme Forschungsgel-der 2002-2004 in Tausend Euro	(5) Gesamtsumme Forschungsgel-der 2002-2004 in Tausend Euro	(6) Gesamtsumme Forschungsgelder 2002-2004 in Tausend Euro	(7) Gesamtsumme Forschungsgel-der 2002-2004 in Tausend Euro
Prob > F	0.00	0.00	0.00	0.00	0.00	0.00	0.00
Beobachtungen	52	52	52	52	52	52	52

Robuste Standardfehler in Klammern.

* signifikant bei 10%; ** signifikant bei 5%; *** signifikant bei 1%

Mo 1: Ausreißer: TU München, Uni Rostock, TU Freiberg, ohne Ausreißer R2: 0,34;

Mo 2: Ausreißer: TU München, Uni Rostock, TU Freiberg, Uni Osnabrück, ohne Ausreißer R2: 0,56; Patente pro Jahr pro 10 Mio. Euro Forschungsgelder und Zitationen pro Publikation pro 10 Mio. Euro Forschungsgelder jetzt auf dem 5-%-Level signifikant

Mo 3: Ausreißer: TU München, TU Darmstadt, Uni Frankfurt/M., ohne Ausreißer R2: 0,72;

Mo 4: Ausreißer: TU München, Uni Rostock, TU Freiberg, Uni Osnabrück, Uni Frankfurt/M., ohne Ausreißer R2: 0,76; Patente pro Jahr pro 10 Mio. Euro Forschungsgelder und Publikationen pro Jahr pro 1 Mio. Euro Forschungsgelder jetzt auf dem 10-%-Level signifikant, Zitationen pro Publikation pro 10 Mio. Euro Forschungsgelder jetzt auf dem 1-%-Level signifikant;

Mo 5: Ausreißer: TU München, Uni Rostock, TU Freiberg, Uni Hannover, Uni Frankfurt/M., ohne Ausreißer R2: 0,72; Patente pro Jahr pro 10 Mio. Euro Forschungsgelder jetzt unsignifikant, Zitationen pro Publikation pro 10 Mio. Euro Forschungsgelder und Publikationen pro Jahr pro 1 Mio. Euro Forschungsgelder jetzt auf dem 1-%-Level signifikant;

Mo 6: Ausreißer: TU München, Uni Rostock, TU Freiberg, Uni Osnabrück, Uni Frankfurt/M., ohne Ausreißer R2: 0,77; Patente pro Jahr pro 10 Mio. Euro Forschungsgelder jetzt unsignifikant;

Mo 7: Ausreißer: TU München, Uni Rostock, TU Freiberg, Uni Osnabrück, HU Berlin, ohne Ausreißer R2: 0,66, Publikationen pro Jahr pro 1 Mio. Euro Forschungsgelder jetzt unsignifikant, Patente pro Jahr pro 10 Mio. Euro Forschungsgelder jetzt auf dem 5-%-Level signifikant, Partizipationen in koordinierten DFG-Programmen jetzt auf dem 1-%-Level signifikant.

Tab. A.15: Gesamtsumme Forschungsgelder: Physik (OLS-Schätzung mit robusten Standardfehlern)

Modell	(1) Forschungsgelder der gesamt 2002-2004 in Tausend Euro	(2) Forschungsgelder der gesamt 2002-2004 in Tausend Euro	(3) Forschungsgelder der gesamt 2002-2004 in Tausend Euro	(4) Forschungsgelder der gesamt 2002-2004 in Tausend Euro	(5) Forschungsgelder der gesamt 2002-2004 in Tausend Euro	(6) Forschungsgelder gesamt 2002-2004 in Tausend Euro	(7) Forschungsgelder der gesamt 2002-2004 in Tausend Euro
Publikationen pro Jahr pro 1 Million Euro Forschungsgelder	-44.7638* (24.1118)	-61.3519*** (21.5505)	–	-56.8996** (22.2077)	-64.2772*** (16.7342)	-59.2255*** (21.0371)	-71.4571*** (21.5747)
Patente pro Jahr pro 10 Millionen Euro Forschungsgelder	-7.2756 (77.6510)	224.4776*** (79.2840)	–	183.5969** (80.0580)	115.0420* (61.3959)	197.7089*** (77.4065)	245.1460*** (78.9170)
Zitationen pro Publikation pro 10 Millionen Euro Forschungsgelder	–	-11.2977*** (1.5436)	–	-7.6517*** (1.9471)	-10.6090*** (1.3988)	-8.4779*** (1.6684)	-9.5665*** (1.5476)
DFG-Gutachter 2002-2004	–	–	334.4487*** (43.9062)	144.5542** (62.7716)	–	–	–
Partizipationen an koordinierten DFG-Programmen	–	–	–	–	–	–	254.7420** (102.1272)
AvH-Gastwissenschaftler	–	–	–	–	–	78.7436* (42.2077)	–
Doktoranden pro Professor	–	–	–	–	1,285.4658** (553.8476)	–	–
konstant	6,068.203*** (778.7844)	10,617.996*** (917.0513)	1,240.881** (473.3465)	7,710.207*** (1,632.3781)	9,217.099*** (1,176.7565)	8,581.277*** (1,361.0151)	9,418.604*** (1,042.0569)
Ber. R-Quadrat	0.17	0.62	0.49	0.65	0.70	0.66	0.64

Modell	(1) Forschungsgel-der gesamt 2002-2004 in Tausend Euro	(2) Forschungsgel-der gesamt 2002-2004 in Tausend Euro	(3) Forschungsgel-der gesamt 2002-2004 in Tausend Euro	(4) Forschungsgel-der gesamt 2002-2004 in Tausend Euro	(5) Forschungsgel-der gesamt 2002-2004 in Tausend Euro	(6) Forschungsgelder gesamt 2002-2004 in Tausend Euro	(7) Forschungsgel-der gesamt 2002-2004 in Tausend Euro
Prob > F	0.00	0.00	0.00	0.00	0.00	0.00	0.00
Beobachtungen	58	58	58	58	57	58	58

Robuste Standardfehler in Klammern.

* signifikant bei 10%; ** signifikant bei 5%; *** signifikant bei 1%

Mo 1: Ausreißer: IU Bremen, TU München, Uni Kassel, keine Ausreißer R^2: 0.23; Modellanpassung nimmt zu, Publikationen pro Jahr pro 1 Mio. Euro Forschungsgelder nun signifikant auf dem 1%-Niveau;

Mo 2: Ausreißer: IU Bremen, TU München, Uni Kassel, TU Clausthal, keine Ausreißer R^2: 0.69; Modellanpassung nimmt zu; keine signifikanten Veränderungen;

Mo 3: Ausreißer: Uni Jena, Uni Oldenburg, Uni Bonn, Uni Bremen, keine Ausreißer R^2: 0.66; Modellanpassung nimmt zu, keine signifikanten Veränderungen;

Mo 4: Ausreißer: TU München, TU Clausthal, IU Bremen, Uni Jena, Uni Kassel, Uni Bonn, Uni Bremen, keine Ausreißer R^2: 0.72; Modellanpassung nimmt zu; Patente pro Jahr pro 1 Mio. Euro Forschungsgelder nun signifikant auf dem 10%-Niveau, Publikationen pro Jahr pro 1 Mio. Euro Forschungsgelder nun signifikant auf dem 1%-Niveau;

Mo 5: Ausreißer: TU München, TU Clausthal, Uni Jena, Uni Kassel, TU Kaiserslautern, TU Ilmenau, keine Ausreißer R^2: 0.74; Modellanpassung nimmt zu; Patente pro Jahr pro 1 Mio. Euro Forschungsgelder pro insignifikant, Doktoranden pro Professor nun signifikant auf dem 1%-Niveau;

Mo6: Ausreißer: TU München, TU Clausthal, Uni Jena, Uni Kassel, Uni Frankfurt/M., IU Bremen, keine Ausreißer R^2: 0.74; Modell-anpassung nimmt zu, AvH-Gastwissenschaftler nun signifikant auf dem 1%-Niveau;

Mo 7: Ausreißer: TU München, TU Clausthal, Uni Jena, Uni Kassel, IU Bremen, keine Ausreißer R^2: 0.75; Modellanpassung nimmt zu, keine signifikanten Veränderungen.

Tab. A.16: Gesamtsumme Forschungsgelder: Biologie (OLS-Schätzung mit robusten Standardfehlern)

Modell	(1) Forschungsgelder gesamt 2002-2004 in Tausend Euro	(2) Forschungsgelder gesamt 2002-2004 in Tausend Euro	(3) Forschungsgelder gesamt 2002-2004 in Tausend Euro	(4) Forschungsgelder gesamt 2002-2004 in Tausend Euro	(5) Forschungsgelder gesamt 2002-2004 in Tausend Euro	(6) Forschungsgelder gesamt 2002-2004 in Tausend Euro	(7) Forschungsgelder gesamt 2002-2004 in Tausend Euro
Publikationen pro Jahr pro 1 Million Euro Forschungsgelder	-45.9401** (18.1552)	-3.5812 (24.3180)	—	-29.3634 (22.9138)	-85.0548*** (28.5324)	-24.0826 (25.5249)	-12.0958 (23.4326)
Patente pro Jahr pro 10 Millionen Euro Forschungsgelder	-49.9744 (47.3953)	-22.1868 (33.5295)	—	-21.1235 (34.7363)	-78.3332*** (22.3547)	-39.0582 (38.0533)	-58.8937 (49.2384)
Zitationen pro Publikation pro 10 Millionen Euro Forschungsgelder	—	-13.7756*** (2.7302)	—	-4.9644 (3.3111)	-15.8016*** (2.4790)	-6.8118** (2.8901)	-8.6594** (3.5686)
DFG-Gutachter 2002-2004	—	—	175.6783*** (43.5021)	134.6524*** (44.5924)	—	—	—
Partizipationen an koordinierten DFG-Programmen	—	—	—	—	—	—	157.4610* (86.5185)
AvH-Gastwissenschaftler	—	—	—	—	—	235.3799*** (64.2315)	—
Doktoranden pro Professor	—	—	—	—	1,115.292** (345.8791)	—	—
konstant	5,483.323*** (526.3266)	7,154.730*** (834.4539)	1,803.441*** (539.7098)	4,108.904*** (1,097.4725)	7,386.309*** (860.9913)	5,140.3503*** (927.5027)	5,573.688*** (1,027.5728)
Ber. R-Quadrat	0.11	0.35	0.39	0.48	0.62	0.48	0.42

Modell	(1) Forschungsgelder gesamt 2002-2004 in Tausend Euro	(2) Forschungsgelder gesamt 2002-2004 in Tausend Euro	(3) Forschungsgelder gesamt 2002-2004 in Tausend Euro	(4) Forschungsgelder gesamt 2002-2004 in Tausend Euro	(5) Forschungsgelder gesamt 2002-2004 in Tausend Euro	(6) Forschungsgelder gesamt 2002-2004 in Tausend Euro	(7) Forschungsgelder gesamt 2002-2004 in Tausend Euro
Prob > F	0.00	0.00	0.00	0.00	0.00	0.00	0.00
Beobachtungen	46	46	47	46	45	46	46

Robuste Standardfehler in Klammern.

* signifikant bei 10%; ** signifikant bei 5%; *** signifikant bei 1%

Mo 1: Ausreißer: IU Bremen, Uni Göttingen, Uni Saarbrücken, keine Ausreißer $R2$: 0.05; Modellanpassung nimmt ab;

Mo 2: Ausreißer: IU Bremen, Uni Göttingen, Uni Kiel, keine Ausreißer $R2$: 0.46; Modellanpassung nimmt zu; Patente pro Jahr pro 10 Mio. Euro Forschungsgelder und Zitationen pro Publikation pro 10 Mio. Euro Forschungsgelder nun signifikant auf dem 5 %-Niveau oder dem 10%-Niveau;

Mo 3: Ausreißer: LMU München, Uni Göttingen, Uni Hannover, Uni Tübingen, keine Ausreißer $R2$: 0.50; Modellanpassung nimmt zu;

Mo 4: Ausreißer: LMU München, IU Bremen, Uni Göttingen keine Ausreißer $R2$: 0.59; Modellanpassung nimmt zu; Patente pro Jahr pro 10 Mio. Euro Forschungsgelder und Zitationen pro Publikation pro 10 Mio. Euro Forschungsgelder nun signifikant auf dem 1 %-Niveau, Publikationen pro Jahr pro 1 Mio. Euro Forschungsgelder nun signifikant auf dem 5 %-Niveau;

Mo 5: Ausreißer: Uni Göttingen, Uni Kassel, Uni Tübingen, Uni Heidelberg, Uni Kiel, keine Ausreißer $R2$: 0.57; Modellanpassung nimmt ab; keine weiteren Veränderungen;

Mo 6: Ausreißer: LMU München, IU Bremen, Uni Göttingen, HU Berlin, keine Ausreißer $R2$: 0.72; Modellanpassung nimmt zu, Patente pro Jahr pro 10 Mio. Euro Forschungsgelder nun signifikant auf dem 5 %-Niveau, alle übrigen Variablen signifikant auf dem 1 %-Niveau;

Mo 7: Ausreißer: FU Berlin, IU Bremen, Uni Göttingen, HU Berlin, keine Ausreißer $R2$: 0.8; Modellanpassung nimmt zu; Patente pro Jahr pro 10 Mio. Euro Forschungsgelder insignifikant, alle übrigen Variablen signifikant auf dem 1 %-Niveau.

Abb. A.11: Publikationen pro promoviertem Wissenschaftler und eingesetzten DFG-Mitteln im Fach Geschichte

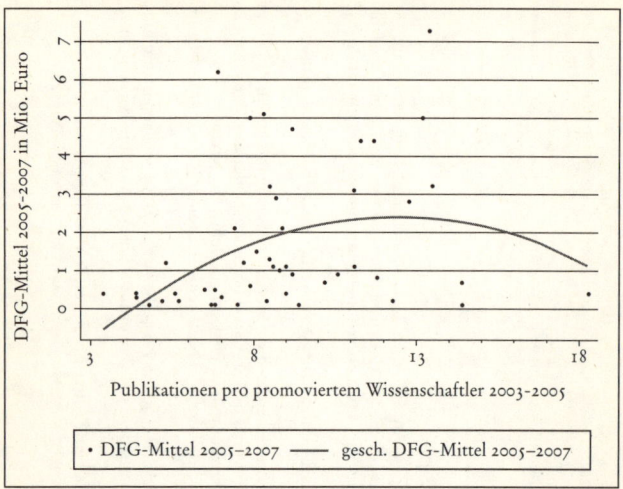

Publikationen pro promoviertem Wissenschaftler 2003-2005

• DFG-Mittel 2005–2007   ——   gesch. DFG-Mittel 2005–2007

für 2003-2005 verfügbar sind. Die Verzerrung dürfte gering sein, da die gewachsene Ungleichheit in der Verteilung der DFG-Mittel auf der vorher schon gegebenen Ungleichheitsstruktur aufbaut. Außerdem können wir den Zusammenhang auch so lesen, dass die Publikationswerte pro promoviertem Wissenschaftler in 2003 bis 2005 die Legitimationsgrundlage für die Verteilung der Fördergelder in 2005 bis 2007 liefern. Der kurvilineare, umgekehrt u-förmige Zusammenhang wird deutlicher erkennbar, wenn vier Ausreißer auf der Seite sehr niedriger und zwei Ausreißer auf der Seite sehr hoher DFG-Mittel unberücksichtigt bleiben. Die durchschnittliche Gesamtleistung würde sich mehr dem Optimum des Publikationswertes 13 pro promoviertem Wissenschaftler annähern, wenn 30 Fachbereiche unterhalb des Scheitelpunktes besser und sechs Fachbereiche jenseits dieses Punktes schlechter ausgestattet wären (Abb. A.11).

Setzt man die DFG-Mittel ins Verhältnis zu den Publikationen pro 100 000 Euro aus DFG-Mitteln, dann wird der Punkt der Optimalität, jenseits dessen sich ein negativer Zusammenhang zeigt, schon sehr viel früher erreicht (Abb. A.12). Das heißt, dass große Teile der Forschungsmittel mit sinkendem Ertrag investiert werden. Zur Rechtfertigung dieses Missverhältnisses bleibt dann nur das Argument, dass Qualität ihren Preis hat,

Abb. A.12: Publikationen pro 100 000 Euro DFG-Mittel (in Millionen Euro) im Fach Geschichte

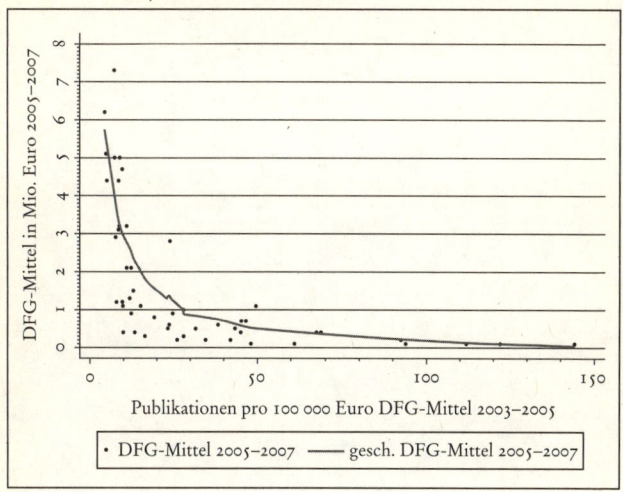

zum Beispiel in den Geschichtswissenschaften viel Archivarbeit ohne direkte Publikationseffekte erforderlich macht. Das mag in Grenzen richtig sein. Grundsätzlich spricht jedoch die Tatsache dagegen, dass als besonders kreativ geltende Forscher auch besonders viel publizieren.

Eine multiple Regression zeigt, dass die Zentralität im Berufsnetzwerk und die Größe eines Fachbereichs (absolute Publikationswerte, Promotionen, Zahl der promovierten Wissenschaftler) einen deutlich erkennbaren Teil der Zuweisung von DFG-Mitteln erklären, was nicht überrascht. Das Berufsnetzwerk zeigt, wo die 2010 an einem Fachbereich tätigen Professoren (C3, C4; W2, W3) promoviert haben. Die Zentralität im Berufungsnetzwerk bestimmt sich nach der Zahl von ausgehenden und eingehenden Beziehungen (Abb. A.13). Die Daten zum Berufsnetzwerk wurden von der Homepage der Professuren entnommen. Es wurden 413 Professuren an 51 Fachbereichen der Geschichte an deutschen Universitäten ermittelt. Die Ausfallquote liegt bei 15,3 Prozent. Für die Regressionsanalyse wurde wegen der Kausalitätsannahme einer Wirkung auf die Verteilung der Forschungsmittel das Berufungsnetzwerk zum Zeitpunkt 2005 zugrunde gelegt. Die Publikationsproduktivität pro 100 000 Euro an DFG- oder Drittmitteln hat jedoch einen negativen Effekt. Das ver-

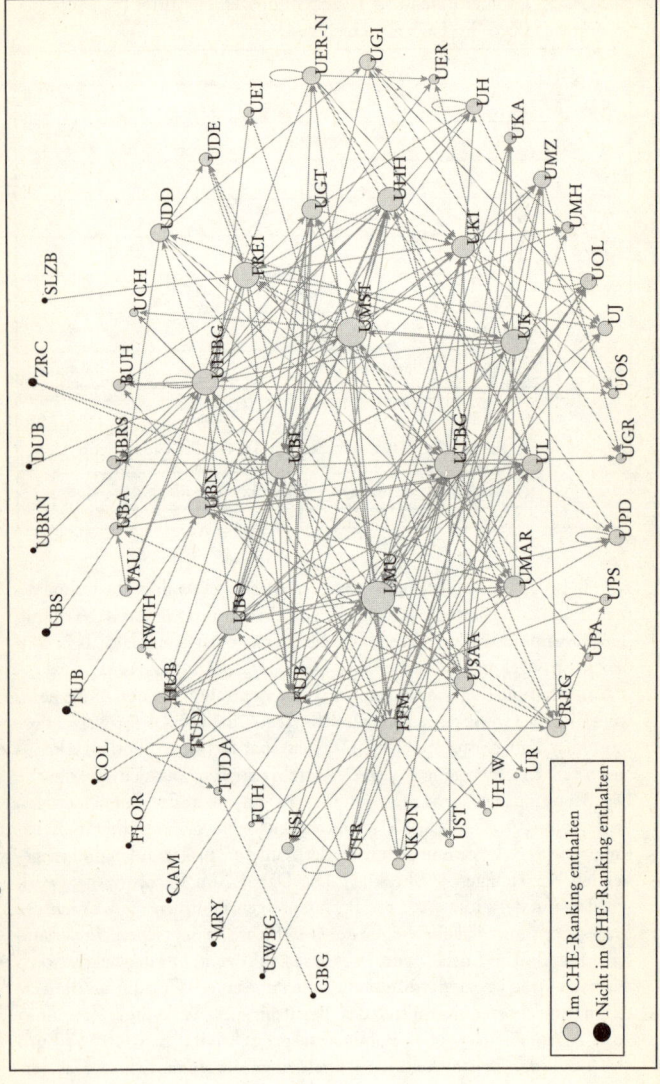

Abb. A.13: Berufungsnetzwerk im Fach Geschichte (2010)

Tab. A.17: Gesamtsumme DFG-Mittel: Geschichte (OLS-Schätzung)

	I	II	III	IV	V	VI	VII
– Publikationen pro 100.000 Euro DFG-Mittel	-0.03***	-0.03***		-0.02***	-0.03***	-0.03***	-0.03***
– Publikationen pro promoviertem Wissenschaftler (CHE)		0.25***		0.16*	0.05	0.21**	0.19**
– Zentralität (eigene Berechnungen)			0.13***	0.08***			
– Publikationen pro Jahr (CHE)					0.01***		
– Promotionen pro Jahr (CHE)						0.12**	
– Anzahl der promovierten Wissenschaftler (CHE)							0.06***
Konstante	2.67***	0.57	-0.12	-0.08	0.67	-0.15	-0.58
Beobachtungen	48	48	48	48	48	48	48
R^2	0.290	0.451	0.430	0.577	0.586	0.551	0.593
Korrigiertes R^2	**0.275**	**0.427**	**0.417**	**0.549**	**0.557**	**0.520**	**0.565**

Quellen: DFG 2009: 160-161; CHE 2009: 17-18.
Die Daten des CHE beziehen sich auf die Jahre 2003 – 2005.
Die Daten der DFG beziehen sich auf die Jahre 2005 – 2007.
$^+ p < 0.10$, $^* p < 0.05$, $^{**} p < 0.01$, $^{***} p < 0.001$

Tab. A.18: Korrelationsmatrix Geschichte

Variablen	1	2	3	4	5	6
1	1					
2	0.1844 (0.2097)	1				
3	-0.3874 (0.0065)	0.2872 (0.0478)	1			
4	-0.2008 (0.1712)	0.6053 (0.0000)	0.7065 (0.0000)	1		
5	-0.3362 (0.0195)	0.1418 (0.3365)	0.7821 (0.0000)	0.4745 (0.0007)	1	
6	-0.2747 (0.0588)	0.1713 (0.2443)	0.6341 (0.0000)	0.8349 (0.0000)	0.4947 (0.0004)	1

N= 48; Die Werte in Klammern geben das Signifikanzniveau an.

Legende:
1 Publikationen pro 100.000 Euro DFG-Mittel
2 Publikationen pro promoviertem Wissenschaftler (CHE)
3 Zentralität (eigene Berechnungen)
4 Publikationen pro Jahr (CHE)
5 Promotionen pro Jahr (CHE)
6 Anzahl der promovierten Wissenschaftler (CHE)

weist auf eine Überinvestition von Forschungsmitteln an den größeren Fachbereichen über das optimale Maß hinaus. Einen positiven Effekt übt aber der Publikationswert pro promoviertem Wissenschaftler aus. Wie wir schon wissen, besteht dabei ein kurvilinearer, umgekehrt u-förmiger Verlauf. Es ist allerdings zu beachten, dass die nicht erfassten nicht promovierten Nachwuchswissenschaftler unterstützend auf die Publikationsproduktivität wirken und Fachbereiche mit mehr Mitarbeitern daraus einen größeren Nutzen ziehen als Fachbereiche mit weniger Mitarbeitern. Darauf deutet die Tatsache hin, dass diese Variable in Modell V nicht signifikant ist. Vermutlich wird ihr Effekt in diesem Modell durch die absolute Publikationsmenge absorbiert (Tab. A.17). Die Korrelationsmatrix (Tab. A.18) zeigt in der Tat eine hohe Korrelation der absoluten Publikationswerte mit den Publikationen pro promoviertem Wissenschaftler. Das spricht dafür, dass in der Variablen »Publikationen pro promoviertem Wissenschaftler« der Vorteil besserer Personalausstattung zu Buche schlägt.

Literaturverzeichnis

Abbott, Andrew 1988: *The System of Professions: An Essay on the Division of Expert Labor*. University of Chicago Press.

Aghion, Philippe und Peter Howitt 1998: *Endogenous Growth Theory*. Cambridge/Mass.: MIT Press.

Akerlof, George 1970: »The market for ›lemons‹: Quality uncertainty and the market mechanism«, in: *Quarterly Journal of Economics* 84/3, S. 488-500.

Alber, Jens, Florian Fliegner und Torben Nerlich 2009: *Charakteristika prämierter Forschung in der deutschsprachigen Sozialwissenschaft. Eine Analyse der mit dem Preis der Fritz-Thyssen-Stiftung ausgezeichneten sozialwissenschaftlichen Aufsätze 1981-2006*. Manuskript. Berlin: Wissenschaftszentrum für Sozialforschung.

Albert, Hans 1963: »Modell-Platonismus. Der neoklassische Stil des ökonomischen Denkens in kritischer Beleuchtung«, in: F. Karrenberg und H. Albert (Hg.): *Sozialwissenschaft und Gesellschaftsgestaltung. Festschrift für Gerhard Weisser*. Berlin: Duncker & Humblot, S. 45-76.

Albrecht, C. 2007: »Barbaren vor den Toren der Wissenschaft. Vom Aufstieg und Niedergang der Geisteswissenschaften«, in: *Forschung & Lehre* 14/8, S. 452-455.

Altbach, Philip G. 2007: *Tradition and Transition: The International Imperative in Higher Education*. Rotterdam: Sense Publishers.

Altbach, Philip G. und Daniel C. Levy (Hg.) 2005: *Private Higher Education: A Global Revolution*. Rotterdam: Sense Publishers.

Angermüller, Johannes 2009: »Numerokratie. Technologien der Wissensproduktion in der unternehmerischen Universität«. Manuskript Universität Mainz. Online verfügbar unter: ⟨http://www.johannes-angermueller.de/⟩ (Stand Dezember 2010).

Angermüller, Johannes 2010: »Wissenschaft als Wissen-Macht. Zur Konstruktion akademischer Exzellenz«. Beitrag zum Jubiläumskongress der Deutschen Gesellschaft für Soziologie, Frankfurt am Main (14. Oktober 2010). Online verfügbar unter: ⟨http://www.johannes-angermueller.de/⟩ (Stand Dezember 2010).

Aspers, Patrick 2008: »Order in garment markets«, in: *Acta Sociologica* 51/3, S. 187-202.

Auspurg, Katrin, Thomas Hinz und Jürgen Güdler 2008: »Herausbildung einer akademischen Elite? Zum Einfluss der Größe und Reputation von

Universitäten auf Forschungsförderung«, in: *Kölner Zeitschrift für Soziologie und Sozialpsychologie* 60/4, S. 653-685.

AvH (Alexander von Humboldt-Stiftung) 2006: »Das Humboldt-Ranking«, in: *Humboldt Kosmos* 87, S. 40-43.

Bach, Maurizio 1992: »Eine leise Revolution durch Verwaltungsverfahren. Bürokratische Integrationsprozesse in der Europäischen Gemeinschaft«, in: *Zeitschrift für Soziologie* 21/4, S. 16-30.

Backes-Gellner, Uschi und Axel Schlinghoff 2004: *Careers, Incentives and Publication Patterns of US and German (Business) Economists.* Social Science Research Network Working Paper (November 2004).

Baethge, Martin 2001: »Beruf – Ende oder Transformation eines erfolgreichen Ausbildungskonzepts«, in: T. Kurtz (Hg.): *Aspekte des Berufs in der Moderne.* Opladen: Leske + Budrich, S. 39-68.

Baethge, Martin und Volker Baethge-Kinsky 1998: »Jenseits von Beruf und Beruflichkeit? Neue Formen von Arbeitsorganisation und Beschäftigung und ihre Bedeutung für eine zentrale Kategorie gesellschaftlicher Integration«, in: *Mitteilungen des Instituts für Arbeitsmarkt- und Berufsforschung* 3, S. 461- 472.

Baier, Christian 2010: *Die strukturellen Grundlagen attestierter Exzellenz: Berufungen, Netzwerke und wissenschaftliche Anerkennung in der Chemie.* Universität Bamberg: Working Paper.

Baier, Christian und Richard Münch 2010: »Universitäten im akademischen Feld«. Beitrag zum Jubiläumskongress der Deutschen Gesellschaft für Soziologie, Frankfurt am Main (11.-15. Oktober 2010).

Barlösius, Eva 2006: *Pierre Bourdieu.* Frankfurt am Main/New York: Campus.

Barré, Rémi 2001: »Sense and nonsense of S & T productivity indicators«, in: *Science and Public Policy* 28, S. 1-8.

BayStaat (Bayerisches Staatsministerium für Wissenschaft, Forschung und Kunst) 1999: *Wirtschaftswissenschaften an den bayerischen Universitäten.* Evaluationsbericht. München, März 1999.

Bazeley, Pat 1998: »Peer review and panel decisions in the assessment of australian research council project grant applicants: What counts in a highly competitive context?«, in: *Higher Education* 35/4, S. 435-452.

Bechmann, Sebastian 2007: *Gesundheitssemantiken der Moderne. Eine Diskursanalyse der Debatten über die Reform der Krankenversicherung.* Berlin: edition sigma.

Beck, Ulrich und Michael Brater 1978: *Berufliche Arbeitsteilung und soziale Ungleichheit. Eine historisch-gesellschaftliche Theorie der Berufe.* Frankfurt am Main/New York: Campus.

Becker, Gary S. 1993 [1964]: *Human Capital. A Theoretical and Empirical*

Analysis with Special Reference to Education. University of Chicago Press, 3. Aufl.

Beckert, Jens 2009: »Wirtschaftssoziologie als Gesellschaftstheorie«, in: *Zeitschrift für Soziologie* 28/3, S. 182-197.

Beckert, Jens und Jörg Rössel 2004: »Kunst und Preise. Reputation als Mechanismus der Reduktion von Ungewissheit am Kunstmarkt«, in: *Kölner Zeitschrift für Soziologie und Sozialpsychologie* 56, S. 32-50.

Bedeian, Arthur G. 2004: »Peer review and the social construction of knowledge in the management discipline«, in: *Academy of Management Learning & Education* 3, S. 198-216.

Ben-David, Joseph 1971: *The Scientist's Role in Society.* Englewood Cliffs/ N. J.: Prentice Hall.

Berg, Gary A. 2005: *Lessons from the Edge: For-Profit and Nontraditional Higher Education in America.* Westport, CT: Greenwood/Praeger.

Berghoff, Sonja, Gero Federkeil, Petra Giebisch, Cort-Denis Hachmeister und Detlef Müller-Böling 2005: *Das CHE-Forschungs-Ranking deutscher Universitäten 2005.* Arbeitspapier Nr. 70. Gütersloh: Centrum für Hochschulentwicklung.

Berghoff, Sonja, Gero Federkeil, Petra Giebisch, Cort-Denis Hachmeister, Mareike Henning und Detlef Müller-Böling 2006: *Das CHE-Forschungs-Ranking deutscher Universitäten 2006.* Gütersloh: Centrum für Hochschulentwicklung.

Berghoff, Sonja, Gero Federkeil, Petra Giebisch, Cort-Denis Hachmeister, Mareike Hennings, Isabel Roesler und Frank Ziegele 2008: *Forschungsranking 2008.* CHE Arbeitspapier 114. Gütersloh: Centrum für Hochschulentwicklung.

Berghoff, Sonja, Gero Federkeil, Petra Giebisch, Cort-Denis Hachmeister, Mareike Hennings, Isabel Roessler und Frank Ziegele 2009: *Das CHE-Forschungs-Ranking deutscher Universitäten 2009.* CHE Arbeitspapier 130. Gütersloh: Centrum für Hochschulentwicklung.

Berndt, Christina 2010: »Kontrolle aus dem Netz. Wissenschaft wird zunehmend in Blogs begutachtet«, in: *Süddeutsche Zeitung* 66/296 (22. Oktober 2010), S. 16.

Beyer, Jürgen 2006: *Pfadabhängigkeit.* Frankfurt am Main/New York: Campus.

Biagioli, Mario 2002: »From book censorship to academic peer review«, in: *Emergences: Journal for the Study of Media & Composite Cultures* 12/1, S. 11-45.

Binswanger, Mathias 2010: *Sinnlose Wettbewerbe. Warum wir immer mehr Unsinn produzieren.* Freiburg: Herder.

Blossfeld, Hans-Peter 2001: »Bildung, Arbeit und soziale Ungleichheit im

Globalisierungsprozess. Einige theoretische Überlegungen zu offenen Forschungsfragen«, in: T. Kurtz (Hg.). *Aspekte des Berufs in der Moderne*. Opladen: Leske + Budrich, S. 239-264.

Blossfeld, Hans-Peter und Heather Hofmeister (Hg.) 2006: *Globalization, Uncertainty and Women's Careers*. Cheltenham: Edward Elgar.

Blossfeld, Hans-Peter, Melinda Mills und Fabrizio Bernardi (Hg.) 2006: *Globalization, Uncertainty and Men's Careers. An International Comparison*. Cheltenham: Edward Elgar.

Bogumil, Jörg, Rolf G. Heinze, Stephan Grohs und Sascha Gerber 2007: *Hochschulräte als neues Steuerungsinstrument? Eine empirische Analyse der Mitglieder und Aufgabenbereiche. Abschlussbericht der Kurzstudie.* Düsseldorf: Hans Böckler Stiftung.

Bohn, Cornelia 1991: *Habitus und Kontext. Ein kritischer Beitrag zur Sozialtheorie Bourdieus.* Opladen: Westdeutscher Verlag.

Bok, Derek 2003: *Universities in the Marketplace: The Commercialization of Higher Education.* Princeton University Press.

Bollier, David 2002a: »The enclosure of the academic commons«, in: *Academe* 88/5, S. 19.

Bollier, David 2002b: *Silent Theft. The Private Plunder of our Common Wealth*. New York: Routledge.

Bommer, Rolf und Heinrich W. Ursprung 1998: »Spieglein, Spieglein an der Wand. Eine bibliometrische Erfassung des Forschungsoutputs volkswirtschaftlicher Fachbereiche in Deutschland, Österreich und der Schweiz«, in: *Zeitschrift für Wirtschafts- und Sozialwissenschaften* 118, S. 1-28.

Boni, Manfred 2010: »Analoges Geld für digitale Zeilen: Der Publikationsmarkt in der Wissenschaft«, in: *Leviathan* 38/3, S. 293-312.

Bonitz, Manfred 2005: »Ten years Matthew effect for countries«, in: *Scientometrics* 64/3, S. 375-379.

Bonitz, Manfred, Eberhard Bruckner und Andrea Scharnhorst 1997: »Characteristics and impact of the Matthew effect for countries«, in: *Scientometrics* 40/3, S. 407-422.

Bonitz, Manfred und Andrea Scharnhorst 2001: »Competition in science and the Matthew core journals«, in: *Scientometrics* 51/1, S. 37-54.

Bookstein, Abraham und Moshe Yitzahki 1999: »Own language preference: A new measure of ›Relative Language Self-citation‹«, in: *Scientometrics* 46/2, S. 337-348.

Bornmann, Lutz 2010a: »Mimicry in science?«, in: *Scientometrics* 86/1, S. 173-177.

Bornmann, Lutz 2010b: »Scientific peer review«, in: *Annual Review of Information Science and Technology* 45, S. 199-245.

Bornmann, Lutz und Hans-Dieter Daniel 2005: »Selection of research fellowship recipients by committee peer review. Reliability, fairness and predictive validity of board trustees' decisions«, in: *Scientometrics* 63/2, S. 297-320.

Bornmann, Lutz und Hans-Dieter Daniel 2006: »Potential sources of bias in research fellowship assessments: Effects of university prestige and field of study«, in: *Research Evaluation* 15/3, S. 209-219.

Boschma, Ron A. und Michael Frisch 2009: »Creative class and regional growth: Empirical evidence from seven European countries«, in: *Economic Geography* 85/4, S. 391-423.

Bourdieu, Pierre 1975: »The specifity of the scientific field and the social conditions of the progress of reason«, in: *Social Science Information* 14/6, S. 19-47

Bourdieu, Pierre 1982: *Die feinen Unterschiede*. Frankfurt am Main: Suhrkamp.

Bourdieu, Pierre 1992: *Homo academicus*. Frankfurt am Main: Suhrkamp.

Bourdieu, Pierre 1993: *Sozialer Sinn. Kritik der theoretischen Vernunft*. Frankfurt am Main: Suhrkamp.

Bourdieu, Pierre 1998: *Praktische Vernunft. Zur Theorie des Handelns*. Frankfurt am Main: Suhrkamp.

Bourdieu, Pierre 2004: *Der Staatsadel*. Konstanz: UVK.

Bourdieu, Pierre und Loïc Wacquant 2006: *Reflexive Anthropologie*. Frankfurt am Main: Suhrkamp.

Broadhead, Lee-Anne and Sean Howard 1998: »›The art of punishing‹: The research assessment exercise and the ritualization of power in higher education«, in: *Education Policy Analysis Archives* 6/8.

Bröckling, Ulrich 2007: *Das unternehmerische Selbst*. Frankfurt am Main: Suhrkamp.

Brown, Phillip 2000: »The globalization of positional condition?«, in: *Sociology* 34/4, S. 633-653.

Brown, Philipp und Stuart Tannock 2009: »Education, meritocracy and the global war for talent«, in: *Journal of Education Policy* 24/4, S. 377-392.

Brown, Phillip, Hugh Lauder und David Ashton 2010: *The Broken Promises of Education, Jobs and Incomes*. Oxford University Press.

Bunge, Mario. 2010: »Soziale Mechanismen und mechanismische Erklärungen«, in: *Berliner Journal für Soziologie* 20/3, S. 371-381.

Burawoy, Michael 2005: »For public sociology«, in: *Soziale Welt* 56, S. 347-374.

Burris, Val 2004: »The academic caste system. Prestige hierarchies in PhD exchange networks«, in: *American Sociological Review* 69 (April), S. 239-264.

Busemeyer, Marius R. 2009: *Wandel trotz Reformstau. Die Politik der beruflichen Bildung seit 1970.* Frankfurt am Main/New York: Campus.

Campanario, Juan Miguel 1996: »Have referees rejected some of the most-cited articles of all times?«, in: *Journal of the American Society for Information Science* 47, S. 302-310.

Campbell, David F. J. 1999: *Evaluation universitärer Forschung.* SWS-Rundschau 39/4, S. 363-383.

Campbell, David F. J. und Bernhard Felderer 1997: *Evaluating academic research in Germany. Patterns and policy.* Wien: Institut für Höhere Studien.

Campbell, Donald 1975: »Assessing the impact of planned social change«, in: G. Lyons (Hg.): *Social Research and Public Policies: The Dartsmouth/OECD Conference.* Hanover/N. H.: Public Affairs Center, Dartsmouth College.

Cerny, Philip 1997: »Paradoxes of the competition state: The dynamics of globalization«, in: *Government and Opposition* 32/2, S. 251-274.

Cerny, Philip 2005: »Political globalization and the competition state«, in: R. Stubbs und G. R. D. Underhill (Hg.). *The Political Economy of the Changing Global Order.* Oxford University Press, 3. Aufl., S. 376-386.

Clark, Burton R. 1983: *The Higher Education System: Academic Organization in Cross-National Perspective.* Berkeley: University of California Press.

Clark, Burton R. 1998: *Creating Entrepreneurial Universities. Organizational Pathways of Transformation.* Oxford und New York: Pergamon Press.

Cole, Jonathan R. und Stephen Cole 1973: *Social Stratification in Science.* Chicago: University of Chicago Press.

Cole, Stephen 1970: »Professional standing and the reception of scientific discoveries«, in: *American Journal of Sociology* 76, S. 286-306.

Cole, Stephen 1992: *Making Science. Between Nature and Society.* Cambridge/Mass.: Harvard University Press.

Cole, Stephen 2004: »Merton's contribution to the sociology of science«, in: *Social Studies of Science* 34/6, S. 829-844.

Combes, Pierre Ph. und Laurent Linnemer 2003: »Where are the economists who publish? Publication concentration and rankings in Europe based on cumulative publications«, in: *Journal of the European Economic Association* 1/6, S. 1256-1308.

Connelly, Catherine E. und Daniel G. Gallagher 2010: »Making ›the list‹:

Business school rankings and the commodification of business research«, in: *Journal of Curriculum Theorizing* 26/3, S. 86-99.

Coupé, Tom 2002: »Ranking of economists, 1990-2000 (top 1000)«. Online verfügbar unter: ⟨http://homepages.ulb.ac.be/~tcoupe/rank1000.html⟩ (Stand Dezember 2010).

Coupé, Tom 2003: »Revealed performances: Worldwide rankings of economists and economic departments, 1990-2000«, in: *Journal of the European Economic Association* 1/6, S. 1309-1345.

Curbach, Janina 2008: *Die Corporate Social Responsibility-Bewegung*. Wiesbaden: VS.

Curran, Paul J. 2000: »Competition in UK higher education: Competitive advantage in the research assessment exercise and Porter's diamond model«, in: *Higher Education Quarterly* 54/4, S. 386-410.

Dalen, Hendrik P. van und Kéne E. Henkens 2005: »Signals in science – On the importance of signalling in gaining attention in science«, in: *Scientometrics* 64/2, S. 209.233.

Daniel, Hans-Dieter 1993: *Guardians of Science. Fairness and Reliability of Peer Review*. Weinheim u. a.: VCH.

Daniel, Hans-Dieter 2001: *Wissenschaftsevaluation*. CEST 2001/2 (Februar). Bern: CEST.

Davis, Kingsley und Wilbert E. Moore 1945: »Some principles of stratification«, in: *American Sociological Review* 10, S. 242-249.

Dean, Mitchell 2009: *Governmentality. Power and Rule in Modern Society*. London: Sage.

Deem, Rosemary 2001: »Globalization, New Managerialism, Academic Capitalism and Entrepreneurialism in Universities: Is the local dimension still important?«, in: *Comparative Education* 37/1, S. 7-20.

Delanty, Gerard 2001: *Challenging Knowledge. The University in the Knowledge Society*. Buckingham: Open University Press.

Deutsch, Karl W. 1954: »Is American attention to foreign research results declining?« in: *American Academy of Arts & Sciences*, Juni 9, 1954. Zitiert in Frame und Narin 1988.

Deutschmann, Christoph 1987: »Der ›Betriebsclan‹. Der japanische Organisationstypus als Herausforderung für die soziologische Modernisierungstheorie«, in: *Soziale Welt* 38, S. 133-147.

Deutschmann, Christoph 2002: *Postindustrielle Industriesoziologie. Theoretische Grundlagen, Arbeitsverhältnisse und soziale Identitäten*. Weinheim: Juventa.

Deutschmann, Christoph 2008: *Kapitalistische Dynamik. Eine gesellschaftstheoretische Perspektive*. Wiesbaden: VS.

DFG (Deutsche Forschungsgemeinschaft) 1998: *Jahresbericht 1997*. Bonn.

DFG (Deutsche Forschungsgemeinschaft) 2002: *Jahresbericht 2001*. Bonn.

DFG (Deutsche Forschungsgemeinschaft) 2003: *Förder-Ranking 2003. Institutionen – Regionen – Netzwerke. DFG-Bewilligungen und weitere Basisdaten öffentlich geförderter Forschung.* Bonn.

DFG (Deutsche Forschungsgemeinschaft) 2006: *Förder-Ranking 2006. Institutionen – Regionen – Netzwerke.* Bonn.

DFG (Deutsche Forschungsgemeinschaft) 2009: *Förder-Ranking 2009.* Bonn.

DFG (Deutsche Forschungsgemeinschaft) 2010: »Qualität statt Quantität – DFG setzt Regeln gegen die Publikationsflut in der Wissenschaft«, in: Pressemitteilung Nr. 7 (23. Februar 2010). Online verfügbar unter: ⟨http://www.dfg.de/service/presse/pressemitteilungen/2010/pressemitteilung_nr_07/index.html⟩ (Stand: März 2010).

DiMaggio, Paul und Walter W. Powell 1983: »The iron cage revisited: institutional isomorphism and collective rationality in organizational fields«, in: *American Sociological Review* 48/2, S. 147-160.

Dobusch, Leonhard und Jakob Kappeler 2009: »Why is economics not an evolutionary science? New answers to Veblen's old question«, in: *Journal of Economic Issues* 43/4, S. 867-898.

Dörre, Klaus, Stephan Lessenich und Hartmut Rosa 2009: *Soziologie, Kapitalismus, Kritik. Eine Debatte.* Frankfurt am Main: Suhrkamp.

Dolata, Ulrich 2008: »Technologische Innovationen und sektoraler Wandel. Eingriffstiefe, Adaptionsfähigkeit, Transformationsmuster: Ein analytischer Ansatz«, in: *Zeitschrift für Soziologie* 37/1, S. 42-59.

Donoghue, Frank 2008: *The Last Professors. The Entrepreneurial University and the Fate of the Humanities.* New York: Fordham University Press.

Douglas, John A. 2007: *The Conditions for Admission. Access, Equity and the Social Contract of Public Universities.* Stanford, CA: Stanford University Press.

Drori, Gili S., John W. Meyer, Francisco O. Ramirez und Evan Schofer 2003: *Science in the Modern World Polity. Institutionalization and Globalization.* Stanford University Press.

Durkheim, Emile 1961 [1895]: *Die Regeln der soziologischen Methode.* Neuwied und Berlin: Luchterhand.

Durkheim, Emile 1976: »Bestimmung der moralischen Tatsache«, in: Emile Durkheim: *Soziologie und Philosophie.* Frankfurt am Main: Suhrkamp, S. 84-117.

Durkheim, Emile 1981: *Die elementaren Formen des religiösen Lebens.* Frankfurt am Main: Suhrkamp.

Dyckhoff, Harald, Sylvia Rassenhövel, Roland Gilles und Christian

Schmitz 2005: »Beurteilung der Forschungsleistung und das CHE-Forschungsranking betriebswirtschaftlicher Fachbereiche«, in: *Das Wirtschaftsstudium* 34 (2), S. 61-68.

Elias, Norbert 1976 [1939]: *Über den Prozess der Zivilisation*. 2 Bände. Frankfurt am Main: Suhrkamp.

Espeland, Wendy N. und Michael Sauder 2007: »Rankings and reactivity. How public measures recreate social worlds«, in: *American Journal of Sociology* 113/1, S. 1-40.

Etzkowitz, Henry 2003: »Innovation in innovation: The triple helix of university – industry – government relations«, in: *Social Science Information* 42/3, S. 293-337.

Evans, James A. 2010: »Industry induces academic science to know less about more«, in: *American Journal of Sociology* 116 (2), S. 389-452.

Ewing, John 2006: »Measuring journals«, in: *Notices of the American Mathematical Society* 53, S. 1049-1053.

Feyerabend, Paul K. 1976: *Wider den Methodenzwang. Skizze einer anarchistischen Erkenntnistheorie*. Frankfurt am Main: Suhrkamp.

Flannigan, Robert 1989: »The fiduciary obligation«, in: *Oxford Journal of Legal Studies* 9/3, S. 285-322.

Florida, Richard L. 2005: *The Rise of the Creative Class*. New York: Basic Books.

Forschung & Lehre 2010: »Neue Abschlüsse verwirren Personalchefs«, in: *Forschung & Lehre* 17/12, S. 857.

Forschergruppe Governance der Forschung 2007: *Rahmenbedingungen für eine leistungsfähige öffentlich finanzierte Forschung*. Speyer: Deutsches Forschungsinstitut für öffentliche Verwaltung. Online verfügbar unter: 〈http://www.foev-speyer.de/governance〉 (Stand: November 2010).

Foucault, Michel 1977: *Überwachen und Strafen. Die Geburt des Gefängnisses*. Frankfurt am Main: Suhrkamp.

Foucault, Michel 1991: *Die Ordnung des Diskurses*. München: Hanser.

Foucault, Michel 2006: *Geschichte der Gouvernementalität*. 2 Bände. Frankfurt am Main: Suhrkamp.

Fourcade, Marion 2006: »The construction of a global profession: The transnationalization of economics«, in: *American Journal of Sociology* 112/1, S. 145-194.

Frame, J. Davidson and Francis Narin 1988: »The national self-preoccupation of American scientists. An empirical review«, in: *Research Policy* 17, S. 203-212.

Franck, Georg 1998: *Ökonomie der Aufmerksamkeit: Ein Entwurf*. München: Hanser.

Frank, Robert H. und Philip J. Cook 1996: *The Winner-take-all Society*. New York: Penguin.

Frerichs, Sabine 2008: *Judicial Governance in der europäischen Rechtsgemeinschaft*. Baden-Baden: Nomos.

Frey, Bruno S. 2003: »Publishing as prostitution. Choosing between one's own ideas and academic success«, in: *Public Choice* 116, S. 205-222.

Frey, Bruno S. 2008: »Evaluitis – eine neue Krankheit«, in: H. Matthies und D. Simon (Hg.): *Wissenschaft unter Beobachtung. Effekte und Defekte von Evaluationen*. Sonderheft 24/2007 des Leviathan. Wiesbaden: VS, S. 103-124.

Fröhlich, Gerhard 2002: »Anonyme Kritik. Peer Review auf dem Prüfstand der empirisch-theoretischen Wissenschaftsforschung«, in: E. Pipp (Hg.): *Anonyme Kritik. Peer Review auf dem Prüfstand der empirisch-theoretischen Wissenschaftsforschung*. Wien: Phoibos Verlag, S. 129-146.

Garfield, Eugene 2006: »The history and meaning of the journal impact factor«, in: *Journal of the American Medical Association* 295/1, S. 90-93.

Gehlen, Arnold 1993 [1940]: *Der Mensch. Seine Natur und seine Stellung in der Welt*. Gesamtausgabe, Bd. 3. Frankfurt am Main: Klostermann.

Geiger, Roger L. 2004: *Knowledge and Money: Research Universities and the Paradox of the Market Place*. Stanford University Press.

Geiger, Roger L., Carol L. Colbeck, Roger L. Williams und Christian K. Andersen (Hg.) 2007: *Future of the American Public Research University*. Rotterdam: Sense Publishers.

Geuna, Aldo und Lionel J. J. Nesta 2006: »University patenting and its effect on academic research: The emerging European evidence«, in: *Research Policy* 35/6, S. 790-807.

Gibbons, Michael, Camille Limoges, Helga Nowotny, Simon Schwartzmann, Peter Scott und Martin Trow 1994: *The New Production of Knowledge*. London: Sage.

Gladwell, Malcolm 2002: »The talent myth. Are smart people overrated?«, in: *The New Yorker* (22. Juli 2002), S. 28-33.

Glenna, Leland L., William B. Lacy, Rick Welsh und Dina Biscotti 2007: »University administrators, agricultural biotechnology, and academic capitalism: Defining the public good to promote university – industry relationships«, in: *The Sociological Quarterly* 48/1, S. 141-163.

Goffman, Erving 1973: *Asyle. Über die soziale Situation psychiatrischer Patienten und anderer Insassen*. Frankfurt am Main: Suhrkamp.

Goldstone, Jack A. 1979: »A deductive explanation of the Matthew Effect in science«, in: *Social Studies of Science* 9, S. 385-392.

Granovetter, Marc 1985: »Economic action and social structure. The problem of embeddedness«, in: *American Journal of Sociology* 91, S. 481-510.

Greenberg, Daniel S. 2007: *Science for Sale: The Perils, Rewards, and Delusions of Campus Capitalism.* University of Chicago Press.

Grey, Christopher 2010: »Organizing studies: publications, politics and polemic«, in: *Organization Studies* 31, S. 677-694.

Gruening, Gernod 2001: »Origin and theoretical basis of New Public Management«, in: *International Public Management Journal* 4/1, S. 1-25.

Habermas, Jürgen 1971: »Vorbereitende Bemerkungen zu eine Theorie der kommunikativen Kompetenz«, in: J. Habermas und N. Luhmann: *Theorie der Gesellschaft oder Sozialtechnologie?* Frankfurt am Main: Suhrkamp, S. 101-141.

Haentzschel, Jörg 2010: »Schleichende Übernahme. In New York kuratiert der Pop-Künstler Jeff Koons die Sammlung seines Mäzens«, in: *Süddeutsche Zeitung* 66/52 (4. März 2010), S. 11.

Halffman, Willem und Loet Leydesdorff 2010: »Is inequality among universities increasing? Gini coefficients and the elusive rise of elite universities«, in: *Minerva* 48/1, S. 55-72.

Hall, Peter 1993: »Policy paradigms, social learning and the state: The case of economic policymaking in Britain«, in: *Comparative Politics* 25/3, S. 275-296.

Hall, Peter A. und David Soskice 2001: »An introduction to Varieties of Capitalism«, in: P. A. Hall und D. Soskice (Hg.): *Varieties of Capitalism. The Institutional Foundations of Comparative Advantage*. Oxford University Press, S. 1-70.

Handelsblatt 2009a: »Handelsblatt Betriebswirte-Ranking 2009: Top 200-Lebenswerk«. ⟨http://www.handelsblatt.com/bwl-lebenswerk/⟩ Stand: Januar 2011.

Handelsblatt 2009b: »Handelsblatt Betriebswirte-Ranking 2009: Top 100-Forscher unter 40 Jahren«, ⟨http://www.handelsblatt.com/bwl-u40/⟩ Stand: Januar 2011.

Handelsblatt 2010a: »Handelsblatt Ranking VWL 2010: Top-250 Forscher Lebenswerk«. ⟨http://www.handelsblatt.com/_t=dgtool, id=2, obj=1; singleclip⟩ Stand: Januar 2011.

Handelsblatt 2010b: »Handelsblatt Ranking VWL 2010: Top-100 aktuelle Forschungsleistung (seit 2005)«. ⟨http://www.handelsblatt.com/_t=dgtool, id=6, obj=1; singleclip⟩ Stand: Januar 2011.

Handelsblatt 2010c: »Handelsblatt Ranking VWL 2010: Top-100 unter 40«. ⟨http://www.handelsblatt.com/_t=dgtool, id=5, obj=1; single chip⟩ Stand: Januar 2011.

Handelsblatt 2010d: »Was sich 2010 an der Methodik geändert hat«, in: *Handelsblatt*, 1.03.2010. ⟨http://www.handelsblatt.com/politik/vwl-ranking/handelsblatt-ranking-vwl-was-sich-2010-an-der-Methodik-geaendert-hat; 2537 789⟩ Stand: Januar 2011.

Handelsblatt 2010e: »Handelsblatt Ranking VWL Journalliste 2010«. ⟨http://www.handelsblatt.com/singleclip.aspx?_t=dgtool&id=15&ob j=1⟩ Stand: Januar 2011.

Handelsblatt 2010f: »Berliner VWL-Fakultäten verlieren den Anschluss«, in: *Handelsblatt* 8.03.2010. ⟨http://www.handelsblatt.com/politik/na chrichten/handelsblatt-ranking-vwl-berliner-vwl-fakultaeten-verlie ren-den-anschluss; 2541 707⟩ Stand: Januar 2011.

Handelsblatt 2010g: »Wer Deutschlands Top-Ökonomen sind«, in *Handelsblatt*, 1.03.2010 ⟨http://www.handelsblatt.com/politik/handels blatt-ranking-vwl-2010-wer-deutschlands-top-oekonomen-sind; 2537793⟩ Stand: Januar 2011.

Hartmann, Michael 2002: *Der Mythos von den Leistungseliten. Spitzenkarrieren und soziale Herkunft in Wirtschaft, Politik, Justiz und Wissenschaft.* Frankfurt am Main/New York: Campus.

Hartmann, Michael 2006: »Die Exzellenzinitiative. Ein Paradigmenwechsel in der deutschen Hochschulpolitik«, in: *Leviathan* 34/4, S. 447-465.

Hartmann, Michael 2007: *Eliten und Macht in Europa. Ein internationaler Vergleich.* Frankfurt am Main/New York: Campus.

Hartmann, Michael 2010: »Die Exzellenzinitiative und ihre Folgen«, in: *Leviathan* 38/3, S. 369-387.

Hartwell, Ronald Max 1995: *A History of the Mont Pelerin Society.* Indianapolis: Liberty Fund Inc.

Havemann, Frank, Michael Heinz und Roland Wagner-Döbler 2005: »Firm-like behavior of journals? Scaling properties of their output and impact growth dynamics«, in: *Journal of the American Society for Information Science and Technology* 56/1, S. 3-12.

Hayek, Friedrich A. von 1969: »Der Wettbewerb als Entdeckungsverfahren«, in: F. A. von Hayek. *Freiburger Studien.* Tübingen: Mohr Siebeck, S. 249-265.

Head, Simon 2011: »The grim threat to British universities«, in: The New York Review of Books 58/1 (13. Januar 2011).

Hedström, Peter und Richard Swedberg, R. (Hg.) 1998: *Social Mechanisms. An Analytical Approach to Social Theory*, Cambridge University Press.

Heinze, Thomas 2008: »How to sponsor ground-breaking research: A comparison of funding schemes«, in: *Science & Public Policy* 35/5, S. 302-318.

Heinze, Thomas, Philip Shapira, Juan D. Rogers und Jacqueline M. Senker 2009: »Organizational and institutional influences on creativity in scientific research«, in: *Research Policy* 38, S. 610-623.

Heller, Michael A. und Rebecca S. Eisenberg 1998: »Can patents deter innovation? The anticommons in biomedical research«, in: *Science* 280/5364, S. 698-701.

Hellmann, Kai-Uwe 2003: *Soziologie der Marke*. Frankfurt am Main: Suhrkamp.

Herbst, Marcel 2009: *Financing Public Universities*. Dordrecht: Springer.

Herrera, Antonio J. 1999: »Language bias discredits the peer-review system«, in: *Nature* 397/6719, S. 467.

Hicks, Diana und James Skea 1998: »Is big really better?«, in: *Physics World* 2, S. 31-34.

Hirschauer, Stefan 2004: »Peer Review auf dem Prüfstand. Zum Soziologiedefizit der Wissenschaftsevaluation«, in: *Zeitschrift für Soziologie* 33, S. 62-83.

Hiß, Stefanie 2006: *Warum übernehmen Unternehmen soziale Verantwortung?* Frankfurt am Main/New York: Campus.

Hoare, Anthony G. 1995: »Scale economies in academic excellence: An exploratory analysis of the United Kingdom's 1992 research selectivity exercise«, in: *Higher Education* 29/3, S. 241-260.

Hodgson, Geoffrey M. 2009: »The great crash of 2008 and the reform of economics« in: *Cambridge Journal of Economics* 33/6, S. 1205-1221.

Hodgson, Geoffrey und Harry Rothman 1999: »The editors and authors of economics journals: A case of institutional oligopoly?«, in: *The Economic Journal* 109 (Februar), S. F165-F186.

Hogler, Raimond und Michael A. Gross 2009: »Journal rankings and academic research: Two discourses of faculty work«, in: *Management Communication Quarterly* 23, S. 107-126.

Höhne, Thomas 2010: »Im Sog der ökonomischen Globalisierung. Kompetenzorientierung als Rationalisierungsstrategie«, in: *Forschung & Lehre* 17/12, S. 870-872.

Hollingsworth, J. Rogers 2006: »The dynamics of American discoveries«, in: J. Beckert, B. Ebbinghaus, A. Hassel, P. Manow (Hg.): *Transformationen des Kapitalismus*. Frankfurt am Main/New York: Campus, S. 361-380.

Honneth, Axel 2007: »Idiosynkrasie als Erkenntnismittel. Gesellschaftskritik im Zeitalter des normalisierten Intellektuellen«, in: A. Honneth: *Pathologien der Vernunft*. Frankfurt am Main: Suhrkamp, S. 219-234.

Hornbostel, Stefan 1997: *Wissenschaftsindikatoren. Bewertungen in der Wissenschaft*. Opladen: Leske & Budrich.

Hornbostel, Stefan und Michael Sondermann 2009: »Dynamische Entwicklung: Personalrekrutierung bei der Exzellenzinitiative«, in: *Forschung & Lehre* 16 (4), S. 264-265.

Hornbostel, Stefan, Sebastian Bukow und Michael Sondermann 2010: »Die Auswahl wird nicht leichter. Exzellenz zum Zweiten«, in: *Forschung & Lehre* 17/12, S. 886-887.

Hornbostel, Stefan, Bernd Klingsporn und Markus von Ins 2008: *Messung von Forschungsleistungen – eine Vermessenheit?* Diskussionspapier der Alexander von Humboldt-Stiftung Nr. 12: Publikationsverhalten in unterschiedlichen wissenschaftlichen Disziplinen. Bonn, S. 11-32.

Horrobin, David F. 2001: »Something rotten at the core of science?«, in: *Trends in Pharmacological Sciences* 22/2, S. 51-52.

Ideas 2010: »Top 10 % authors, as of November 2010 (in economics)«. Online verfügbar unter: ⟨http:// ideas.repec.org/top/top.person.all.html⟩ (Stand Dezember 2010).

ISI (Institute for Scientific Information) 2006: *ISI Journal Citation Reports 2006*.

Jansen, Dorothea, Andreas Wald, Karola Franke, Ulrich Schmoch und Torben Schubert 2007: »Drittmittel als Performanzindikator der wissenschaftlichen Forschung. Zum Einfluss von Rahmenbedingungen auf Forschungsleistungen«, in: *Kölner Zeitschrift für Soziologie und Sozialpsychologie* 59/1, S. 125-149.

Jansen, Dorothea, Richard Heidler und Regina Görtz 2009: »Ungleiche Chancen im Wissenschaftssystem: Artefakt oder Realität?«, in: *Kölner Zeitschrift für Soziologie und Sozialpsychologie* 61/3, S. 463-467.

Janson, Kerstin, Harald Schomburg und Ulrich Teichler 2007: *Wege zur Professur. Qualifizierung und Beschäftigung an Hochschulen in Deutschland und den USA*. Münster: Waxmann.

Jensen, Michael C. und William H. Meckling 1976: »Theory of the firm: Managerial behavior, agency cost and ownership structure«, in: *Journal of Financial Economics* 3/4, S. 305-360.

Johnes, Jill 1996: »Performance assessment in higher education in Britain«, in: *European Journal of Operation Research* 89, S. 18-33.

Joint Committee on Quantitative Assessment of Research 2008: *Citation Statistics. A report from the International Mathematical Union (IMU) in cooperation with the International Council of Industrial and Applied Mathematics (ICIAM) and the Institute of Mathematical Statistics (IMS)*. Online verfügbar unter: ⟨http://www.mathunion.org/fileadmin/IMU/Report/CitationStatistics.pdf⟩ (Stand Januar 2011).

Kalaitzidakis, Pantelis, Theofanis P. Mammuneas und Thanasis Stengos

1999: »European economics: An analysis based on publications in the core journals«, in: *European Economic Review* 43/4-6, S. 1150-1168.

Kanter, Rosabeth Moss 1995: *World Class: Thriving Locally in the Global Economy.* New York: Simon & Schuster.

Kaplan, Robert S. und David P. Norton 1992: »The balanced score card. Measures that drive performance«, in: *Harvard Business Review*, Januar/Februar 1992, S. 71-80.

Karabel, Jerome 2005: *The Chosen: The Hidden History of Admission and the Exclusion at Harvard, Yale, and Princeton.* Boston: Houghton Mifflin Company.

Kaube, Jürgen (Hg.) 2009: *Die Illusion der Exzellenz – Lebenslügen der Wissenschaftspolitik.* Berlin: Wagenbach.

Kehm, Barbara und Ute Lanzendorf (Hg.) 2006: *Reforming University Governance.* Bonn: Lemmens.

Kehm, Barbara M. und Bjørn Stensaker (Hg.) 2009: *University Rankings, Diversity, and the New Landscape of Higher Education.* Rotterdam: Sense Publishers.

Keith, Bruce und Nicholas Babchuk 1994: »A longitudinal assessment of productivity in prominent sociology journals and departmental prestige«, in: *American Sociologist* 25, S. 4-27.

Keith, Bruce und Nicholas Babchuk 1998: »The quest for institutional recognition: A longitudinal analysis of scholarly productivity and academic prestige among sociology departments«, in: *Social Forces* 76, S. 1495-1533.

Kieser, Alfred 2010: »Unternehmen Universität?«, in: *Leviathan* 38/3, S. 347-367.

Kieserling, André 2008: »Felder und Klassen. Pierre Bourdieus Theorie der Gesellschaft«, in: *Zeitschrift für Soziologie* 37/1, S. 3-24.

King, David A. 2004: »The scientific impact of nations«, in: *Nature* 430, 15. Juli 2004, S. 311-316.

King, Roger 2009: *Governing Universities Globally. Organizations, Regulation, Rankings.* Cheltenham: Edward Elgar.

Kirp, David L. 2003: *Shakespeare, Einstein, and the Bottom Line: The Marketing of Higher Education.* Cambridge/Mass.: Harvard University Press.

Knobloch, Clemens 2008: »Das Neuakademische. Anmerkungen zur Sprache der unternehmerischen Hochschule«, in: *Aptum* 4/2, S. 147-170.

Koppetsch, Cornelia 2006: *Das Ethos der Kreativen. Eine Studie zum Wandel von Arbeit und Identität am Beispiel der Werbeberufe.* Konstanz: UVK.

Kovács, Adorján 2010: »Patronage und Geld, Schließungsmechanismen bei der Besetzung von Lehrstühlen am Beispiel einer wissenschaftlichen Teildisziplin in Deutschland«, in: *Berliner Journal für Soziologie* 20 (4), S. 499-526.

Krais, Beate 2001: »Die Spitzen der Gesellschaft. Theoretische Überlegungen«, in: B. Krais (Hg.): *Die Spitzen der Gesellschaft. Theoretische Überlegungen.* Konstanz: UVK, S. 7-62.

Krücken, Georg 2006: »Wandel – welcher Wandel? Überlegungen zum Strukturwandel der universitären Forschung in der Gegenwartsgesellschaft«, in: *die hochschule* 15/1, S. 7-18.

Krull, Wilhelm (Hg.) 1999: *Forschungsförderung in Deutschland. Bericht der internationalen Kommission zur Systemevaluation der Deutschen Forschungsgemeinschaft und der Max-Planck-Gesellschaft.* Hannover.

Kuhlmann, Stefan 1998: *Politikmoderation. Evaluationsverfahren in der Forschungs- und Technologiepolitik.* Baden-Baden: Nomos.

Kuhlmann, Stefan 2003: »Evaluation of research and innovation policies: A discussion of trends with examples from Germany«, in: *International Journal of Technology Management* 26/2, 3, 4, S. 131-149.

Kuhlmann, Stefan 2004: »Evaluation in der Forschungs- und Innovationspolitik«, in: R. Stockmann (Hg.): *Evaluation in der Forschungs- und Innovationspolitik.* Opladen: Leske & Budrich, 2. Aufl., S. 287-308.

Kuhn, Thomas 1967: *Die Struktur wissenschaftlicher Revolutionen.* Frankfurt am Main: Suhrkamp.

Lamont, Michèle 2009: *How Professors Think. Inside the Curious World of Academic Judgment.* Cambridge/Mass.: Harvard University Press.

Lane, Jan-Erik 2000: *New Public Management.* London: Routledge.

Langfeldt, Liv 2001: »The decision-making constraints and processes of grant peer review, and their effects on the review outcome«, in: *Social Studies of Science* 31, S. 820-841.

Larivière, Vincent und Yves Gingras 2010: »The impact factor's Matthew effect: A natural experiment in bibliometrics«, in: *Journal of the American Society for Information Science and Technology* 61/2, S. 424-427.

Laudel, Grit 2006: »The ›quality myth‹: Promoting and hindering conditions for acquiring research funds«, in: *Higher Education* 52, S. 375-403.

Lebaron, Frédéric 2000: *La croyance économique. Les économistes entre science et politique.* Paris: Seuil.

Lebaron, Frédéric 2001: »Economists and the economic order. The field of economists and the field of power in France«, in: *European Societies* 3/1, S. 91-110.

Lebaron, Frédéric 2006: »›Nobel‹ economists as public intellectuals: The circulation of economic capital«, in: *International Journal of Contemporary Society* 43/1, S. 87-101.

Le Grand, Julian und Will Bartlett 1994: *Quasi-Markets und Social Policy.* Houndsmill/ Basingstoke/Hampshire/London: Macmillan.

Leibfried, Stephan (Hg.) 2010: *Die Exzellenzinitiative. Zwischenbilanz und Folgen.* Frankfurt am Main/New York: Campus.

Leišytė, Liudvika, Harry de Boer und Jürgen Enders 2006: »England – The prototype of the ›evaluative state‹«, in: B. Kehm und U. Lanzendorf (Hg.): *Reforming University Governance.* Bonn: Lemmens, S. 21-57.

Lemke, Thomas 1997: *Eine Kritik der politischen Vernunft. Foucaults Analysen der modernen Gouvernementalität.* Hamburg: Argument.

Lenhardt, Gero 2005: *Hochschulen in Deutschland und in den USA. Deutsche Hochschulpolitik in der Isolation.* Wiesbaden: VS.

Lessenich, Stephan 2009: »Mobilität und Kontrolle. Zur Dialektik der Aktivgesellschaft«, in: K. Dörre, S. Lessenich und H. Rosa: *Soziologie, Kapitalismus, Kritik.* Frankfurt am Main: Suhrkamp, S. 126-177.

Lichterman, Paul 2008: »Religion and the construction of civic identity«, in: *American Sociological Review* 73/1, S. 83-104.

Liessmann, Konrad Paul 2006: *Theorie der Unbildung. Die Irrtümer der Wissensgesellschaft.* Wien: Zsolnay.

Link, Jürgen 2009: *Versuch über den Normalismus. Wie Normalität produziert wird.* Göttingen: Vandenhoeck & Ruprecht.

Luhmann, Niklas 1970: »Soziologie als Theorie sozialer Systeme«, in: Niklas Luhmann: *Soziologische Aufklärung.* Bd. 1. *Aufsätze zur Theorie Sozialer Systeme.* Opladen: Westdeutscher Verlag, S. 113-136.

Luhmann, Niklas und Fritz W. Scharpf 1989: »Politische Steuerung. Ein Streitgespräch«, in: *Politische Vierteljahresschrift* 30, S. 4-21.

Luhmann, Niklas 1991: *Die Wissenschaft der Gesellschaft.* Frankfurt am Main: Suhrkamp.

Maasen, Sabine und Peter Weingart 2008: »Unternehmerische Universität und neue Wissenschaftskultur«, in: H. Matthies und D. Simon (Hg.): *Wissenschaft unter Beobachtung. Effekte und Defekte von Evaluationen.* Sonderheft 24/2007 des *Leviathan.* Wiesbaden: VS, S. 141-160.

Mackert, Jürgen (Hg.) 2004: *Die Theorie sozialer Schließung. Tradition, Analysen, Perspektiven.* Wiesbaden: VS.

Maeße, Jens 2010: *Die vielen Stimmen des Bologna-Prozesses. Zur diskursiven Logik eines bildungspolitischen Programms.* Bielefeld: transcript.

Marginson, Simon 1997a: »Competition and contestability in Australian higher education 1987-1997«, in: *Australian Universities' Review* 1/1997, S. 51-4

Marginson, Simon 1997b: *Markets in Education.* Sydney: Allen & Unwin.

Markl, Hubert 2006: »Wissenschaftliche Disziplin und disziplinlose Forschung«, in: *NOVO* 82 (Mai/Juni), S. 19-21.

Massy, William F. 2006: *Markets in Higher Education: Do they Promote Internal Efficiency?* Dordrecht: Springer.

Mauss, Marcel 1968: *Die Gabe. Form und Funktion des Austausches in archaischen Gesellschaften.* Frankfurt am Main: Suhrkamp.

Mayer, Karl Ulrich 2004: »Whose lives? How history, societies, and institutions define and shape life course«, in: *Research in Human Development* 1/3, S. 161-187.

Mayntz, Renate 2002: »Zur Theoriefähigkeit makrosozialer Analysen«, in: R. Mayntz (Hg.): *Akteure – Mechanismen – Modelle.* Frankfurt am Main/New York: Campus, S. 7-43.

Mayntz, Renate 2009: *Sozialwissenschaftliches Erklären. Probleme der Theoriebildung und Methodologie.* Frankfurt am Main/New York: Campus.

McCarty, Marilu Hurt 2000: *The Nobel Laureates. How the World's Greatest Economic Minds Shaped Modern Thought.* New York: McGraw Hill.

Mcdonald, Stuart und Jacqueline Kam 2007: »Ring a ring o' roses: Quality journals and gamesmanship in management studies«, in: *Journal of Management Studies* 44/4, S. 640-655.

McNamee, Stephen J. und Robert K. Miller, Jr. 2004: *The Meritocracy Myth.* Lanham/MD: Rowman & Littlefield.

Medoff, Marshall H. 2006: »Evidence of a Harvard and Chicago Matthew effect«, in: *Journal of Economic Methodology* 14/4, S. 485-506.

Meier, Frank 2009: *Die Universität als Akteur. Zum institutionellen Wandel der Hochschulorganisation.* Wiesbaden: VS.

Meier, Frank und Uwe Schimank 2009: »Matthäus schlägt Humboldt? New Public Management und die Einheit von Forschung und Lehre«, in: *Beiträge zur Hochschulforschung* 31/1, S. 42-61.

Mendoza, Pilar 2007: »Academic capitalism and doctoral student socialization«, in: *The Journal of Higher Education* 78/1, S. 71-96.

Merton, Robert K. 1968a: »The Matthew-effect in science«, in: *Science* 159/3810, S. 56-63.

Merton, Robert K. 1968b [1949]: »The self-fulfilling prophecy«, in: Robert K. Merton: *Social Theory and Social Structure.* New York: Free Press, S. 424-436.

Merton, Robert K. 1973 [1942]: »The normative structure of science«, in: Robert K. Merton: *The Sociology of Science.* University of Chicago Press, S. 267-278.

Merton, Robert K. 1995: »The Thomas theorem and the Matthew effect«, in: *Social Forces* 74/2, S. 379-424.

Merton, Robert K. 1996: »The Matthew effect in science, II: Cumulative advantage and the symbolism of intellectual property«, in: Robert K. Merton: *On Social Structure and Science*. University of Chicago Press, S. 318-336.

Metcalfe, J. Stanley 1994a: »Evolutionary economics and technology policy«, in: *Economic Journal* 104/4, S. 931-944.

Metcalfe, J. Stanley 1994b: »Competition, Fisher's principle and increasing returns in the selection process«, in: *Journal of Evolutionary Economics* 4/4, S. 327-346.

Metz-Göckel, Sigrid 2004: *Exzellenz und Elite im amerikanischen Hochschulsystem. Porträt eines Women's College.* Wiesbaden: VS.

Meyer, John W. 2005: *Weltkultur. Wie die westlichen Prinzipien die Welt durchdringen.* Frankfurt am Main: Suhrkamp.

Meyer, John W. und Ronald Jepperson 2000: »The actors of modern society: The cultural construction of social agency«, in: *Sociological Theory* 18, S. 100-120.

Meyer, John W. und Brian Rowan 1977: »Institutionalized organizations. Formal structures as myth and ceremony«, in: *American Journal of Sociology* 83, S. 340-363.

Meyer, John W., John Boli, George M. Thomas und Francisco O. Ramirez 1997: »World society and the nation state«, in: *American Journal of Sociology* 103/1, S. 144-181.

Miller, C. Chet 2006: »Peer review in the organizational and management sciences: Prevalence and effects of reviewer hostility, bias, and dissensus«, in: *Academy of Management Journal* 49, S. 425-431.

Miller, Peter und Nikolas Rose 2008: *Governing the Present.* Cambridge: Polity Press.

Mirowski, Philip und Dieter Plehwe (Hg.) 2009: *The Road from Mont Pelerin. The Making of the Neoliberal Thought Collective.* Cambridge/Mass.: Harvard University Press.

Moed, Henk F. 2005: *Citation Analysis in Research Evaluation.* Dordrecht: Springer.

Morrison, Donald 2007: »The death of French culture«, in: *Time* (21. November 2007).

Müller, Hans-Peter 1992: *Sozialstruktur und Lebensstile.* Frankfurt am Main: Suhrkamp.

Müller-Böing, Detlef 2000: *Die entfesselte Hochschule.* Gütersloh: Bertelsmannstiftung.

Münch, Richard 1991: *Dialektik der Kommunikationsgesellschaft*. Frankfurt am Main: Suhrkamp.

Münch, Richard 1992 [1984]: *Die Struktur der Moderne*. Frankfurt am Main Suhrkamp.

Münch, Richard 1995: *Dynamik der Kommunikationsgesellschaft*. Frankfurt am Main: Suhrkamp.

Münch, Richard 2006a: »Drittmittel und Publikationen. Forschung zwischen Normalwissenschaft und Innovation«, in: *Soziologie* 35/4, S. 440-461.

Münch, Richard 2006b: »Wissenschaft im Schatten von Kartell, Monopol und Oligarchie«, in: *Leviathan* 34/4: 466-486.

Münch, Richard 2007: *Die akademische Elite. Zur sozialen Konstruktion wissenschaftlicher Exzellenz*. Frankfurt am Main: Suhrkamp.

Münch, Richard 2008a: *Die Konstruktion der europäischen Gesellschaft. Zur Dialektik von transnationaler Integration und nationaler Desintegration*. Frankfurt am Main/New York: Campus.

Münch, Richard 2008: »Stratifikation durch Evaluation. Mechanismen der Konstruktion von Statushierarchien in der Forschung«, in: *Zeitschrift für Soziologie* 37/1, S. 60-80.

Münch, Richard 2009b: »Die Kultur des Misstrauens«, in: *Blätter für deutsche und internationale Politik* 54/1, S. 20-22.

Münch, Richard 2009c: *Das Regime des liberalen Kapitalismus*. Frankfurt am Main/New York: Campus.

Münch, Richard 2009d: »Kein Kartell, kein Monopol, keine Oligarchie? Wie die Soziologie zur Affirmationswissenschaft wird«, in: *Kölner Zeitschrift für Soziologie und Sozialpsychologie* 61/3, S. 453-461.

Münch, Richard 2009e: »Die Konstruktion soziologischer Exzellenz durch Forschungsrating«, in: *Soziale Welt* 60/1, S. 63-89.

Münch, Richard 2010: »Soziologie als Beruf. Ein Erfahrungsbericht«, in: M. Jungbauer-Gans und C. Gross (Hg.): *Soziologische Karrieren in autobiographischer Analyse*. Wiesbaden: VS, S. 129-149.

Münch, Richard und Christian Baier 2009: »Die Konstruktion der soziologischen Realität durch Forschungsrating«, in: *Berliner Journal für Soziologie* 19/2, S. 295-319.

Murray, Fiona und Scott Stern 2007: »Do formal intellectual property rights hinder the free flow of scientific knowledge? An empirical test of the anti-commons hypothesis«, in: *Journal of Economic Behavior and Organization* 63/4, S. 648-687.

Musselin, Christine 2009: *The Market for Academics*. London: Routledge.

Nakane, Chie 1985. *Die Struktur der japanischen Gesellschaft*. Frankfurt am Main: Suhrkamp.

National Science Board 2008: »Science and engineering indicators 2008«, Arlington. Division of Science Resources Statistics (SRS). Online verfügbar unter: ⟨www.nsf.gov/statistics/seind04/c5/c5h.htm⟩ (Stand Januar 2011).

Neidhardt, Friedhelm 1988: *Selbststeuerung in der Forschungsförderung: Das Gutachterwesen der DFG.* Opladen: Westdeutscher Verlag.

Neidhardt, Friedhelm 2006: »Fehlerquellen und Fehlerkontrollen in den Begutachtungssystemen der Wissenschaft«, in: S. Hornbostel und D. Simon (Hg.): *Wie viel (In-)Transparenz ist notwendig? Peer Review Revisited.* IFQ-Working Paper Nr. 1 (Dezember 2006), S. 7-13.

Neidhardt, Friedhelm 2008: »Das Forschungsrating des Wissenschaftsrats. Einige Erfahrungen und Befunde«, in: *Soziologie* 37/4, S. 421-432.

Neidhardt, Friedhelm 2010: »Selbststeuerung der Wissenschaft: Peer Review«, in: D. Simon et al. (Hg.). *Handbuch Wissenschaftspolitik.* Wiesbaden: VS, S. 280-292.

Nelson, Richard R. 2003: »The market economy and the scientific commons«, in: *Research Policy* 33/3, S. 455-471.

Nelson, Richard R. und Sidney G. Winter 1982: *An Evolutionary Theory of Economic Change.* Cambridge/Mass.: Harvard University Press.

Neuhaus, Christoph, Werner Marx und Hans D. Daniel 2009: »The publication and citation impact profiles of ›Angewandte Chemie‹ and the ›Journal of the American Chemical Society‹ based on the sections of chemical abstracts: A case study on the limitations of the journal impact factor«, in: *Journal of the American Society for Information Science & Technology* 60/1, S. 176-183.

Newfield, Christopher 2008: *Unmaking the Public University. The Forty-Year Assault on the Middle Class.* Cambridge/Mass.: Harvard University Press.

Nichols, Sharon L. und David C. Berliner 2007: *How High-Stakes Testing Corrupts America's Schools.* Cambridge/Mass.: Harvard Education Press.

Nienhüser, Werner, Anna Katharina Jacoc und Maria Wegener 2007: *Besetzung und Struktur von Hochschulräten in deutschen Universitäten – Konzeption und erste Befunde eines laufenden Forschungsprojektes.* Essen: Lehrstuhl für Allgemeine Betriebswirtschaftslehre, insb. Personalwirtschaft.

Nobelprize 2009: *Nobel Laureates and Universities.* Online verfügbar unter: ⟨http://nobelprize.org/nobel_prizes/lists/universities.html⟩ (Stand Januar 2011).

Nobelprize 2010: *Prize in Economic Sciences.* Online verfügbar unter: ⟨http://nobelprize.org/nobel_prizes/economics/⟩ (Stand: Januar 2011).

Nonhoff, Martin 2006: *Politischer Diskurs und Hegemonie. Das Projekt »Soziale Marktwirtschaft«*. Bielefeld: transcript.

OECD 2010a: *Country Statistical Profiles 2010*. Paris: OECD.

OECD 2010b: *Main Science and Technology Indicators 2010/1*. Paris: OECD.

Owen-Smith, Jason 2003: »From separate systems to a hybrid order: Accumulative advantage across public and private science at research one universities«, in: *Research Policy* 32, S. 1081-1104.

Paasi, Ansi 2004: »Globalization, academic capitalism, and the uneven geographies of international journal publishing spaces«, in: *Environment and Planning* A 37/5, S. 769-789.

Parsons, Talcott 1968: »Professions«, in: D. L. Sills (Hg.): *International Encyclopedia of Social Sciences*, Bd. 12, New York: Macmillan, S. 536-546.

Parsons, Talcott 1978a: »Research with human subjects and the ›Professional Complex‹«, in: Talcott Parsons: *Action Theory and the Human Condition*. New York: Free Press, S. 35-65.

Parsons, Talcott 1978b: »Some considerations on the growth of the American system of higher education and research«, in: Talcott Parsons: *Action Theory and the Human Condition*. New York: Free Press, S. 115-32.

Parsons, Talcott 1978c: »The university ›bundle‹: A study of the balance between differentiation and integration«, in: Talcott Parsons: *Action Theory and the Human Condition*, New York: Free Press, S. 133-153.

Parsons, Talcott 1978d: »Stability and change in the American university«, in: Talcott Parsons: *Action Theory and the Human Condition*. New York: Free Press, S. 154-64.

Parsons, Talcott 1979: »Religious and economic symbolism in the Western world«, in: *Sociological Inquiry* 49/2-3, S. 1-48.

Parsons, Talcott und Gerald Platt 1990: *Die amerikanische Universität. Ein Beitrag zur Soziologie der Erkenntnis*. Frankfurt am Main: Suhrkamp.

Patton, Michael Q. 1997: *Utilization-Focused Evaluation. The New Century Text*. Thousand Oaks/CA: Sage.

Pongratz, Hans J. 2008: »Eine Gesellschaft von Unternehmern. Expansion und Profanierung schöpferischer Zerstörung in kapitalistischen Ökonomien«, in: *Berliner Journal für Soziologie* 18/3, S. 457-475.

Pongratz, Hans J. und G. Günter Voß 2003: *Arbeitskraftunternehmer. Erwerbsorientierungen in entgrenzten Arbeitsformen*. Berlin: edition sigma.

Porter, Michael E. 1998: *The Competitive Advantage of Nations*. New York: Free Press.

Porter, Theodor M. 1995: *Trust in Numbers: The Pursuit of Objectivity in Science and Public Life.* Princeton University Press

Power, Michael 1997: *The Audit Society. History, Institutions, and Social Analysis.* Princeton University Press.

Power, Michael 2008: »Research evaluation in the audit society«, in: Hildegard Matthies und Dagmar Simon (Hg.): *Wissenschaft unter Beobachtung. Effekte und Defekte von Evaluation. Leviathan*-Sonderheft 24/2007. Wiesbaden: VS, S. 15-24.

Priest, Douglas M. und Edward P. St. John (Hg.) 2006: *Privatization and Public Universities.* Bloomington & Indianapolis: Indiana University Press.

Raan, Anthony J. F. van 2005: »Fatal attraction: Ranking of universities by bibliometric methods«, in: *Scientometrics* 62/1, S. 133-143.

RAE 2001: Research Assessment Exercise. ⟨http://www.rae.ac.uk/2001/⟩ (Stand: Januar 2011).

RAE 2008: Research Assessment Exercise. ⟨http://www.rae.ac.uk/⟩ (Stand Januar 2011).

Rauber, Michael und Heinrich W. Ursprung 2006: *Evaluation of Researchers: A Life Cycle Analysis of German Academic Economists. CESifo Working Paper No. 1673.* München: Center for Economic Studies and Ifo Institute for Economic Research.

Readings, Bill 1996: *The University in Ruins.* Cambridge/Mass.: Harvard University Press.

Reichard, Christoph 2002: »Marketization of public services in Germany«, in: *International Public Management Review* 3/2, S. 63-80.

Reiser, Marius 2009: »Warum ich meinen Lehrstuhl räume«, in: *Frankfurter Allgemeine Zeitung* (20. Januar 2009).

Renault, Catherine Searle 2006: »Academic capitalism and university incentives for faculty entrepreneurship«, in: *The Journal of Technology Transfer* 31/2, S. 227-239.

Rhoades, Gary und Sheila Slaughter 2005: »Mode 3, academic capitalism and the new economy: Making higher education work for whom?«, in: P. Tynjälä, J. Välimaa und G. Boulton-Lewis (Hg.): *Higher Education and Working Life. Collaborations, Confrontations and Challenges.* Oxford: Elsevier, S. 9-33.

Rieger, Elmar und Stephan Leibfried 2001: *Grundlagen der Globalisierung. Perspektiven des Wohlfahrtsstaates.* Frankfurt am Main: Suhrkamp.

Rigney, Daniel 2010: *Matthew Effect: How Advantage Begets Further Advantage.* New York: Columbia University Press.

Rose, Nikolas 1999: *Powers of Freedom. Reframing Political Thought.* Cambridge University Press.

Ruch, Richard S. 2001: *Higher Ed, Inc. The Rise of the For-Profit University.* Baltimore/MD: Johns Hopkins University Press.

Rudy, Alan P., Dawn Coppin, Jason Konefal, Bradley T. Shaw, Toby Ten Eyck, Craig Harris und Lawrence Busch 2007: *Universities in the Age of Corporate Science. The UC Berkeley – Novartis Controversy.* Philadelphia: Temple University Press.

Salmi, Jamil 2009: *The Challenge of Establishing World-Class Universities.* Washington D. C.: World Bank.

Sauder, Michael und Wendy N. Espeland 2009: »The discipline of rankings: Tight coupling and organizational change«, in: *American Sociological Review* 74/1, S. 63-82.

Saviotti, Pier Paolo 1996: *Technological Evolution, Variety and the Economy.* Aldershot: Edward Elgar.

Schelsky, Helmut 1971: *Einsamkeit und Freiheit*, 2., erw. Auflage. Düsseldorf: Bertelsmann Universitätsverlag.

Schiene, Christoph und Uwe Schimank, 2006: »Forschungsevaluation als Organisationsentwicklung: Die Wissenschaftliche Kommission Niedersachsen«, in: G. Krücken (Hg.): Universitäre Forschung im Wandel, in: *die hochschule* 15/1, S. 46-62

Schimank, Uwe 1995: *Hochschulforschung im Schatten der Lehre.* Frankfurt am Main/New York: Campus.

Schimank, Uwe 2005: »New Public Management and the academic profession: reflections on the German situation«, in: *Minerva* 43/4, S. 361-376.

Schimank, Uwe 2007a: »Market unbound – and everything went well ...?«, in: B. Kehm (Hg.). *Looking Back to Look Forward. Analyses of Higher Education after the Turn of the Millenium.* Kassel: INCHER Werkstattberichte 67, S. 61-71.

Schimank, Uwe 2007b: *Theorien gesellschaftlicher Differenzierung.* 3 Aufl. Wiesbaden: VS.

Schimank, Uwe 2009: »Humboldt: Falscher Mann am falschen Ort«, in: *Frankfurter Allgemeine Zeitung.* Online verfügbar unter: ⟨http://www.faz.net/s/RubC3FFBF288EDC421F93E22EFA74003C4D/Doc~E26D41D3E3BD3435191E66DE0926AE4B1~ATpl~Ecommon~Scontent.html⟩ (Stand November 2010).

Schmid, Michael 2010: »Theorien mittlerer Reichweite. Versuch einer Problemklärung«, in: *Berliner Journal für Soziologie* 20/3, S. 383-400.

Schneider, Gerald 2009: »Publikationsverhalten in der Politikwissenschaft«, in: Alexander von Humboldt Stiftung (Hg.): *Publikationsverhalten in unterschiedlichen wissenschaftlichen Disziplinen.* Bonn, S. 78-87.

Schultz, Tanjev 2009: »Aufstieg in die Weltliga der Forscher«, in: *Süddeutsche Zeitung* 65/174 (31. Juli): S. 6.

Schumpeter, Joseph A. 2006 [1912]: *Theorie der wirtschaftlichen Entwicklung*. Berlin: Duncker & Humblot.

Schumpeter, Joseph A. 1980 [1942]: *Kapitalismus, Sozialismus und Demokratie*, 5. Aufl.. München: A. Francke.

Sennett, Richard 1998: *Der flexible Mensch. Die Kultur des neuen Kapitalismus*. Berlin Verlag.

Sennett, Richard 2008: *Handwerk*. Berlin Verlag.

Sharp, Stephen und Simon Coleman 2005: »Ratings in the Research Assessment Exercise 2001- the patterns of university status and panel membership«, in: *Higher Education* 59/2, S. 153-171.

Siebert, Horst 2003: *Zur Diskussion um die Rolle der Wirtschaftswissenschaften*. Online verfügbar unter: ⟨http://www.ifw-kiel.de/das-ifw/organisation/siebert-pdf/Rolle.pdf⟩ (Stand: Januar 2011).

SJTU (Shanghai Jiao Tong University) 2010: *Academic Ranking of World Universities*. Shanghai. Online verfügbar unter: ⟨http://www.arwu.org/⟩ (Stand: Januar 2011).

Slaughter, Sheila und Larry L. Leslie 1997: *Academic Capitalism: Politics, Policies, and the Entrepreneurial University*. Baltimore und London: Johns Hopkins University Press.

Slaughter, Sheila und Garry Rhoades 2004: *Academic Capitalism and the New Economy. Markets, State, and Higher Education*. Baltimore und London: Johns Hopkins University Press.

Soares, Joseph A. 2007: *The Power of Privilege: Yale and America's Elite Colleges*. Stanford University Press.

Smith, Adam 1999 [1776]: *Der Wohlstand der Nationen. Eine Untersuchung seiner Natur und Ursachen*. München: DTV.

Smith, Richard 1997: »Journal accused of manipulating impact factor«, in: *British Medical Journal* 314, S. 461-463.

Solla Price, Derek de 1963: *Little Science, Big Science*. New York: Columbia University Press.

Sommerhoff, Barbara 2009: »Mitarbeiter des Monats. Wie man Leistung beurteilt«, in: *Süddeutsche Zeitung* 65/67 (21./22. März), S. V 2/9.

Starbuck, William H. 2005: »How much better are the most prestigious journals? The statistics of academic publication«, in: *Organization Science* 16, S. 180-200.

Stein, Donald G. (Hg.) 2004: *Buying In or Selling Out? The Commercialization of the American Research University*. New Brunswick/N. J.: Rutgers University Press.

Stichweh, Rudolf 1991: *Der frühmoderne Staat und die europäische Universität.* Frankfurt am Main: Suhrkamp.

Stölting, Erhard und Uwe Schimank (Hg.) 2001: *Die Krise der Universitäten.* Wiesbaden: Westdeutscher Verlag.

Streeck, Wolfgang 1992. »Productive constraints: On the institutional conditions of diversified quality production«, in: W. Streeck: *Social Institutions and Economic Performance: Studies of Industrial Relations in Advanced Capitalist Economies.* London: Sage.

Streeck, Wolfgang und Kathleen Thelen (Hg.) 2005: *Beyond Continuity: Institutional Change in Advanced Political Economies.* New York: Oxford University Press.

Strevens, Michael 2006: »The role of the Matthew effect in science«, in: *Studies in the History and Philosophy of Science* 37/2, S. 159-170.

Swedberg, Richard 1998: *Max Weber and the Idea of Economic Sociology.* Princeton University Press.

Teichler, Ulrich 2005 a: *Hochschulstrukturen im Umbruch. Eine Bilanz der Reformdynamik seit vier Jahrzehnten.* Frankfurt am Main/New York: Campus.

Teichler, Ulrich 2005 b: *Hochschulsysteme und Hochschulpolitik. Quantitative und strukturelle Dynamiken, Differenzierungen und der Bologna-Prozess.* München: Waxmann.

THES (*Times Higher Education Supplement*) 2011: *World University Rankings 2010-2011.* Online verfügbar unter: ⟨http://www.timeshigheredu cation.co.uk/world-university-rankings/⟩ (Stand: Januar 2011).

Thomas, William I. 1972: »The definition of the situation«, in: J. G. Manis und B. N. Meltser (Hg.), *Symbolic Interaction.* Boston: Allyn & Bacon, S. 331-336.

Thompson, Don 2008: *The $ 12 Million Stuffed Shark. The Curious Economics of Contemporary Art and Auction Homes.* London: Aurum.

Tol, Richard S. J. 2009: »The Matthew effect defined and tested for the 100 most prolific economists«, in: *Journal of the American Society for Information Science and Technology* 60/2, S. 420-426.

Triggle, David J. 2005: »Patenting the sun: Enclosing the scientific commons and transforming the university – ethical concerns«, in: *Drug Development Research* 63/3, S. 139-149.

Tumin, Melvin M. 1953: »Some principles of stratification: A critical analysis«, in: *American Sociological Review* 18, S. 387-394.

Ursprung, Heinrich W. 2003: »Schneewittchen im Land der Klapperschlangen: Evaluation eines Evaluators«, in: *Perspektiven der Wirtschaftspolitik* 4/2, S. 177-189.

Viner, Neil, Philip Powell und Rod Green 2004: »Institutionalized biases in the award of research grants: A preliminary analysis revisiting the principle of accumulative advantage«, in: *Research Policy* 33/3, S. 443-454.

Vinni, Rauno 2007: »Total quality management and paradigms of public administration«, in: *International Public Management Review* 8/1, S. 103-131.

Voß, G. Günter und Hans J. Pongratz 1998: »Der Arbeitskraftunternehmer. Eine neue Grundform der Arbeitskraft?«, in: *Kölner Zeitschrift für Soziologie und Sozialpsychologie* 50/1, S. 131-158.

Wagner, Gerhard 2007: »Does excellence matter? Eine wissenschaftssoziologische Perspektive«, in: *Soziologie* 36/1, S. 7-20.

Warning, Susanne 2007: *The Economic Analysis of Universities*. Cheltenham: Edward Elgar.

Washburn, Jennifer 2005: *University, Inc.: The Corporate Corruption of American Higher Education.* New York: Basic Books.

Weber, Max 1976 [1992]: *Wirtschaft und Gesellschaft*. Tübingen: Mohr Siebeck.

Weingart, Peter 2001: *Die Stunde der Wahrheit? Zum Verhältnis der Wissenschaft zu Politik, Wirtschaft und Medien in der Wissensgesellschaft.* Weilerswist: Velbrück.

Weingart, Peter 2004: »Impact of bibliometrics upon the science system: inadvertent consequences?«, in: H.F. Moed, W. Glänzel und U. Schmoch (Hg.): *Handbook on Quantitative Science and Technology Research*. Dordrecht: Kluwer Academic Publishers.

Weingart, Peter 2005a: »Impact of bibliometrics upon the science system: inadvertent consequences?«, in: *Scientometrics* 62/1, S. 117-131.

Weingart, Peter 2005b: *Die Wissenschaft der Öffentlichkeit*. Weilerswist: Velbrück.

Widmer, Thomas 1996: *Meta-Evaluation. Kriterien zur Bewertung von Evaluationen.* Bern u. a.: Haupt.

Williamson, Oliver E. 1981: »The economics of organization: The transaction cost approach«, in: *American Journal of Sociology* 87/3, S. 548-577.

Williamson, Oliver 1985: *The Economic Institutions of Capitalism*. New York: Free Press.

Winterhager, Matthias, Holger Schwechheimer und Peter Weingart 2001: *Sichtbarkeit Deutschlands in den führenden Zeitschriften der Wirtschaftswissenschaften. Bericht an den Wissenschaftsrat und an das Bundesministerium für Bildung und Forschung.* Bielefeld: Institut für Wissenschafts- und Technikforschung. ⟨http://repositories.ub.uni-bielefeld.de⟨biprints/volltexte/2010/4799/⟩ (Stand: Januar 2011).

Wissenschaftsrat 2007: *Forschungsleistungen deutscher Universitäten und außeruniversitärer Einrichtungen in der Chemie*. Köln: Wissenschaftsrat.

Wissenschaftsrat 2008: *Forschungsleistungen deutscher Universitäten und außeruniversitärer Einrichtungen in der Soziologie*. Köln: Wissenschaftsrat.

Ylijoki, Oili-Helena 2003: »Entangled in academic capitalism? A case-study on changing ideals and practices of university research«, in: *Higher Education* 45/3, S. 307-335.

Zahner, Nina Tessa 2006: *Die neuen Regeln der Kunst*. Frankfurt am Main/New York: Campus.

Zuckerman, Harriet 1977: *Scientific Elite: Nobel Laureates in the United States*. New York: Free Press.

Zuckerman, Harriet 2010. »Dynamik und Verbreitung des Matthäus-Effekts. Eine kleine soziologische Bedeutungslehre«, in: *Berliner Journal für Soziologie* 20/3, S. 309-340.

Veröffentlichungsnachweise

»Entkopplung, Kolonisierung, Zielverschiebung. Wissenschaft unter dem Regime des Exzellenzwettbewerbs zwischen Hochschulen«, in: *Bulletin* 136 (Dezember 2009) der Schweizerischen Gesellschaft für Soziologie, S. 8-11 (Einleitung).

»Akademisches Monopoly. Vom Gabentausch zur Shanghai-Weltliga der Wissenschaft«, in: *Zeitschrift für Politik*, Sonderband 4/2011, S. 33-50 (Kap. I).

»Unternehmen Universität«, in: *Aus Politik und Zeitgeschichte* 45/2009 (2. November 2009), S. 10-16 (Kap. II).

»Die Audit-Universität«, in: *Vorgänge. Zeitschrift für Bürgerrechte und Gesellschaftspolitik* 48/4 2009, S. 33-42 (Kap. III).

»Publikationsverhalten in der Soziologie«, in: *Diskussionspapiere der Alexander von Humboldt-Stiftung* (»Beiträge zur Beurteilung von Forschungsleistungen: Publikationsverhalten in unterschiedlichen wissenschaftlichen Disziplinen«) 12/2009, S. 69-77 (Kap. IV).

»Stratifikation durch Evaluation: Mechanismen der Konstruktion von Statushierarchien in der Forschung«, in: *Zeitschrift für Soziologie* 37/1 2008, S. 60-80 (Kap. V).

»Der Monopolmechanismus in der Wissenschaft. Auf den Schultern von Robert K. Merton«, in: *Berliner Journal für Soziologie* 20/3 2010, S. 341-370 (Kap. VI).

»Die Konstruktion von Elite-Universitäten durch soziale Schließung«, in: Hermann-Josef Blanke (Hg.), *Bildung und Wissenschaft als Standortfaktoren*, Tübingen: Mohr Siebeck 2007, S. 111-141 (Kap. VII).

»Mit dem Bologna-Express in die europäische Wissensgesellschaft. Vom Berufsmonopol zum globalen Kampf um Bildungsprestige«, in: *Sozialwissenschaften und Berufspraxis* 33/1 2010, S. 5-18 (Kap. VIII).

»Transnationale Rationalitäten, nationale Traditionen«, in: *Zeitschrift für Staats- und Europawissenschaften* 7/3-4, S. 597-621, daselbst S. 609-616 (Kap. VIII).

»Die Universität im Kampf um die besten Zahlen«, in: Manfred Rudersdorf, Wolfgang Höpken und Martin Schlegel (Hg.), *Wissen und Geist. Universitätskulturen*, Leipzig: Leipziger Universitätsverlag 2009, S. 139-156 (Schlussbetrachtung).

edition suhrkamp
Eine Auswahl

Werner Fritsch. Die Alchemie der Utopie. Frankfurter Poetikvorlesungen 2009. es 2588. 190 Seiten

Durs Grünbein. Die Bars von Atlantis. Eine Erkundung in vierzehn Tauchgängen. es 2598. 60 Seiten

Wolfgang Fritz Haug. Kritik der Warenästhetik. Gefolgt von Warenästhetik im High-Tech-Kapitalismus. es 2553. 350 Seiten

Wilhelm Heitmeyer (Hg.). Deutsche Zustände. Folge 8. es 2602. 320 Seiten

Claudia Honegger, Sighard Neckel, Chantal Magnin. Strukturierte Verantwortungslosigkeit. Berichte aus der Bankenwelt. es 2607. 395 Seiten

Johannes Jansen. Im Durchgang. Absichten. es 2568. 70 Seiten

Thomas Kapielski. Mischwald. es 2597. 347 Seiten

Barbara Marković. Ausgehen. es 2581. 95 Seiten

Robert Menasse. Permanente Revolution der Begriffe. Vorträge zur Kritik der Abklärung. es 2592. 123 Seiten

Franco Moretti. Kurven, Karten, Stammbäume. Abstrakte Modelle für die Literaturgeschichte. es 2564. 138 Seiten

Valzhyna Mort. Tränenfabrik. Gedichte. es 2580. 86 Seiten

Barbara Nolte, Jan Heidtmann. Die da oben. Innenansichten aus deutschen Chefetagen. es 2599. 202 Seiten

Albert Ostermaier. Fratzen. Blaue Spiegel. Stücke. es 2587. 155 Seiten

Taras Prochasko. Daraus lassen sich ein paar Erzählungen machen. es 2578. 124 Seiten

Shalini Randeria, Andreas Eckert. Vom Imperialismus zum Empire. Nicht-westliche Perspektiven auf Globalisierung. es 2548. 337 Seiten

Stefan Rieger, Benjamin Bühler. Das Wuchern der Pflanzen. Ein Florilegium des Wissens. es 2547. 324 Seiten

Peter Rudolf. Das »neue« Amerika. Außenpolitik unter Barack Obama. es 2596. 168 Seiten

Werner Schiffauer. Nach dem Islamismus. Eine Ethnographie der Islamischen Gemeinschaft Milli Görüş. es 2570. 200 Seiten

Frank Schirrmacher, Thomas Strobl. Die Zukunft des Kapitalismus. es 2603. 198 Seiten

Aleš Šteger. Preußenpark. Berliner Skizzen. es 2569. 156 Seiten

Bernard Stiegler. Von der Biopolitik zur Psychomacht. Logik der Sorge II. es 2575. 203 Seiten

Uwe Tellkamp. Die Sandwirtschaft. Anmerkungen zu Schrift und Zeit. Leipziger Poetikvorlesung. es-Sonderdruck . 163 Seiten

Merk Terkessidis. Interkultur. es 2589. 220 Seiten

Franz Walter
- Charismatiker und Effizienzen. Porträts aus 60 Jahren Bundesrepublik. es 2577. 405 Seiten
- Vorwärts oder abwärts? Zur Transformation der Sozialdemokratie. es 2622. 142 Seiten

Beat Wyss. Nach den großen Erzählungen. es 2549. 218 Seiten

Yang Xianhui. Die Rechtsabweichler von Jiabiangou. Berichte aus einem Umerziehungslager. es 2591. 249 Seiten

Slavoj Žižek. Auf verlorenem Posten. es 2562. 319 Seiten